2019年
中国融资租赁行业研究报告

主编 程东跃 杨柳勇 陈琴

中国融资租赁（西湖）论坛
浙江大学金融研究院
融资租赁西湖论坛（南沙）研究院
广州南沙融资租赁创新服务基地
著

中国经济出版社
CHINA ECONOMIC PUBLISHING HOUSE
·北京·

图书在版编目（CIP）数据

2019年中国融资租赁行业研究报告 / 中国融资租赁（西湖）论坛著. -- 北京：中国经济出版社，2020.8

ISBN 978-7-5136-6170-6

Ⅰ.①2… Ⅱ.①中… Ⅲ.①融资租赁-研究报告-中国-2019 Ⅳ.①F832.49

中国版本图书馆CIP数据核字（2020）第081831号

责任编辑 张梦初
责任印制 巢新强
封面设计 任燕飞

出版发行 中国经济出版社
印 刷 者 北京艾普海德印刷有限公司
经 销 者 各地新华书店
开　　本 710mm×1000mm 1/16
印　　张 23.75
字　　数 400千字
版　　次 2020年8月第1版
印　　次 2020年8月第1次
定　　价 88.00元
广告经营许可证 京西工商广字第8179号

中国经济出版社 网址 www.economyph.com 社址 北京市东城区安定门外大街58号 邮编 100011
本版图书如存在印装质量问题，请与本社销售中心联系调换（联系电话：010-57512564）

主编简介

程东跃，男，1959年8月生，浙江杭州人，高级经济师，浙江大学金融专业兼职导师。先后在中南财经政法大学、浙江大学获得经济学硕士和管理学博士学位。在《中南财经政法大学学报》《经济学动态》《金融时报》《管理世界》《浙江大学学报》等报刊先后发表论文十余篇，曾主编《金融租赁与企业融资》，著有《融资租赁风险管理》，参与编著《企业市场营销学》，主译《宏观市场学》。1987年起在浙江省财政厅工作，主要从事世界银行、国际金融公司贷款项目管理等涉外工作，后任浙江金融租赁股份有限公司总裁、党委书记，中国金融学会金融租赁专业委员会会长。2007年起先后在交通银行金融租赁公司、莱茵达国际融资租赁有限公司、广州越秀融资租赁公司担任总经理，主要从事公司全面管理工作。2016年至今任浙江大学（经济学院、金融研究院）融资租赁研究中心理事长，中国融资租赁（西湖）论坛执行理事长，主要从事融资租赁研究、论坛管理等工作。

杨柳勇，男，1964年3月生，籍贯浙江桐乡，现为浙江大学经济学院教授、博士生导师，管理学博士。浙江大学金融研究院副院长，融资租赁研究中心主任，兼任浙江省资本与企业发展研究会会长、浙江现代数字金融科技研究院院长等学术职务。

主持国家社科基金等省部级以上科研项目10多项，出版专著多部，发表论文数十篇，获得教育部和省级以上奖励5项。主要研究方向为公司金融和资本市场、国际金融、科技金融和融资租赁等。

陈琴，女，1977年11月生，现任广州南沙经济技术开发区金融工作局副局长。

编委会

中国融资租赁（西湖）论坛简介

中国融资租赁（西湖）论坛（以下简称“西湖论坛”）于 2017 年 10 月 12 日由浙江大学金融研究院、浙江大学（经济学院、金融研究院）融资租赁研究中心共同发起成立的非官方、非营利性的融资租赁业务交流组织。致力于为关注中国融资租赁行业发展的专业人士与机构提供高端交流平台，推动理论、实践和创新的交流。西湖论坛下设融资租赁西湖论坛（南沙）研究院，注册于广州南沙经济技术开发区。西湖论坛的副理事长单位、常务理事单位和理事单位覆盖全国 20 个省市。成员单位既有浙江大学金融研究院、金融租赁公司和融资租赁公司（含央企、地方国企和部分民企），也有证券公司、律师事务所、软件服务商和教育科技公司等。

定位：建成“专业型、研究型、学习型、务实型、服务型”的融资租赁行业的南方智库。做行业发展的智囊；同业合作的市场；跨界交流的桥梁。

目标：打造“产学研融”四位一体的“资源共享、优势互补、业务拓展、合作共赢”的跨界交流平台。实现有思想、有特色、有价值的新型融资租赁业的专业论坛。

文化：求真、务实、创新、服务。论坛主人是成员，成员聚力办论坛。

宗旨：坚持全心全意为成员单位服务，为租赁行业服务的宗旨。以开放式机制，广泛沟通交流，不断提升行业的正面影响力，全力推进中国融资租赁业健康可持续发展。

组织架构：西湖论坛设理事会、常务理事会、理事长会议。常务理事会、理事会选举产生理事长、执行理事长、副理事长和秘书长。西湖论坛设秘书处，负责西湖论坛的日常工作。

研究机构：西湖论坛下设融资租赁西湖论坛（南沙）研究院，于 2017 年

10 月在广州南沙经济技术开发区注册登记，院长巴曙松（中国银行业协会首席经济学家、教授），执行院长杨柳勇。融资租赁论坛（南沙）研究院作为西湖论坛的研究机构和西湖论坛研讨会的组织机构。负责组织专题研究、咨询、信息沟通汇集、案例分析，为成员单位提供商业模式论证、创新产品结构论证、行业研究报告、指定课题研究、定向培训及专业高端培训等。

序

中国融资租赁业，自 1981 年成立第一家金融租赁公司起，已经走过近四十个春秋，特别是通过近十年的高速发展，已成为与银行信贷、资本市场并列的三大金融工具之一。与另外两大金融工具相比，融资租赁业如青葱少年，其租赁资产渗透率和租赁行业覆盖面，远低于欧美等发达国家水平，行业发展空间巨大。

在国家“稳增长、促改革、调结构、惠民生、防风险、保稳定，保持经济运行在合理区间”的经济工作总体方针指导下，以及金融强监管、转型升级的新形势下，融资租赁业如何实现专业化、特色化、差异化发展？如何在传统行业精耕细作的基础上，着力向新基建、新能源、新科技等新兴行业转型与布局，寻找融资租赁业务的蓝海，是融资租赁理论工作者与从业者不断探索和实践的重要课题。

为更好地支持融资租赁业健康发展，积极开展行业研究，中国融资租赁（西湖）论坛（以下简称“西湖论坛”）、浙江大学金融研究院、融资租赁西湖论坛（南沙）研究院、广州南沙融资租赁创新服务基地联合邀请西湖论坛智库专家和租赁公司高管，编写出版《2019 年中国融资租赁行业研究报告》一书。在后疫情时代、新基建、新能源、新科技等行业快速兴起的形势下，对融资租赁行业的创新突破与转型发展做出了系统、专业、精准的预判与分析，形成极具应用价值的行业发展指南。

西湖论坛成立于 2017 年 10 月，通过近 3 年的成长发展，拥有高校、金融、法律及租赁业智库专家 100 余人，每年通过开展行业峰会、专家对话、行业课题研究等活动，为中国融资租赁行业送去最具权威智慧的行业指导。西湖论坛真诚期待与您共同健康成长，携手与您共同打造中国融资租赁高端智库和专业交流平台而努力前行，为共同促进中国融资租赁业健康可持续发展奉献力量。

本书收录了30余篇融资租赁专家学者对租赁行业的研究报告，内容涵盖理论和实操两大维度，报告涉及行业发展概况、行业市场分析、业务创新案例等多个章节。展现了融资租赁行业的最新研究成果，展示了融资租赁专家学者的鲜明观点，能为融资租赁公司行业布局决策者提供借鉴，为行业研究者提供研究素材，为行业从业者打开学习融资租赁的窗口。无论是对融资租赁行业新兵，还是对融资租赁行业资深从业者和理论研究者，所包含的内容均具有较高的学习和研究价值。借此，我们对参加本书撰稿的专家学者，表示真诚的感谢！同时，恳请租赁业同行和广大读者提出宝贵意见和建议。是以为序。

前　言

2019 年是中国经济转型升级、供给侧结构性改革深入推进的关键一年，也是中国融资租赁行业迎来变革的一年。在这一年里，中国银行保险监督管理委员会和有关地方金融监督管理部门先后发布多项融资租赁行业监管政策与支持政策，引导融资租赁行业有序健康发展。在这个大背景下，中国融资租赁企业如何转型升级？如何脱虚向实，更好助力实体经济发展？如何把握行业变革与新兴产业发展带来的新机遇？对这些问题的回答将影响融资租赁行业的前景。

为了更好地解读 2019 年中国融资租赁发展状态，促进融资租赁行业健康发展，中国融资租赁（西湖）论坛（以下简称“西湖论坛”）联合浙江大学金融研究院、融资租赁西湖论坛（南沙）研究院和广州南沙融资租赁创新服务基地筹划撰写《2019 年中国融资租赁行业研究报告》（以下简称《报告》）。自《报告》编撰工作启动以来，西湖论坛先后邀请 30 余位融资租赁专家、学者参与到本报告的编撰工作中，结合自身工作实际对融资租赁行业展开深入分析和探讨。另外，为严格把控本书质量，西湖论坛专门成立由 12 名资深融资租赁专家、学者组成的审稿工作组，对所有文章进行严格审核并提出修改意见。在此，我代表西湖论坛对参与《报告》编撰的各位专家、学者表示衷心的感谢。

《报告》共分四部分。第一部分为“2019 年中国融资租赁行业发展概况与解读”，由 4 篇文章组成，深入详细地解读 2019 年中国融资租赁行业整体变化与趋势，并针对融资租赁财税问题和法律问题展开了深入的探讨。第二部分为“2019 年中国融资租赁行业市场分析”，由 9 篇文章组成，分别对汽车租赁、工程机械租赁、医疗器械租赁、飞机租赁、新能源租赁等 9 个热门租赁领域 2019 年发展状态与未来发展趋势展开深入分析与研讨。第三部分为“2019 年中国融资租赁业创新案例”，由 4 篇文章组成，收录了 2019 年中国融资租赁行业的经典探索实践案例，对租赁公司业务发展具有一定借鉴意义。第四部分为“当下租赁热点问题研讨与部分宜租行业分析”，由 4 篇文章组成，对 LPR 利率机制、《九民纪要》法律影响等热点问题，以及新能源等宜租行业展开了深入分析与探讨。

《报告》内容翔实，贴近租赁业务实际，覆盖面广泛，是一份鲜有的珍贵融资租赁学习资料。通过阅读《报告》，读者可以从以下几个方面有所收获。第一，读者能紧跟融资租赁行业热点问题，探索 2019 年中国融资租赁行业一线发展状态，前瞻中国融资租赁行业的发展趋势。第二，读者能深入了解多个热门宜租行业发展状态与租赁业务开展情况，辅助公司战略制定与实际租赁业务研判。第三，读者能学习融资租赁相关法律、财税知识，并获得租赁业务实际操作过程中常见问题的意见与建议。《报告》凝聚了众多租赁专家、学者的心血，对融资租赁公司发展与融资租赁行业从业人员实际工作均有借鉴参考意义。

本书收录文章均为相关作者对融资租赁行业问题的探讨，仅代表个人意见，欢迎广大读者参与讨论。同时，囿于时间限制，本书可能还有许多疏漏甚至错误，也恳请广大读者批评指正。

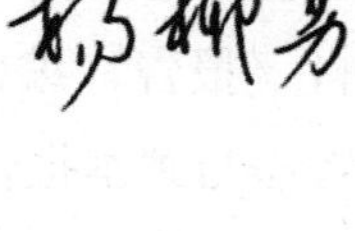

目　录

第一部分　2019年中国融资租赁行业发展概况与解读

第二部分　2019年中国融资租赁行业市场分析

第三部分 2019 年中国融资租赁业创新案例

第四部分 当下租赁热门问题研讨与部分宜租行业分析

第一部分

2019 年中国融资租赁行业发展概况与解读

2019年中国融资租赁行业概况分析

陈奥杰①

2019年，伴随着中国融资租赁行业监管趋严，融资租赁行业已经由快速扩张状态进入平稳调整状态。本文通过对租赁行业数据与公司数据分析，结合中国融资租赁发展展望指数，整体刻画2019年中国融资租赁行业发展状态。

1 2019年中国租赁行业基本情况分析

1.1 租赁公司数量增速明显放缓

中国租赁公司数量增速明显放缓。据中国租赁联盟统计，2019年中国有租赁公司12130家，较上年增加353家，增长2.91%，增速明显放缓。其中金融租赁公司70家，较上年增加1家；内资租赁公司403家，较上年增加346家；外资租赁公司11657家，较上年增加346家。

伴随融资租赁行业监管趋严，全国各地逐步开展对异常经营融资租赁公司整改清理行动。2019年，天津、上海、广州等地先后多次发布异常经营融资租赁名单，要求相关企业进行整改。在未来几年，地方金融监管局仍将逐步推动异常经营租赁公司整改清理行动。受此影响，2020年租赁公司增速可能会进一步放缓，甚至出现小幅的下降。

---

① 中国融资租赁（西湖）论坛研究员。

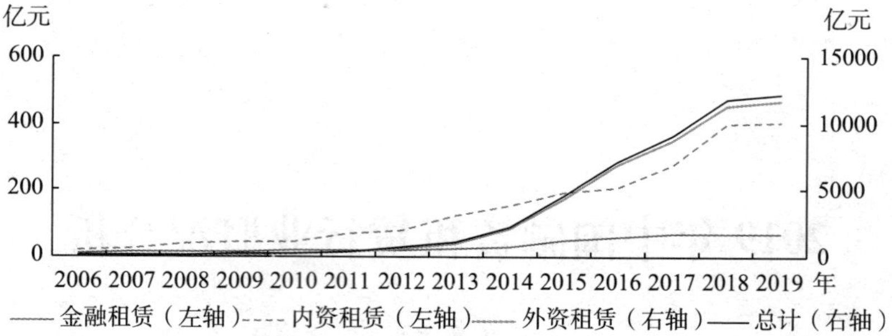

图 1　租赁公司数量变化

数据来源：Wind、中国租赁联盟，中国融资租赁（西湖）论坛整理。

1.2　租赁公司沿海地区聚集

受地方行业优惠政策及地方经济发展状态等因素影响，融资租赁公司主要在沿海地区聚集。据全国融资租赁企业信息管理系统和银保监会公布信息显示，广东、上海、天津三个省份注册的租赁公司数量最多，注册租赁公司数量分别为 3289 家、2151 家和 2031 家。注册资本达到 50 亿的租赁公司主要在上海、天津和广州集聚，分别达到 18 家、13 家和 11 家。

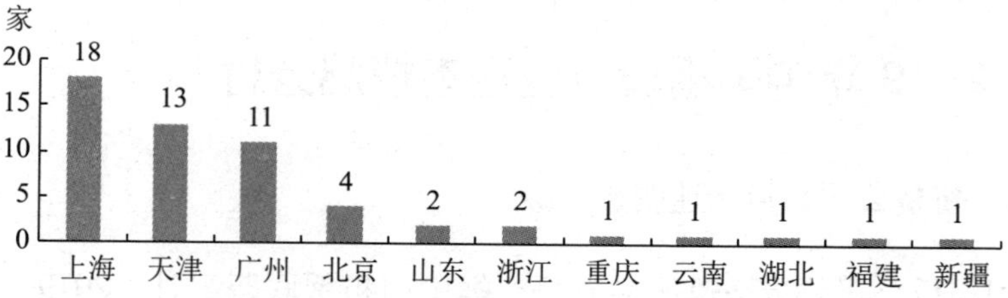

图 2　注册资本达 50 亿的租赁公司地区分布

数据来源：中国融资租赁（西湖）论坛整理。

1.3　租赁公司注册资本金增速继续回落

自 2014—2015 年租赁公司注册资本金爆炸性增长后，近几年租赁公司注册资本金增速持续放缓。截至 2019 年 9 月，我国租赁公司注册资本金约 33309 亿元人民币（美元按 1∶6.9 平均汇率折合成人民币计），较 2018 年底增加 1.67%，增速略有放缓。其中金融租赁公司注册资本约 2292 亿元，较 2018 年底增加 1.33%；内资租赁公司注册资本约 2134 亿元，较 2018 年底增加 0.80%；外资租赁公司注册资本约 28883 亿元，较 2018 年底增加 1.76%。

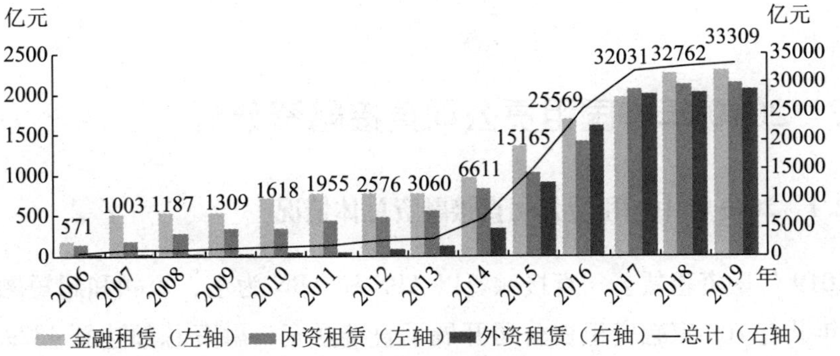

图 3　租赁公司注册资本金

数据来源：Wind，中国租赁联盟，中国融资租赁（西湖）论坛整理。

注：数据截至 2019 年 9 月。

1.4　租赁公司业务总量增速明显放缓

自 2015 年以来，租赁公司业务总量增速处于持续快速放缓状态，2019 年增速趋近于 0。截至 2019 年底，我国租赁公司业务总量约 66540 亿元人民币（美元按 1∶6.9 平均汇率折合成人民币计），较 2018 年底增加 0.06%。其中金融租赁公司业务总量约 25030 亿元，较 2018 年底增加 0.12%；内资租赁公司业务总量约 20810 亿元，较 2018 年底增加 0.05%；外资租赁公司业务总量约 20700 亿元，与 2018 年底持平。受新冠疫情影响，2020 年租赁公司业务总量预计维持 2019 年水平，甚至出现小幅下降。

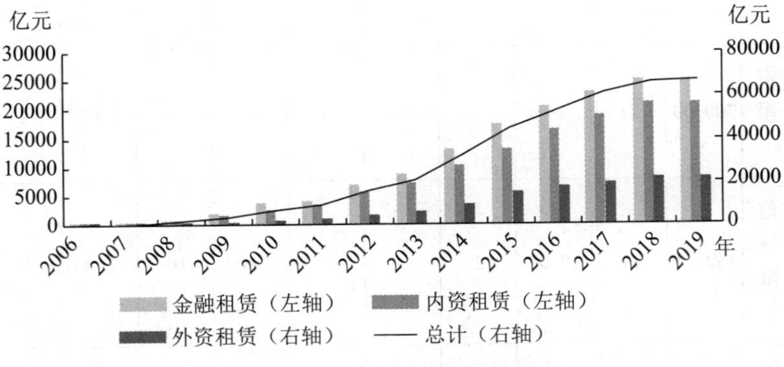

图 4　租赁公司业务总量

数据来源：Wind，中国租赁联盟，中国融资租赁（西湖）论坛整理。

2 2019 年中国租赁公司直接融资分析

2.1 2019 年中国租赁公司直接融资总体情况

2019 年融资租赁公司直接融资以 ABS 和 ABN 为主，短融和超短融次之。2019 年共有 109 家融资租赁公司开展了直接融资，融资总额达到 4829.89 亿元，较 2018 年增长 35.50%。其中 ABS 和 ABN 融资总额 2824.09 亿元，占比 58.47%；公司债融资总额 566.5 亿元，占比 11.73%；中期票据融资总额 120.6 亿元，占比 2.50%；短融和超短融融资总额 1110.70 亿元，占比 23.00%；PPN 融资总额 208 亿元，占比 4.31%。

表 1 2019 年融资租赁公司部分直接融资渠道、规模统计表

发行主体	ABS/ABN		公司债		中期票据		短融/超短融		PPN		合计
	发行金额/亿元	发行数量/支	发行金额/亿元	发行数量/支	发行金额/亿元	发行数量/支	发行金额/亿元	发行数量/支	发行金额/亿元	发行数量/支	发行金额/亿元
平安国际融资租赁有限公司	326.76	22	153.00	12	35.00	3	269.00	27	15.00	1	798.76
中航国际租赁有限公司	77.01	4	49.50	6	17.00	1	131.00	18	34.00	5	308.51
中核融资租赁有限公司	300.00	21	—	—	—	—	—	—	5.00	2	305.00
海通恒信国际租赁股份有限公司	130.74	11	10.00	2	—	—	85.00	10	27.00	3	252.74
远东国际融资租赁有限公司	251.22	9	—	—	—	—	—	—	—	—	251.22

续表

发行主体	ABS/ABN		公司债		中期票据		短融/超短融		PPN		合计
	发行金额/亿元	发行数量/支	发行金额/亿元	发行数量/支	发行金额/亿元	发行数量/支	发行金额/亿元	发行数量/支	发行金额/亿元	发行数量/支	发行金额/亿元
中电投融和融资租赁有限公司	56.05	4	30.00	3	—	—	110.00	17	20.00	2	216.05
远东国际租赁有限公司	—	—	70.00	3	10.00	1	90.00	9	—	—	170.00
中国环球租赁有限公司	—	—	22.00	4	8.60	1	100.00	19	—	—	130.60
中国康富国际租赁股份有限公司	86.80	3	28.00	4	—	—	10.00	2	—	—	124.80
国药控股（中国）融资租赁有限公司	55.61	4	22.00	5	—	—	32.00	6	5.00	1	114.61
中兵融资租赁有限责任公司	100.00	7	—	—	—	—	—	—	—	—	100.00
立根融资租赁有限公司	100.00	6	—	—	—	—	—	—	—	—	100.00
广州越秀融资租赁有限公司	33.43	3	6.00	1	8.00	1	50.00	8	—	—	97.43
安吉租赁有限公司	89.18	4	—	—	—	—	—	—	—	—	89.18

续表

发行主体	ABS/ABN		公司债		中期票据		短融/超短融		PPN		合计
	发行金额/亿元	发行数量/支	发行金额/亿元	发行数量/支	发行金额/亿元	发行数量/支	发行金额/亿元	发行数量/支	发行金额/亿元	发行数量/支	发行金额/亿元
华能天成融资租赁有限公司	—	—	20.00	3	—	—	50.00	10	15.00	2	85.00
中远海运租赁有限公司	72.59	5	10.00	1	—	—	—	—	—	—	82.59
大唐融资租赁有限公司	—	—	20.00	2	—	—	44.50	6	10.00	2	74.50
上海易鑫融资租赁有限公司	64.83	4	—	—	—	—	—	—	—	—	64.83
光大幸福国际租赁有限公司	60.00	6	—	—	—	—	—	—	—	—	60.00
青岛城乡建设融资租赁有限公司	36.36	3	23.00	2	—	—	—	—	—	—	59.36
中建投租赁股份有限公司	30.97	3	5.00	1	10.00	1	6.00	1	5.00	1	56.97
狮桥融资租赁（中国）有限公司	49.83	6	2.00	1	—	—	—	—	—	—	51.83
华电融资租赁有限公司	—	—	10.00	1	—	—	30.00	4	10.00	1	50.00
中电通商融资租赁有限公司	50.00	5	—	—	—	—	—	—	—	—	50.00

续表

发行主体	ABS/ABN		公司债		中期票据		短融/超短融		PPN		合计
	发行金额/亿元	发行数量/支	发行金额/亿元	发行数量/支	发行金额/亿元	发行数量/支	发行金额/亿元	发行数量/支	发行金额/亿元	发行数量/支	发行金额/亿元
先锋国际融资租赁有限公司	50.00	2	—	—	—	—	—	—	—	—	50.00
浙江智慧普华融资租赁有限公司	49.29	3	—	—	—	—	—	—	—	—	49.29
招商局通商融资租赁有限公司	—	—	—	—	10.00	1	—	—	30.00	2	40.00
悦达融资租赁有限公司	39.36	4	—	—	—	—	—	—	—	—	39.36
中广核国际融资租赁有限公司	20.81	2	—	—	—	—	15.00	3	—	—	35.81
浙江建设融资租赁有限公司	35.73	1	—	—	—	—	—	—	—	—	35.73
立根融资租赁（上海）有限公司	30.00	3	5.00	1	—	—	—	—	—	—	35.00
上海国金融资租赁有限公司	32.15	2	—	—	—	—	—	—	—	—	32.15

续表

发行主体	ABS/ABN		公司债		中期票据		短融/超短融		PPN		合计
	发行金额/亿元	发行数量/支	发行金额/亿元	发行数量/支	发行金额/亿元	发行数量/支	发行金额/亿元	发行数量/支	发行金额/亿元	发行数量/支	发行金额/亿元
国网国际融资租赁有限公司	—	—	—	—	—	—	30.00	5	—	—	30.00
芯鑫融资租赁有限责任公司	—	—	10.00	1	10.00	1	10.00	1	—	—	30.00
国新融资租赁有限公司	—	—	—	—	—	—	10.00	1	20.00	2	30.00
国泰租赁有限公司	13.24	1	5.00	1	—	—	6.00	2	5.00	1	29.24
河钢融资租赁有限公司	28.52	2	—	—	—	—	—	—	—	—	28.52
上海大唐融资租赁有限公司	—	—	10.00	2	—	—	15.00	3	3.00	1	28.00
中垠融资租赁有限公司	25.18	1	—	—	—	—	—	—	—	—	25.18
上实融资租赁有限公司	23.68	1	—	—	—	—	—	—	—	—	23.68
中铁金控融资租赁有限公司	23.24	3	—	—	—	—	—	—	—	—	23.24

续表

发行主体	ABS/ABN		公司债		中期票据		短融/超短融		PPN		合计
	发行金额/亿元	发行数量/支	发行金额/亿元	发行数量/支	发行金额/亿元	发行数量/支	发行金额/亿元	发行数量/支	发行金额/亿元	发行数量/支	发行金额/亿元
云能融资租赁（上海）有限公司	10.59	2	10.00	1	—	—	—	—	—	—	20.59
北京市文化科技融资租赁股份有限公司	15.03	2	—	—	—	—	5.00	1	—	—	20.03
同煤漳泽（上海）融资租赁有限责任公司	20.00	1	—	—	—	—	—	—	—	—	20.00
君创国际融资租赁有限公司	11.35	1	7.00	2	—	—	—	—	—	—	18.35
华宝都鼎（上海）融资租赁有限公司	18.32	2	—	—	—	—	—	—	—	—	18.32
中飞租融资租赁有限公司	—	—	10.00	1	8.00	1	—	—	—	—	18.00
国药集团融资租赁有限公司	13.83	2	4.00	2	—	—	—	—	—	—	17.83
国电融资租赁有限公司	15.68	1	—	—	—	—	—	—	—	—	15.68

续表

发行主体	ABS/ABN		公司债		中期票据		短融/超短融		PPN		合计
	发行金额/亿元	发行数量/支	发行金额/亿元	发行数量/支	发行金额/亿元	发行数量/支	发行金额/亿元	发行数量/支	发行金额/亿元	发行数量/支	发行金额/亿元
首汽租赁有限责任公司	—	—	15.00	1	—	—	—	—	—	—	15.00
上海有车有家融资租赁有限公司	14.10	3	—	—	—	—	—	—	—	—	14.10
平安国际融资租赁（天津）有限公司	13.75	2	—	—	—	—	—	—	—	—	13.75
浙江大搜车融资租赁有限公司	13.57	4	—	—	—	—	—	—	—	—	13.57
武汉光谷融资租赁有限公司	12.37	1	—	—	—	—	—	—	—	—	12.37
汇通信诚租赁有限公司	11.86	1	—	—	—	—	—	—	—	—	11.86
山东高速环球融资租赁有限公司	11.28	1	—	—	—	—	—	—	—	—	11.28
江苏徐工工程机械租赁有限公司	10.77	2	—	—	—	—	—	—	—	—	10.77

续表

发行主体	ABS/ABN		公司债		中期票据		短融/超短融		PPN		合计
	发行金额/亿元	发行数量/支	发行金额/亿元	发行数量/支	发行金额/亿元	发行数量/支	发行金额/亿元	发行数量/支	发行金额/亿元	发行数量/支	发行金额/亿元
中建投租赁（天津）有限责任公司	10.74	1	—	—	—	—	—	—	—	—	10.74
中建投租赁（上海）有限责任公司	10.24	1	—	—	—	—	—	—	—	—	10.24
北京中车信融融资租赁有限公司	10.03	1	—	—	—	—	—	—	—	—	10.03
渤海租赁股份有限公司	—	—	—	—	—	—	10.00	2	—	—	10.00
中国电建集团租赁有限公司	10.00	1	—	—	—	—	—	—	—	—	10.00
中关村科技租赁股份有限公司	10.00	1	—	—	—	—	—	—	—	—	10.00
中恒国际租赁有限公司	10.00	1	—	—	—	—	—	—	—	—	10.00
海尔融资租赁股份有限公司	9.64	1	—	—	—	—	—	—	—	—	9.64
利程融资租赁（上海）有限公司	9.38	1	—	—	—	—	—	—	—	—	9.38

续表

发行主体	ABS/ABN		公司债		中期票据		短融/超短融		PPN		合计
	发行金额/亿元	发行数量/支	发行金额/亿元	发行数量/支	发行金额/亿元	发行数量/支	发行金额/亿元	发行数量/支	发行金额/亿元	发行数量/支	发行金额/亿元
新兴际华融资租赁有限公司	9.32	1	—	—	—	—	—	—	—	—	9.32
杭州金投融资租赁有限公司	6.95	1	2.00	1	—	—	—	—	—	—	8.95
聚信国际融资租赁股份有限公司	8.77	1	—	—	—	—	—	—	—	—	8.77
湖南中宏融资租赁有限公司	8.25	1	—	—	—	—	—	—	—	—	8.25
无锡金控融资租赁有限公司	8.20	1	—	—	—	—	—	—	—	—	8.20
广西融资租赁有限公司	8.14	1	—	—	—	—	—	—	—	—	8.14
华润租赁有限公司	—	—	8.00	1	—	—	—	—	—	—	8.00
浙江中大元通融资租赁有限公司	7.91	1	—	—	—	—	—	—	—	—	7.91
凯京融资租赁（上海）有限公司	7.88	3	—	—	—	—	—	—	—	—	7.88

续表

发行主体	ABS/ABN		公司债		中期票据		短融/超短融		PPN		合计
	发行金额/亿元	发行数量/支	发行金额/亿元	发行数量/支	发行金额/亿元	发行数量/支	发行金额/亿元	发行数量/支	发行金额/亿元	发行数量/支	发行金额/亿元
上海爱建融资租赁有限公司	7.20	1	—	—	—	—	—	—	—	—	7.20
奥克斯融资租赁股份有限公司	7.02	1	—	—	—	—	—	—	—	—	7.02
信远融资租赁（浙江）有限公司	7.00	1	—	—	—	—	—	—	—	—	7.00
沣邦融资租赁（上海）有限公司	7.00	1	—	—	—	—	—	—	—	—	7.00
远大（上海）融资租赁有限公司	6.79	2	—	—	—	—	—	—	—	—	6.79
诚泰融资租赁（上海）有限公司	6.54	1	—	—	—	—	—	—	—	—	6.54
科学城（广州）融资租赁有限公司	6.15	1	—	—	—	—	—	—	—	—	6.15
上海云城融资租赁有限公司	6.00	1	—	—	—	—	—	—	—	—	6.00

续表

发行主体	ABS/ABN		公司债		中期票据		短融/超短融		PPN		合计
	发行金额/亿元	发行数量/支	发行金额/亿元	发行数量/支	发行金额/亿元	发行数量/支	发行金额/亿元	发行数量/支	发行金额/亿元	发行数量/支	发行金额/亿元
上海耘林融资租赁有限公司	5.96	1	—	—	—	—	—	—	—	—	5.96
中原航空融资租赁股份有限公司	5.80	1	—	—	—	—	—	—	—	—	5.80
中联重科融资租赁（北京）有限公司	5.18	1	—	—	—	—	—	—	—	—	5.18
普洛斯融资租赁（上海）有限公司	5.00	1	—	—	—	—	—	—	—	—	5.00
浙江国金融资租赁股份有限公司	5.00	1	—	—	—	—	—	—	—	—	5.00
厦门恒驰汇通融资租赁有限公司	5.00	1	—	—	—	—	—	—	—	—	5.00
浙江海洋租赁股份有限公司	4.96	1	—	—	—	—	—	—	—	—	4.96
深圳比亚迪国际融资租赁有限公司	4.92	1	—	—	—	—	—	—	—	—	4.92

续表

发行主体	ABS/ABN		公司债		中期票据		短融/超短融		PPN		合计
	发行金额/亿元	发行数量/支	发行金额/亿元	发行数量/支	发行金额/亿元	发行数量/支	发行金额/亿元	发行数量/支	发行金额/亿元	发行数量/支	发行金额/亿元
江苏瀚瑞金港融资租赁有限公司	4.75	1	—	—	—	—	—	—	—	—	4.75
汇益融资租赁（天津）有限公司	4.58	1	—	—	—	—	—	—	—	—	4.58
台金融资租赁（天津）有限责任公司	4.42	1	—	—	—	—	—	—	—	—	4.42
安徽中财租赁有限责任公司	4.21	1	—	—	—	—	—	—	—	—	4.21
太钢（天津）融资租赁有限公司	—	—	—	—	4.00	1	—	—	—	—	4.00
上海国金租赁有限公司	—	—	—	—	—	—	—	—	4.00	1	4.00
泰山融资租赁有限公司	3.88	1	—	—	—	—	—	—	—	—	3.88
先锋太盟融资租赁有限公司	3.27	1	—	—	—	—	—	—	—	—	3.27
德银融资租赁有限公司	3.23	1	—	—	—	—	—	—	—	—	3.23

续表

发行主体	ABS/ABN		公司债		中期票据		短融/超短融		PPN		合计
	发行金额/亿元	发行数量/支	发行金额/亿元	发行数量/支	发行金额/亿元	发行数量/支	发行金额/亿元	发行数量/支	发行金额/亿元	发行数量/支	发行金额/亿元
广州凯得融资租赁有限公司	3.01	1	—	—	—	—	—	—	—	—	3.01
广东耀达融资租赁有限公司	3.00	1	—	—	—	—	—	—	—	—	3.00
华科融资租赁有限公司	2.95	1	—	—	—	—	—	—	—	—	2.95
上海大众融资租赁有限公司	2.90	1	—	—	—	—	—	—	—	—	2.90
江西省海济融资租赁股份有限公司	2.81	1	—	—	—	—	—	—	—	—	2.81
重庆银海融资租赁有限公司	—	—	—	—	—	—	2.20	1	—	—	2.20
嘉铭融资租赁（上海）有限公司	2.00	1	—	—	—	—	—	—	—	—	2.00
瓜子融资租赁（中国）有限公司	1.67	1	—	—	—	—	—	—	—	—	1.67
顺泰融资租赁股份有限公司	1.37	1	—	—	—	—	—	—	—	—	1.37
合计	2824.09	230	566.50	65	120.60	12	1110.70	156	208.00	27	4829.89

数据来源：Wind，中国融资租赁（西湖）论坛整理。

与融资租赁不同，金融租赁公司 2019 年公开市场融资规模以金融债为主。2019 年共有 20 家金融租赁公司开展了公开市场融资，融资总额 687.04 亿元，较 2018 年下降 25.44%。其中河北省金融租赁有限公司和江苏金融租赁股份有限公司开展了 CLO 融资，融资总额 39.04 亿元，占比 5.68%；交银金融租赁有限责任公司等 20 家金融租赁公司累计发行了 30 支金融债，融资总额 648 亿元，占比 94.32%。

表 2　2019 年金融租赁公司部分直接融资渠道、规模统计表

发行主体	CLO		金融债		合计
	发行金额/亿元	发行数量/支	发行金额/亿元	发行数量/支	发行金额/亿元
交银金融租赁有限责任公司	—	—	135.00	3	135.00
招银金融租赁有限公司	—	—	80.00	4	80.00
工银金融租赁有限公司	—	—	60.00	3	60.00
浦银金融租赁股份有限公司	—	—	40.00	2	40.00
太平石化金融租赁有限责任公司	—	—	40.00	2	40.00
信达金融租赁有限公司	—	—	30.00	1	30.00
农银金融租赁有限公司	—	—	30.00	1	30.00
华融金融租赁股份有限公司	—	—	30.00	1	30.00
河北省金融租赁有限公司	19.84	1	10.00	1	29.84
江苏金融租赁股份有限公司	19.20	1	10.00	2	29.20
华夏金融租赁有限公司	—	—	25.00	1	25.00
昆仑金融租赁有限责任公司	—	—	25.00	1	25.00
兴业金融租赁有限责任公司	—	—	25.00	1	25.00
永赢金融租赁有限公司	—	—	20.00	1	20.00
渝农商金融租赁有限责任公司	—	—	20.00	1	20.00
西藏金融租赁有限公司	—	—	20.00	1	20.00
长城国兴金融租赁有限公司	—	—	20.00	1	20.00
冀银金融租赁股份有限公司	—	—	10.00	1	10.00
珠江金融租赁有限公司	—	—	10.00	1	10.00
光大金融租赁股份有限公司	—	—	8.00	1	8.00
合计	39.04	2	648.00	30	687.04

数据来源：Wind，中国融资租赁（西湖）论坛整理。

2.2 2019 年租赁公司债券发行分析

2019 年金融租赁公司金融债发行规模大幅缩减，而融资租赁公司在债券发行规模上取得大幅增长。

在发行数量上，公司债、短融和超短融有所增长，中期票据和 PPN 有所下降，金融债与 2018 年持平。2019 年金融租赁公司发行金融债 30 支，与 2018 年持平。融资租赁公司发行公司债 65 支，较 2018 年增加 14 支；发行短融和超短融 156 支，较 2018 年增加 32 支；发行中期票据 12 支，较 2018 年减少 5 支；发行 PPN27 支，较 2018 年减少 13 支。

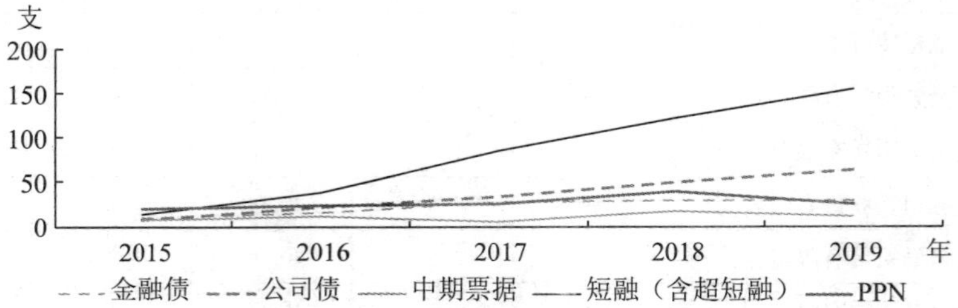

图 5 租赁公司各年债券发行数量统计

数据来源：Wind，中国融资租赁（西湖）论坛整理。

在发行金额上，公司债、短融和超短融有所增长，金融债、中期票据和 PPN 有所下降。2019 年金融租赁公司共发行金融债 648 亿元，较 2018 年下降 28.24%。融资租赁公司共发行公司债 566.5 亿元，较 2018 年增加 15.28%；发行短融和超短融 1110.7 亿元，较 2018 年增加 15.70%；发行中期票据 120.6 亿元，较 2018 年减少 32.17%；发行 PPN208 亿元，较 2018 年减少 34.49%。

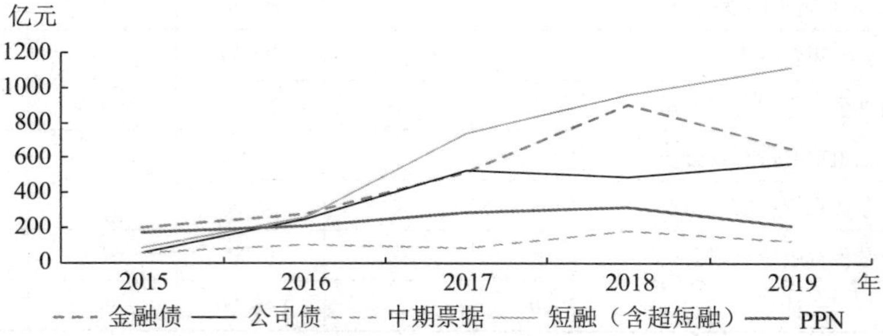

图 6 租赁公司各年债券发行金额统计

数据来源：Wind，中国融资租赁（西湖）论坛整理。

在平均票面利率方面，各债券均有所下降。2019 年金融债平均票面利率 3. 82%，较 2018 年下降 97BP；公司债平均票面利率 4. 93%，较 2018 年下降 123BP；中期票据平均票面利率 4. 44%，较 2018 年下降 109BP；短融和超短融平均票面利率 3. 14%，较 2018 年下降 152BP；PPN 平均票面利率 4. 78%，较 2018 年下降 115BP。

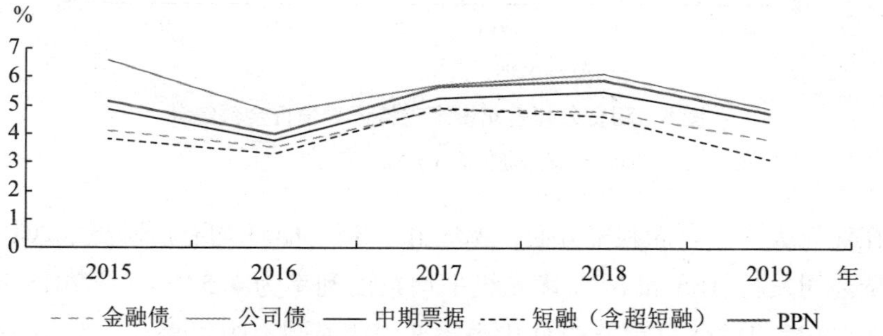

图 7　租赁公司各年债券发行平均票面利率统计

数据来源：Wind，中国融资租赁（西湖）论坛整理。

2. 3　2019 年租赁公司资产证券化分析

2019 年金融租赁公司和融资租赁公司资产证券化规模均处于增长状态。

在发行数量方面，ABS、ABN 和 CLO 均有所增长。2019 年融资租赁公司共发行 ABS 和 ABN 230 支，较 2018 年增加 87 支；金融租赁公司共发行 CLO 2 支，较 2018 年增加 1 支。

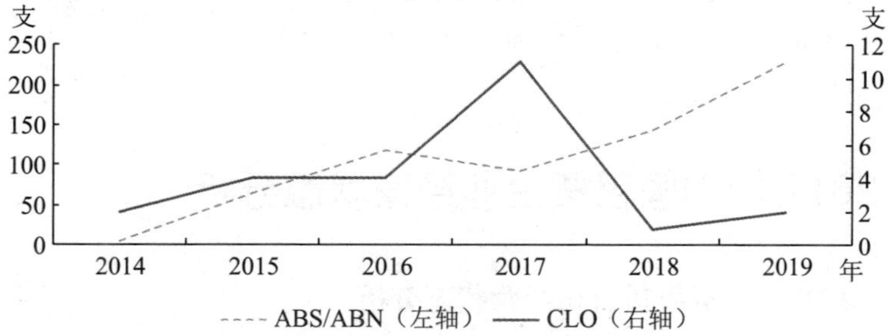

图 8　租赁公司各年资产支持证券发行数量统计

数据来源：Wind，中国融资租赁（西湖）论坛整理。

在发行金额方面，ABS 和 ABN、CLO 均有所增长。2019 年融资租赁公司发行 ABS 和 ABN 总额为 2824. 09 亿元，较 2018 年增加 74. 58%；金融租赁公司发行 CLO 总额为 39. 04 亿元，较 2018 年增加 110. 94% 。

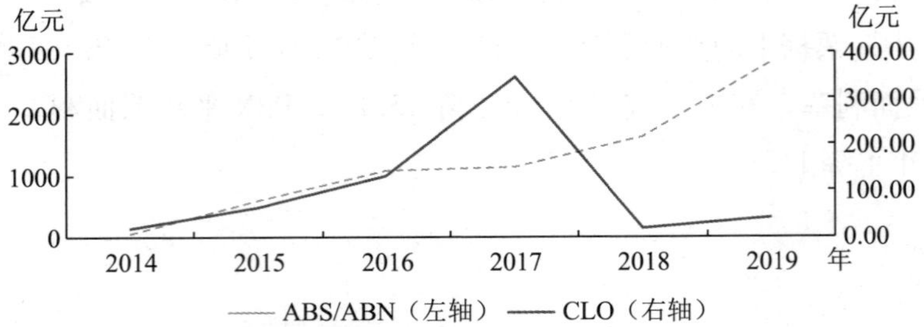

图 9　租赁公司各年资产支持证券发行金额统计

数据来源：Wind，中国融资租赁（西湖）论坛整理。

在优先级平均票面利率方面，ABS 和 ABN、CLO 均有所降低。2019 年融资租赁公司发行 ABS 和 ABN 优先级平均票面利率为 4. 59% ，较 2018 年下降 135BP；金融租赁公司发行 CLO 优先级平均票面利率为 4. 88% ，较 2018 年下降 138BP。

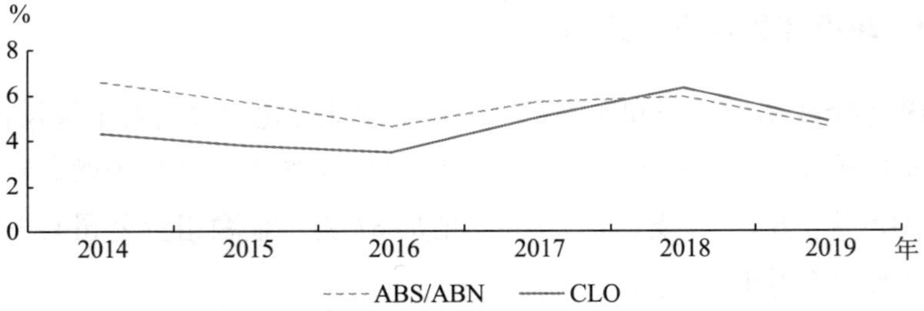

图 10　租赁公司各年资产支持证券发行优先级平均票面利率统计

数据来源：Wind，中国融资租赁（西湖）论坛整理。

3　2019 年中国租赁企业经营状态分析

3. 1　2019 年融资租赁公司经营状态分析

本文对 27 家样本融资租赁公司 2019 年三季度财务报告展开分析，总体表现较好。从总资产变化来看，2019 年三季度有 71. 43% 的样本公司中总资产处于增长状态，28. 57% 的样本公司总资产增长超过 20% 。从净资产变化来看，2019 年三季度有 92. 86% 的样本公司净资产处于增长状态，32. 14% 的样本公司净资产增长超过 20%。

表 3　2019 年三季度 27 家融资租赁公司经营状态表

公司名称	总资产/亿元	同比增减/%	净资产/亿元	同比增减/%	净利润/亿元	同比增减/%
渤海租赁股份有限公司	2704.79	-7.99	557.37	41.41	32.47	26.84
中航国际租赁有限公司	1530.24	35.36	179.62	54.03	13.92	47.47
海通恒信国际租赁股份有限公司	921.78	24.61	153.62	21.91	—	—
中电投融和融资租赁有限公司	567.02	24.58	81.39	61.31	5.28	27.11
芯鑫融资租赁有限责任公司	468.59	5.11	129.44	4.70	4.73	37.21
广州越秀融资租赁有限公司	421.72	25.28	86.04	3.54	6.13	36.56
中建投租赁股份有限公司	410.88	3.01	50.23	13.21	4.48	22.16
中国康富国际租赁股份有限公司	318.09	-5.14	41.01	3.40	2.45	-21.95
中远海运租赁有限公司	354.47	27.93	49.02	7.43	3.24	-3.86
招商局通商融资租赁有限公司	340.13	49.19	53.97	3.61	1.90	61.04
中飞租融资租赁有限公司	319.72	16.52	63.80	53.16	2.00	14.79
国药控股（中国）融资租赁有限公司	277.55	19.86	45.59	33.78	4.43	62.99
华能天成融资租赁有限公司	289.42	16.71	49.02	5.76	3.49	26.43
国泰租赁有限公司	256.80	7.74	72.42	49.78	3.19	14.32
国电融资租赁有限公司	240.94	-0.29	145.18	0.24	4.78	5.54
山东晨鸣融资租赁有限公司	200.70	-38.93	112.54	13.23	5.95	-3.92
华润租赁有限公司	210.32	63.44	24.82	10.25	1.82	77.32
华电融资租赁有限公司	220.84	16.93	31.63	20.61	2.29	7.27
狮桥融资租赁（中国）有限公司	196.60	16.38	32.22	21.46	2.26	73.92

续表

公司名称	总资产/亿元	同比增减/%	净资产/亿元	同比增减/%	净利润/亿元	同比增减/%
君创国际融资租赁有限公司	127.94	13.27	26.40	9.15	1.78	11.26
中广核国际融资租赁有限公司	123.31	1.24	23.99	11.14	1.57	91.21
悦达融资租赁有限公司	56.87	-6.10	10.15	7.36	0.60	-29.46
中交融资租赁有限公司	403.46	35.50	80.04	12.37	2.70	15.36
大唐融资租赁有限公司	292.58	4.93	81.80	2.87	3.84	-3.77
北京市文化科技融资租赁股份有限公司	126.78	7.87	37.99	9.45	2.05	11.22
山东东海融资租赁股份有限公司	7.63	-53.17	6.75	-20.38	-1.28	-5182.95
浙江康安融资租赁股份有限公司	7.52	-11.17	3.25	3.12	0.19	421.70

数据来源：wind，中国融资租赁（西湖）论坛整理。

在公司运作效率方面，多数样本公司处于高效运作状态。2019 年三季度有 57.69% 的样本公司资产负债率超过 80%，公司处于高效运作状态；26.92% 的样本公司资产负债率在 70% 与 80% 之间，公司运作状态较好；15.38% 的样本公司资产负债率在 15% 以下，公司运作效率较低。

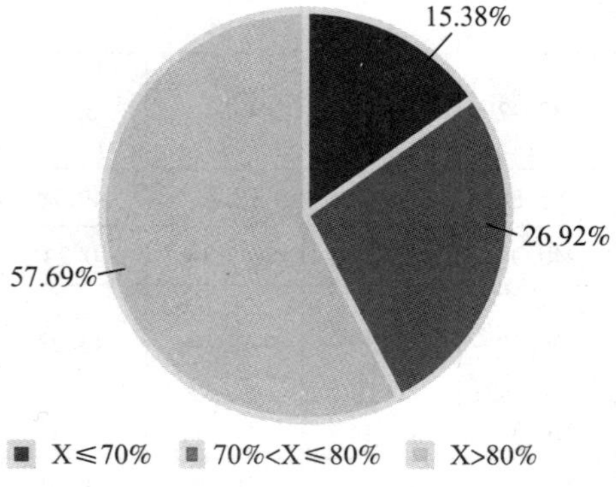

图 11　样本融资租赁公司 2019 年三季度资产负债率分布

数据来源：wind，中国融资租赁（西湖）论坛整理。

在公司收益方面，样本总体表现良好。在净资产收益率（ROE）指标上，3.85%的样本公司ROE超过10%；7.69%的样本公司ROE在8%和10%之间；64.54%的样本公司ROE在5%和8%之间；23.08%的样本公司ROE在0和5%之间；仅有3.85%的样本公司ROE小于0，处于亏损状态。在总资产收益率（ROA）指标上，样本公司表现相对更佳。19.23%的样本公司ROA超过3%；11.54%的样本公司ROA在2%和3%之间；61.54%的样本公司ROA在1%和2%之间；3.85%的样本公司ROA在0和1%之间；3.85%的样本公司ROA小于0。

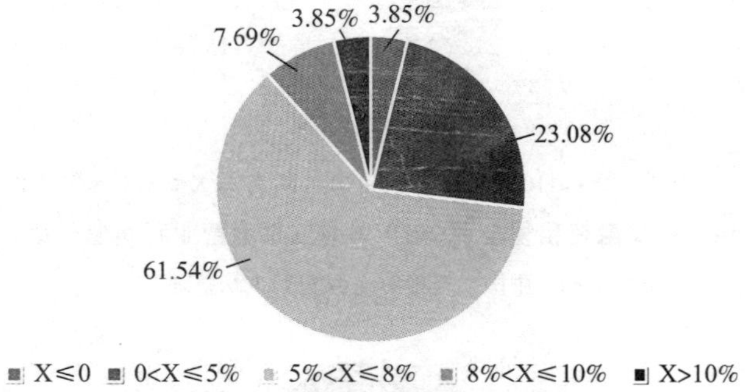

图12 样本融资租赁公司2019年前三季度ROE分布

数据来源：Wind，中国融资租赁（西湖）论坛整理。

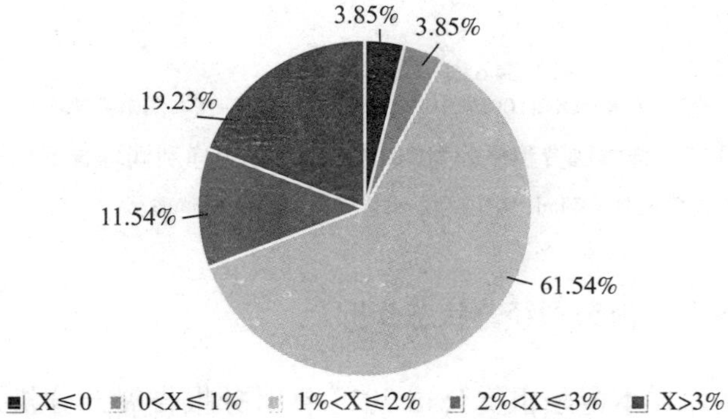

图13 样本融资租赁公司2019年前三季度ROA分布

数据来源：Wind，中国融资租赁（西湖）论坛整理。

在公司利润增长方面，多数样本公司利润快速增长。在营业利润增长率指标上，23.08%的样本公司营业利润增长率超过50%；19.23%的样本公司营业利润增长率在30%和50%之间；19.23%的样本公司营业利润增长率在

10%和 30%之间；15.38%的样本公司营业利润增长率在 0 和 10%之间；23.08%的样本公司营业利润处于负增长状态。在净利润增长率指标上，23.08%的样本公司净利润增长率超过 50%；11.54%的样本公司净利润增长率在 30%和 50%之间；34.62%的样本公司净利润增长率在 10%和 30%之间；7.69%的样本公司净利润增长率在 0 和 10%之间；23.08%的样本公司净利润处于负增长状态。

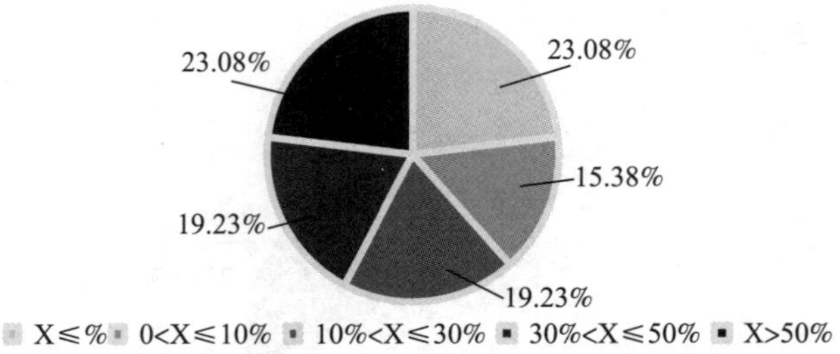

图 14　样本融资租赁公司 2019 年前三季度营业利润增长率分布

数据来源：Wind，中国融资租赁（西湖）论坛整理。

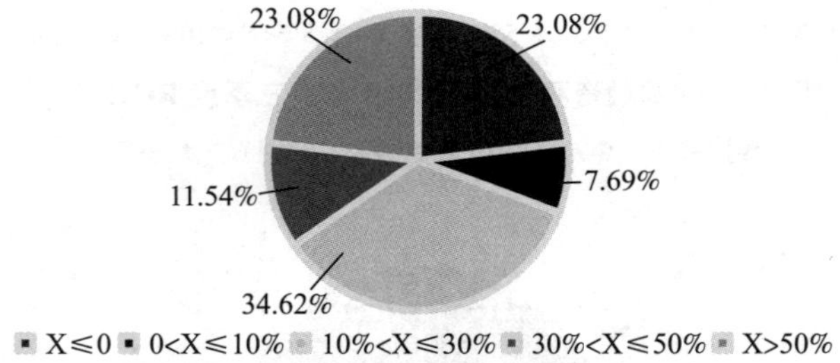

图 15　样本融资租赁公司 2019 年前三季度净利润增长率分布

数据来源：Wind，中国融资租赁（西湖）论坛整理。

3.2　2019 年金融公司经营状态分析

本文对 24 家样本金融租赁公司 2019 年财务报告展开分析，总体表现较好。从总资产变化来看，2019 年有 75%的样本金融租赁公司中总资产处于增长状态，25%的样本金融租赁公司总资产增长超过 20%。从净资产变化来看，2019 年所有样本金融租赁公司净资产处于增长状态，42.11%的样本金融租赁公司净资产增长超过 10%。从净利润来看，所有样本金融租赁公司均处于盈利状态。其中 95.45%的样本金融租赁公司净利润处于增长状态，68.18%的样本金融租赁公司净利润增长超过 20%。

表 4　2019 年 24 家金融租赁公司经营状态表

公司名称	总资产/亿元	同比增减/%	净资产/亿元	同比增减/%	净利润/亿元	同比增减/%
工银金融租赁有限公司	2709.81	-0.19	362.06	11.16	34.36	6.87
国银金融租赁股份有限公司	2613.01	9.76	256.69	6.06	29.38	17.20
交银金融租赁有限责任公司	2531.19	9.22	248.05	14.01	30.21	10.38
建信金融租赁股份有限公司	1310.76	-11.07	160.13	10.65	15.21	15.67
农银金融租赁有限公司	547.51	20.00	97.32	2.47	2.32	37.28
招银金融租赁有限公司	1887.18	10.17	203.66	13.50	25.01	12.91
民生金融租赁股份有限公司	1877.38	8.10	191.50	8.35	—	—
光大金融租赁股份有限公司	949.46	30.59	91.89	9.71	8.07	48.07
中信金融租赁有限公司	502.36	0.04	60.44	—	7.68	48.26
昆仑金融租赁有限责任公司	631.67	8.71	111.23	6.67	11.46	21.01
中国外贸金融租赁有限公司	634.49	-2.52	96.12	5.81	10.02	10.60
太平石化金融租赁有限公司	481.15	-2.81	64.46	6.70	5.47	92.19
中铁建金融租赁有限公司	485.65	7.19	49.63	15.47	6.65	47.78
邦银金融租赁股份有限公司	321.82	15.01	—	—	—	—
永赢金融租赁有限公司	359.49	66.65	39.99	56.76	4.48	84.36
渝农商金融租赁有限责任公司	344.30	16.14	37.60	12.95	5.60	73.91
浙江浙银金融租赁股份有限公司	286.93	39.41	36.35	13.95	4.45	211.19
哈银金融租赁有限责任公司	248.50	6.32	—	—	2.76	58.62
河南九鼎金融租赁股份有限公司	169.67	2.81	24.92	8.07	2.01	113.83
重庆鈊渝金融租赁股份有限公司	187.05	22.36	33.96	6.63	2.33	117.76
江西金融租赁股份有限公司	204.30	30.66	—	—	2.60	113.11
青岛青银金融租赁有限公司	94.51	20.01	11.48	9.96	1.03	151.22
天银金融租赁股份有限公司	81.35	-9.74	—	—	0.71	0.00
广融达金融租赁有限公司	7.55	-26.34	5.11	0.59	0.03	152.07

数据来源：Wind，中国融资租赁（西湖）论坛整理。

4 2019 年中国融资租赁发展展望指数分析

2019 年，中国融资租赁（西湖）论坛按季编制中国融资租赁发展展望指数（以下简称“展望指数”），客观反映中国融资租赁发展状态，揭示行业发展的痛点与难点。据展望指数显示，2019 年各季度中国融资租赁行业总体均偏乐观，四季度展望指数均稳定在枯荣线以上，行业发展较好。

但三大子指数表现变化不一。行业发展指数四个季度均位于枯荣线以上，且数值一直处于加速增长状态，租赁公司业务拓展和收益状况均有所提升。行业信心指数虽四个季度均位于枯荣线以上，但受新冠病毒疫情影响，第四季度行业信心指数较三季度大幅回落。而行业预警指数表现较差。受外部营商环境影响，行业预警指数一直处于下降状态，自第二季度以来便位于枯荣线以下。下面将分指标具体分析 2019 年中国融资租赁行业发展状态。

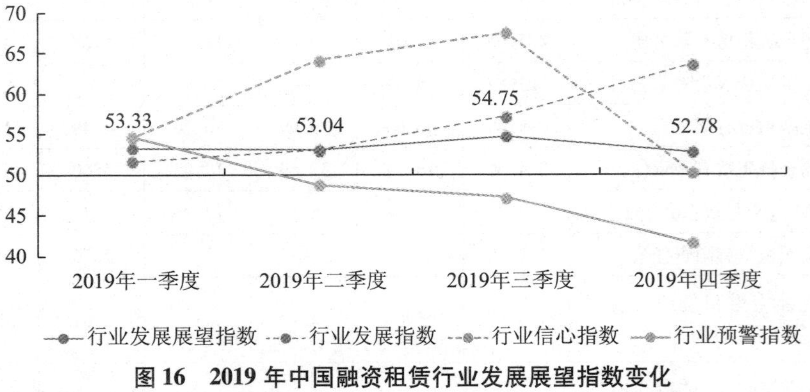

图 16 2019 年中国融资租赁行业发展展望指数变化

数据来源：中国融资租赁（西湖）论坛。

在业务发展方面，2019 年行业整体表现偏好。在租赁资产净投放额指标上，2019 年二、三、四季度均有超过 50% 的样本租赁公司租赁资产净投放额处于同比增长状态。而租赁资产净投放额处于同比下降状态的租赁公司比重虽有所上升，但比重均未超过 20% 。在主营业务收入指标上，2019 年四个季度处于增长状态的样本公司比例处于上升趋势，总体情况向好。

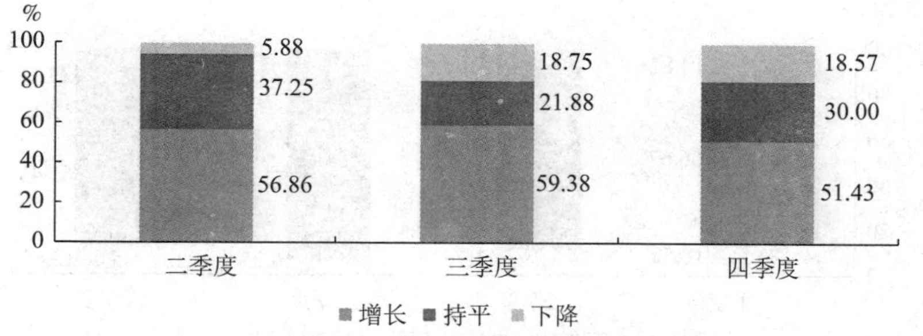

图 17　公司租赁资产净投放额同比增长状态分布

数据来源：中国融资租赁（西湖）论坛。

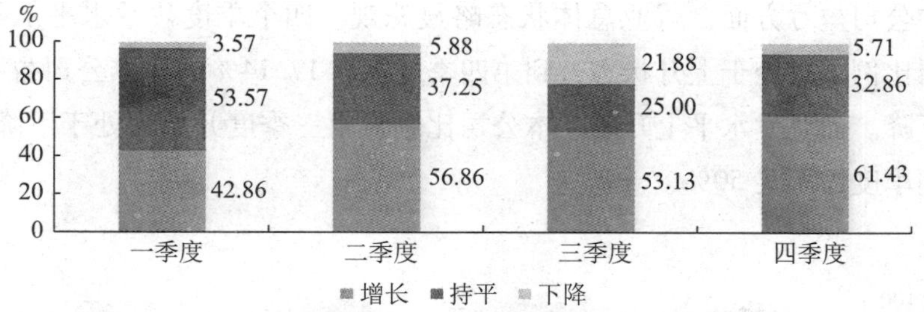

图 18　公司主营业务收入同比增长状态分布

数据来源：中国融资租赁（西湖）论坛。

在外部融资方面，行业总体表现向好。虽有一定比例样本公司表示外部融资难度有所上升，但从公司负债融资平均成本而言，2019 年公司负债融资平均成本较人行基准利率上浮 10% 以内和上浮 30% 以内的样本公司比例均在不断上升。

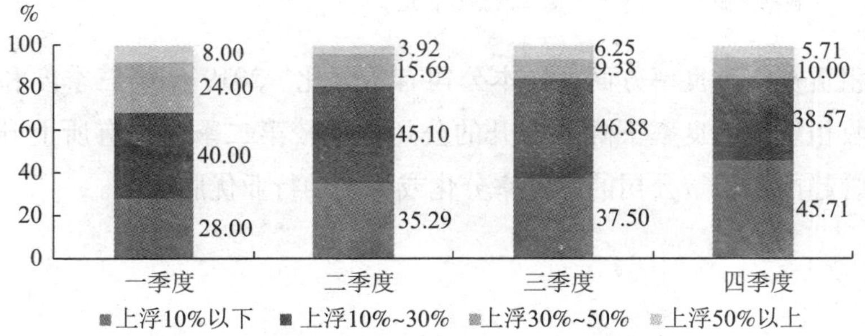

图 19　公司负债融资平均成本较人行基准利率分布

数据来源：中国融资租赁（西湖）论坛。

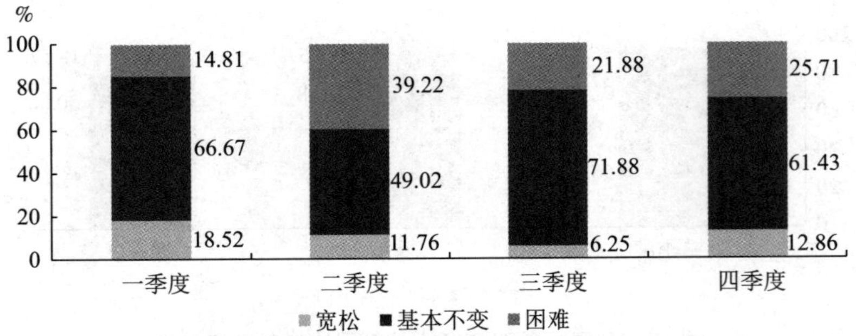

图 20　公司外部融资便利程度变化分布

数据来源：中国融资租赁（西湖）论坛。

在公司盈亏方面，行业总体状态略显悲观。四个季度盈亏水平下降的样本公司比例一直处于上升状态，到第四季度已有 17. 14% 的样本公司盈亏水平有所下降。而盈亏水平上升的样本公司比例自第三季度开始均处于下降状态，到第四季度已不足 50% 。

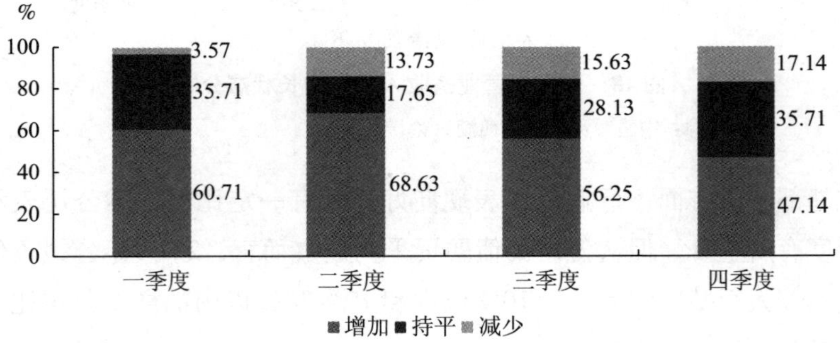

图 21　公司盈亏水平变化分布

数据来源：中国融资租赁（西湖）论坛。

在租赁资产不良率方面，样本公司有所分化。2019 年第三季度和第四季度，应收租赁款不良率下降和上升的公司比例较第二季度均有所上升。伴随行业监管趋严，租赁公司的不良率分化或将推动行业优胜劣汰。

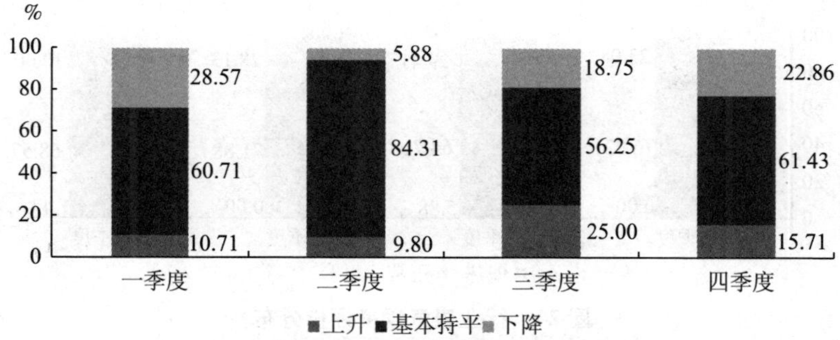

图 22　公司应收租赁款不良率变化分布

数据来源：中国融资租赁（西湖）论坛。

在公司展业状态评价方面，2019 年第三季度行业展业状态大幅下降，但在第四季度有所回升。2019 年第三季度，认为该季度展业情况较好的公司比例从第二季度的 64. 71% 大幅下降至 25%，而认为该季度展业情况不理想的公司比例则从第二季度的 1. 96% 大幅上升至 12. 50%。社会融资逾期率有所上升，去杠杆导向明显，适租客户和适租行业收窄或为行业展业状态大幅下降的主要原因。

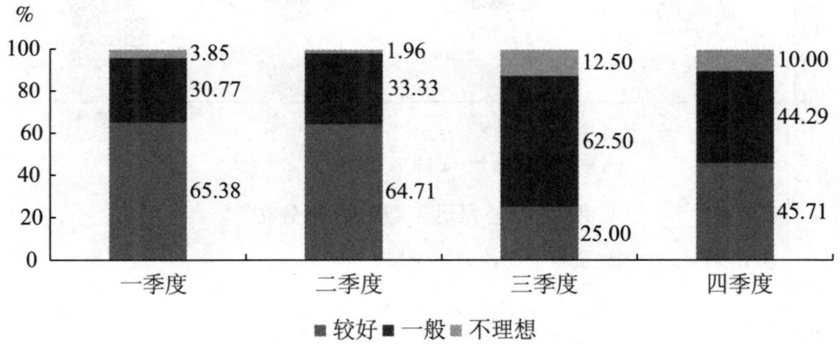

图 23　公司展业状态评价分布

数据来源：中国融资租赁（西湖）论坛。

在行业景气程度评价方面，多数公司认为目前租赁行业处于正常或偏冷状态。2019 年第二、三、四季度，均有 30% 左右的样本公司认为租赁市场偏冷，业务开展较以往较为困难。

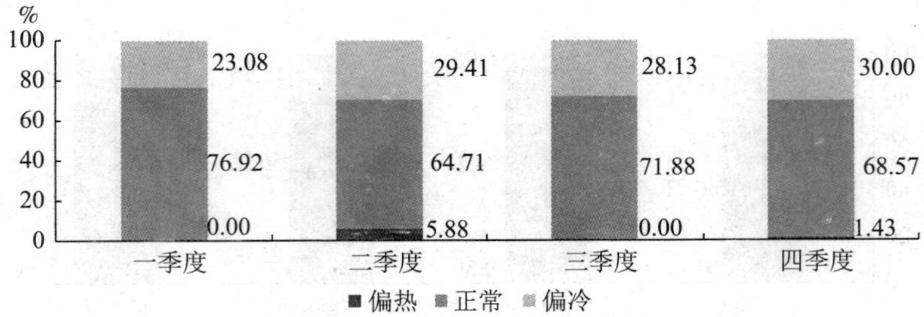

图 24　行业景气程度评价分布

数据来源：中国融资租赁（西湖）论坛。

在公司规模方面，较多租赁公司有所扩张。截至 2019 年第四季度，分别有 22. 86% 和 10% 的样本租赁公司在公司员工数量和分支机构数量上较 2018 年第四季度有所增长。而在公司员工数量和分支机构数量上收缩的样本公司比例分别仅占 7. 14% 和 2. 86% 。这意味着租赁公司大多看好租赁行业长期发展前景，市场空间较大。

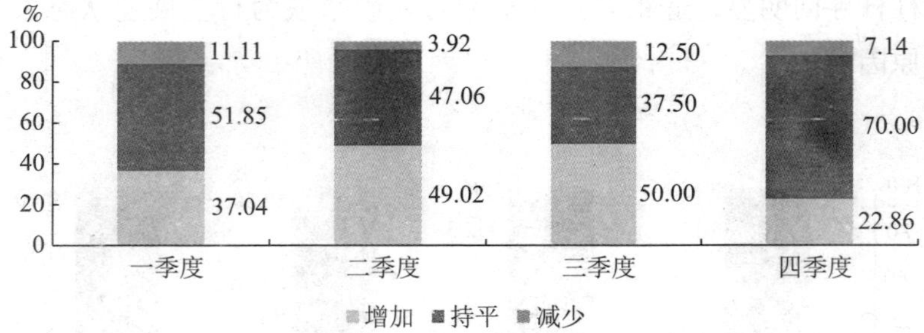

图 25　公司员工数量变化分布

数据来源：中国融资租赁（西湖）论坛。

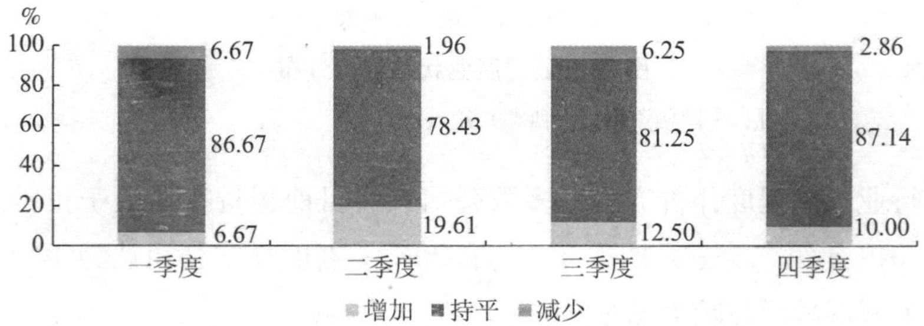

图 26　公司分支机构数量变化分布

数据来源：中国融资租赁（西湖）论坛。

5 总结与结论

2019 年中国融资租赁行业虽受中美贸易战、行业监管趋严、去杠杆等因素的影响，发展速度有所放缓，但长期发展仍可期。在租赁公司数量和注册资本方面，2019 年新增租赁公司数量和注册资本较往年有所下降。但伴随监管趋严，长期存在的大量空壳租赁公司将在未来几年逐步出清，租赁行业将向规范化健康发展，长期发展将更加稳健。在租赁业务发展方面，虽然 2019 年租赁行业总体租赁业务规模较往年增速有所下降，租赁市场处于偏冷状态，但仍有较多租赁公司在业务发展上取得新的突破，盈利能力较往年也有较大幅度的提升。率先开展专业化和规范化发展的租赁公司将会塑造自身特色，在租赁市场博弈中占据领先位置。在市场融资方面，虽然 2019 年有较多租赁公司认为外部融资更为困难，但租赁公司公开市场融资规模较往年大幅增长，平均融资成本也较往年下降明显。内部财务管理规范和信用评级较高的租赁公司将在公开市场融资方面占据明显优势。在租赁资产管理方面，虽多数租赁公司对行业租赁资产质量担忧，但调研发现应收租赁款不良率下降的租赁公司比例明显高于上升的租赁公司比例，租赁资产质量仍处于可控范围。

2020 年，在新冠病毒疫情的影响下，中国乃至全球的经济发展都面临着巨大挑战。但机遇与挑战并存。租赁公司如果能在疫情下有所作为，苦练内功，市场将会更加清晰地认识到融资租赁这一融资方式的优点，最终使得融资租赁行业的发展更加迅速。

2019 年中国融资租赁行业发展解读

许 铮 董 丁 李泽明 涂雪琪①

1 宏观经济环境分析

1.1 宏观基本面：经济下行压力加大，结构性和周期性问题相互交织

根据国家统计局披露，2019 年全年国内生产总值 990865 亿元，比上年增长 6.1%；分季度看，一季度增长 6.4%，二季度增长 6.2%，三季度增长 6.0%，四季度增长 6.0%。2018 年至今的几个季度，经济增速下降较快，既有全球经济放缓、格局分化、规则重构的大背景，也有中国自身杠杆率偏高导致的消费和投资挤出效应及内部结构调整带来的冲击。

图 1 2016—2019 年第三季度中国杠杆率

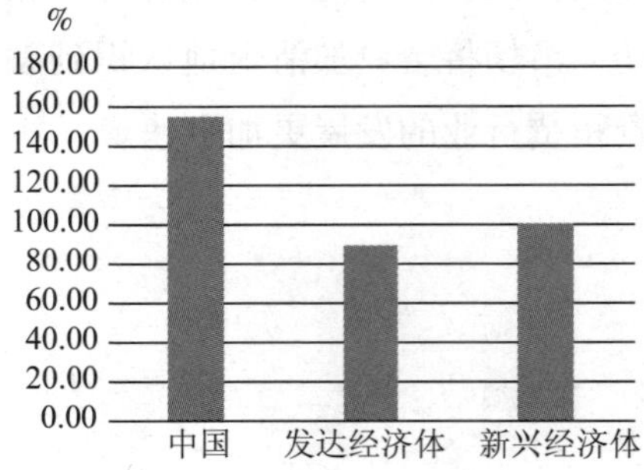

图 2 2019 年第一季度中国与其他经济体非金融企业部门杠杆率

数据来源：Wind，国际清算银行。

① 广发融资租赁（广东）有限公司。

从支出法的角度来看，消费、投资、净出口作为拉动经济增长的“三驾马车”，2019 年最终消费支出、资本形成总额、货物和服务净出口对经济增长的贡献率分别为 57.8%、31.2%、11.0%。消费是经济稳增长的重要力量，但增速稳中趋缓，基建投资仍是托底经济的主要抓手，贸易战影响出口数据承压。

2019 年社会消费品零售总额 411649 亿元，比上年名义增长 8.0%，增速比上年下降 0.98 个百分点。受居民部门高杠杆对消费挤出作用的制约，加之汽车消费需求受到高基数、需求前置和政策调控的影响，消费增速小幅回落。

2019 年固定资产投资增长 5.4%，投资增速已低于 GDP 增速。其中，制造业投资大幅回落，基础设施投资小幅回升。尽管加强基础设施建设成为稳经济的重要举措，但基建投资增速不高，国家统计局新闻发言人亦曾表示，主要是由于大规模减税降费举措，地方政府财政收入受到一定影响。在房地产调控和去杠杆控债务的主基调下，预计基础设施投资难以对冲房地产开发投资和制造业投资下行。

出口受到全球经济放缓、中美贸易摩擦的影响，不确定性加大。市场普遍预期，中美贸易摩擦可能具有长期性，它不仅对中国出口造成了很大的冲击，还有可能对中国出口导向的增长模式产生更深刻的影响。

融资租赁是通过融物实现融资的类金融服务工具，具有投资和融资的双重属性。以下对宏观环境的分析，主要从投资和融资层面予以阐述。

1.2 工业整体景气低迷，“新经济”催生结构性投资机会

从反映工业景气度的重要经济指标来看，2019 年规模以上工业增加值累计同比增速为 5.7%，这一增速属于过去 20 年的最低点，且有持续的势头。工业增加值增速持续走低，有几个主要因素共振：一是对宏观产业链影响最长最广泛的房地产和汽车两大行业受到政策调控的影响，需求端走弱；二是大部分制造业符合“雁型发展模式”，处于国际分工和产业价值链的中低端，需求端直接或间接与出口相关，即最终来自贸易环境的影响；三是供给侧结构性改革和环保限产在一定程度上抬升了上游资源品的价格，一些中下游企业的盈利空间受到挤压。2019 年规模以上工业企业营业收入和利润总额分别同比增长 3.8%、-3.3%。两者增速双双呈现逐月回落态势，利润增速自 2019 年由正转负。

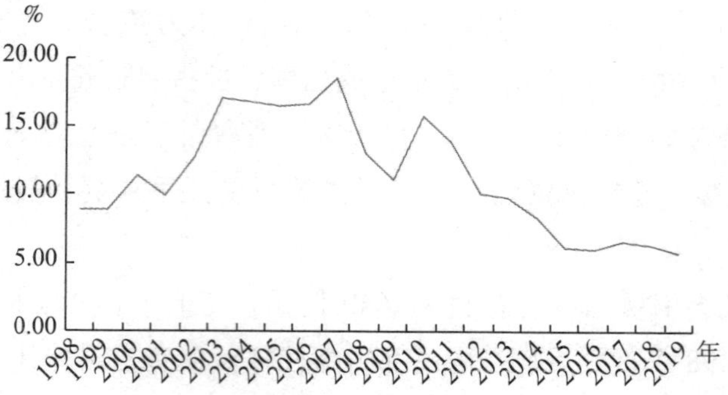

图 3　全国规模以上工业增加值同比变化

数据来源：国家统计局。

我们跟踪了沪深两市工业行业上市公司的营业收入和利润总额变化。尽管工业上市公司的营收和利润增速均呈现回落趋势，但工业上市公司的营收增速明显领先于规模以上工业企业的整体平均水平。资本市场作为资金筹措和资源配置的有效场所，在促进产业结构向高级化方向发展的总体框架下，推动上市公司提高质量已成为当前资本市场全面深化改革的重要任务。上市公司作为万千企业中的“领头羊”和推动产业结构优化升级的“排头雁”，已经成为各大金融租赁和融资租赁公司的重要目标客群。

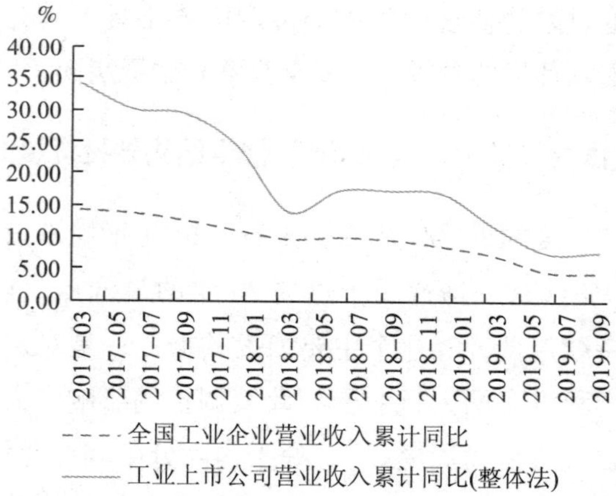

图 4　全国规模以上工业企业和沪深工业上市公司的营业收入同比变化比较

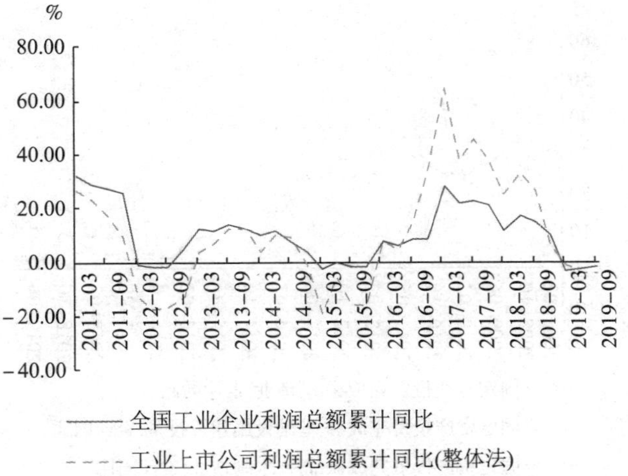

图5　全国规模以上工业企业和沪深工业上市公司的利润总额同比变化比较

数据来源：国家统计局，广发租赁研究发展部整理。

在投资方面，2019年制造业固定资产投资同比增长3.1%，增速比上年下降6.4个百分点——制造业投资增速已然下滑到2008年以来的最低水平；设备工器具购置投资完成额累计同比下降0.9%，自2019年3月以来该增速持续处于负区间。随着企业利润下降，资产负债表可能出现逆向调整，企业扩大生产、新增产能的投资意愿下滑。

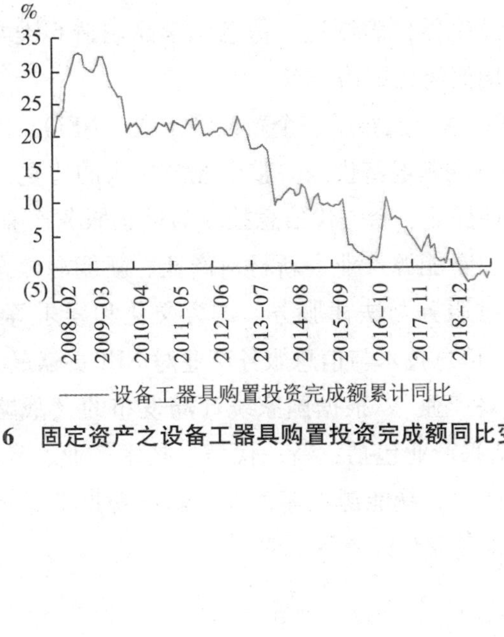

图6　固定资产之设备工器具购置投资完成额同比变化

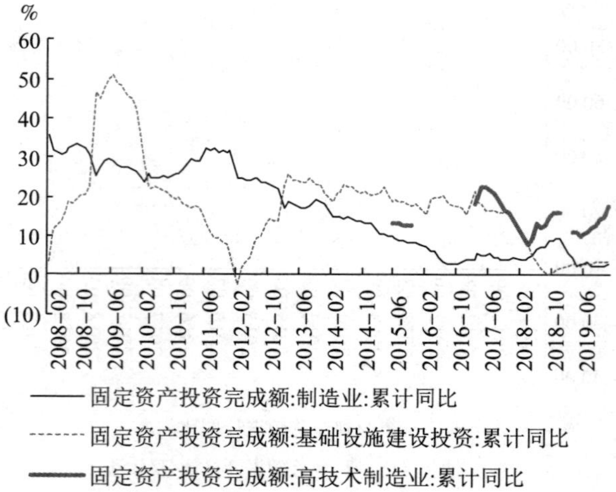

图 7　制造业、高技术制造业和基础设施行业

固定资产投资同比变化

数据来源：国家统计局。

新经济、新技术产业呈现相对较好的发展态势，增加值和投资增速明显超过工业制造业的整体平均水平。2019 年高技术制造业、战略性新兴产业利润同比分别增长 4. 8% 和 3% ，高技术制造业固定资产投资同比增长 17. 7% 。根据国家统计局《高技术产业（制造业）分类（2017）》，高技术产业（制造业）是指国民经济行业中 R&D 投入强度相对高的制造业行业，包括：医药制造，航空、航天器及设备制造，电子及通信设备制造，计算机及办公设备制造，医疗仪器设备及仪器仪表制造，信息化学品制造 6 大类。高技术制造业占规模以上工业增加值的比重约 14% 。

财新智库和 BBD 联合发布了一个新经济指数（NEI），2019 年 1—12 月平均指数为 28. 9，即月均新经济投入占整个经济投入的比重为 28. 9% 。新经济指数覆盖了节能与环保业、新一代信息技术与信息服务产业、生物医药产业、高端装备制造产业、新能源产业、新材料产业、新能源汽车产业、高新技术服务与研发业、金融服务与法律服务、体育文化和娱乐等 10 个类别，超过 140 个行业。新一代信息技术与信息服务产业对 NEI 贡献最大。NEI 新经济主要对应“战略性新兴产业”。根据国家统计局发布的《战略性新兴产业分类（2018）》，战略性新兴产业包括：新一代信息技术产业、高端装备制造产业、新材料产业、生物产业、新能源汽车产业、新能源产业、节能环保产业、数字创意产业、相关服务业 9 大领域。

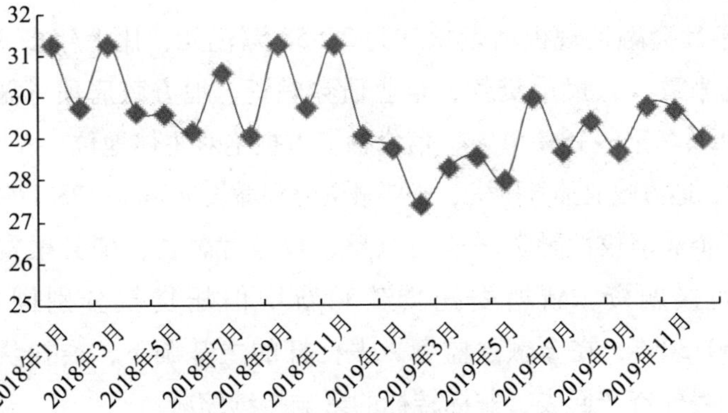

图 8　新经济指数（NEI）的变化趋势

数据来源：财新网，CEIC。

战略性新兴产业是代表产业结构战略性调整和优化升级的重要方向，是吸收资本、扩大投资的重要领域。战略性新兴产业中缺乏自主可控能力的细分产业如工业半导体材料、芯片、器件及绝缘栅双极型晶体管（IGBT）模块，以及拥有先发优势的产业如 5G、工业互联网，加之其他“新基建”领域是政策的重要发力点所在。受益政策红利，这些行业具有逆周期的增长潜力。

工业互联网作为新经济的重要业态，也将对融资租赁行业的发展带来正外部性。借助工业互联网技术穿透租赁设备，将提升融资租赁公司的风险管理和资产管理能力，并可能衍生增值性服务。2019 年 8 月工信部公布了十大跨行业跨领域工业互联网平台。2019 年 11 月工信部印发《关于印发“5G + 工业互联网”512 工程推进方案的通知》，明确打造 5 个产业公共服务平台，构建创新载体和公共服务能力；加快垂直领域“5G + 工业互联网”的先导应用，内网建设改造覆盖 10 个重点行业；打造一批“5G + 工业互联网”内网建设改造标杆、样板工程，形成至少 20 大典型工业应用场景；培育形成 5G 与工业互联网融合叠加、互促共进、倍增发展的创新态势，促进制造业数字化、网络化、智能化升级，推动经济高质量发展。

1.3　宽货币紧信用，债务融资二元结构分化，中小企业融资难突出

面对经济下行压力加大、债务风险隐患事件暴露增多的宏观形势，央行实施稳健的货币政策，强化逆周期调节措施，通过定向降准、中期借贷便利 MLF 等操作增加中长期流动性供给，以 LPR 等改革办法疏通货币政策传导，

引导市场利率整体下行。

2019年社会融资规模增量累计为25.58万亿元，比上年多3.08万亿元。从社融结构来看，人民币贷款、企业债券融资、地方政府债券融资、股票融资占比为66%:13%:18%:1%，信贷融资占据绝对主体地位；人民币贷款、企业债券融资、地方政府债券融资、股票融资分别增长7.74%、23.17%、-2.73%、-3.51%。企业债权性融资增速明显超过权益性融资，债务融资中直接融资增速超过间接融资。新增委托贷款和新增信托贷款分别同比大幅减少41.50%、50.30%，在金融强监管、去杠杆的主基调下，委托贷款、信托贷款受到银行表外资产回表、非标转标的影响持续缩减。

非金融企业直接债务融资的市场利率稳中有降。以交易所公司债为例，2019年12月，3年和5年主要期限、不同等级品种的公司债发行利率比上年底下降40~117BP，高等级债券的发行利率下降显著，3年和5年期限AAA级公司债发行利率分别下降117BP、65BP，3年和5年期限AA+级公司债发行利率分别下降51BP、98BP。另外，3年和5年期债券发行利率呈现倒挂常态，表明了市场对长期经济衰退的预期。

表1　2018年1月—2019年12月公司债月均发行利率变化

时间	公司债发行利率——3年期/%				公司债发行利率——5年期/%			
	AAA	AA+	AA	AA-	AAA	AA+	AA	AA-
2018年1月	5.75	6.56	7.14	6.65	5.87	6.53	7.24	—
2018年2月	5.33	6.67	7.28	7.50	5.83	6.95	7.03	—
2018年3月	5.82	6.79	7.24	7.00	5.76	6.52	7.20	8.75
2018年4月	5.39	6.57	7.16	—	5.07	5.96	7.10	—
2018年5月	5.38	7.50	7.21	—	5.51	6.01	7.25	—
2018年6月	5.74	7.19	8.05	—	5.59	6.91	7.16	—
2018年7月	5.30	7.36	7.43	—	5.10	6.22	7.19	—
2018年8月	5.24	6.92	7.38	8.50	4.97	6.02	7.24	—
2018年9月	5.31	7.03	7.24	7.18	5.00	7.45	7.24	—
2018年10月	5.33	7.40	7.48	—	4.78	6.28	7.21	—
2018年11月	5.60	6.81	7.35	—	4.61	5.69	7.14	6.55
2018年12月	5.66	6.73	6.94	—	4.93	6.36	7.35	8.50
2018年1月	5.10	6.62	6.93	6.54	4.45	4.81	7.46	—

续表

时间	公司债发行利率——3年期/%				公司债发行利率——5年期/%			
	AAA	AA+	AA	AA-	AAA	AA+	AA	AA-
2018年2月	4.06	5.84	6.18	—	4.56	5.10	6.50	—
2018年3月	4.68	5.92	6.77	6.65	4.62	5.34	6.94	—
2018年4月	4.73	5.78	6.95	—	4.65	5.37	6.30	7.50
2018年5月	4.71	5.76	6.45	—	4.57	5.76	6.93	—
2018年6月	4.43	6.25	6.45	7.13	4.72	5.52	5.53	—
2018年7月	4.02	6.12	7.06	7.50	4.21	5.26	6.31	—
2018年8月	4.29	5.77	7.05	—	4.24	4.77	6.66	—
2018年9月	4.15	5.96	6.71	6.20	4.08	5.11	6.41	8.50
2018年10月	4.13	6.11	6.64	7.00	4.08	5.47	6.69	—
2018年11月	4.42	5.81	6.61	7.50	4.19	5.19	6.47	5.40
2018年12月	4.49	6.22	6.54	6.56	4.28	5.37	6.53	7.66

数据来源：Wind，广发租赁研究发展部整理。

债券违约常态化，信用二元结构依然呈分化趋势。从交易所和银行间债券市场来看，根据Wind违约债券报表统计，2019年违约债券共200笔，较上年上升14.94%；违约债券余额为1536.35亿元，较上年下降2.64%。违约债券涉及主体68家企业，其中上市公司27家，上市公司子公司9家。上市公司及其子公司违约债券余额为409.59亿元，占比26.66%。2019年非金融企业信用债发行13369期、总额137084亿元，其中AAA和AA+级中高等级非金融企业信用债发行占比达到77.53%（以期数计）和82.95%（以总额计），这一比重比上年底继续提升。信用二元结构呈现刚性持续且加剧的现象，反映了市场对经济下行的担忧以及企业盈利继续恶化的预期。第四季度，随着改革疏通货币政策传导机制，广泛的银行机构加大对中小企业的信贷支持力度，中小企业流动性问题将逐渐得到缓解。

表2　2017年至2019年非金融企业高等级信用债发行占比情况

发行情况	2019年		2018年		2017年	
	发行期数	发行额/亿元	发行期数	发行额/亿元	发行期数	发行额/亿元
非金融企业信用债	13,369	137,084	9,324	84,792	7,592	65,598

续表

发行情况	2019年		2018年		2017年	
	发行期数	发行额/亿元	发行期数	发行额/亿元	发行期数	发行额/亿元
AAA	3, 827	60, 321	2, 682	32, 375	1, 754	20, 119
AA +	1, 520	10, 779	1, 073	7, 136	961	6, 411
NO Rating	6, 472	51, 374	4, 455	37, 137	3, 348	29, 196
AAA \ AA + 占比	77. 53%	82. 95%	77. 12%	82. 91%	63. 97%	72. 88%

数据来源：Wind，广发租赁研究发展部整理。

展望未来，中美贸易战可能具有长期性，它不仅对中国出口造成了很大冲击，并可能对中国出口导向的增长模式产生更深刻的影响，实体经济转型和结构调整朝着强化产业基础能力、完善产业链、技术创新和自主可控方向发展，而实体经济部门高杠杆决定了在经济转型和结构调整的过程中控制债务和防范金融系统性风险不可放松。整体而言，经济下行压力大，融资租赁行业发展面临的经济增长旧红利逐渐消失殆尽，亦将倒逼行业市场化“供给侧结构改革”，应对经济下行防范存量租赁资产的风险以及识别和把握实体经济结构性的发展机会是当务之急。

2　融资租赁行业政策分析

2.1　监管转型，空壳违规企业进入出清期

近几年融资租赁企业快速增长，市场规模大幅扩容，但是业务模式以“类贷款”为主，通道、空壳、伪租赁等乱象多发。自2018年5月商务部发布了《关于融资租赁公司、商业保理公司和典当行管理职责调整有关事宜的通知》，融资租赁公司监管由商务部负责转变为由银保监会负责制定经营和监管规则、由地方金融局进行属地化管理的多层次监管体系。实际上，2017年全国金融工作会议上提出了金融系统要紧紧围绕服务实体经济、防控金融风险、深化金融改革三项任务，并进一步提出“坚持中央统一规则，压实地方监管责任”的金改方针，已经为融资租赁行业指明了监管改革方向。

2020 年 1 月 8 日，银保监会发布了《融资租赁公司监督管理暂行办法（征求意见稿）》（下称《征求意见稿》），其表达的监管导向呈现三大特点：①对照金租监管，从严监管；②加强属地管理，因地施策，疏堵结合；③促进行业出清，正本清源。

在转监管定调之后，上海、天津等地陆续出台地方金融监管条例或强化监管的通知，组织对融资租赁企业现场检查，对空壳、失联、僵尸等非正常经营以及从事高利贷、现金贷或催债等违法违规企业进行清理。2019 年 5 月 23 日，上海金管局发布《关于进一步促进本市融资租赁企业、商业保理公司、典当行等三类机构规范健康发展强化事中事后监管的若干意见》（下称《意见》）。《意见》详细列示出 13 条“红线”，明确要求上述三类机构不得通过包括 P2P 等互联网金融平台及各类地方交易场所、非持牌资产管理机构、私募投资基金等机构，以债权转让、资产管理计划等方式向社会公众融资。5 月 30 日，天津市人大常委会颁布《天津市地方金融监督管理条例》，在业务规则方面，要求融资租赁企业开展业务活动确保租赁物权清晰、真实存在且产生收益；在地方监管方面，强调内部风控和外部监管并重，既延续融资租赁企业应具备完善的内部风控体系的要求，又明确要求地方金融监督管理部门建立分类监管制度，进行现场和非现场检查，加强对董监高人员的培训和监督，建立联合惩戒机制等。

各地方金融局组织开展对融资租赁企业的专项现场检查，重在排查存在违法违规或其他异常经营情况、重大风险事项的企业，并对这些企业予以公示。2019 年 8 月，天津市公布了第一批 22 家融资租赁企业“黑名单”。8 月 13 日，重庆市地方金融监督管理局对 13 家“失联”的融资租赁企业发出了公告。10 月 11 日，青岛市融资租赁行业专项清理排查首批非正常经营 16 家企业名单公示。11 月 20 日，上海市地方金融监督管理局发布《关于无法取得联系及其他经营异常融资租赁企业（第一批）相关情况公告》，其中包括首批 264 家经营异常融资租赁企业。安徽、南通等多地也先后公布了经营异常企业名单。在强监管的新常态下，空壳、失联以及不合规的三类租赁公司将会失去生存的土壤，逐步出清。

2.2 强化地方监管，堵疏并举

监管职责转隶之后，在行业强监管的同时，国家有关部门和一些地方政府也陆续出台了有关融资租赁的扶持政策，包括支持细分行业融资租赁产融结合、给予融资租赁贴息、经营贡献奖励、新设公司奖励等举措。

从细分行业来看，明确鼓励装备制造业、医疗器械、船舶飞机等行业开展融资租赁业务，实现产融结合。2019 年 11 月 17 日，发改委等十五部委联合发布的《关于推动先进制造业和现代服务业深度融合发展的实施意见》中提到鼓励发展装备融资租赁业务。年初时，天津海关出台 2019 年 1 号公告，明确海关特殊监管区域保税租赁业务管理规定，内容涉及飞机转让、退租、续租、更换承租企业等情形，对飞机租赁资产处置流转形成利好。4 月 26 日，广州发布《广州市营商环境综合改革试点实施方案》，提出南沙自贸区试点的医疗器械融资租赁企业无需再办理《医疗器械经营许可证》，可按照营业执照记载的经营范围直接经营。8 月 5 日，上海在《中国（上海）自由贸易试验区临港新片区总体方案》中指出支持加快发展飞机船舶租赁业务。

天津、上海、广州是中国融资租赁行业发展的三大高地，三地融资租赁企业数量占全国的 71.61%。2019 年三地陆续出台了发展融资租赁行业的支持政策，涵盖经营贡献和落户奖励、项目补贴、税收优惠、人才培养等措施。2019 年 9 月 16 日，广州出台《广州市金融发展专项资金融资租赁产业发展事项实施细则》。在落户政策方面，对落户广州的融资租赁企业、增资扩股的，根据新增资本金规模和增量等进行一次性奖励；在专项项目方面提出，对飞机、船舶租赁项目，按项目合同金额给予不超过 0.5‰的补贴，最高 50 万元，对广州市融资租赁企业为本市企业提供融资租赁服务，或购入广州市先进制造企业生产的设备用于对外融资租赁服务等情况，对于项目融资总额度 2000 万元及以上的项目，按项目合同金额给予不超过 0.5% 的补贴，最高 500 万元。9 月 20 日，上海出台《中国（上海）自由贸易试验区临港新片区支持金融业创新发展的若干措施》。在经营贡献方面，提出根据每年对管委会的财力贡献，给予综合贡献奖励；在落户政策方面，提出对实缴注册资本达到一定规模的给予相应的落户奖励，最高 6000 万元，持牌类金融机构及其专业子公司和金融控股公司购地建设本部自用办公用房的，按照所缴地价款最高 30% 的比例给予项目建设奖励。10 月 12 日，天津出台《关于印发中国（天津）

自由贸易试验区创新发展行动方案的通知》。在融资支持方面，提出开展融资租赁外汇配套政策试点，对外资租赁进一步扩大外债额度；在税收优惠方面，提出推动允许融资租赁企业及其项目公司参照金融租赁公司，对融资租赁业务年末资产余额提取坏账损失准备金，对按规定提取的坏账损失准备金准予税前扣除。

澳门作为粤港澳大湾区的核心城市之一，在《粤港澳大湾区发展规划纲要》中明确支持澳门发展租赁等特色金融业务的目标定位下，2019 年上半年融资租赁行业的政策催化剂不断释放。澳门政府相关部门陆续出台了《澳门金融管理局关于开设融资租赁公司的牌照申请指南》《澳门特别行政区融资租赁税务优惠制度》《澳门特别行政区融资租赁公司法律制度》等政策，在法律、税收、监管等方面构建融资租赁行业支柱。

在行业强化监管的“新时代”，监管政策把服务实体经济作为根本目的，把防范化解风险作为核心目标，堵疏结合，引导融资租赁发挥好服务实体经济、制造业转型升级、中小微企业发展的效能。

表 3　地方融资租赁行业扶持政策梳理

城市	出台时间	政策	政策内容
北京	2019－11－27	《关于加快北京市融资（金融）租赁聚集区建设的办法》	前两年按其当年实现市区经济贡献 100%，第三年至第四年 80%，第五年 50% 予以补助；按当年为区内企业提供融资总额的 1% 给予奖励；为融资租赁在人才引进、子女就学等提供综合支持；对协助引进高精尖产业项目的，按项目正式经营之日起的第一年实现区域经济贡献的 10% 予以奖励
重庆	2019－11－26	《重庆市农业机械化促进条例（修订草案)》	鼓励开展农机融资租赁业务
海南	2019－11－19	《关于在中国（海南）自由贸易试验区试点其他自贸试验区施行政策的通知》	支持民营资本依法设立民营银行、金融租赁公司、汽车金融公司和消费金融公司等金融机构；鼓励保险资金支持租赁业发展；支持金融租赁公司和融资租赁企业发行债券和资产证券化产品；支持跨境融资租赁服务

续表

城市	出台时间	政策	政策内容
福州	2019－11－15	《关于加快融资租赁业发展的实施意见》	对在全国中小企业股份转让系统、海峡股权交易中心挂牌交易的本市融资租赁企业按照促进企业上市政策给予奖励；支持设立专业化融资租赁资产交易平台；对融资租赁企业发生的资产损失，可按相关规定在税前扣除；对设立在本县（市）区的融资租赁企业，为福州市中小微企业提供融资租赁服务的，予以风险补偿；支持融资租赁企业和高校加强产教融合、校企合作；完善融资租赁登记公示制度
中山	2019－10－29	《中山市众创金融街扶持政策实施意见（征求意见稿）》	对现有、新设或新迁入的金融机构，经营贡献奖拟最高 100 万元；对注册地设在众创金融街的新设或新迁入产业金融法人机构，包括股权投资基金、小额贷款、融资租赁、融资担保、融资再担保、股权及产权交易、商业保理、第三方支付等行业，给予一次性奖励，最高 60 万元
天津	2019－10－9	《关于印发中国（天津）自由贸易试验区创新发展行动方案的通知》	开展融资租赁外汇配套政策试点；对外资租赁进一步扩大外债额度；推动允许融资租赁企业及其项目公司参照金融租赁公司，对融资租赁业务年末资产余额提取坏账损失准备金，对按规定提取的坏账损失准备金准予税前扣除
上海	2019－10－19	《关于金融支持浦东新区改革开放再出发 实现新时代高质量发展的指导意见》	对符合条件的金融租赁公司、外商投资融资租赁企业及中资融资租赁企业在向境内承租人办理融资租赁时可以外币形式收取租金
上海	2019－9－20	《中国（上海）自由贸易试验区临港新片区支持金融业创新发展的若干措施》	根据每年对管委会的财力贡献，给予贡献奖励；对实缴注册资本达到一定规模的给予落户奖励，最高 6000 万元；持牌类金融机构及其专业子公司和金融控股公司购地建设本部自用办公用房的，按所缴地价款最高 30% 的比例给予项目建设奖励
武汉	2019－9－30	《东湖高新区关于加快科技金融产业高质量发展的若干措施》	年营业收入超过 1 亿元的，年一次性奖励 200 万元起，最高 600 万元；金融机构在光谷落户隶属总部的业务总部、营运总部、资金中心等，最高累计奖励 500 万元；员工年薪 50 万～150 万元以上的，补贴比例 6%～9% 不等

续表

城市	出台时间	政策	政策内容
厦门	2019-9-27	"1+1+3"金融政策	对知名企业和金融机构在本市新设立、收购控股或从市外新迁入的小额贷款公司、融资性担保公司、融资租赁企业、商业保理公司、互联网金融公司等地方金融机构，按照实收资本规模，给予一次性落户奖励，最高500万元
广州	2019-9-16	《广州市金融发展专项资金融资租赁产业发展事项实施细则》	对落户广州的融资租赁企业、增资扩股的，根据新增资本金规模和增量等情况进行一次性奖励；对开展飞机、船舶租赁项目，按项目合同金额给予不超过0.5‰的补贴，最高50万元；对我市融资租赁企业为本市企业提供融资租赁服务，或购入我市先进制造企业生产的设备用于对外融资租赁服务等情况，对于项目融资总额度2000万元及以上的项目，按项目合同金额给予不超过0.5%的补贴，最高500万元
安徽	2019-9-4	《大力促进民营经济发展的若干意见实施细则》	补贴制造业中小企业开展融资租赁业务，按照融资规模8%对融资租赁中小企业进行补贴，最高500万元
珠海	2019-7-5	《横琴新区关于促进供应链金融发展的扶持办法》	对区内从事供应链金融服务的小额贷款公司、融资担保公司、融资租赁企业、商业保理公司按实缴资本的1%给予最高1000万元奖励
东莞	2019-6-3	《东莞市工业和信息化局工业和信息化专项资金融资租赁专题项目实施细则》	融资租赁机构为我市企业提供融资租赁业务且发生坏账损失的，根据损失额的一定比例给予风险补偿
佛山	2019-4-3	《佛山市2019—2021年促进制造业企业设备融资租赁工作方案》	对通过直租进行设备更新的我市制造业企业，按融资租赁合同设备投资额5%比例给予贴息
深圳	2019-1-14	《关于促进深圳市供应链金融发展的意见》	支持商业保理公司、融资租赁公司等机构在供应链金融领域发挥差异化作用

3 融资租赁行业发展特点

自1981年中国第一家融资租赁公司——东方租赁有限公司成立至今，我国融资租赁行业历经40载的发展历程，融资租赁交易额已经位于全球第二位，仅次于美国。融资租赁具有“融资 + 融物”的双重属性，兼具金融服务和资产管理的业务特点，但国内融资租赁行业类信贷业务占比较高，同质化严重，“融资功能大于融物”的行业现状并未突出体现融资租赁的核心价值。

3.1 资本密集型，马太效应明显

基于经典的经济增长生产要素理论，资本积累是融资租赁行业发展的重要驱动因素。资产规模是衡量融资租赁公司竞争力的核心指标，主要取决于资本金、留存收益与杠杆水平三因素的影响，其中资本金是根本因素。大型租赁公司不断增资，资产扩张、多元化资金融通与盈利能力提升形成良性循环，而众多小、微型租赁公司仍处在生存边缘，行业马太效应明显。我们预计，国内资产规模在 100 亿元以上的租赁公司有 70 家左右，融资租赁合同余额占行业的集中度为 60% 以上。以平安租赁为例，公司在 2012 年 9 月 19 日设立后，获得平安集团累计 11 次增资，注册资本由 3.15 亿元快速增长至 138.97 亿元，总资产由 2012 年底的 8.7 亿元增长至 2696.49 亿元。

根据资产规模进行分类分析，从 39 家样本租赁公司的资产和收入增速、ROE 水平来看，资产规模越小的公司，收入和 ROE 的稳定性越差；资产规模在 500 亿元以上的大型租赁公司收入增长较快，ROE 水平较高。2019 年前三季度，资产规模在 500 亿元以上的大型租赁公司样本有 9 家，平均摊薄 ROE（以中位数计）达到 8.39%，比资产规模 200 亿元以下、200 亿 ~500 亿元的租赁公司样本分别高出 2.65 个和 2.61 个百分点。另外，从 24 家样本租赁公司的资产规模和坏账率来看，二者呈现一定的负相关性。资产规模越大，往往项目数量越多，大数定律显示其作用；资产规模越小，个别项目导致的风险和损失越大。

表 4　39 家样本租赁公司资产规模、资产增速、收入增速和 ROE 对比

时间	2019 年 9 月末		
资产规模	200 亿元以下	200 亿 ~500 亿元	500 亿元以上
公司数量/家	16	14	9
总资产规模/万元			
平均值	730，267.52	3，175，591.47	14，409，101.87
中位数	680,160.84	3,037,522.78	10,065,539.59

最小值	71, 872. 75	2, 006, 969. 70	5, 369, 229. 98
最大值	1, 279, 369. 51	4, 685, 948. 38	27, 047, 936. 70
总资产增速			
平均值	-5. 88%	17. 37%	9. 32%
中位数	-4. 79%	10. 41%	13. 42%
最小值	-62. 14%	-27. 98%	-8. 30%
最大值	22. 49%	93. 09%	15. 00%
收入增长率			
平均值	26. 33%	32. 08%	26. 65%
中位数	-0. 14%	17. 61%	27. 79%
最小值	-49. 11%	-23. 80%	-10. 57%
最大值	249. 24%	203. 73%	53. 28%
ROE（摊薄）			
平均值	26. 43%	5. 64%	9. 04%
中位数	5. 74%	5. 78%	8. 39%
最小值	0. 13%	2. 56%	5. 41%
最大值	298. 06%	9. 93%	17. 10%

数据来源：Wind，广发租赁研究发展部整理。

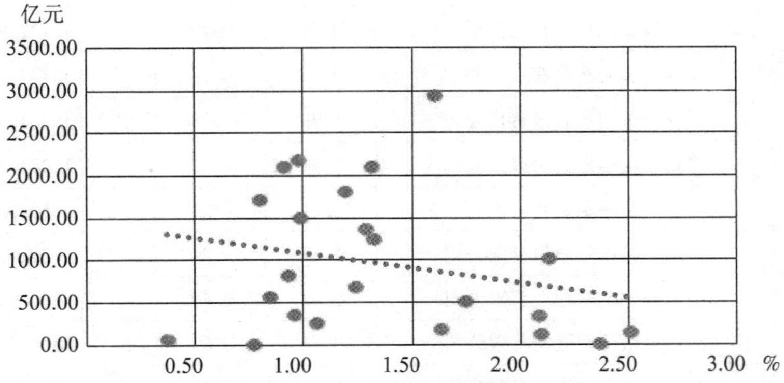

图 9　24 家样本租赁公司资产规模和坏账率（2018 年）散点图

数据来源：Wind，广发租赁研究发展部整理。

3.2 行业增长放缓，不良率上升

面对租赁业监管体制改革，传统基建行业的政府平台类项目投资受到融资端穿透监管的刚性制约，加之经济下行中实体企业盈利和投资意愿下降等多重影响，2019年全国融资租赁业务总量增长明显放缓。截至2019年底，全国融资租赁合同余额约为66540亿元人民币，比上年底增长0.06%。

经济下行压力加大，存量资产风险逐渐暴露。经统计，资产规模在100亿元以上的42家样本租赁公司（包括融资租赁公司22家和金融租赁公司20家）的2018年平均不良率为1.2%，比上年提升22个百分点。其中，融资租赁公司平均不良率为1.19%，比上年提升25个百分点；金融租赁公司平均不良率为1.22%，比上年提升17个百分点。融资租赁公司的资产五级分类标准不一，缺乏监管约束，在一定程度上影响其不良率数据的准确性和可比性。

表5 42家样本租赁公司不良率水平

序号	金融租赁公司	不良率		总资产2018/亿元
		2018/%	2017/%	
1	工银金融租赁有限公司	1.09	1.19	2,724.89
2	国银金融租赁股份有限公司	1.56	1.31	2,380.67
3	交银金融租赁有限责任公司	1.62	0.97	2,317.43
4	民生金融租赁股份有限公司	1.88	1.71	1,738.48
5	招银金融租赁有限公司	0.71	0.79	1,712.96
6	建信金融租赁有限公司	0.85	0.98	1,473.86
7	兴业金融租赁有限责任公司	1.99	1.28	1,281.35
8	华融金融租赁股份有限公司	1.49	1.32	1,244.58
9	华夏金融租赁有限公司	0.19	0.21	756.02
10	光大金融租赁股份有限公司	1.67	1.24	727.11
11	中国外贸金融租赁有限公司	0.52	0.49	650.90
12	浦银金融租赁股份有限公司	0.54	0.63	611.34
13	长城国兴金融租赁有限公司	1.50	1.49	592.95
14	江苏金融租赁股份有限公司	0.79	0.84	590.30
15	昆仑金融租赁有限责任公司	0.83	0.89	582.36
16	信达金融租赁有限公司	2.11	1.74	509.75
17	北银金融租赁有限公司	0.73	1.00	449.43

续表

序号	金融租赁公司	不良率		总资产 2018/亿元
		2018/%	2017/%	
18	河北省金融租赁有限公司	1.15	1.05	407.94
19	皖江金融租赁股份有限公司	2.75	1.76	270.66
20	洛银金融租赁股份有限公司	0.50	0.09	217.29
	平均	1.22	1.05	

序号	融资租赁公司	不良率		总资产 2018/亿元
		2018/%	2017/%	
1	渤海租赁股份有限公司	1.49	1.60	2,858.19
2	远东国际租赁有限公司	0.98	0.79	2,551.59
3	平安国际融资租赁有限公司	0.89	0.91	2,347.41
4	中航国际租赁有限公司	1.57	2.13	1,331.22
5	海通恒信国际租赁股份有限公司	0.94	0.93	821.11
6	中电投融和融资租赁有限公司	0.48	0.00	495.35
7	通用环球医疗集团有限公司	0.81	0.78	472.57
8	芯鑫融资租赁有限责任公司	0.63	0.00	458.63
9	广州越秀融资租赁有限公司	0.33	0.55	378.19
10	中建投租赁股份有限公司	0.98	0.95	354.16
11	中国康富国际租赁股份有限公司	2.99	1.91	299.10
12	中远海运租赁有限公司	0.92	0.00	291.09
13	国泰租赁有限公司	1.53	1.06	266.03
14	国药控股（中国）融资租赁有限公司	0.13	0.00	224.88
15	国网国际融资租赁有限公司	2.90	2.50	215.82
16	华电融资租赁有限公司	1.47	1.63	204.01
17	华润租赁有限公司	0.13	0.31	135.36
18	中广核国际融资租赁有限公司	1.55	2.09	135.25
19	君创国际融资租赁有限公司	1.43	1.46	125.73
20	国电融资租赁有限公司	1.04	0.00	124.78
21	中垠融资租赁有限公司	1.84	0.00	121.28
22	北京市文化科技融资租赁股份有限公司	1.06	0.94	120.00
	平均	1.19	0.93	

数据来源：Wind，广发租赁研究发展部整理。

3.3 类信贷模式为主，租赁本色淡化

当前行业售后回租业务模式占比 80% 以上，且以基础设施、民生工程等政信类融资业务居多，为实体经济服务的比例不高，普遍缺乏真实租赁场景。

从法律的角度，融资租赁的本质在于出借资产，而非借出资金，但大多数租赁公司过度关注短期的利益诉求，重资金投放，轻资产管理。融资租赁作为集融资与融物、贸易与技术更新于一体的金融方式，在功能上，既能通过“以租代购”支持实体企业设备更新，又能通过“以租代售”支持制造企业扩大销售，而现阶段“融资功能大于融物”的类信贷模式现状，不仅使得设备金融的租赁本色淡化，也带来了国家政策支持力度、融资渠道对行业的负面影响，使行业易受影子金融机构的风险传导。

4 融资租赁行业发展趋势

4.1 把控发展质量、筑牢生命底线成为行业应对政策周期和经济周期大波动的重中之重

2012—2017 年，国内融资租赁合同余额一直保持双位数的较快增长，传统基建是融资租赁行业扩容的重要驱动力。随着地方政府债务控制和统一监管、行为监管、功能监管等多措并举推进，政府平台类项目投资受到融资端穿透监管的刚性制约，传统的行业增长模式难以为继。加之融资租赁公司监管机制改革，经济下行中实体企业盈利能力和投资意愿下降，存量租赁资产风险不断暴露，融资租赁行业面临政策周期和经济周期大波动的严峻考验。

把控发展质量、筑牢生命底线成为行业应对政策周期和经济下行周期的首要任务。租赁公司应摒弃传统的“重租前、轻租后”“重投放、轻资管”“重业务、轻管理”的粗放式经营模式，将着眼于短期对冲规模、高收益的利益诉求，转变为长期向资产配置、资产管理要效益，通过优化资产配置平衡收益和风险，加强存量资产和客户风险排查，建立健全重大风险事件预警、防范和处置机制，重视租赁物价值评估和风险缓释作用，切实强化风险控制，坚持底线思维，方能行稳致远。

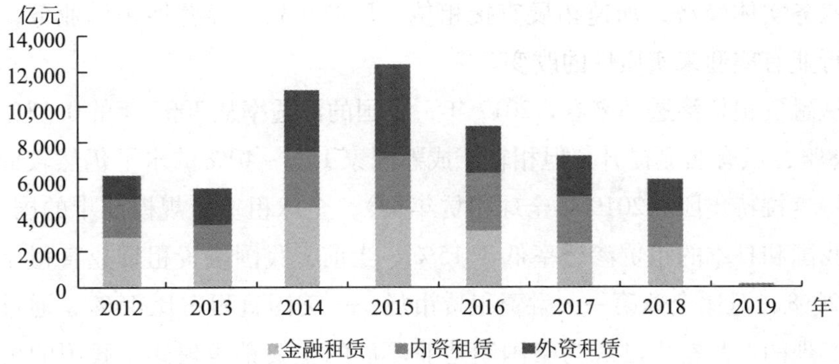

图 10　全国融资租赁合同余额增加值的变化趋势

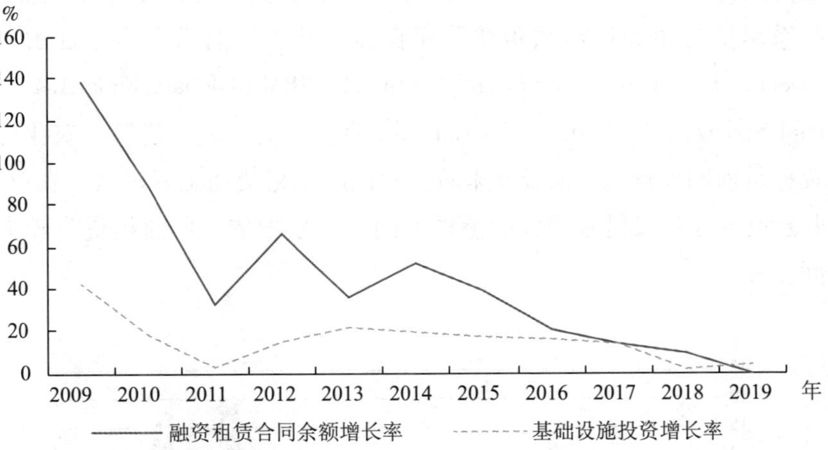

图 11　全国融资租赁合同余额增长率与基础设施投资增长率的变化趋势

数据来源：Wind。

4.2　在金融回归本源的监管推动下，融资租赁回归设备金融、服务实体经济的趋势得以强化

十九大以来，政府始终强调金融服务实体经济，扭转金融业“脱实向虚”倾向，使其真正成为实体经济的血脉。融资租赁具备产融结合的独特属性，与实体经济、实物资产紧密相连，是服务实体经济最有效的金融形式。融资租赁区别于其他融资形式的本质，在于其是基于租赁物未来产生的现金流而进行的授信融资，是设备金融。如果脱离了租赁物，融资租赁与信贷等融资形式将没有本质区别，失去了融资租赁结合“融资”与“融物”的独特优势。在金融回归本源、服务实体的监管推动下，融资租赁公司积极谋求转型，

加大服务实体经济，加速拓展直接租赁、厂商租赁、经营性租赁业务，融资租赁行业有望迎来实质性的改变。

从融资租赁渗透率来看，2017 年，我国的渗透率从 2007 年的 0.18% 上升到 6.8%，虽有明显提升，但相较于成熟国家 15%~40% 的水平仍然较低。根据怀特克拉特集团《2019 年全球租赁年报》，全球租赁业规模前十的国家中，只有我国和日本的租赁渗透率低于 15%。当前，我国融资租赁业直租比例大约为 20%，对比全球第一大融资租赁市场——美国直租占比 45%，通过融资租赁实现的产品销售已成为美国制造业厂商的主要销售模式。我国的出租人类型与美国相似，美国三类租赁机构中独立第三方、银行系和厂商系租赁公司占比分别为 40%∶35%∶25%。2018 年美国市场前十大设备租赁和融资企业被银行系租赁公司和厂商系租赁公司覆盖，其中厂商系占半壁江山，包括 John Deere Financial、Caterpillar Financial、IBM Global Financing、Volvo Financial Services、CNH Industrial Capital。IT、交通运输、建筑、农业构成美国融资租赁前四大行业。从长期来看，我国融资租赁在工程机械、农业机械、IT、办公设备等领域仍有较大的渗透空间，直接租赁、厂商租赁有较大的发展空间。

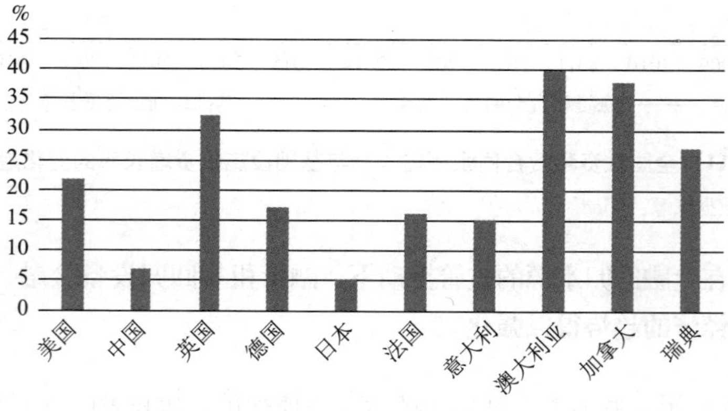

图 12　全球租赁规模前十国家的租赁渗透率（2017 年）

数据来源：《2019 年世界租赁年报》。

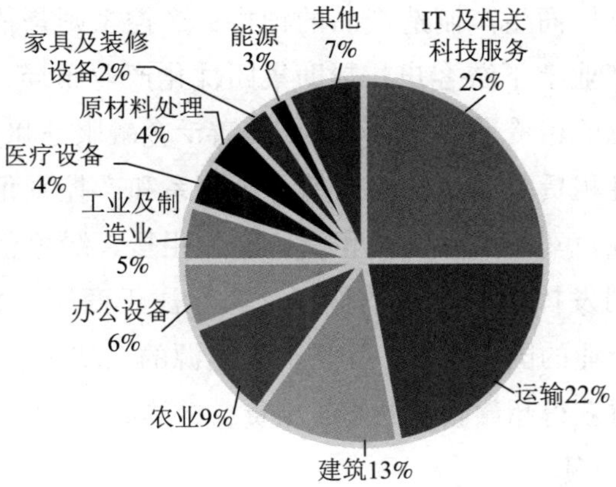

图 13　美国各行业设备融资新增业务额占比（2017 年）

数据来源：美国设备租赁和金融协会（ELFA）。

当前在国内经济下行压力加大的宏观背景下，传统制造业盈利和投资意愿下降，融资租赁尤其是直接租赁需求受到抑制，但是仍存在结构性投资机会。2020 年 3 月 4 日中央政治局会议提出“新基建”概念，实际上这一概念于 2018 年中央经济工作会议上首次提出，新型基础设施建设包括特高压、新能源汽车充电桩、5G 基站建设、大数据中心、人工智能、工业互联网、城际高速铁路和城市轨道交通七大领域，是发展直接租赁的重点细分方向。

4.3　加速向专业化、差异化转型，不断提升竞争力

伴随金融强监管、利率市场化改革，国内融资租赁业以类信贷、吃利差为主的盈利模式可持续性受到潜在影响。从融资租赁公司上市的资本市场反馈来看，融资租赁公司难以在资本市场获得较高的估值——单纯依靠扩大资本金、做大规模的发展模式，并非真正实现价值创造。提升专业化水平，打造“人无我有、人有我优、人优我精”的差异化竞争能力已经成为行业普遍共识，以创新理念应对发展和挑战正在成为融资租赁业的新常态。依托股东资源禀赋、具有独特商业模式和经营特色的融资租赁公司不断涌现。

4.3.1　专业性租赁

我国的租赁公司按照股东背景和业务性质，划分为银行系、厂商系和第三方租赁机构三大类。其中，第三方租赁公司可进一步划分为非银行金融系和产控系租赁公司。厂商系和产控系同属产业系，区别在于：厂商系突出营

销理念，在于促进厂商生产制造产品的销售；产控系则是依托产业背景，通过融资租赁服务产业上下游客户，帮助集团优化产业布局、整合产业链，有的产控系则利用融资租赁平台，推动集团完善泛金融服务和多元化经营。

产业是专业性租赁公司生长的摇篮，厂商系和产控系租赁公司的专业化发展优势突出，在汽车租赁，飞机租赁、船舶租赁、绿色租赁等不同领域已有专业性租赁公司发挥行业领军的作用，如专注于商用车领域的狮桥租赁，致力于医疗健康行业的国药租赁，深耕清洁能源的三峡租赁，聚焦航空产业、利用飞机残值处置获得超额收益的南航租赁，等等。

4.3.2 小微租赁

我国小微企业数量众多，但由于规模小、抵押物难觅，难以从银行等渠道获得资金。仲利租赁是国内租赁行业内少数专注于服务中小微企业的融资租赁公司，它着眼于我国庞大的中小微企业市场，与银行系和大型第三方租赁公司形成差异化竞争。仲利租赁目前已在中国地区开设46 家分公司，服务客户近3 万家，投放金额近千亿元。截至 2019 年 9 月，公司资产规模达到326.58 亿元，净资产 71.43 亿元，资产负债率为 78.13%。2019 年前三季度实现营业收入 43.01 亿元，净利润 13.37 亿元，ROE 达到 20.13%，不良率为0.06%。仲利租赁的核心客户是中小微企业，这一群体对于风险的抵抗能力较为脆弱，所以若产业过度集中，一旦遇到经济周期低谷，易发生系统性风险，因此仲利租赁摒弃其他同业惯用在特定产业板块发展的经营模式，选择在全国广布网点，以深耕市场代替深耕行业，通过小额分散达到自然避险的效果。仲利租赁单笔业务额度多在 500 万元以下，主要集中在 100 万 ~300 万元。截至 2019 年 9 月，仲利租赁融资额在 500 万元以下的存续客户占比和涉及金额占比分别为 94.29% 和 81.33%。在业务拓展的过程中，仲利租赁主要通过电话等地毯式营销方式寻找客户，无中介渠道，以此控制承揽客户成本和潜在的道德风险。

4.3.3 创投租赁

中关村科技租赁是创投租赁的典型代表，它成立于 2012 年底。截至 2019年 6 月 30 日，中关村租赁已服务超过 750 名承租人，其中超 95% 为科技和新经济公司，开展超过 1200 个融资租赁项目，放款总额高达约人民币 156 亿元。中关村科创租赁业务定位科技和新经济领域；以投行思维代替传统的债权思维，在投资企业时弱化盈利性要求，更多关注企业的竞争优势、成长性、商业能力等指标；针对目标客户群体平台化、轻资产的特点，创新发展项目租赁、风险租赁等方式。

创投租赁，与传统融资租赁模式的视角不尽相同，更为关注标的企业的股票性质，是对投资高成长、高风险的企业发挥风险补偿和利益平衡机制的出发点和归宿点所在，是融资租赁公司服务国家创新驱动战略、布局“大众创业、万众创新”产业的重要发展模式，常见的业务模式有风险租赁、分成租赁等。

4.3.4 投行型租赁

投行型租赁是指券商系融资租赁公司的业务特色，是兼具资本市场背景和独立系特色的一类比较特殊的融资租赁模式。投行型租赁的定位和展业思维在于运用资源配置、资产管理、结构设计、风险定价的投资银行理念，以融资租赁和资本市场相结合，确立市场化、差异化，与银行系租赁公司错位式发展的竞争优势。投行型租赁公司可以依托证券集团丰富的金融产品线服务于不同成长阶段及不同行业的客户，为证券客户提供多元化金融服务，为股东创造综合价值。目前券商系租赁的代表有海通恒信国际租赁股份有限公司、广发融资租赁（广东）有限公司、国泰君安融资租赁（上海）有限公司、光大幸福国际租赁有限公司等。其中，海通恒信的规模最大，发展较为成熟，于2018年6月3日正式登陆香港联交所上市（股票代码1905）。

4.4 直接融资迅速增长，融资渠道多元化

银行贷款和发行债务融资工具，是融资租赁公司的主要融资方式。一些融资租赁公司还通过股东借款、上市融资增强其资金筹措能力。直接融资和间接融资相结合，以加大直接融资拉动融资成本下降，是大中型融资租赁公司的融资发展之道。

根据Wind统计，近年来融资租赁公司发行债务融资工具迅速增长。2019年融资租赁公司共发行债券461期，融资总额4605.5亿元，比上年分别增长23.6%和29.8%，其中累计发行ABS（含ABN）197期，发行总额为2564亿元，发行期数和金额较2018年分别增长41.7%和61.3%，ABS（含ABN）占债务融资工具的比重达到55.7%，超过一半。从原始权益人主体来看，2019年共有65家租赁公司发行了ABS，其中平安、远东、海通恒信三大头部租赁公司的发行金额分别为346.84亿元、251.22亿元、130.74亿元，约占ABS

发行总额的 30% 。

作为租赁资产交易的重要方式，租赁资产证券化具有天然的优势。一方面，租赁资产一般要求具有权属清晰、现金流稳定的特点，与基础资产的入池标准相匹配。另一方面，基础资产的原始收益率大都超过资产证券化优先级收益率，融资租赁公司通过资产证券化方式进行资产交易存在息差收益。再者，资产证券化可以将基础资产出表以实现真实销售，有利于融资租赁公司调整杠杆率，以进一步扩充资产、提升业务周转率。

表 6　2017—2019 年租赁公司发行债务融资工具概况

租赁公司分类	债券品种	2019 年		2018 年		2017 年	
		期数	总额/亿元	期数	总额/亿元	期数	总额/亿元
金租	金融债券	30	648	30	903	28	519
	银监会 ABS	2	39	1	19	9	297
	合计	32	687	31	922	37	816
商租	公司债券	67	581. 5	52	498. 42	34	526
	—公募	28	236	15	134	12	223
	—私募	39	346	37	364	22	303
	中期票据	12	121	18	183	8	101
	短期、超短期融资券	156	1111	124	960	86	740
	定向工具	29	228	40	318	27	290
	交易商协会 ABN	84	1134	32	382	17	288
	证监会 ABS	113	1430	107	1208	75	860
	合计	461	4605. 5	373	3549. 42	247	2805

数据来源：Wind。

4. 5　以金融科技赋能融资租赁高质量发展

大数据、云计算、区块链、人工智能、工业互联网等新技术和新业态，成为驱动传统融资租赁行业变革、提质增效的新兴力量。

大数据技术已实现在普惠数字金融（对应 C 端）、数字化企业服务（对应 B 端）、数字化公共服务（对应 G 端）领域的广泛运用。例如，大数据在小微租赁中的应用，通过构建以大数据为支撑的数据风控体系，租赁公司以更加立体的数据、更加快捷的速度系统评估客户风险，对于把控小微客户的风险、提高业务周转效率起到了极大的帮助。

区块链技术通过去中心化的信任机制保证数据不可篡改性。2019 年 10 月 24 日，中共中央政治局就区块链技术发展现状和趋势进行第十八次集体学习，此次会议将把区块链技术的发展和落地应用提升至国家核心技术的战略高度，明确区块链技术的价值，让科技产业从概念走向创造价值。在融资租赁领域，区块链技术能够在欺诈风险防控、租赁物控制等方面发挥作用。2019 年 8 月，中交雄安融资租赁有限公司在雄安新区落地首单“融资租赁雄安区块链供应链”业务，借助区块链技术实现放款全流程无纸化操作，同时利用区块链搭建的平台对工程项目的资金流和信息流实施全方位监管。

工业互联网是链接工业全系统、全产业链、全价值链，支撑工业智能化发展的关键基础设施，是新一代信息技术与制造业深度融合所形成的新兴业态和应用模式。从本质来看，工业互联网是以机器、原材料、控制系统、信息系统、产品及人之间的网络互联为基础，通过对工业数据的全面深度感知、实时传输交换、快速计算处理和高级建模分析，实现智能控制、运营优化等生产组织方式变革。从全球来看，工业互联网成为全球主要经济体抢占再工业革命制高点的重要阵地，根据咨询机构 IoT Analytics 的统计，目前全球工业互联网平台数量超过 150 个，以 GE 牵头的 Predix 平台和西门子 Mind Sphere 平台为代表。根据我国工信部的信息，2019 年我国亦有十个国家级双跨平台产品发布。设备上云是工业互联网的初级发展形式，现阶段设备规模化上云具有可行性。设备数据通过云端集成，可以为设备金融提供经营和评估支撑，并有可能显著影响融资租赁的行业生态。设备规模化上云后，通过设备云平台可以精准定位租赁物并进行企业设备运营监督。

2019 年中国融资租赁财税环境分析

周夏飞　涂浩翔①

2019 年，中国融资租赁的财税环境发生了较大变化，主要体现为新《租赁会计准则》局部启用、增值税税率新一轮下调以及《融资租赁公司监督管理暂行办法》开始征求意见等标志性事件的发生。本文从会计准则变更、税收政策调整和行业监管加强三个方面出发，剖析这些政策和文件的主要内容及主要变化，探讨其对中国融资租赁行业的影响，为相关企业抓住机遇、应对挑战提供有益参考。

1　新租赁准则下会计处理更加规范

2018 年 12 月 7 日，财政部正式发布了修订后的《企业会计准则第 21 号——租赁》（财会〔2018〕35 号，以下简称“新租赁准则”）。新租赁准则对企业发生的租赁业务的确认、计量和披露要求都做出了调整，使其基本与新的《国际财务报告准则第 16 号——租赁》实现趋同。在境内外同时上市的企业以及在境外上市并采用国际财务报告准则或国际会计准则编制财务报表的企业已经于 2019 年 1 月 1 日开始施行新租赁准则，而其他执行企业会计准则的企业将于 2021 年 1 月 1 日起施行。

---

①　浙江大学经济学院。

1.1 承租人不再区分经营租赁和融资租赁

新租赁准则出台的一个主要目的就是解决承租人在融资租赁和经营租赁的分类下会计处理不统一的问题。按照原租赁准则，承租人需要在租赁开始日对租赁业务的性质进行测试，如果不符合融资租赁的 5 项标准，就作为一项经营租赁业务，潜在的负债和所有权资产不纳入财务报表核算，而如果符合融资租赁标准则需要将资产负债纳入报表范围。在新租赁准则下，承租人一方不再区分经营租赁和融资租赁。承租人需要在租赁期初按照统一的使用权资产模型确认租赁活动产生的使用权资产和租赁负债，并在未来时期内摊销融资费用并计提折旧。

一个可预见的后果是，传统的经营租赁将不再发挥“表外融资”功能，因为承租人要将租赁相关资产负债都纳入表内核算。这一改变对承租人的三大会计报表数据和相关财务比率都会产生深刻影响，进而影响承租人的租赁需求与租赁风险。由于租金负债从表外到表内，导致承租人杠杆水平上升，同时其利用租赁来提高自己融资能力的空间也受到挤压，因而很多公司的租赁意愿会显著下降，部分公司可能就会考虑用购买替代租赁。承租人租赁意愿下降的直接后果就是对租赁公司的经营业务产生负面影响。由于在原来的会计准则下，承租人更加偏好经营租赁甚于融资租赁，以获取在得到融资的同时不提高自身财务杠杆水平的优势，所以很多融资租赁公司会通过合同设计操控租赁方式，将融资租赁包装成经营租赁，以迎合客户需求。新租赁准则的实施将使表外融资的租赁信息透明化，从而大大缩减企业与融资租赁公司合谋操控租赁方式的动机和空间，这可能会对存在此类行为的融资租赁公司的业务产生一定负面冲击。

1.2 对租赁的定义更强调“控制权”标准

新租赁准则提出了“五步法”模型，以在合同开始时评估合同的性质是否是“租赁”或“包含租赁”。概括而言，一项合同若要符合新租赁准则关于租赁的定义，需要同时满足以下三个条件：（1）存在已识别资产；（2）已识别资产在使用期间内所产生的经济利益几乎全部归属于客户；（3）客户能够在使用期间内主导已识别资产的使用。如果不满足上述三个条件，合同将被归类为服务合同。可以看出，新准则的定义着重突出了客户对资产的“控制权”，即同时强调“利益要素”和“控制要素”。

考虑一个特殊的例子：在一份“商铺租赁合同”中，若供应商（某大型商场）与租户（某连锁小商品售卖企业）约定供应商需要在一定期间内在双方约定的某商场的一楼向租户提供不小于20平方米的营业场所，供租户售卖其小商品，并收取相应的“租金”；若合同进一步约定，在提前通知的情况下，供应商有权要求租户将其商铺的位置更换到同一商场同一楼层的类似面积的铺位。那么，在这种情况下，考虑到供应商有实际能力替换资产（铺位），且供应商很有可能通过这样的替换而获取经济利益，上述“商铺租赁合同”是不符合新准则关于租赁的定义的。因此，该合同将会被界定为一项“服务合同”，即供应商向租户提供的是一项经营服务，而非租赁服务。对于承租人而言，一份“服务合同”和一份“租赁合同”，在会计处理上存在很大差异。若某些“租赁合同”经过分析不包含租赁，则不适用新租赁准则规定的会计信息处理要求，而是要按照《企业会计准则第14号——收入》进行确认和计量。出于避免表内负债增加的动机，承租人可能更会倾向于和供应商签订“服务合同”。所以在新租赁准则下，出租人可能可以根据客户的需求设计合同，将一些租赁业务转化为经营服务业务，以提升其自身的业务水平，巩固产品市场。

1.3 对会计处理和信息披露提出了更高要求

新租赁准则对租赁业务的会计处理和信息披露提出了更高的要求。会计处理的核心变化体现在承租人经营租入资产的处理上：除了短期租赁和低价值资产租赁外，承租人都要在租赁初始日将租赁相关的资产负债纳入报表，即表外融资“表内化”。而对于融资租赁，新准则的账务处理与旧准则相比变化不大，差异仅仅是相关科目的名称有所改变，至于初始入账金额的确认、后续利息和折旧金额的确认以及未担保余值的增减变动处理都同旧准则保持一致。同样，税务上的处理也基本未变。但值得注意的一点是，旧准则未对租入资产是否进行减值测试加以明确，而新准则明确要求：承租人应当按照《企业会计准则第8号——资产减值》的规定，确定使用权资产是否发生减值，并对已识别的减值损失进行会计处理。

信息披露方面，新准则要比旧准则更加严格。针对承租人，新准则对租赁相关的使用权资产、租赁负债、折旧和利息、现金流出等在财务报表中的列示做出了明确规范。针对出租人，新准则要求增加披露融资租赁的销售损益、融资收益、未计入租赁收款额的可变租赁付款额相关收入，出租人对其所保留的租赁资产相关权利进行风险管理的情况等信息。更加完善的信息披露有助于信息使用者对企业的租赁安排获得更直观的了解，但这也对租赁业务双方提出了更高的合规披露要求。

2 增值税税率下调可能引发新一轮“价格战”

表 1 列示了与融资租赁有关的主要税收政策及其在 2019 年的变动情况。从中可以看出，2019 年融资租赁税收政策的变化集中在增值税方面，其他税种基本未变。企业所得税方面，《关于金融企业贷款损失准备金企业所得税税前扣除有关政策的通知》（财税〔2019〕86 号）和 2015 年 9 号文内容基本一致，延续了既有规定，再次明确了金融企业贷款损失准备金税前扣除的政策框架。

表 1 融资租赁相关税收政策及变动情况

税种	旧政策	新政策
增值税	［2016 年 5 月 1 日至今］提供融资租赁服务，以取得的全部价款和价外费用，扣除支付的借款利息（包括外汇借款和人民币借款利息）、发行债券利息和车辆购置税后的余额为销售额。提供融资性售后回租服务，以取得的全部价款和价外费用（不含本金），扣除对外支付的借款利息（包括外汇借款和人民币借款利息）、发行债券利息后的余额作为销售额	仍适用
	［2018 年 5 月 1 日—2019 年 3 月 31 日］提供有形动产融资租赁服务，税率为 16%；提供不动产融资租赁服务，税率为 10%；提供融资性售后回租服务，税率为 6%	［2019 年 4 月 1 日至今］提供有形动产融资租赁服务，税率为 13%；提供不动产融资租赁服务，税率为 9%；提供融资性售后回租服务，税率为 6%
	［2016 年 5 月 1 日至今］经批准从事融资租赁业务的一般纳税人，提供有形动产融资租赁服务和有形动产融资性售后回租服务，对其增值税实际税负超过 3% 的部分实行增值税即征即退政策	仍适用

续表

税种	旧政策	新政策
增值税	［2016 年 5 月 1 日至今］融资租赁纳税人享受即征即退税收优惠的，在向税务机关备案时需要提供相关业务资质证明	［2019 年 3 月 8 日至今］融资租赁纳税人享受即征即退税收优惠在向税务机关备案时不再提交人民银行等部门批准经营融资租赁业务的证明，改为纳税人自行留存资料备查
	［2016 年 5 月 1 日至今］融资租入的不动产，不适用分 2 年抵扣进项的规定	［2019 年 5 月 1 日至今］所有行业取得的不动产或者不动产在建工程的进项税额不再分 2 年抵扣，可以一次性在购入当期抵扣
土地增值税	融资租赁期间，并未转让国有土地使用权、地上的建筑物及其附着物，出租人不需要缴纳土地增值税。若融资租赁期限届满，不动产权属发生转移，出租人需要缴纳土地增值税	仍适用
房产税	融资租赁的房产，由承租人自融资租赁合同约定开始日的次月起依照房产余值缴纳房产税。合同未约定开始日的，由承租人自合同签订的次月起依照房产余值缴纳房产税	仍适用
契税	对于融资租赁业务，出租人购入资产时，应缴纳契税；融资租赁期间，土地、房屋的产权仍属于出租人，不涉及契税；融资租赁期届满后，土地、房屋权属转移至承租人，则承租人应缴纳契税。对于金融租赁公司开展售后回租业务，承受承租人房屋、土地权属的，照章征税。对售后回租合同期满，承租人回购原房屋、土地权属的，免征契税	仍适用
印花税	对开展融资租赁业务签订的融资租赁合同（含融资性售后回租），统一按照其所载明的租金总额依照“借款合同”税目，按万分之零点五的税率计税贴花。对于融资性售后回租中的购销行为，不征收印花税	仍适用

续表

税种	旧政策	新政策
企业所得税	以融资租赁方式租入固定资产发生的租赁费支出，按照规定构成融资租入固定资产价值的部分应当提取折旧费用，分期扣除。出租方应当分期确认租金收入，同时分期扣除租出资产的成本	仍适用
	融资性售后回租业务中，承租人出售资产的行为，不确认为销售收入，对融资性租赁的资产，仍按承租人出售前原账面价值作为计税基础计提折旧。租赁期间，承租人支付的属于融资利息的部分，作为企业财务费用在税前扣除。而出租人相应应当确认利息收入，不能确认购货成本和租金收入	仍适用
	[2014 年 1 月 1 日—2018 年 12 月 31 日] 政策性银行、商业银行、财务公司、城乡信用社和金融租赁公司等金融企业提取的贷款损失准备金（含应收融资租赁款）准予在所得税前限额扣除（1%限额）。金融企业发生的符合条件的贷款损失，应先冲减已在税前扣除的贷款损失准备金，不足冲减部分可据实在计算当年应纳税所得额时扣除	[2019 年 1 月 1 日—2023 年 12 月 31 日] 延续 5 年

增值税方面的重要文件是财政部、税务总局、海关总署发布的《关于深化增值税改革有关政策的公告》（2019 年第 39 号文，下称“39 号文”），自 2019 年 4 月 1 日起开始执行。根据 39 号文的规定，增值税一般纳税人（以下称纳税人）发生增值税应税销售行为或者进口货物，原适用 16% 税率的调整为 13%；原适用 10% 税率的调整为 9%。由于融资租赁企业的主要业务包括融资租赁（直租）和融资性售后回租（回租）两类，而两类租赁又分别涉及有形动产租赁和不动产租赁，因此本次增值税税率下调会对融资租赁企业不同业务的适用税率产生差异化影响。具体而言，有形动产融资租赁业务属于提供有形动产租赁服务，适用税率由 16% 下调为 13%，降低 3 个百分点；不动产融资租赁业务属于提供不动产租赁服务，适用税率由 10% 下调为 9%，降低 1 个百分点；融资性售后回租业务则属于提供贷款服务，仍然适用 6% 的增值税税率。

2.1 对出租人直接影响较小

本次税率下调对出租人的直接影响较小。财政部、国家税务总局《关于全面推开营业税改征增值税试点的通知》（财税〔2016〕36号）附件3“营业税改征增值税试点过渡政策”规定：经人民银行、银监会或者商务部批准从事融资租赁业务的试点纳税人中的一般纳税人，提供有形动产融资租赁服务和有形动产融资性售后回租服务，对其增值税实际税负超过3%的部分实行增值税即征即退政策。该优惠政策至今仍然适用，所以现实中享受到该优惠的融资租赁公司受39号文的影响不大。未享受即征即退政策的融资租赁公司，提供有形动产直租适用的税率由16%降至13%，下降3个百分点，但其向第三方购入资产可抵扣的进项也相应减少，所以具体税负变化要视其销项和进项相对规模而定。对于增值额大于0的纳税人，税率下调肯定会是一个利好消息。但是考虑到现实中融资租赁业务模式还是以回租为主，而融资租赁公司提供有形动产售后回租适用的税率不变，依然为6%，所以总体来看，未享受即征即退优惠的有形动产融资租赁公司，其整体税负可能不会有太大降低。

至于不动产融资租赁业务，一律不能享受增值税即征即退优惠，故该类业务受到39号文的影响，适用税率由10%下降至9%，下降1个百分点。不动产融资租赁如果采用一般计税方法，计税依据为“取得的全部价款和价外费用，扣除支付的借款利息、发行债券利息和车辆购置税后的余额”，进项为向第三方购置不动产取得的专票税额（无须分两年抵扣）。一般认为开展不动产融资租赁业务购入的不动产进项是可以抵扣的，所以这类业务的税负变化依然要取决于销项和进项的相对规模，也即取决于买价、合同收入和贷款利息等要素。对于增值额大于0的纳税人，税率下调同样是一个利好消息。而如果不动产融资租赁采用简易计税方法，出租方适用的征收率为5%未变，进项不可抵扣，增值税负担将不会受到影响。至于不动产回租业务，没有受到本次税率下调的影响，依然按贷款服务适用6%的增值税税率。

2.2 承租人潜在利益可能受损

对于承租人而言，39号文可能不是一个好消息。对于正在履行中的有形动产直租合同，由于增值税税率降低，出租人开具的租金专票适用税率由16%降至13%，承租人可抵扣的进项税额会相应减少。如果合同签订时约定的租金为不含税价格，增值税由承租人另行支付，那么自然不会出现问题。但如果合同约定的租金为含税价，承租人每期需要支付的现金流是既定的，那么本次税率下调可能就会使承租人认为自己的潜在利益受到损害。一个可能的后果是，承租人会依据税率变更为由，要求出租方下调租金，或是提前解除融资租赁合同，这便出现了利益在出租方和承租方之间协商分配的情况。同样地，履行中的不动产直租合同如果采用一般计税方法，也会面临这一问题。实际上，2018 年 5 月 1 日，财政部、税务总局《关于调整增值税税率的通知》（财税〔2018〕32 号文）开始执行，将纳税人发生增值税应税销售行为原适用的17%和11%税率分别下调为16%和10%，当时也出现了类似的情况，供应商和客户之间的“价格战”在受到减税影响的各个行业打响。对于融资租赁行业，租赁双方具体受到何种影响，主要取决于其在供应链中的位置、合同的定价方式以及各自的话语权是否强弱。

3 融资租赁行业监管趋于严格

2020 年 1 月 8 日，中国银保监会发布了《融资租赁公司监督管理暂行办法（征求意见稿）》（以下称《意见稿》），向社会公开征求意见。此前，2019 年 11 月，《办法》曾在行业内部小范围征求过意见，并被从业人士称为“史上最严监管办法”。此次新发布的意见稿与先前版本略有差别，但变化不大，可以看出国家规范融资租赁公司经营、加强融资租赁行业监管的意图已经非常明显，未来的正式版本必然也会保持严监管的大方向。

《意见稿》的出台主要基于以下几个背景：①融资租赁兼具融资和融物两种属性，分别对应回租和直租两种业务模式，但我国现今大多数融资租赁公司主要开展的都是回租业务，融资属性明显，脱离“以融物为主”的租赁本源；②金融租赁和融资租赁（或称商业租赁）在法律定义、业务操作、交易模式上都较为类似，没有本质上的区别，但金融租赁企业开展经营需要具备金融牌照，并受到《金融租赁公司管理办法》的严格约束，而融资租赁企业却面临很小的监管约束；③融资租赁行业整体开业率不高，大量公司处于空壳、停业状态，僵尸企业数目较多；④秉承第五次全国金融工作会议的精神，防范和化解金融风险。

3.1 降低杠杆红线防范金融风险

融资租赁公司通常以风险资产与净资产的比值作为杠杆衡量指标，反映公司所承担的风险水平。2013 年颁布的《融资租赁企业监督管理办法》规定“融资租赁企业的风险资产不得超过净资产总额的 10 倍”，这是新规出台前适用的杠杆约束条款。2019 年 11 月小范围的规定的杠杆也是 10 倍，但 2020 年 1 月正式发布的《征求意见稿》版本却将此界线降低至 8 倍。银保监会表示，考虑到融资租赁公司作为一般工商企业，和金融租赁公司在金融属性、股东背景、成立目的等方面有着较大的差异。为此，在经营规则方面也保持了适度区别。如在杠杆倍数方面，结合融资租赁行业发展和监管实际，将原有规定的风险资产不超过净资产的 10 倍调整为 8 倍，不采用金融租赁公司的“资本净额与风险加权资产的比例不得低于银监会的最低监管要求”。

降低杠杆红线带来的短期影响预期较小。一般的融资租赁公司因为自身信用水平等原因，杠杆很难达到 8 倍以上，大多数公司都在 5 倍及以下，资质比较好的公司可以达到 5~8 倍，一些头部公司可能可以达到 8 倍以上。整体来看，行业杠杆水平可控，只有一些杠杆大于 8 倍或接近 8 倍的大型公司需要引起注意，后续或许存在收缩业务规模、补充净资本的压力。另外，值得一提的是，《意见稿》明确了风险资产的计算方法，采用企业总资产减去现金、银行存款和国债后的剩余资产确定，这在 2013 年的《融资租赁企业监督管理办法》中是未曾明确的。以前不同融资租赁企业计算杠杆采用的风险资产口径可能存在差别，导致计算结果也缺少可比性。由于《意见稿》对风险资产的定义偏向于宽泛，原先采用较小口径计算杠杆的企业在采用新口径测算后杠杆倍数可能会有所升高，需要引起关注。

3.2 限定租赁物范围和主营业务占比

《意见稿》将租赁物的范围限定为固定资产，另有规定的除外。这在 2019 年 11 月的版本中未曾提及，是新增的内容。此前的监管文件中，只要求金融租赁的企业租赁物为固定资产，未明确规定内资和外资融资租赁企业租赁物必须为固定资产，可见此次《意见稿》是将租赁物的定义向金融租赁看齐。但现实中，无形资产作为租赁物的现象是存在的。如北京市文化科技融资租赁股份有限公司的文化融资租赁板块租赁物主要为著作权、商标权、专利权等无形文化资产，据披露截至2018年末该公司的文化租赁资产余额占比高达51.05%。2015年8月，《国务院办公厅关于加快融资租赁业发展的指导意见》提出要拓宽文化产业投融资渠道，而后部分地区地方政府发文支持无形资产融资租赁。如果正式版《办法》明确融资租赁的租赁物只能为固定资产，某些企业可能将会面临调整业务范围的压力。

《意见稿》还规定“融资租赁公司融资租赁和其他租赁资产比重不得低于总资产的60%”，延续了2013年《融资租赁企业监督管理办法》中“融资租赁企业应当以融资租赁等租赁业务为主营业务”的文件精神。目前融资租赁公司开展的其他板块业务主要包括保理、委托贷款、小贷和经营租赁等。《意见稿》对主营业务占比作出规定，主要是为了防范部分融资租赁公司偏离主业从事过度保理、委托贷款等业务。但目前国内大多数融资租赁公司的租赁业务规模占比都还是能够达到这一要求的，仅有个别企业可能要适当调整自身的业务构成。

3.3 新增客户集中度指标对特定公司影响较大

《意见稿》新增客户集中度指标，向金融租赁看齐，要求融资租赁公司对单一承租人、单一集团的租赁业务余额分别不得超过净资产的30%和50%，对一个关联方和全部关联方的租赁业务余额不得超过净资产的30%和50%。限定客户集中度的政策意图很明显，就是为了防止融资租赁公司单笔业务规模过大，客户在行业和区域上过于集中，导致企业整体违约风险过大。但近些年来，一些央企背景的融资租赁公司在推进集团产融结合方面发挥了一定作用，这类融资租赁公司通常在集团所占的比重较小，但对集团的业务集中度较高，很难达到《意见稿》规定的客户集中度要求；还有很多航空租赁公司，自身的优质客户数量较少，且飞机项目金额较大，在客户集中度上也很难达标；再者就是一些关联城投平台的融资租赁公司，业务主要涉及基础设施、公共事业方面，区域和行业集中度均较高。本次《意见稿》新增客户集中度指标将对上述特殊类型公司的业务规模和业务对象的调整产生很大的压力。

3.4 清理“空壳”公司和“失联”公司

据全国融资租赁企业管理信息系统显示，融资租赁行业整体开业率不高，在10900家融资租赁公司中，处于营业状态的仅有2985家，约72%的融资租赁公司处于空壳、停业状态。《意见稿》设置了不超过 2 年达标过渡期，过渡期内原则上暂停融资租赁公司的登记注册，并要求存量融资租赁公司在 1 年至 2 年内达到《意见稿》规定的有关监管要求：对“空壳”、违法违规经营类且愿意接受监管的企业，要求其按照监管要求，限期整改；对“失联”类企业，劝导其申请变更企业名称和业务范围、自愿注销或协调市场监管部门依法吊销其营业执照。根据行业现状，预期部分处于行业尾部的“空壳”“失联”等融资企业将被淘汰，一些风险抵御水平不足的小公司的员工也将面临失业和转行的压力。

4 总结与应对

新租赁准则下，融资租赁企业将融资租赁转化为经营租赁的空间缩小，但其将租赁业务转化为服务业务的空间依然存在。由于承租人的需求在变化，出租方有必要认真研究和领会新准则的具体规定，根据承租人的需要合理设计租赁条款，实现承租人利益最大化。具体而言，融资租赁企业可以根据新准则对租赁和服务的定义区分，设计合同条款，将租赁资产的实际控制权留在己方，这样就有可能让该笔业务被认定为服务，而非租赁，从而避免承租方资产负债入表。除此之外，合理缩短租赁期限，以及将低价值资产从主体合同剥离，都可以减小客户确认租赁的负担，提升客户满意度。新环境下，融资租赁企业也应努力开展业务转型，由租赁向服务和资产管理方向进一步渗透，提升租赁相对于购买的优势。这有助于增加将租赁合同转换为服务合同的筹划空间，同时也能提升承租人对租赁公司的依附度。另外，新准则对会计处理和信息披露提出了更高的要求，这需要租赁双方的财务人员都加强学习，注重平时账务处理和报表编制的合规性。

2019 年融资租赁相关税收政策的变化主要是增值税税率的下调。由于融资租赁享受差额征税政策，且部分租赁还能享受即征即退优惠，现实中融资租赁又是以回租为主，所以本次税率下调对出租人增值税负的直接影响较小。但承租人可能出于税率下调的背景要求出租人下调租金，这会导致出租人的间接利益受到影响。对于尚未开展的融资租赁交易，租赁双方应当在合同中明确租金是否含税。对于不含税的租金，税率调整时，增值税负担是明确的，争议较小。对于含税的租金，建议在合同中约定因税率变化所导致双方在履行融资租赁合同过程中所增加的履约成本或享受的税收优惠由哪一方承担或享有。另外，出租人有权根据承租人是否存在违约行为来确定是否同意承租人下调租金的请求。

《融资租赁公司监督管理暂行办法（征求意见稿）》的出台对规范融资租赁公司经营行为提出了更高的要求。杠杆红线降低为 8 倍，意味着部分位于行业头部的公司可能面临收缩业务规模或补充净资本的压力；清理“空壳”公司和“失联”公司，则会令部分处于行业尾部的融资租赁企业面临被淘汰的风险。限定租赁物范围和主营业务占比，一些主打无形资产租赁的企业以及过度从事“副业”的公司可能面临整改压力；新增客户集中度指标，则会使得集团系、平台系和其他优质客户数量少的融资租赁企业面临调节业务规模以及业务对象的问题。当然，新规具体要求还是要以正式稿为准。

参考文献

[1] 何敬. 国际会计租赁准则变化对融资租赁行业的影响 [J]. 商业会计, 2013 (01):28－30.

[2] 周龙，李亚星. 新租赁准则的修订、影响及我国的应对之策 [J]. 中国注册会计师，2016 (06):103－106.

2019 年融资租赁法律环境分析

吴惠金①

随着我国融资租赁相关法律法规日趋完善、竞争环境日趋优化以及国家行业鼓励政策的陆续出台，融资租赁行业近年来得到了快速发展。当前我国融资租赁行业的发展渐趋专业化和规范化，法院受理的融资租赁纠纷案件不断增加，当然，法律环境对融资租赁行业的健康发展尤为重要，融资租赁企业应熟悉、运用法律环境，增强法律意识，加强风险预判，做好风险防控。

1 2019 年融资租赁法律环境之政策环境分析

近年来，我国正在积极促进融资租赁行业的发展，监管政策也逐步完善。对于融资租赁企业的设立逐步松绑，对于融资租赁的功能逐渐明确，融资租赁行业监管趋于严格。我国涉及融资租赁的法律、法规、政策散见于多个文件中，现有的各项法律、法规之间的规定亦存在不配套、不衔接甚至相互矛盾的现象，使审理的困难程度加大，一定程度上也影响了我国融资租赁行业的发展。

1.1 融资租赁行业法律法规及规章制度的发展阶段

我们不难发现，国外融资租赁行业的发展成熟离不开完善的法律法规制度和健全的会计制度，良好的法律环境是促进融资租赁业健康发展的基础。

① 上海市锦天城律师事务所高级合伙人。

目前我国与融资租赁直接相关的法律、法规及部门规章情况列举如下：

为解决融资租赁纠纷的法律适用问题，最高人民法院于1996年颁布了《关于审理融资租赁合同纠纷案件若干问题的规定》，对司法实践中审判融资租赁合同纠纷提供了审判依据，弥补立法的空白，该规定被最高人民法院于2014年实施的《最高人民法院关于审理融资租赁合同纠纷案件适用法律问题的解释》废止。1999年颁布的《中华人民共和国合同法》第十四章内容为"融资租赁合同"，第一次从法律层面明确了融资租赁的概念，但没有专门为融资租赁制定明确条例。《金融租赁公司管理办法》于2000年颁布实施，并先后于2007年、2014年修订，金融租赁公司在经营过程中要遵守审慎经营规范，在资本充足率、主营业务销售收入比例、单一客户融资集中度等方面接受监管，但没有从根本上解决融资租赁法律缺失的问题，不能作为融资租赁业务开展的指导性规定。

2005年商务部发布《外商投资租赁业管理办法》，为其监管的外商投资融资租赁公司制定了相应的管理办法，该办法于2018年被废止。2004年商务部、国家税务总局发布《商务部、国家税务总局关于从事融资租赁业务有关问题的通知》，明确商务部将对内资租赁企业开展从事融资租赁业务的试点工作，并且明确内资融资租赁试点企业、外商投资融资租赁公司可享受融资租赁业务的营业税政策。2006年的《企业会计准则第21号——租赁》（2018年修订）则从会计核算角度区分租赁物的实际所有权。

2011年商务部发布了《商务部关于"十二五"期间促进融资租赁业发展的指导意见》，提出将研究出台鼓励政策，大力支持融资租赁企业为中小微企业服务。融资租赁业务以其融资门槛低、方式灵活、放款周期短等优势，为国内融资渠道增添了新的活力。2013年商务部印发《融资租赁企业监督管理办法》，对融资租赁企业的经营行为和经营风险作出进一步监督管理规定，如对内资融资租赁企业的设立由试点推荐模式改为正常的行政审批等。国务院办公厅于2015年发布《国务院办公厅关于加快融资租赁业发展的指导意见》，积极推动产业转型升级，鼓励融资租赁公司发挥融资便利、期限灵活、财务优化等优势，提供适合中小微企业特点的产品和服务等。2015年发布《关于促进金融租赁行业健康发展的指导意见》，从加强基础设施建设、拓宽筹资渠道、加强行业自律等八个方面对金融租赁行业发展进行部署，旨在支持经济转型、拓宽三农、中小微企业融资渠道、服务经济社会发展。2018年5月，商务部办公厅发布《商务部办公厅关于融资租赁公司、商业保理公司和典当行管理职责调整有关事宜的通知》，正式将制定融资租赁公司、商业保理公司经营和监管规则职责划给银保监会。

1.2　2019 年融资租赁行业法律政策适用的思考

2019 年，融资租赁行业仍未出台专门的融资租赁法，但是为进一步推进供给侧结构性改革、振兴实体经济，有关部门和地区政府把握经济发展新常态，针对多个融资租赁领域细分问题发布政策意见。根据北大法宝统计的涉及融资租赁现行有效的中央法规共有 1319 篇，其中 2017 年出台 97 篇、2018 年新增 72 篇，2019 年出台 63 篇规章；根据北大法宝的统计，涉及融资租赁现行有效的地方法规共有 7406 篇，其中 2017 年出台 1066 篇、2018 年新增 797 篇，2019 年新增 379 篇，这些规定对融资租赁行业发展的指导性意义重大。重点如下：

2019 年 11 月 8 日，最高人民法院发布《全国法院民商事审判工作会议纪要》，针对民商事审判中的前沿疑难争议问题做出规定，对统一司法裁判思路、规范融资租赁、商业保理行业发展意义重大。例如，融资租赁交易中租赁物所有权和使用权相分离的特点，使得租赁物的安全风险问题尤为突出。在出租人对租赁物缺乏有效监管的情况下，可能出现承租人擅自处分租赁物（转卖、抵押等）的情况，若第三人属于善意取得，则会极大影响融资租赁的交易安全。由于在物权法意义上，动产权属登记制度存在不完善之处，从权利外观角度来看，融资租赁物容易被认定为承租人所有。因此司法实践中，极易出现融资租赁物被其他法院查封的情况，租赁物真正权利人的合法权益如何得到保护？能否对抗其他法院查封？该会议纪要对此予以明确，外观主义应有所限制，是为保护交易安全设置的例外规定，一般适用于因合理信赖权利外观或意思表示外观的交易行为。如果其他法院查封依据的仅是普通债权，而与租赁物无关，那么应注重财产的实质归属，而不能单独取决于权利外观，应结合融资租赁登记情况、合理信赖情况予以综合判断。

2019 年 12 月 30 日天津市高级人民法院印发《天津市高级人民法院关于审理融资租赁合同纠纷案件若干问题的审判委员会纪要（一）》，该会议纪要对融资租赁公司诉讼保全担保、融资租赁司法送达、租赁物及权属、租赁合同的性质及效力、出租人宣布租金提前到期的条件、租金提前到期日等进行了规定，对于支持天津市融资租赁行业发展，统一天津市辖区法院审理融资租赁案件裁判规则具有重要意义。

中国银保监会于 2020 年 1 月发布的《融资租赁公司监管管理暂行办法(征求意见稿)》(以下简称《征求意见稿》)，被称为史上最严融资租赁监管办法。融资租赁行业僵尸企业过多、商业租赁企业缺乏实质性监管政策、租赁企业业务脱离租赁本源、租赁行业存在金融风险等因素构成此次《征求意见稿》出台的背景。该意见稿共有六章五十五条，对融资租赁公司的监管指标，划出多条监管红线和监督指标。《暂行办法》明确了融资租赁公司的业务范围，要求融资租赁公司回归租赁业务本源，并新增了固定收益类证券投资业务范围，并明确融资租赁公司不得通过网络借贷信息中介机构、私募投资基金等渠道融资或转让资产。另外，《暂行办法》明确了一系列监管指标，例如在租赁资产比重方面，要求融资租赁公司的融资租赁和其他租赁资产比重不低于总资产的 60%；在杠杆倍数方面，要求风险资产总额不得超过净资产的 8 倍；融资租赁公司开展的固定收益类证券投资业务，不得超过净资产的 20%；单一客户融资集中度。融资租赁公司对单一承租人的全部融资租赁业务余额不得超过净资产的 30%、单一集团客户融资集中度。融资租赁公司对单一集团的全部融资租赁业务余额不得超过净资产的 50% 等。

该征求意见稿的相关监管措施从长远来看有助于行业的有序发展及整体抗风险能力的提升，但是也有不足之处。例如，征求意见稿中规定的“融资租赁公司融资租赁和其他租赁资产比重不得低于总资产的 60%”，延续了 2013 年《融资租赁企业监督管理办法》中“融资租赁企业应当以融资租赁等租赁业务为主营业务”的文件精神。目前部分融资租赁公司除融资租赁业务外，还会涉及保理业务、委托贷款业务等，未来可能会有业务调整压力。但是用企业应收融资租赁款与总资产比例粗略衡量融资租赁企业的业务集中度，不难发现，多数发行人总资产中租赁资产余额比重不低，本条规定影响有限。另外，征求意见稿中将租赁物范围限定为“适用于融资租赁交易的租赁物为固定资产，另有规定的除外”，但国务院办公厅于 2015 年 8 月发布的《关于加快融资租赁业发展的指导意见》提出要扩宽文化产业投融资渠道，同时也有部分地方政府发文支持无形资产做租赁物，就此，后续可关注正式稿中是否有租赁物范围的明确表述。

虽然《征求意见稿》有仍需明确的地方，但仍不可否认，《征求意见稿》

出台后，融资租赁公司无论是在业务走向、产品结构、业务流程、融资渠道、内控制度方面还是在资产流转、战略定位、商业模式等方面，都将会迎来较大变化，经营环境、内外部监管逐渐趋严。该管理办法是完善我国融资租赁行业监管制度的重要举措，有利于促进融资租赁行业规范发展，统一融资租赁业务监管规则，有利于补齐监管制度短板、强化事后监管。

并且在 2019 年，各地方金融监管局纷纷公布融资租赁公司经营异常名单，融资租赁行业进入强监管时代。2019 年来自地方金融监管局的强监管已经在各地开展，例如上海市发布的《上海市地方金融监督管理条例（草案）》，适用范围包括融资租赁公司，明确了地方金融组织的经营规则，确立了地方金融组织的审慎经营义务、消保义务、信义义务、经营信息报送义务和重大风险事件报告等制度；天津市地方金融监督管理局先后发布《天津市商业保理试点管理办法（试行）》《关于加强我市融资租赁公司监督管理工作的指导意见》；北京市顺义区出台《关于加快北京市融资（金融）租赁聚集区建设的办法》，对融资（金融）租赁、商业保理产业进行专项扶持等。不难发现，融资租赁划归银保监会，监管收紧是大势所趋。

近年来，融资租赁行业竞争态势呈逐渐分化的趋势。在流动性紧张、外部信用风险逐渐暴露的环境下，融资租赁行业内分化趋势更加明显。以往融资租赁行业的监管环境比较宽松，这也导致了近年来偏离主业、无序发展、“空壳”“失联”等行业问题较为突出。融资租赁行业监管趋严将进一步优胜劣汰，从长远来看有助于融资租赁行业的长运发展。

2　2019 年《全国法院民商事审判工作会议纪要》对融资租赁行业的影响及法律建议

2019 年 11 月 8 日，最高人民法院发布《全国法院民商事审判工作会议纪要》（以下简称《会议纪要》），针对民商事审判中的前沿疑难争议问题做出规定，经适当检索，尚无出现以《会议纪要》的规定作为裁判依据的融资租赁案件，但从《会议纪要》的内容上看，《会议纪要》会对融资租赁案件的审理趋势带来一定的影响：

2.1 关于担保合同的效力风险及建议

《会议纪要》规定："《公司法》第 16 条对法定代表人的代表权进行了限制。根据该条规定，担保行为不是法定代表人所能单独决定的事项，而必须以公司股东（大）会、董事会等公司机关的决议作为授权的基础和来源。债权人能够证明其在订立担保合同时对董事会决议或者股东（大）会决议进行了审查，同意决议的人数及签字人员符合公司章程的规定，就应当认定其构成善意，但公司能够证明债权人明知公司章程对决议机关有明确规定的除外。债权人根据上市公司公开披露的关于担保事项已经董事会或者股东大会决议通过的信息订立的担保合同，人民法院应当认定有效。"

《会议纪要》规定："法定代表人以公司名义与债务人约定加入债务并通知债权人或者向债权人表示愿意加入债务，该约定的效力问题，参照本纪要关于公司为他人提供担保的有关规则处理。"

根据上述规定，在从事融资租赁业务时，担保人未履行必要的内部决议程序所对外签署的担保合同存在效力风险。对此，提出如下法律建议：

（1）若存在担保的，应要求担保人提供公司章程（加盖公章）及合法有效的内部决议文件，以保障担保合同的有效性。

（2）若由上市公司进行担保的，除按上述要求进行审查外，另要求公司提供网上公开披露的有关担保的公告（加盖公章）并自行网上核查验证。

（3）若债务人以联合承租、代偿承诺或差额支付的方式进行债务加入的，亦应参照上述标准提供合法有效的内部决议文件或上市公司公开披露文件。

2.2 融资租赁公司行使合同解除权的要求及法律建议

《会议纪要》规定："人民法院在审理案件时，应当审查发出解除通知的一方是否享有约定或者法定的解除权来决定合同应否解除，不能仅以受通知一方在约定或者法定的异议期限届满内未起诉这一事实就认定合同已经解除。合同约定的解除条件成就，守约方以此为由请求解除合同的，人民法院应当审查违约方的违约程度是否显著轻微，是否影响守约方合同目的的实现，根据诚实信用原则，确定合同应否解除。违约方的违约程度显著轻微，不影响守约方合同目的的实现，守约方请求解除合同的，人民法院不予支持；反之，则依法予以支持。"

鉴于本次《会议纪要》对合同解除是否有充足依据、违约方的违约程度等予以强调，融资租赁公司不可随意行使合同解除权利。就此，提出如下法律建议：

（1）建议融资租赁公司通知解除前自行衡量违约方的违约程度以及是否影响守约方合同目的实现；根据诚实信用原则，先行确定合同应否解除；

（2）催收过程前置书面催收程序，书面发送催收通知并保留凭证，必要时可外聘律师发律师函，为将来诉讼解除合同做准备。

2.3 融资租赁公司行使合同抵销权的要求及法律建议

《会议纪要》规定："抵销权既可以通知的方式行使，也可以提出抗辩或者提起反诉的方式行使。抵销的意思表示自到达对方时生效，抵销一经生效，其效力溯及自抵销条件成就之时，双方互负的债务在同等数额内消灭。双方互负的债务数额，是截至抵销条件成就之时各自负有的包括主债务、利息、违约金、赔偿金等在内的全部债务数额。"

融资租赁业务中，一般会存在前收保证金并由保证金冲抵最后一期租金的情况，根据《会议纪要》，融资租赁公司行使抵销权时，应考虑如下法律建议：

（1）融资租赁公司根据融资租赁合同的约定抵销保证金时，应在程序上向承租人发送抵销通知、抵销范围和金额；

（2）融资租赁公司应要求被通知义务人提供相应的回执，就上述通知予以确认；

（3）融资租赁公司应就保证金等前收费用的支付凭证予以保留。

3 2019 年融资租赁行业的法律共性问题——结合判例环境分析

3.1 概述

根据北大法宝统计的融资租赁纠纷"案例年度趋势"，案例数量在 2017 年达到峰值 26806 件，2018 年与 2019 年相继降低，90% 左右的融资租赁纠纷均在一审程序办结。具体，根据北大法宝的数据：

（1）融资租赁类案件于 2014 年开始逐步增多，2017 年达到峰值（见图 1）；

（2）审理的法院层级多为基层法院，审理程序多为一审（见图 2）。

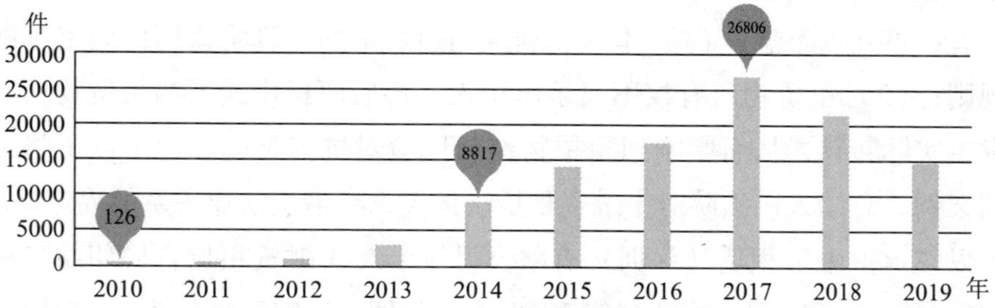

图 1　案例年度趋势

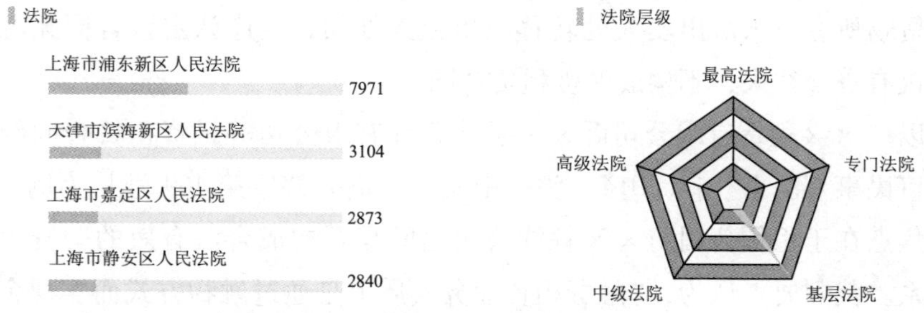

图 2　审理法院及层级分布

3.2　共性问题及法律建议

经检索最高人民法院公布的经典案例以及最高人民法院、各级法院于 2019 年审理的案例，承租人欠付租金是引发纠纷最常见的原因，出租人即融资租赁公司作为原告提起诉讼，诉请承租人支付租金、逾期利息、违约金等租赁费用的案件占大多数，由此可见当前融资租赁主要风险仍是承租人的信用违约。并且近年来，融资租赁交易结构的创新导致涉诉法律关系更加复杂，租赁物类型的多样化趋势导致租赁物权属公示问题更加突出，名为融资租赁实为借贷的案件数量增加。结合案例，下文将重点分析 2019 年融资租赁行业的法律共性问题及提供对应的法律建议：

（1）融资租赁法律关系与借贷法律关系界定不清的风险及法律建议。

①问题提示。

经检索，融资租赁案件中，争议焦点不乏集中于法律关系是应当被认定为融资租赁法律关系还是借贷关系。若被认定为借贷关系，则对融资租赁公司会有以下几点影响：（1）本金、利息和违约金的计算将适用民间借贷的法律规则；（2）租赁物所有权不属于出租人，售后回租模式下的租赁物所有权不发生实际转移，从而影响到租赁物作为风险对抗措施的效力。以下将结合两则案例，总结人民法院对于融资租赁法律关系与借贷法律关系的界定标准：

以“××融资租赁（深圳）有限公司与个人 A 融资租赁合同纠纷二审民事裁定书”［（2019）渝 02 民终 1968 号］为例，法院审理认为，“融资租赁合同关系本身具有融资和融物的双重属性，二者缺一不可。如无实际租赁物或租赁物所有权未从出卖人处转移至出租人处的，则应认定该合同无融物属性，仅有资金往来，不构成融资租赁合同”。

以“××租赁有限公司诉××餐饮管理有限公司等融资租赁合同纠纷一案二审民事判决书”［（2014）沪一中民六（商）终字第 469 号］为例，本案争议焦点在于租赁公司与××餐饮公司之间是否构成合法有效的融资租赁合同关系。裁判要点认为，“融资租赁业务实质上是通过融物方式而实现企业融资的目的，并以此区别于借款法律关系，而融物的前提条件至少包括存在具体明确的标的物，且该标的物应符合法律规定中可适用于融资租赁交易的租赁物的性质。”

基于上述，判断融资租赁法律关系与借贷关系的区别系法律上是否具有“融物”性质，若法律关系不具有“融物”的性质而仅具有“融资”的性质，则实质上构成的是借贷关系，根据《最高人民法院关于审理融资租赁合同纠纷案件适用法律问题的解释》第一条第二款之规定，融资租赁合同并不当然无效，但应当按照当事人之间实际构成的法律关系，即借贷关系进行处理。

②法律建议。

基于上述，提出如下法律建议：

a. 开展售后回租业务时，售后回租合同的签署双方要签订内容完备的《融资租赁合同》，并在《融资租赁合同》中明确约定租赁物的名称、型号、数量、价格等关键要素，明确业务中“融物”的性质；

b. 融资租赁公司开展融资租赁业务时，应留存租赁物的所有权证明、租赁物购货合同、购销发票等材料，体现业务中“融物”的真实性；

c. 在融资租赁合同签署之前，融资租赁公司应安排业务人员对租赁物件进行现场拍照，并在开展融资租赁业务期间，安排业务人员定期对租赁物进行巡检并形成书面记录，记录租赁物状态。

（2）承租人未按照租赁合同支付租金、留购价款的风险及法律建议。

①问题提示。

经检索，融资租赁案件中，大部分纠纷以出租人为原告，诉请承租人按照租赁合同的约定支付租金、留购价款或要求担保人履行担保义务。以下将结合两则案例，总结人民法院对于承租人未按照租赁合同约定支付租金、留购价款的裁判态度：

以“××能源股份有限公司、××融资租赁有限公司融资租赁合同纠纷二审民事判决书”［（2019）最高法民终417号］为例，本案二审的争议焦点在于能源公司在案涉融资租赁合同加速到期的情况下应否向国网租赁支付1000元租赁物留购价款。案涉融资租赁属售后回租模式。根据合同约定，在租赁公司向能源公司和B公司购买并支付案涉设备全部价款取得所有权后，能源公司和B公司租回案涉设备，并负有支付租金和购回该租赁物的义务。最高人民法院认为，一审判决根据租赁公司的诉讼请求，判令能源公司和B公司将1000元租赁物留购价款和全部租金一并支付给租赁公司，既符合案涉合同关于承租人在违约情况下需提前支付合同项下所有应付款项的约定，也是能源公司和B公司继续履行案涉租赁物回购义务的体现，符合纠纷一次性解决原则。

以“××租赁有限公司与××物业发展总公司融资租赁合同纠纷上诉案”［最高人民法院（2000）经终字第38号］为例，租赁公司与物业发展公司签订的三份《租赁合同》是双方当事人真实意思的表示，亦不违反我国现行法律法规的规定，应认定有效。物业发展公司未能按照《租赁合同》的约定向租赁公司足额支付租金，应承担违约责任。

基于上述，当合同各方签署的融资租赁合同及相关的附属担保合同不存在《中华人民共和国合同法》列举的可能影响合同效力的情形时，且当融资租赁合同签订的主体系具有融资租赁业务资质的机构，合同内容及双方履行行为符合融资租赁合同的法律特征时，应尊重当事人的意思自治和融资租赁合同的约定，由当事人根据合同履行义务、行使权利。

②法律建议。

基于上述，为减少后续诉讼风险及提高诉讼效率，提出如下建议：

a. 签署融资租赁合同时，尽量采用面签的形式；

b. 如承租人为法人的，融资租赁公司应要求法人承租人的内部决议机构出具合法有效的决议文件，履行合法有效的决议程序；如承租人为个人的，融资租赁公司应核查承租人的年龄，确保承租人具有完全民事行为能力；

c. 融资租赁业务开展过程中，保留沟通记录、购买发票、融资租赁物现场照片、生效合同等资料，为后续可能出现的诉讼做好证据准备。

d. 在租赁合同合法有效的前提下，人民法院多尊重双方当事人签署的合同条款进行裁判。因此，就承租人违约的情况下，建议融资租赁公司在涉及合同条款时在不设置明显对承租人不公平的格式条款前提下尽可能保护自身利益，如在融资租赁合同条款中或另行签署从属协议明确约定，承租人在收到出租人通知的 5 个工作日内仍未按照租赁合同的约定履行相关义务的，出租人有权行使合同解除权并要求承租人回购租赁物。

就此，司法实践中，人民法院的裁判倾向为根据融资租赁合同约定，出租人行使合同解除权并要求承租人对租赁物予以回购的，人民法院尊重当事人意思自治，且认为与《中华人民共和国合同法》第二百四十八条“承租人经催告后在合理期限内仍不支付租金的，出租人可以要求支付全部租金；也可以解除合同，收回租赁物”的规定并不相悖：

以“××融资租赁有限公司与××工贸集团有限公司、个人 A 融资租赁合同纠纷案”为例［（2014）浦民六（商）初字第 1664 号］，法院认为，原告主张解除合同的同时要求被告工贸集团公司按约定价款购回租赁物，系依据《融资租赁合同》第 5. 2. 1. 款的约定（根据《融资租赁合同》第 5. 2. 1. 款关于违约责任的规定，原告解除合同，并有权要求被告工贸集团公司按合同约定的价款购回租赁物，该回购价款中包括被告工贸集团公司应付的租金，被告工贸集团公司支付该款后，租赁物所有权归被告工贸集团公司）主张权利，其所主张的应付租金属于原告解除合同后被告工贸集团公司购回租赁物应付价款的构成，性质上不同于继续履行《融资租赁合同》应付的租金。

以“××工程机械有限公司、××重工业机械有限公司追偿权纠纷二审民事判决书”为例［（2019）鲁 09 民终 65 号］，法院认为，根据××融资租赁有限公司、上诉人、被上诉人三方签署的《融资租赁合作协议的从属协议》，上诉人与被上诉人共同向××融资租赁有限公司承担回购担保义务。虽然该从属协议未注明具体签署时间，但在三方合作期间，除有相反证据证明外，应认定该从属协议有效。根据××融资租赁有限公司的要求，被上诉人应当履行回购义务。

（3）联合承租、委托租赁等业务的风险及法律建议。

根据《融资租赁企业监督管理办法》第 8 条的规定“融资租赁企业可以在符合有关法律、法规及规章规定的条件下采取直接租赁、转租赁、售后回租、杠杆租赁、委托租赁、联合租赁等形式开展融资租赁业务”。以下就联合承租、委托租赁业务的法律风险进行法律解读，提出法律建议。

①联合承租业务。

a. 问题提示。

联合承租是指多个承租人共同就同一融资租赁项目向出租人进行承租，共同承担租金支付义务，租赁物实际仅由其中的一个承租人使用或多个承租人共同使用的融资租赁业务模式。其中，主要分为以下几种模式：

第 1 种，A 承租人提供租赁物、接收租赁价款、实际使用租赁物并负责日常租金的支付事宜，B 承租人仅按照合同约定承担连带支付租金的义务；第 2 种，A 承租人提供租赁物、实际使用租赁物，B 承租人接收全部租赁价款并负责日常租金的支付事宜；第 3 种，A、B 承租人共同提供租赁物，并指定 A 承租人接收全部租赁价款并负责日常租金的支付事宜；第 4 种，A、B 承租人共同提供租赁物并分别接收租赁价款，分别或指定其中之一负责日常租金的支付事宜。

第 3 种和第 4 种是常见融资租赁模式的创新，司法机构和融资租赁行业监管机关根据《合同法》第 237 条的规定均能作出符合融资租赁交易结构的判断，而第 1 种和第 2 种可能会有担保和融资租赁法律关系的模糊界定。

以“××融资租赁股份有限公司与××绿色能源开发有限公司、××新能源集团有限公司融资租赁合同纠纷一审民事判决书”［（2018）津民初 61 号］为例，法院认为，“根据案涉《融资租赁合同》，A 将自有设备等财产出卖给××公司，再将租赁物从××公司处租回，并实际使用。A 与××公司之间构成融资租赁法律关系。B 并非租赁物的所有人，亦非租赁物的占用、使用人，其与××公司不构成融资租赁法律关系。但依据《融资租赁合同补充协议》约定，B 自愿承担承租人义务，故 A、B 负有共同支付租金及相应款项的义务”。

基于上述，联合承租人是否构成融资租赁法律关系，应从其是否是租赁物的原始所有权人、占有人、使用人等方面综合判断。并不是所有签署了融资租赁合同的联合承租人都与出租人构成融资租赁关系，但鉴于合同的真实意思表示，上述案件中融资租赁关系的成立与否不影响联合承租人按照合同约定履行支付义务。

b. 法律建议。

基于上述，提出如下法律建议：

建议租赁公司在开展此类业务时，严格按照法律规定从事融资租赁业务，通过《融资租赁合同》明确联合承租人均享有占有和使用租赁物的权利，具体的占有和使用事宜可由联合承租人私下自行协商确定；并在租赁物购买价款支付、交付等事宜上取得所有联合承租人的共同确认。

②委托租赁业务。

a. 问题提示。

委托租赁是指具有从事融资租赁业务资质的公司作为出租人，根据委托人的书面委托，向委托人确定的承租人办理的融资租赁业务。在租赁期内，租赁标的物的所有权归委托人所有，出租人只收取相应的手续费，不承担交易风险。租赁期满后，租赁标的物的所有权可以转移给承租人，也可以不转移给承租人（返还给委托人）。委托租赁业务中，委托人委托租赁放款资金或租赁物的不同，可能会影响融资租赁关系的认定。商务部分别于2013年7月、9月发布了《关于加强和改善外商投资融资租赁公司审批与管理工作的通知》和《融资租赁企业监督管理办法》，其中均明确规定，融资租赁公司不得从事吸收存款、发放贷款、受托发放贷款等业务；未经相关部门批准，不得从事同业拆借、股权投资等业务。

因此，根据融资租赁的融物性质以及融资租赁公司从事领域的限制，笔者认为融资租赁公司委托租赁应着眼于委托租赁物。

以“××纺织印染有限公司、××融资租赁有限公司融资租赁合同纠纷二审民事判决书”［（2019）闽02民终675号］为例，“关于××融资租赁公司（出租人）和承租人之间是否为融资租赁合同关系，应根据双方当事人约定及实际履行的权利义务进行综合判断。根据合同法规定，融资租赁合同是出租人根据承租人对出卖人、租赁物的选择，向出卖人购买租赁物，提供给承租人使用，承租人支付租金的合同。《最高人民法院关于审理融资租赁合同纠纷案件适用法律问题的解释》规定，人民法院应当根据合同法第二百三十七条的规定，结合标的物的性质、价值、租金的构成以及当事人的合同权利和义务，对是否构成融资租赁法律关系作出认定。鉴于融资租赁合同具有特殊性，是融物和融资有机结合，出租人须根据承租人对出卖人和租赁物的选择出资购买租赁物，使承租人不必付出租赁物的价值，即可取得租赁物的使用收益，从而达到融资的效果。具体本案而言，××融资租赁公司名义上为出租人，但并未履行出租人应负的出资购买租赁物的义务，仅接受委托人的委托以其名义办理设备租赁事宜。因此，讼争《融资租赁合同》不符合合同法规定的融资租赁合同定义，应认定为无名合同。但讼争《融资租赁合同》仍系当事人真实意思表示，未违背法律、法规强制性规定，应属合法有效合同，各方应诚信履行合同义务，承租人应依约支付租赁物租金”。

因此，笔者认为，委托租赁业务的实质风险并非由出租人承担，不构成传统意义上的融资租赁模式，首先，是否构成融资租赁关系应立足于融资租赁物的“融物”性质，否则会构成融资租赁公司从事委托贷款业务的认定风险；其次，出租人应结合融资租赁法律关系的定义，约定租赁物的权属属于出租人所有，若合同层面的权属属于委托人，虽不影响三方根据真实意思表示的合同履行权利义务，但不构成真正意义上的融资租赁法律关系，法律上存在瑕疵。

b. 法律建议。

基于上述，提出如下法律建议：

第一，建议融资租赁公司在从事委托租赁业务时，以接受租赁物的方式代替接受资金的方式，并且在委托租赁合同中约定租赁物的权属属于出租人所有，这是构成融资租赁法律关系的前提之一。

第二，在从事融资租赁业务时，保留出租人履行融资租赁业务的相关凭证、文件，以防后续诉讼需要。

（4）融资租赁诉讼个人纠纷案件呈增多趋势的风险及法律建议。

①问题提示。

以“汽车融资租赁”为关键词检索“北大法宝”，合计有66个案例。经查询，除去涉及刑事的案件，大部分纠纷发生在个人和融资租赁公司之间，且案由大多为个人未按照融资租赁合同的约定支付租金，人民法院根据合法有效的融资租赁合同的约定进行裁判，法律关系简单、事实较为清晰。

以“蔡××、××（中国）融资租赁有限公司融资租赁合同纠纷二审民事判决书”［（2019）豫 01 民终 4409 号］为例，法院裁判：“本案中蔡××与融资租赁公司签订《汽车融资租赁合同》，系双方真实意思表示，不违反法律和行政法规的强制性规定，应为有效。蔡××上诉主张融资租赁公司存在欺诈行为，双方之间签订的《汽车融资租赁合同》属无效合同，缺乏证据证实，本院不予认定。蔡××未按合同约定支付租金，属于违约，一审法院判令蔡××支付剩余租金，并无不当。”

因汽车融资租赁的承租人大部分均为个人，相对于机构，信用及偿还能力的不确定因素较多，融资租赁公司开展汽车融资租赁业务时，租金回收不完全的风险更大。

②法律建议。

基于上述，提出如下法律建议：

a. 为保障租金回收并加快后续诉讼程序，建议融资租赁公司在经营汽车融资租赁时，清晰设定个人承租人的门槛，对其信用能力及偿还能力进行一定程度的审核；

b. 在保障融资租赁合同合法有效的基础上，对汽车购买发票、合同、承租人信息等文件进行妥善保管和留档；

c. 如有条件，应增加担保人对应付租金进行连带责任担保；

d. 对汽车安装 GPS 定位系统保证融资租赁公司对租赁物件的实际控制。

4 结语

结合上文分析，融资租赁业务模式的创新、拓展，为融资租赁合同条款设计、交易结构设计的合法、合规性提出了更多的挑战，对于融资租赁公司来说，应更好地保障自己的合法权益，确保交易的合规性、回款的稳定性、业务的安全性。综合 2019 年融资租赁行业出现的共性问题，提出如下法律建议：

首先，从事融资租赁业务的过程中，融资租赁公司应保留放款凭证、租赁合同等开展租赁业务的相关文件，形成完整的证据链，防止后续诉讼风险。

其次，在从事联合承租、委托租赁等不同形式的业务时，均应按照法律的要求，结合融资租赁法律关系的定义，设计合法合规的融资租赁交易结构，形成融资租赁业务关系，避免构成委托贷款、担保等法律关系，避免触犯法律底线和监管红线。

再次，应加强对租赁物的租后管理、跟进，以及落实担保，避免后续因承租人还款不力而引发的风险。

最后，合同条款设计时应尽可能考虑业务风险，根据业务模式设置合同条款，如设置无论第二承租人是否按照合同约定承担租金支付义务，均不影响第一承租人向出租人支付租金的义务、明确联合承租人均享有占有和使用租赁物的权利等。

综上，我国融资租赁的法律环境（包括政策环境及判例环境）在中国共产党领导下，日益完善、健全，但随着融资租赁业务类型不断扩展和创新，纠纷类型也日趋复杂化，纠纷数量也在逐步增多，给行业发展过程中的法律环境增加了复杂性和挑战性，因此还需要进一步推动融资租赁立法工作，完善司法审判环境，为融资租赁行业提供强有力的法律支撑。

第二部分
2019年中国融资租赁行业市场分析

2019年工程机械行业租赁业发展分析

谭　兵①

1　工程机械行业正处于本轮周期的上升阶段

1.1　行业概况

工程机械是一个较为宽泛的概念，从用途角度来看，凡土石方施工工程、路面建设与养护、流动式起重装卸作业和各种建筑工程所需的综合性机械化施工工程所必需的机械装备，都可称为工程机械。根据国家机械行业规划，工程机械分为18大类产品，包括挖掘机械，铲土运输机械，工程起重机械，工业车辆，压实机械，桩工机械，混凝土机械，钢筋及预应力机械，装修机械，凿岩机械，气动工具，铁路路线机械，军用工程机械，电梯与扶梯，工程机械专用零部件等。

中国工程机械行业历经50多年的发展，已基本形成了一个完整的体系，能生产18大类、4500多种规格型号的产品，并已经具备自主创新、对产品进行升级换代的能力。目前，中国已成为世界工程机械生产大国和主要市场之一，工程机械产量仅次于美国、日本，位居全球第三位，国内市场总量占世界市场近1/6。

① 广州越秀融资租赁有限公司总经理。

1.2 我国工程机械上一轮周期从2006年开始

工程机械行业具有强周期性，其发展变化与宏观经济周期的波动紧密相关，纵观近十年我国工程机械行业发展状况，从工程机械主要设备的销售量和增速情况可以看出，我国工程机械行业在2006—2016年上半年已经历过“发展—高峰—低谷”的完整周期。

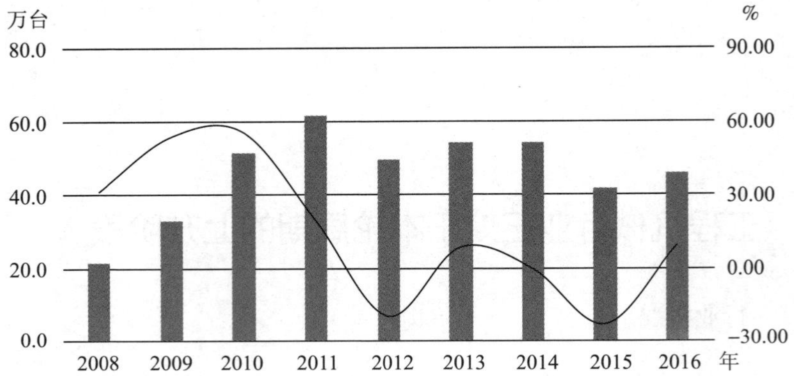

图1　2008—2016年工程机械主要设备销售量和增长情况

（1）快速发展期（2006—2009年）。

第一阶段，伴随着城镇化的进程，地产和基建进入投资周期，房地产投资和基建投资基本保持20%～30%的增速，在此带动下，工程机械行业快速发展，以工程机械行业最具代表性的产品挖掘机为例，其销量由2006年末的4.41万台增长至2009年末的9.50万台。

（2）扩张高峰期（2010—2011年）。

第二个阶段，随着国家4万亿的投资拉动，我国工程机械行业出现了爆发性增长，各大厂商纷纷扩大产能、提高产量，2011年全行业从业人数达到顶峰。另外，信用销售模式成为工程机械的主要销售模式，首付比例下降至10%左右，甚至部分激进的厂商推出首付0%的产品。在此阶段，挖掘机销量快速增长至2011年末的17.84万台，达到挖机销量的峰值水平。

（3）低谷期（2012—2016年上半年）。

第三个阶段，由于下游需求投资拉动放缓及前期的需求透支，我国经济结构调整、经济增速换挡，工程机械行业进入低迷期，新机销量迅速回落。

同时，社会上存在大量的存量设备，行业内竞争格局调整，信用销售模式下的风险集中爆发，前期激进的厂商由于垫付等担保措施形成大量的不良资产，挖掘机生产企业由110多家下降至20多家，设备利用率和销量逐步下滑，2015年挖掘机销量及增速下降至最低点。

1.3 新一轮周期开启，目前处于上升阶段

工程机械行业在经历了上一轮的完整周期后，从2016年8月开始筑底回暖，逐步复苏，开启了新一轮周期。本轮复苏以来，全行业的发展理念发生了较大转变，由粗放式野蛮发展转向高质量稳健发展的模式，龙头主机厂坚守信用销售条件不放松，首付比例保持较高水平，龙头企业的盈利能力、资产质量和现金流都实现了大幅提升。

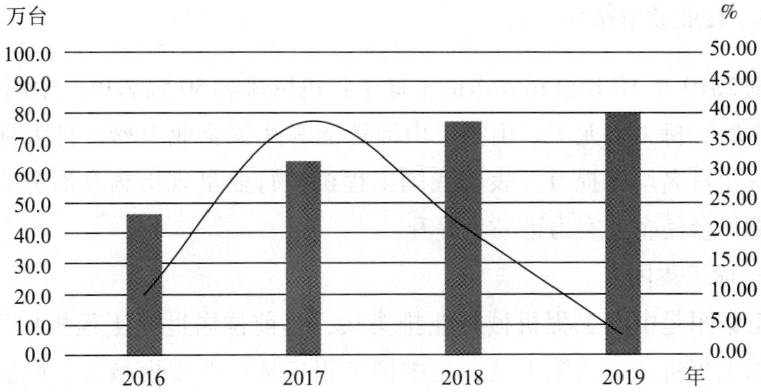

图2 2016—2019年工程机械主要设备销售量和增长情况

以风向标产品挖掘机数据为例，根据万得数据统计显示，2016—2019年挖掘机的销量分别为7.03万台、14.03万台、20.34万台、23.57万台，2019年挖掘机销量超过上一轮行业高峰期2011年的17.84万台（24.31%），销量创下历史新高，行业持续保持高景气度。其背后主要是逆周期调节加码促使基建投资发力、地产投资保持相对稳定、环保趋严和存量更新需求持续、机械替代人工劳动力继续渗透、工程机械设备“出海”保持中高速增长等多个影响因子共同作用的结果。

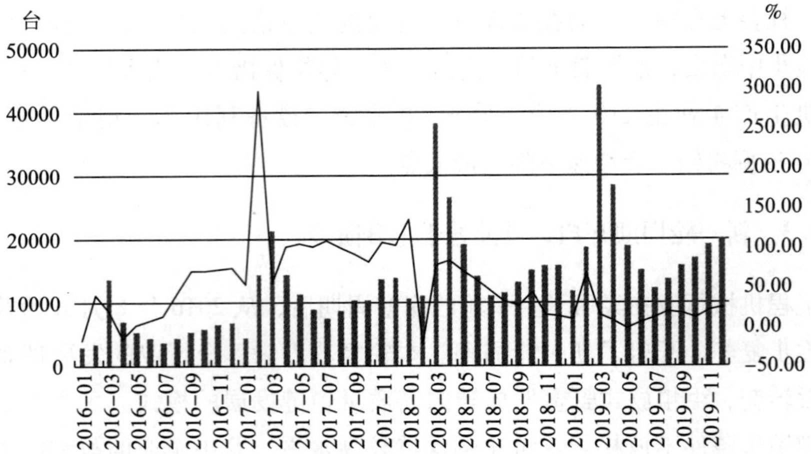

图 3　2016 年至 2019 年挖掘机月度销量（台）和增长情况（%）

1.4　行业竞争格局

根据 2019 年 HLK 公司发布的全球工程机械排名 50 强名单，中国有徐工、三一、中联、柳工、龙工、山推、山河智能等 9 家企业上榜，且大部分企业相较上一年排名均有提升，表明我国工程机械行业呈现迅猛发展势头，龙头厂商把握机会使企业实力进一步提升。

（1）徐工集团。

徐工集团是中国工程机械行业排头兵，目前位居世界工程机械厂商第 6 名，中国工程机械厂商第 1 名，是中国工程机械行业规模最大、产品品种与系列最齐全、最具竞争力和影响力的大型企业集团。

截至 2018 年末，徐工集团总资产为 1147.62 亿元，负债合计 824.13 亿元，资产负债率 71.8%。2016—2018 年，公司实现营业收入分别为 271.19 亿元、404.37 亿元、643.41 亿元，复合增长率高达 54.03%；毛利率分别为 19.3%、20.4%、19.2%，保持在较高水平。

（2）三一重工。

三一重工位列全球工程机械行业第一梯队，目前位居世界工程机械厂商第 8 名。

截至 2018 年末，三一重工总资产为 737.75 亿元，负债合计 412.73 亿元，资产负债率 55.9%。2016—2018 年，公司实现营业收入分别为 232.80 亿元、383.35 亿元、558.22 亿元，复合增长率达到 54.85%；毛利率分别为

22. 28%、30. 07%、30. 62%，毛利率保持在行业较高水平，盈利能力仍在增强。

（3）中联重科。

中联重科位列全球工程机械厂商第 13 名，主要从事工程机械、农业机械等高新技术装备的研发制造。20 多年的创新发展，使中联重科逐步成长为一家全球化企业。

截至 2018 年末，中联重科总资产为 934. 57 亿元，负债合计 546. 88 亿元，资产负债率 58. 52%。2016—2018 年，公司实现营业收入分别为 200. 23 亿元、232. 73 亿元、286. 97 亿元，复合增长率为 19. 72%；毛利率分别为 23. 86%、21. 35%、27. 09%，整体呈上升趋势。

（4）柳工集团。

柳工集团位列全球工程机械厂商第 21 位，是广西壮族自治区国资委下属国有独资企业，市场公开评级 AA +，旗下核心企业广西柳工机械股份有限公司是行业和广西第一家上市公司（1993 年上市）。

截至 2018 年末，柳工集团总资产为 333. 53 亿元，负债合计 221. 69 亿元，资产负债率 66. 47%。2016—2018 年，公司实现营业收入分别为 104. 36 亿元、154. 75 亿元和 218. 15 亿元，复合增长率为 44. 58%；毛利率分别为 24. 87%、22. 90%、22. 81%，毛利率稳定在较高水平。

经过上一轮周期的洗牌后，中国工程机械市场已经逐步呈现寡头垄断的竞争格局，同时全产业链的国产化程度大幅度提高，国产代替进口的趋势明显。2016 年下半年以来，龙头厂商凭借品牌效应、销售渠道、产品性能上的优势不断提高市场份额：挖掘机市场前三家国内龙头企业（三一、徐工、柳工）的市场占有率由 2016 年的 32. 5% 上升至 2019 年的 46. 9%；压路机方面销量的前三名（三一、徐工、柳工）的市场占有率由 36. 6% 上升至 2018 年的 46. 4%；2018 年徐工、三一、中联在汽车起重机市场占有率达到 91. 3%，几乎垄断整个市场。

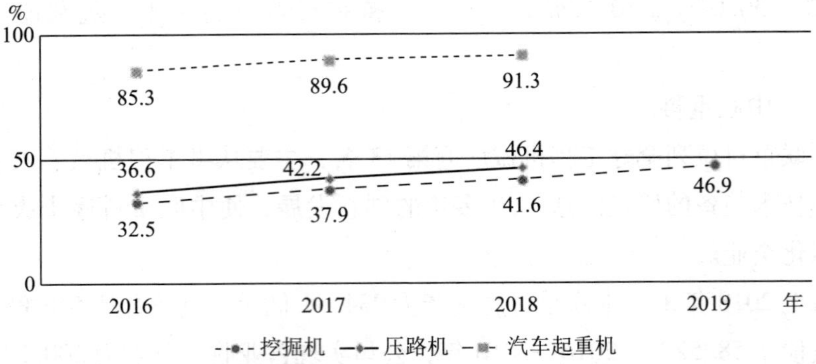

图 4　挖掘机、压路机、汽车起重机 CR3 市场占有率变化

2　工程机械行业发展趋势

2.1　工程机械行业未来发展空间较大，多方面因素利好工程机械市场

（1）加快智能制造步伐成为工程机械行业实现高质量发展的一个重要着力点。

近年来，受城市化发展进程不断加快、劳动力成本逐步攀升、人口老龄化现象日益严峻等因素影响，传统工程机械行业面临着新的挑战。长期以来，大多数人对于工程机械的印象还停留在人工操作挖掘机作业等场景中。实际上工程机械行业紧跟时代步伐，已经开始向自动化、智能化、数字化、无人化加速转型升级。随着 5G、工业互联网、数字传感技术、大数据分析、人工智能、虚拟现实等新一代信息技术的不断渗透，智能化施工设备将是未来工程机械设备的主要发展方向。目前行业领先企业已经加大智能化控制的研发投入，并取得了一定成果，如徐工、三一重工、中联重科、柳工、山东临工等企业的数字化、智能化工厂和生产线，有效提升了产品品质和制造工艺，在智能制造的征程上迈出新的一步。毋庸置疑，在领先龙头企业的带领下，将会有越来越多的中小企业布局智能化装备，推动中国工程机械行业发展向新的高点冲刺。

（2）环保治理趋严助力工程机械行业积极推进设备更新升级。

众所周知，工程机械行业对环境的影响较大。根据 2018 年《中国机动车环境管理年报》的统计，非道路移动机械在保有量仅为机动车保有量 1/6 的情况下，其排放的氮氧化物573.5万吨、颗粒物48.5万吨，与机动车排放的氮氧化物574.3万吨、颗粒物50.9万吨几乎一样。因此，为推动工程机械行业的可持续发展，国家陆续出台相关政策整治该行业。2019年2月，生态环境部办公厅发布《〈非道路移动机械用柴油机排气污染物排放限值及测量方法（中国第三、四阶段）（GB 20891—2014）修改单（征求意见稿）〉意见的函》。此次GB 20891—2014内容共有5处修改，其中最引人注意的为第三条："自2020年12月1日起，凡不满足本标准第四阶段要求的非道路移动机械不得生产、进口、销售；不满足本标准第四阶段要求的非道路移动机械用柴油机不得生产、进口、销售和投入使用。"国家越发严格的环保举措必将加快下游行业对工程机械产品的更新换代需求，最严国六标准的提前实施和未来国七标准的出台有望推动更新需求提前释放，也将拉长工程机械行业景气周期。

（3）设备更新换代成主要需求动力。

工程机械行业的更新换代是该行业的另一消费主力。工程机械设备作为一种生产资料，其在使用过程中必然出现损耗，受使用频次、年使用小时及实际作业环境条件等影响。一般工程机械产品的寿命周期为8~10年，上一轮的销售高峰集中在2008年前后，因此当前节点正好为上一轮周期顶部购入新机的更新期，工程机械设备将全面进入更新换代阶段，落后、老旧设备被逐步淘汰，为工程机械新机市场腾出有效的空间。同时，国务院还下发关于打好环境攻坚战的政策文件，其中明确提出"鼓励淘汰老旧船舶、工程机械和农业机械"的意见。届时，不满足本标准要求的设备将逐步退出市场。由于环保政策和设备机龄两方面因素的制约，产品更新换代的速度将大幅提升。

（4）"一带一路"政策推动工程机械海外发展市场机遇。

伴随"一带一路"倡议的持续推进，基于丝路沿线65个国家原有基础设施较为薄弱的现实，以经济走廊为依托，以交通基础设施建设为突破，在亚洲基础设施投资银行和丝路基金等相关资金的配合支持下，沿线国家将掀起一轮基础设施建设热潮。据亚洲开发银行测算，"一带一路"相关重点国家基础设施建设融资需求在每年约8000亿美元以上，上述重大战略及项目的实施必将带动与基础设施建设密切相关的工程机械行业发展，为我国工程机械企业全面开拓海外市场创造了新机遇。

总的来说，在5G智能化热潮推动、国家环保政策趋严、机械设备更新换代高峰期和"一带一路"对工程机械显著的带出效应等多重需求驱动下，预计未来五年工程机械行业仍有望保持稳步向上的发展态势，令人期待。

2.2 疫情带来短期阵痛，长期可能利好

受新冠疫情影响，开年后下游延迟复工，工程机械需求短期承压。房地产和基建作为工程机械需求的两大支撑，短期来看，其存量项目的推迟复工和增量项目的启动延后必将延后对工程机械设备的需求，加之疫情时期物流和交通的管制，以及海外地区或将出现的对我国工程机械出口的限制，使得工程机械一季度销量受到较大程度的影响。

为有效缓解疫情对国内经济的影响，2 月以来多个省份密集推出大规模投资计划以推动经济增长。在此背景下，基建投资需求的增长将为工程机械行业带来实实在在的销量提升。因此，长期来看，考虑到 4 月份后疫情好转预期叠加基建工程和房地产建设提速的情况，工程机械市场有望得到提振。预计全年工程机械继续保持增长势头，恢复至较高景气度。

2.3 强者恒强，龙头企业占据更多市场份额

疫情的短期冲击将加速行业出清。当前行业竞争已经非常充分，工程机械行业企业阵营分化日益明显，业绩两极分化现象加剧。龙头企业盈利能力大幅提升，而大部分中小企业已经处于盈亏平衡线附近。根据上市公司 2019 年业绩预告，三一重工、中联重科、徐工及柳工归属于上市公司股东净利润分别为 108 亿 ~118 亿元、43 亿 ~45 亿元、36 亿 ~40 亿元、9.88 亿 ~10.67 亿元，同比分别增长 76.58% ~92.93%、112.89% ~122.79%、75.98% ~95.53% 和 24.99% ~35.10%。短期来看，前期盈利较好的企业有充足的现金储备，抗风险能力较强，受疫情影响较小，疫情过去后，销量旺季终将到来，全年销售将保持继续增长态势，盈利能力仍有较大的提升空间；而受疫情影响较大、抗风险能力较弱的中小企业将大概率被疫情带来的“寒流”清洗出去。

未来随着行业内主要企业生产和销售规模的不断扩大，行业集中度将进一步提高，主要骨干企业牢牢占据工程机械行业各产品的主导地位，中小型企业的销售额不断下降。因此市场向龙头企业集中将成为未来几年行业整合的发展趋势，市场份额较小的企业越来越难以生存，不断遭到市场的淘汰，工程机械行业“强者恒强”的发展态势越发明显。

3　工程机械融资租赁业的现状

3.1　概况

（1）工程机械租赁行业正处于发展期。

我国工程机械租赁市场是伴随着整个工程机械市场发展起来的，经过这 50 多年的发展，我国工程机械市场已基本形成了一个完整的体系，且正处于新一轮周期的上升期。与之相对应的是，近年来我国工程机械租赁渗透率不断提高，市场规模保持较快增长速度，整个行业正处于发展阶段，越来越多的租赁公司开始进入这一领域。

（2）工程机械租赁市场渗透率有望进一步提高。

根据中国工程机械工业协会工程机械租赁分会的测算，2018 年在工程机械市场火爆的背景下，我国工程机械租赁市场渗透率突破 50%，2019 年更是达到了 55%。然而在欧美、日本等发达国家中，工程机械租赁早已经成为主流，市场渗透率高达 65%，这也侧面说明了我国工程机械租赁市场渗透率与欧美日市场相比还有较大差距。相信未来随着我国工程机械行业的稳步发展，融资租赁业务的优势不断发挥，工程机械租赁市场的渗透率将进一步提高，向欧美发达国家进一步靠拢。

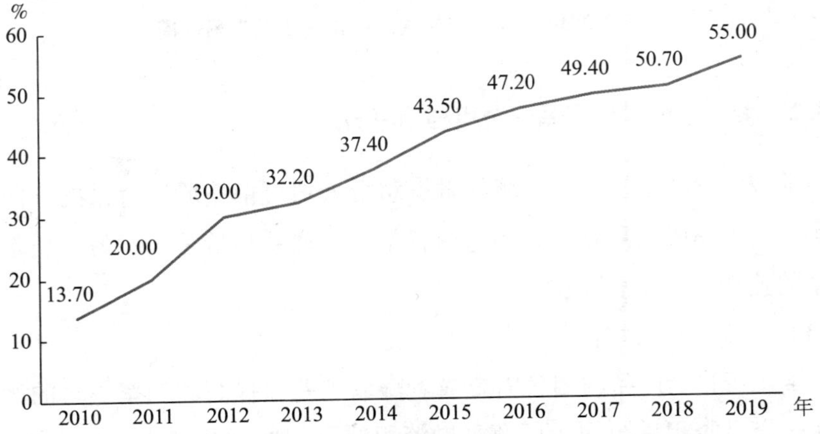

图 5　2010—2019 年我国工程机械融资租赁市场渗透率

（3）工程机械租赁行业市场发展潜力巨大。

随着国家“一带一路”倡议的逐步推进、持续保持基础设施领域补短板力度和加速新型城镇化建设步伐，工程机械行业取得较大发展，加之渗透率的进一步提高，将有效带动中国工程机械租赁行业的迅速发展。2018 年中国工程机械工业协会工程机械租赁分会年会发表了《中国工程机械租赁行业发展趋势研究》，该报告表明工程机械租赁市场发展潜力巨大，具有近 6000 亿元的规模。我们以 2018 年 6000 亿元租赁市场规模和 50% 的渗透率为基础，叠加 2019 年租赁市场渗透率 55%，得出 2019 年工程机械租赁规模约 6800 亿元，后续 3 年的规模按照 5% 的增长率推算得出，2022 年我国工程机械租赁市场规模将接近 8000 亿元，前景可待，未来可期。

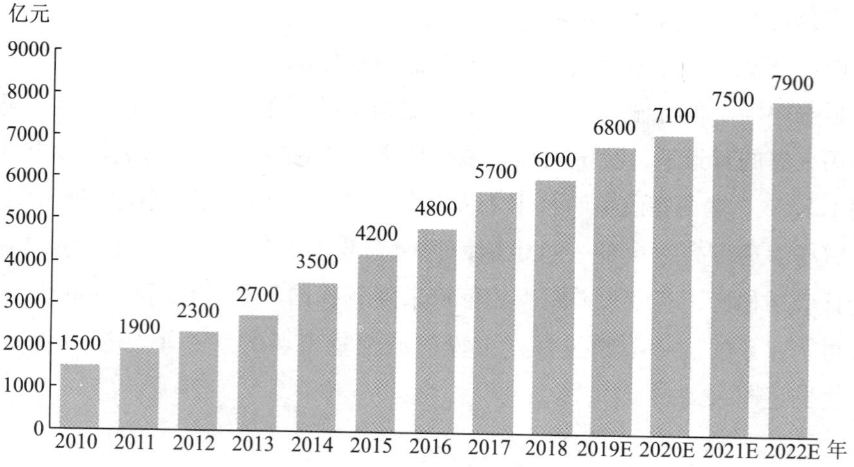

图 6　2010—2018 年中国工程机械租赁市场规模

3.2　参与主体：厂商系、金租与第三方

目前我国参与工程机械领域的融资租赁公司可依据股东背景的不同划分为两类，一类是股东具有设备制造商背景的厂商系租赁公司；另一类是非厂商背景的独立第三方租赁公司。

（1）厂商租赁公司代表企业。

厂商出于自身产品的销售需要或者赚取利差以提高利润率等目的，纷纷设立了全资融资租赁公司。厂商系融资租赁公司的优势在于掌握有更丰富、更扎实的专业技术和知识储备，对于产品市场的价格变动趋势以及产品的成本和性能有着更为精确的认识，能够对市场的未来走势发展做出较为正确的判断；另外，因为紧靠母公司，在租赁后期对租赁物维修保养以及残值处理上，和其他类型租赁公司相比有天然的优势。同时融资租赁业务通常和母公司其他板块形成资源互补，是实体产业实现产融结合较为直接有效的途径。而不足之处在于受制于整个厂商集团负债率的限制，厂商系租赁公司一般很难发展成巨无霸，发展规模具有一定上限。

市场上具有代表性的厂商系融资租赁公司如下：

表 1　代表性厂商系融资租赁公司名单

母公司	旗下融资租赁公司
中联重工	中联重科融资租赁有限公司
徐工机械	江苏徐工工程机械租赁有限公司
三一重工	中国康富国际租赁有限公司
柳工	中恒国际租赁有限公司
龙工控股	龙工（上海）融资租赁有限公司
卡特彼勒	卡特彼勒（中国）融资租赁有限公司

（2）金融租赁公司和独立第三方租赁公司代表企业。

这一类型的租赁公司股东背景多元化，业务模式灵活，专注于一个或者几个领域，深耕细分行业，具有丰富的业务资源。相较于厂商系，金融租赁公司和独立第三方融资租赁公司不仅数量众多，而且单体体量大小不一，参与工程机械融资租赁的大中型融资租赁公司主要如下：

表 2　参与工程机械融资租赁的大中型融资租赁公司名单

母公司	旗下融资租赁公司
国家开发银行	国银金融租赁股份有限公司
民生银行	民生金融租赁股份有限公司
中国铁建	中铁建金融租赁有限公司
交通银行	交银金融租赁有限责任公司
浙商银行	浙江浙银金融租赁股份有限公司
中国华融	华融金融租赁股份有限公司
江苏交控	江苏金融租赁股份有限公司
越秀金控	广州越秀融资租赁有限公司

3.3 业务模式：直租、回租

工程机械融资租赁业务模式是与工程机械类厂商合作，开展厂商租赁售后回租和直租模式。

（1）售后回租模式。

售后回租是承租人将自制或外购的资产出售给出租人，然后向出租人租回并使用的租赁模式。租赁期间，租赁资产的所有权发生转移，承租人只拥有租赁资产的使用权。双方约定在租赁期满时，由承租人以约定价格回购租赁资产。

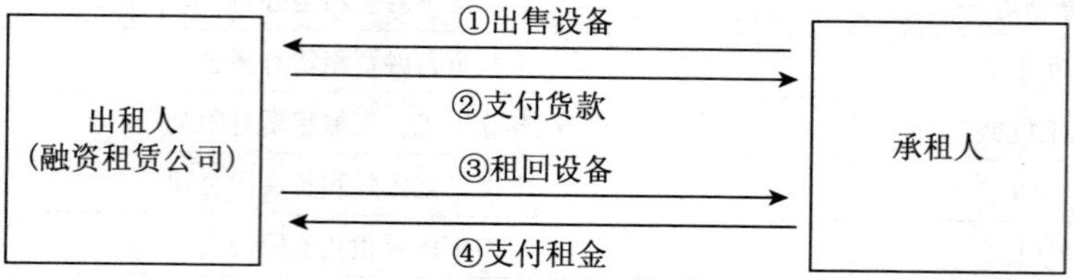

图7 售后回租模式流程

（2）直租模式。

直接融资租赁，是指由承租人选择需要购买的租赁物，出租人购买相应租赁物后出租给承租人使用。在整个租赁期间承租人没有所有权但享有使用权，并负责维修和保养租赁物。双方同样约定在租赁期满时，由承租人以约定价格回购租赁资产。

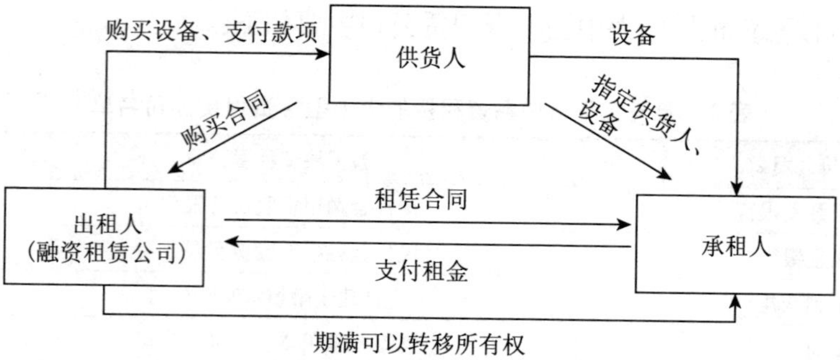

图8 直租模式流程

3.4 风控模式

根据担保对象的不同，厂商租赁风险控制措施大致可以分为以下四种，分别是集团回购、主机厂回购、经销商回购和直接终端模式。

（1）集团回购模式。

集团回购模式下，主要信用风险由生产厂家集团承担。融资租赁公司为厂家集团核定授信额度，用于其终端信用销售，承租人为厂家集团销售的终端用户，厂家集团不对融资租赁公司进行客户推荐、代垫，但是对业务最终的风险进行回购。

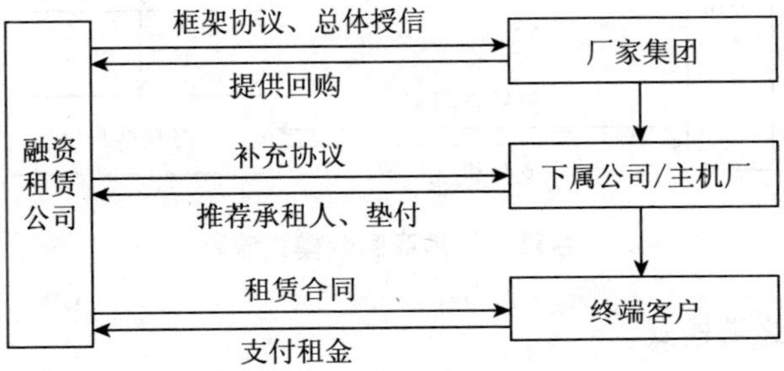

图 9　集团回购模式流程

（2）主机厂回购模式。

主机厂回购模式下，厂家集团不参与进来，主要信用风险由主机厂承担。融资租赁公司为主机厂核定授信额度，用于其终端信用销售，承租人为主机厂销售的终端用户，主机厂不仅作为融资租赁公司获客渠道，还将对业务进行兜底，包括为承租人垫付、回购。

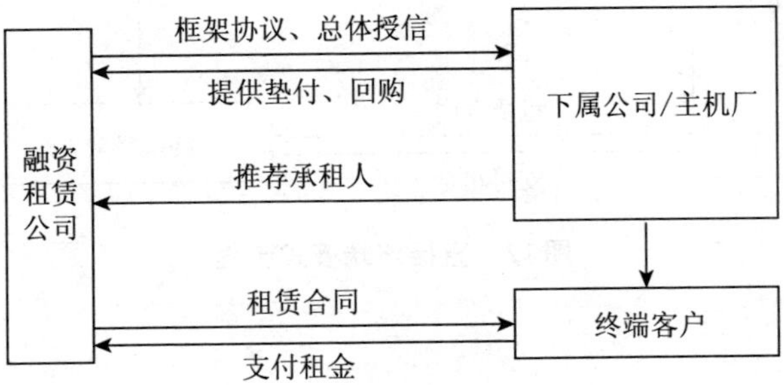

图 10　主机厂回购模式流程

（3）经销商回购模式。

经销商模式下，厂家集团和主机厂不参与进来，主要信用风险由经销商承担。融资租赁公司为经销商核定授信额度，用于其终端信用销售，承租人为经销商销售的终端用户，经销商不仅作为融资租赁公司获客渠道，还将对业务进行兜底，包括为承租人垫付、回购。

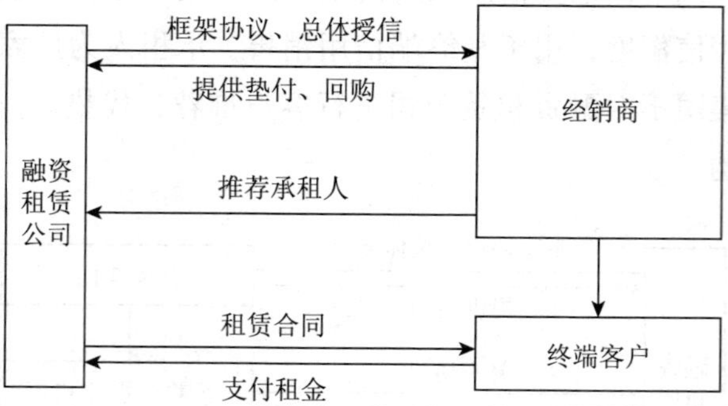

图 11　经销商回购模式流程

（4）直接终端模式。

直接终端模式下，厂家集团和主机厂不参与进来，主要信用风险由租赁公司自行承担。承租人为经销商销售的终端用户，经销商作为融资租赁公司获客渠道，但不对业务进行兜底，风险由租赁公司自行承担。

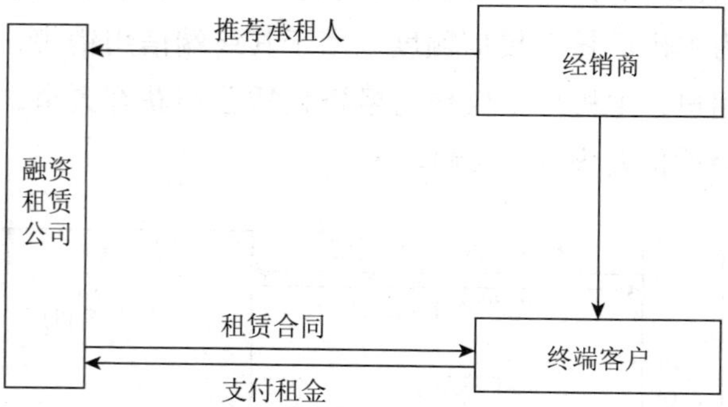

图 12　直接终端模式流程

4 未来工程机械融资租赁展望

4.1 同业竞争白热化

整个融资租赁行业在过去两年几大主流领域如医疗、航空、基建等遭受了比较大的冲击，而工程机械融资租赁行业除了价格之外是各类租赁公司认为可以触摸得到的行业，因此争相进入，具体表现如下：

进入该领域的租赁公司数量急剧增加。原本这个市场只有国银、民生、交银等少数几家大型租赁公司在展业，近两年进入该领域的租赁公司急剧增加，目前相对有规模的租赁公司已经达到 20 家以上。

终端的融资价格在断崖式下跌。工程机械领域原来的融资租赁价格一般高于优质国企，现在价格战越来越激烈，如果不是资金实力强劲、融资成本较低的租赁公司，根本难以在该领域寻找立锥之地。

风控措施不断弱化。从目前回购模式来讲，集团 > 主机厂 > 经销商，整个行业的回购主体越来越向后端迁移，租赁公司承担的风险越来越大。

4.2 业务流程在线化

（1）融资租赁公司内部流程越来越在线化。

工程机械租赁业务目前属于零售业务，业务单笔金额比较小，平均为 50 万～100 万元，在同样的投放金额下，投放笔数是同等金额对公业务的几十倍、上百倍，且对放款的及时性要求也较高，传统的审批根本无法满足要求。因此主要的租赁公司均已实现签批、投放的全程线上化，以提高效率。

（2）外部流程与内部流程进一步衔接，全流程在线化将逐步实现。

除了融资租赁公司内部的审批、放款、核销在线化之外，签约、报单进件、还款也逐步实现线上化，视频签约、电子签章等先进手段将大规模普及。届时，销售人员只需要一个手机就可以完成从客户开发、洽谈、签约放款，再到租金回收的全部流程。

4.3 风控手段在去担保化的同时实现多元化

（1）去担保化正成为不可逆转的趋势。

目前工程机械融资租赁普遍采用的风控方式依然是依托有实力的厂家集团、主机厂、经销商来进行代垫及回购。目前这些主体依然愿意承担这些风险，主要基于以下原因：第一，工程机械的整体销售毛利率依然比较高（龙头厂家平均在20%～30%），融资租赁带来的增量销售额的销售毛利减去融资租赁信用损失的差值依然足够大，厂商愿意承担相应的损失以换取整体利益的最大化。第二，厂商对终端设备的控制力越来越强，近几年生产的工程机械基本配置双GPS，其中一个GPS深度关联发动机，拆除难度极大，厂商可以实现一键远程锁机，降低机器输出功率或者彻底锁死机器，且大多数工程机械不能自由通行，跨地域移动难度较大。终端客户出现逾期及坏账后，厂商可以较高概率实现出险设备的回收，回收后可进行二次销售，降低风险敞口，弥补风险损失。第三，目前尚未出现独立风控能力和资金实力都很强劲的融资租赁公司，可以不依赖厂商、直接针对终端大规模展业。租赁公司的风控手段基本雷同，可供厂商挑选的空间不大。现在厂商更加看重的是资金成本和政策的灵活度。一旦出现资金实力强劲且不需要厂商提供回购担保的竞争主体，整个市场的局面将会发生巨大变化。第四，目前的会计政策依然允许厂商在提供回购责任的前提下去确认销售收入。但是这种情况在乘用车领域是不被允许的，只要厂商承担回购责任，相应的收入就不能确认。如果这个会计政策在工程机械领域严格执行，为了销售收入的确认，厂商将不得不撇清回购责任，融资租赁公司将不得不寻找其他的方法来进行风控。

但是以上的几点因素都在悄悄地发生变化，厂商在不断扩大它的搜索空间，在积极寻找一切机会来摆脱自己的责任，降低自己的信用风险，让自己能够更加集中精力进行生产与研发，去担保化成为必然趋势：第一，几家龙头生产企业的竞争战更加趋于白热化，小厂商将不断被出清，以挖掘机为例，经销商平时销售挖掘机已经是亏损状态，利润只能依靠厂家年底的返利。随着厂商销售毛利的不断摊薄，其提供回购的动力将逐渐弱化。第二，在乘用车领域与商用车领域均出现了不依赖厂商提供回购的大型专业融资租赁公司，如易鑫、狮桥等，这种趋势预计在不远的将来将进入工程机械领域。第三，几家龙头工程机械生产厂家均是上市公司，会计确认的问题存在潜在风险，它们也时刻准备着摆脱回购责任，卸掉身上的重负，以确保上市公司的营收不断增长。

（2）智能风控将是未来的趋势。

随着以大数据为基础的深度学习算法大行其道，人工智能也在不断开疆拓土，寻找一切机会向它所能触及的领域渗透。以蚂蚁金服为代表的科技企业已经在金融领域这个数据沃土变成了参天大树。各个细分领域的追随者们也纷纷在百度、腾讯、阿里搭建的人工智能基础设施之上，利用自己的数据优势抢占山头，默默“高筑墙、广积粮”。

基于大数据的智能风控正是在此基础上诞生的。工程机械领域智能风控的两个核心基础正在成熟之中：一是数据维度。现在能为工程机械行业风控提供数据的主要还是人行征信和各类第三方征信，但是随着行业自身数据的不断积累，数据分析维度将迅速增长；二是风控模型。风控模型要经过足够多的数据训练之后，才会形成相对可靠的模型，并不断学习进化。随着数据量的不断积累和维度的不断丰富，风控模型将会以惊人的速度进行进化。

4.4 融资性租赁与经营性租赁一体化发展

目前大多数融资租赁公司都集中精力开展融资性租赁业务，产品相对单一，但随着竞争逐步加剧，以及去担保化的逐步实现，为了进一步提高该业务领域的整体收益率，降低风险敞口，融资租赁公司将逐步踏足经营性租赁，实现融资性租赁与经营性租赁业务一体化发展。

（1）经营性租赁有助于进一步化解不良风险。

风险管理是在收益与风险之间取得平衡，而不是杜绝风险的发生。无论多么尽善尽美的风控，也无法完全避免风险事件的发生。如果终端出现不良，而厂商又不负责回购的时候，租赁公司将设备回收之后该怎么办呢？有两种途径，一种是翻新之后重新销售（也可采用融资租赁方式销售），另一种就是采用经营性租赁方式在设备剩余生命周期内不断创造租金收益。因此，经营性租赁也是化解风险，提高风控能力的重要手段之一。

（2）目前经营性租赁收益相对较高。

一是租金回报率较高。目前部分工程机械设备的经营性租赁租金收入是融资性租赁租金收入的 1.5 ~2.5 倍。以一台 400 万元的旋挖钻机为例，按照三年期开展融资性租赁业务，每月租金收入约 13 万元，如果开展经营性租赁，每月租金收入约 20 万 ~25 万元，租金回报明显高于融资性租赁。二是设备使用年限长且残值率高。由于工程机械产品的通用性较好且经久耐用，普遍使用年限为 8 ~10 年，相对于融资性租赁，经营性租赁有更长的租赁年限，可获得更多的经营收入，即使在一个租赁期结束后选择出售设备，也可以获得较高的残值率。同样是一台 400 万元的旋挖钻机，4 年租赁期满后，设备保养得当的情况下，其残值可达 100 万元。

综上，工程机械行业租赁依然还有较为广阔的前景，但是竞争日趋激烈，对融资租赁公司在资金价格和风控能力的要求也与日俱增，要想在这个领域占据一席之地，必须不断快速加强这两方面的能力。

2019年医疗器械融资租赁行业分析

陈　凯①

医疗大健康是根据时代发展、社会需求与疾病谱的改变，提出的一种全局的理念。它围绕着人的衣食住行以及人的生老病死，对生命实施全程、全面、全要素的呵护。随着国家经济的发展以及国民健康意识的不断提升，国家已经把医疗大健康上升到战略层面，提出《健康中国2030规划》。按照产业的特性，医疗大健康产业可进一步划分为医疗产业、医药产业、健康管理服务产业、康养产业以及保健品产业五大基本产业群，其中医疗器械行业成为我国大健康产业中增长最为迅速的领域之一，受患者、医疗机构、资本投资的重点关注。

1　医疗器械行业发展概况及展望

1.1　全球医疗器械行业发展现状

医疗器械行业是关系人类生命健康的朝阳产业，在世界发达国家发展近几十年来，一直保持着稳定的年增长率，具有市场规模庞大、行业集中度高、技术领先的特点。

（1）市场规模庞大。

由于全球医学水平的不断发展，以及全球老年人口逐渐增多等原因，全球医疗器械市场规模大且多年来一直保持稳步增长，相对于药品领域拥有更

① 国药控股（中国）融资租赁有限公司董事、总经理。

快的增速。Evaluate Med Tech 发布的报告显示，2017 年全球医疗器械市场销售额为 4050 亿美元，同比增长 4.6%；预计 2024 年销售额将达到 5945 亿美元，2015—2024 年复合增长率预计为 5.4%（见图 1）。

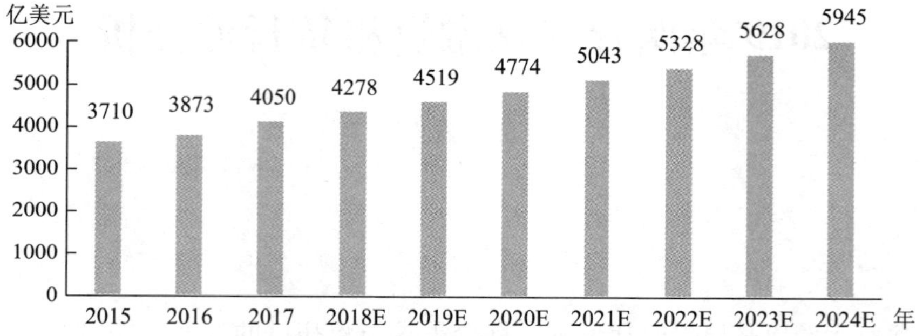

图 1　全球医疗器械市场规模及细分领域占比情况

数据来源：Evaluate Med Tech 2018、医械研究院。

从细分市场占比情况来看，2017 年，前五大领域—体外诊断（IVD）、心血管、影像、骨科和眼科的占比总计超过 50%。其中，IVD 以 526 亿美元占据医疗器械细分领域第一名的位置，占比 13%（见图 2）。

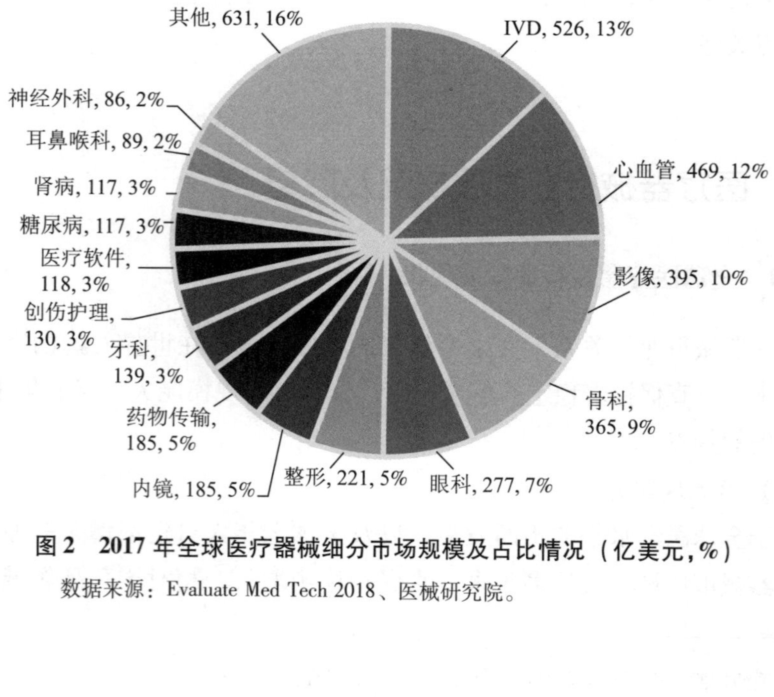

图 2　2017 年全球医疗器械细分市场规模及占比情况（亿美元，%）

数据来源：Evaluate Med Tech 2018、医械研究院。

（2）产业技术领先。

从全球医疗器械行业的竞争格局来看，创新技术和研发能力成为企业的核心竞争力，各大知名企业在研发方面进行了大量的投入。据 Medical Design & Outsourcing 网站发布的数据显示，2017 年营业收入全球排名前 10 的医疗器械企业平均研发费用占总收入的占比为 9.2%（见表 1）。

表 1　2017 年全球营收前 10 医疗器械企业研发费用占总收入的占比

序号	公司	营业收入/亿美元	研发费用占总收入比/%
1	美敦力	299	7.5
2	强生	266	6.1
3	菲利普	201	9.9
4	GE	191	5.3
5	费森尤斯	201	0.7
6	西门子	156	—
7	卡地纳	160	—
8	丹纳赫	144	6.5
9	史塞克	124	6.3
10	百特	106	5.8

数据来源：Medical Design & Outsourcing.

美国是全球最大的医疗器械市场，预计市场规模超过 5000 亿美元，全球约 50% 的医疗器械都产自美国。同时其拥有强大的研发实力，新型医疗器械获批情况火热，从近年 FDA（Food and Drug Administration，美国食品和药物管理局）批准的医疗器械情况来看，2017 年新批准的 PMA（Premarket Approval，上市前批准）和 HDE（Humanitarian Device Exemption，人道主义豁免器械）的数量为 50 个，相较于 2016 年有所回升，其中主要以 IVD 和心血管行管器械为主，根据 EP Vantage 的统计，2017 年获批的 50 个 PMA 和 HDE 中，21 个为心血管相关的器械，13 个为 IVD 品种。2013 年到 2015 年，每年新获批 IVD 和心血管相关器械的 PMA 数量都占总体的 50% 以上。而 De Novo Clearances（Evaluation of Automatic Class Ⅲ Designation，自动化Ⅲ类指定评估）获批的数量为 31 个，创 10 年来的新高，整体上呈上升的趋势。在基因诊断测序产品、植入性电子医疗器械、3D 打印、大型电子成像诊断设备、远程诊断设备和手术机器人等领域的技术水平均领先世界。

（3）行业集中度高。

全球医疗器械行业同时具有行业集中度较高的特点，根据中投《2018—2020年中国医疗器械行业投资分析及前景预测报告》，2018年排名前25位的医疗器械公司的销售额合计占全球医疗器械总销售额的60%。究其原因主要在于大型医疗器械企业通过兼并收购的模式增大企业规模和扩大业务覆盖范围，从而导致全球医疗器械行业市场集中度进一步上升。根据EP Vantage和Evaluate Med Tech的统计，2012年以来医疗器械市场并购的情况持续火热，其中2015年并购金额超过1000亿美元。而2017年医疗器械所有并购总额为982亿美元，约为2016年金额的两倍（见图3）。

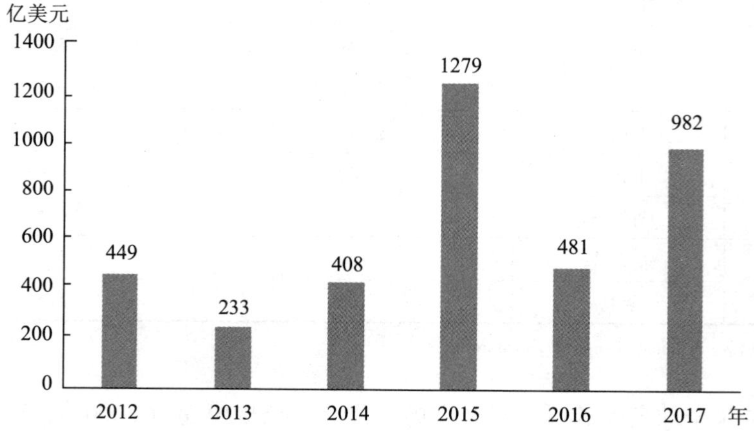

图3　2012—2017年全球医疗器械行业并购金额

数据来源：EP Vantage和Evaluate Med Tech.

1.2　国内医疗器械行业发展现状

伴随着中国改革开放的不断推进、国民收入水平的提高，我国医疗器械产业逐步从初期的“萌芽”状态开始，持续追赶全球发达国家的脚步，市场规模不断扩大、行业增速迅速，尽管目前企业的规模还相对较小、总体产品技术水平较弱，但却呈现极强的发展潜力和动力。

（1）市场规模巨大，行业增长迅速。

据医械研究院测算，2018年中国医疗器械市场规模约为5304亿元人民币，占全球市场规模18.70%。自2012年开始，国内医疗器械行业规模的增长率始终保持在20%左右（见图4），显著高于全球增速。这主要得益于以下三大因素的推动：

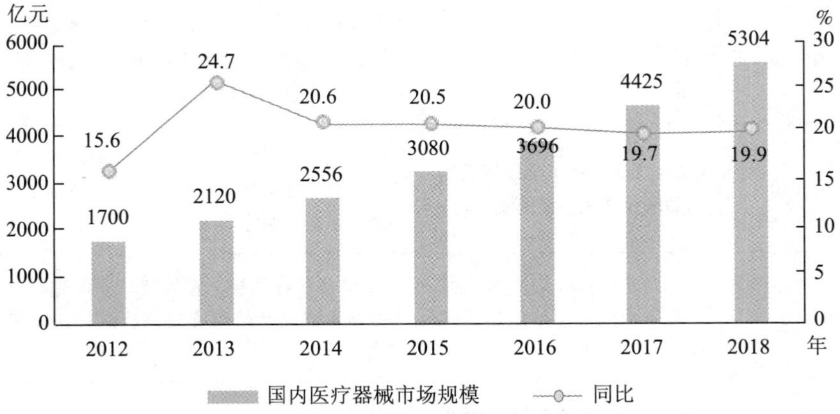

图 4　医疗器械市场规模及增长率

数据来源：ind、医械研究院。

①政策支持。

国内医疗器械行业高速发展，离不开政策的支持。2012 年，我国出台《医疗器械科技产业“十二五”专项规划》重点开发一批国产高端医疗器械，形成进口替代，自此拉开我国医疗器械国产化的序幕，各项政策持续出台（见表 2）。2014 年 5 月，国家卫生计生委启动第一批优秀国产医疗设备产品遴选工作，截至目前已经开展了四批。在《中国制造 2025》里，对医疗器械的转型升级和发展做出了重要部署，提出了 2020 年和 2025 年国产器械大发展目标，有序引导国内医疗器械生产企业进行研发生产，同时优化创新审查流程、建立快速审批通道等，推动国产医疗设备自主化进程。

表 2　国内医疗器械相关政策

时间	政策	相关内容
2014. 03	《医疗器械经营监督管理条例》修正	要求鼓励医疗器械的研究与创新，发挥市场机制作用，促进医疗器械新技术的推广和应用，推广医疗器械产业的发展
2015. 03	《全国医疗卫生服务体系规划纲要（2015—2020 年）》〔国办发〔2015〕14 号〕	明确提出要降低医疗成本，逐步提高国产医用设备配置水平

续表

时间	政策	相关内容
2016.10	《关于医疗器械优先审批程序的公告》［食药监〔2016〕168号］	对临床急需医疗器械、医疗器械储备品种、儿童或残障人士特有及多发疾病使用的医疗器械提供快速审批通道，缩短研发上市周期
2017.10	《关于深化审评审批改革鼓励药品医疗器械创新的意见》	完善药品医疗器械审批审评制度的体系，帮助创新型器械企业精简审批审评程序，鼓励企业自主创新研发新型医疗器械
2018.04	关于促进首台（套）重大技术装备示范应用的意见［发改产业〔2018〕558号］	涉及32类医疗器械，在后续公立医院招标采购中能够得到配套政策支持，从而加快上市销售步伐
2018.10	《创新医疗器械特别审查程序》修订版［发改产业〔2018〕83号］	细化了申请流程、提升了创新审查的实效性，并明确对创新医疗器械的许可事项变更优先办理

数据来源：内部整理。

②需求上升。

促进医疗企业产业快速增长的另一个主要原因在于需求的持续上升。一方面中国人口老龄化快速到来，国家统计局发布的数据预计到2030年，我国60岁以上老人比例将接近四分之一，65岁以上老人比例将达到16.2%。老龄化的加剧，使得慢性病患者人数不断攀升，对于养老和康复辅具的刚性需求进入旺盛期，潜在的家用医疗器械的需求也会随之增加，据中国投资咨询网预测，预计到2020年，家用医疗器械将有望达到1500亿元，未来轮椅、病床等医疗辅助用具或将呈现井喷状态。同时医疗需求持续上升，国家医疗体系将不断完善，各类医疗机构或新购或更新医疗器械的需求也将带动设备的销售。

另一方面，随着国民收入水平的提升，医疗大健康的内涵不断延展，从原先专注于治病，逐渐涵盖防病、治病、养病等多个环节，医疗保健、医疗保险、康复养老等行业的发展也快速带动了医疗器械产业的增长。

③资本追捧。

由于医疗器械行业前景广阔、技术壁垒高、投资回报大等特性，颇受资本追捧。据统计，截止至2019年11月，中国医疗器械领域累计发生投资事件220起，整体投资额超300亿元，增幅接近20%，并且从单个项目投资金额来看总体上也呈现逐年上升的趋势，单个项目平均金额连续 3 年超过 1 亿元（见图 5）。随着行业成熟度的进一步上升，将吸引更多的资本进入医疗器械行业内。

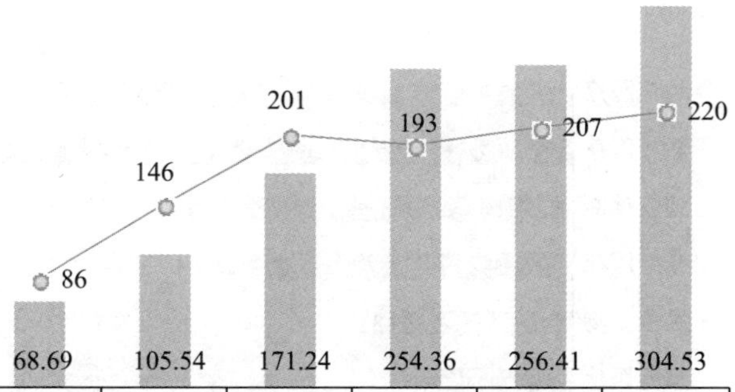

	2014	2015	2016	2017	2018	2019
投资金额（亿元）	68.69	105.54	171.24	254.36	256.41	304.53
投资事件数量	86	146	201	193	207	220
单个项目平均金额	0.7987	0.7229	0.8519	1.3179	1.2387	1.3842

图 5　中国医疗器械及硬件领域资金额及数量

数据来源：前瞻经济学人。

综上所述可以预见，国内医疗器械产业在未来一段时期内仍将保持快速的增长，根据中国医药工业信息中心测算，到 2019 年我国医疗器械行业规模有望再翻一番，总规模达到 6000 亿元左右，预计 2022 年我国医疗器械行业规模将超 9000 亿元，年复合增速将在 15% 左右（见图 6）。

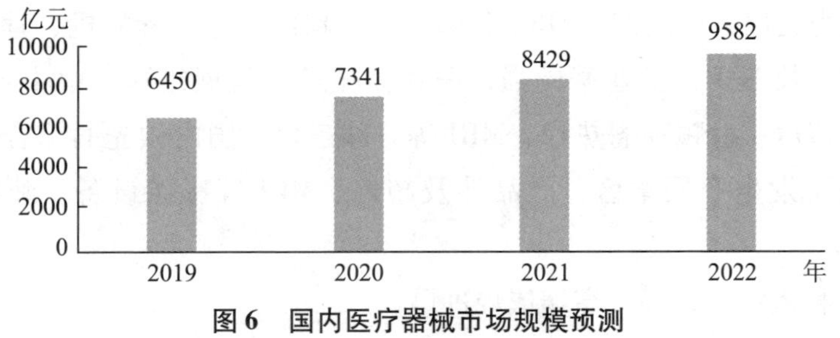

图 6　国内医疗器械市场规模预测

数据来源：中国医药工业信息中心。

（2）企业规模较小，分布相对集中。

与全球医疗器械企业高集中度不同，我国医疗器械企业的规模相对较小。目前我国医疗器械企业 90% 以上为中小型企业，主营收入年平均在 3000 万～

4000 万元，远低于国内制药企业的 3 亿～4 亿元的收入水平。我国规模较大的医疗器械上市公司主营业务收入相比国外跨国企业差距更大，迈瑞医疗作为国内医疗器械企业龙头其营业收入不足 150 亿元，而全球医疗领先的医疗器械企业美敦力、强生等收入规模已超千亿元（见图 7）。

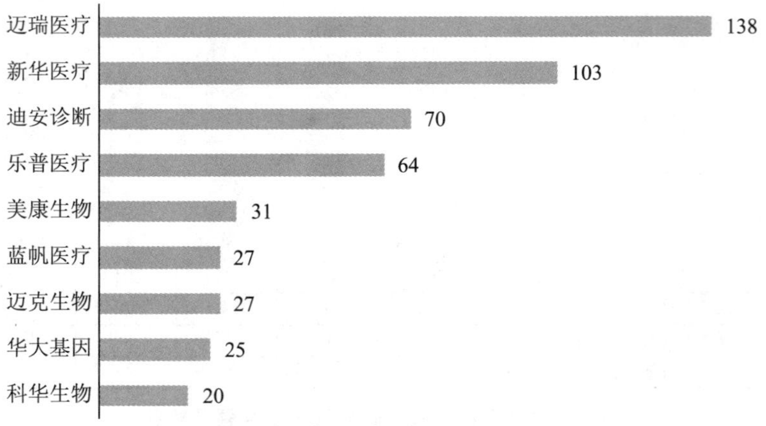

图 7　重点医疗器械上市企业 2018 年收入（亿元）

数据来源：东方财富网。

由于中小企业的布局通常具有一定聚集性，因而从地理分布来看相对集中，主要集中在珠江三角洲、长江三角洲、京津环渤海湾和华中地区四大区域，上述四个区域累计企业数量占比超过全国总量的 80% 以上，且各个区域又发展出了各自的特征。京津环渤海湾：以北京为中心，数字化医疗设备领域竞争能力突出，产品涉及 DR、MRI、数字超声、呼吸麻醉机、骨科和心血管器材等。长三角：工业基础强，医疗器械产业发展迅速，中小企业活跃，产品涉及超声、射频肿瘤热疗、MRI 等。珠三角：国内领先的综合性高科技医疗器械研发生产聚集区，产品涉及超声、MRI 等影像设备、肿瘤诊疗设备等。

（3）技术能力较弱，高端依赖进口。

尽管行业快速增长，但国产医疗器械行业还未形成规模化发展，更多呈现粗放增长态势，与发达国家医疗器械产业结构相比仍有较大差距。从产品来看，主要以低端产品为主，自主研发能力较弱，目前国内医疗器械企业约为 1.6 万家，其中生产型企业超过了 90%。从产品国产化程度来看（图 8），输注泵、冠脉支架、生化试剂等低端产品的国产化程度较高，而在高端市场，外资企业仍占据市场主导，在放疗、透析、内窥镜等设备方面外资企业占据绝对优势。以医疗技术和硬件水平领先的上海为例，其采购的医疗设备中，内窥镜、超声、MR、CT 等高端产品在上海二级以上医院国产化率不足 20%。同时在低端医疗器械方面，由于准入门槛较低，国内厂商扎堆生产，同质化竞争激烈。

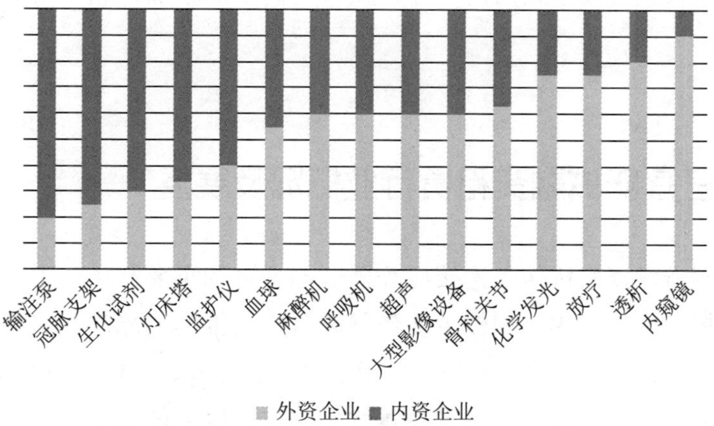

图 8　国内医疗器械各细分领域国产化现状

数据来源：内部整理。

（4）未来发展方向。

在国家政策、医疗消费、人口老龄化的推动下，我国医疗器械行业未来发展空间巨大。目前在一些中低端领域，内资企业已经占据较大的市场份额，但整体技术实力仍不够突出。未来国产替代、兼并收购和医疗消费将成为发展主线。

在国内各项政策的支持下，国产化替代成为行业发展的主要方向，一方面国家对企业的创新给予财政和税收的优惠，另一方面从需求端出发，为国产设备的销售提供便利和市场。未来国内医疗器械企业通过加大研发，创新产品，将加速向中高端市场进军，努力在 IVD、心血管外科器械等领域逐步实现进口替代，提升品牌服务等软实力。

随着行业的发展，兼并收购将成为医疗器械企业不断优化结构、创新产品提升核心竞争力的方式。一方面，从医疗器械产业业态来分析，医疗器械企业单品种、技术不可延展性等特点，导致公司内生性发展容易出现瓶颈。未来突破这种瓶颈，搭建多品类的平台型公司，行业并购是快速突破瓶颈的有效方式，将逐步被更多企业所采纳。另一方面，针对国内医疗企业规模较小、分布集中的特点，未来可能通过企业的整合来快速提升企业规模，竞争力将快速提升。

经济发展加速带动医疗服务需求全面升级，导致健康服务需求的整体增加，医疗器械的使用范围不断扩展，除医院的需求外，家庭个人医疗设备的消费快速增长，直接导致国内医疗器械市场需求的增加，或将成为未来发展的重点。

2　医疗器械融资租赁行业概况及展望

医疗器械融资租赁作为连接医疗器械与金融的重要载体通道，在医疗器械行业发挥巨大的作用。相较主要依靠政府投资推动的能源、交通和基建等行业，医疗器械融资租赁起步较晚，但通过这一方式，医院可以用最少的钱，租用最新的技术和设备，以保证技术水平领先，服务能力领先，受到了各类生产厂商和医疗机构的欢迎。同时由于医疗设备价值偏高，且在医疗机构的经营过程中，设备可通过检测、治疗等服务向患者收费，自身产生的现金流足够覆盖租赁期间的费用支出，因此具有良好的适租性，与融资租赁契合度较高。

2.1　行业发展现状

（1）规模巨大，渗透率持续上升。

得益于国内医疗器械自身市场规模的不断增加，并且随着市场对于融资租赁产品的理解和认可，医疗器械融资租赁的渗透率逐步上升。根据中国产业信息网的相关数据显示，2008 年，我国医疗器械销售规模为 659 亿元，融资租赁额仅不到 80 亿元，渗透率仅为 10% 左右；经过多年的酝酿与发展，截至 2016 年，我国医疗器械销售规模已达 3700 亿元，而国内医疗器械融资租赁的渗透率已超过 20%，渗透率翻番（见图 9）。

未来随着医疗体系进一步的优化，分级诊疗的实施，将会给医疗器械的使用带来更大的市场空间，同时融资租赁行业的发展也将进一步提升行业在整个金融市场中的份额，但要达到国外相关成熟市场 60% 以上的市场占有率还相去甚远。

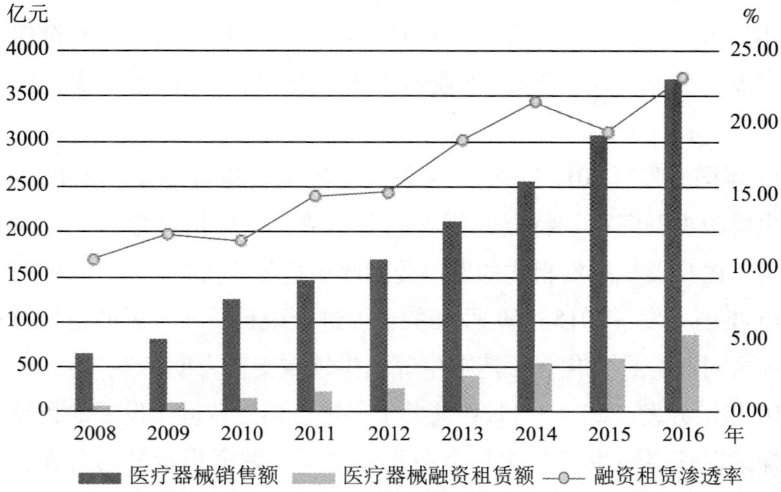

图 9　2008—2016 年医疗器械销售额和融资租赁额对比

数据来源：商务部。

可以预计，医疗器械行业融资租赁的渗透率将进一步提高。有研究机构预测，到 2022 年，中国医疗器械融资租赁的市场规模将达到 3025 亿元（见图 10）。

图 10　医疗器械融资租赁市场规模

来源：前瞻经济学人。

（2）政策向好，监管趋严。

从政策层面看，自 2013 年开始，国家各部委已经注意到融资租赁在医疗大健康产业中所起到的作用，陆陆续续出台文件，以支持医疗融资租赁产业的发展。

2013 年国发〔2013〕40 号《国务院关于促进健康服务业发展的若干意见》指出：鼓励金融机构按照风险可控、商业可持续原则加大对健康服务业的支持力度，创新适合健康服务业特点的金融产品和服务方式，扩大业务规模。

2015 年国办发〔2015〕68 号《关于促进融资租赁业发展的指导意见》，明确指出可根据融资租赁特点，便利融资租赁公司申请医疗器械经营许可或办理备案，医疗器械融资租赁的发展受到政策进一步支持。

2015 年国办发〔2015〕69 号《关于促进金融租赁业发展的指导意见》明确指出加大对教育、文化、医药卫生等民生领域支持力度。

2016 年国办发〔2016〕11 号《关于促进医药产业健康发展的指导意见》，指出要探索医疗器械生产企业与金融租赁公司、融资租赁公司合作，为各类所有制医疗机构提供分期付款采购大型设备的服务。

正是由于过往政策的支撑和政府的支持，整个融资租赁行业的经营环境持续向好，医疗器械融资租赁才得以高速发展。

但在近期行业监管机构转换的背景下，行业监管趋于严格，从短期看，对医疗器械的经营产生一定的影响，加速了融资租赁行业出清，但这有利于融资租赁公司的规范经营，为融资租赁行业长远发展奠定基础。

2018 年商务部办公厅下发《关于融资租赁公司、商业保理公司和典当行管理职责调整有关事宜的通知》，将原来由商务部制定融资租赁公司、商业保理公司、典当行业务经营和监管规则职责划给银保监会。融资租赁公司的监管职责明确为银保监会，整个行业也明确为金融服务业。

2019 年 4 月银保监会法规部发布《中国银保监会 2019 年规章立法工作计划》，将《融资租赁企业监督管理办法》修订工作纳入 2019 年度工作计划。融资租赁公司的设立与变更、业务经营、监督指标等要求将予以明确，这也为融资租赁公司更好地开展医疗器械融资租赁业务奠定坚实基础。

此外，上海、天津等地的地方金融监管部门也相继发布监管意见，对融资租赁公司规范健康发展提出具体的要求，推动行业加速出清（见表 3）。

表3　各地监管机构有关异常融资租赁公司公告

时间	发布机构	相关内容
2019. 07	南通市地方金融监督管理局	发布17家融资租赁公司被列为“监管困难类”机构，另外有36家“疑似异常类”融资租赁公司
2019. 08	天津市地方金融监督管理局	公布天津市首批融资租赁公司“黑名单”，共包括22家融资租赁公司
2019. 08	重庆市地方金融监督管理局	对本市融资租赁公司开展整顿规范，发现13家融资租赁公司存在异常，监管部门无法与其取得联系
2019. 11	上海市地方金融监督管理局	发布首批264家经营异常融资租赁公司名单，上述企业存在无法取得联系及其他经营异常情况
2019. 12	上海市地方金融监督管理局	公布上海市第二批经营异常融资租赁公司共计290家，排查发展上述企业存在异常情况
2019. 12	天津市地方金融监督管理局	经过天津市及各区金融工作部门甄别筛选，将13家融资租赁公司列人“黑名单”，并向全社会公布

（3）资本追捧，持续看好。

当前专业化深耕成为融资租赁公司转型发展的重要方向，医疗大健康产业作为国家重点发展的产业，也成为诸多融资租赁公司重点拓展的业务方向。一方面，随着诊疗和检测技术的快速发展，大型医疗设备和各类器械的更新迭代速度不断提升。同时，在药品零加成等政策的推动下，各级公立医院为提升、拓展医疗服务，对更新医疗设备与器械的需求也较为迫切。此外，国家大力推进分级诊疗制度，“基层首诊、双向转诊”在全国范围内持续推行，基层市场对医疗设备与器械的需求进一步扩容。

受益于医疗大健康产业的发展壮大，重点发展医疗大健康产业领域的融资租赁企业获得了资本市场的青睐。

另一方面以环球、远东、平安等医疗类租赁资产占比较大的企业通过资本市场债务工具拓展直接融资渠道，从发行产品的数量及金额来看，已获得了投资人的广泛认可（表4）。

表 4　2019 年重点医疗融资租赁公司直接融资情况

主要债务融资产品	环球租赁		远东租赁		平安租赁	
	个数/个	总额/亿元	个数/个	总额/亿元	个数/个	总额/亿元
超短期融资券	10	50	2	20	6	51
短期融资券					3	48
中期票据	1	8.6	1	10	3	35
公司债	2	9	3	70	7	81
合计	13	67.6	6	100	19	215

来源：各公司 2020 年第一期中期票据募集说明书。

此外，随着资本市场资产证券化产品的发展，一方面提高了融资租赁公司存量医疗租赁资产的使用效率，另一方面大量的投资人也通过投资租赁资产证券化产品，把握当前医疗大健康产业的巨大发展红利，以医疗相关资产为基础资产的证券化产品也成为资本市场上的热点投资产品（见表 5）。

总体而言，医疗机构通过采用融资租赁的方式改善更新医疗设备、基础设施导致的现金流紧张局面，推动医疗机构服务能力的持续提升以及服务规模的扩张。

以医疗大健康产业为重点的融资租赁公司则通过资本市场债务融资工具、发展资产证券化拓宽融资渠道，丰富资金来源，在优化自身现金流的同时能够更好地支持医疗机构的发展。

表 5　2019 年医疗租赁资产证券化产品

产品全称	产品类型	发行金额/亿元
国药控股（中国）融资租赁有限公司 2019 年度第一期资产支持票据	融资租赁	16.6211
中建投租赁（上海）有限责任公司 2019 年度第一期资产支持票据	融资租赁	10.2400
华宝都鼎（上海）融资租赁有限公司 2019 年度第一期资产支持票据	融资租赁	9.4500
聚信国际租赁 2019 年第一期资产支持专项计划	融资租赁	8.7700
合计		45.0811

来源：CNABS。

（4）重大负面事件。

2018 年以来，与医疗器械融资租赁业务联系紧密的热点企业远程视界、蓝海之略相继曝出资金链断链、债务违约等负面事件，并致上百家医院与融资租赁公司产生债务纠纷。2019 年随着相关案件陆续进入结案阶段，负面事件影响在逐步平息。

上述两家公司主要通过和融资租赁公司合作，以医疗器械融资租赁的方式，和众多县级公立医院建立业务合作，帮助医院加快引进医疗设备，提升医院及科室服务能力，扩大医院业务收入，同时承诺为医院垫付租金并兜底债务。

由于运营的项目难以短期盈利，因此两家公司需要不断的引入新项目，获得融资租赁资金，维持正常运营。

与此同时，两家公司还涉嫌科室承包等违法经营问题。尤其是在《基本医疗卫生与健康促进法》出台的背景下，对科室承包等监管更趋严格，导致项目源减少，增量资金更加难以保障。

而凭借激进的业务模式，这两家企业与全国大量的县级公立医院建立了业务往来。以远程视界为例，有报道称其主要的融资租赁合作伙伴系西安一家融资租赁公司，与来自新疆、河南等全国多个省区的 85 家医院签有医疗器械融资租赁合同，总租金超过 16 亿元。

与两家公司开展合作医院在引入设备、技术、管理等之后，仍难以达到预期的收入增长目标，同时远程视界由于没有增量资金来源，无法代偿租赁公司租金，导致融资租赁公司的项目出现逾期。

尽管上述两家企业“暴雷”对医疗器械融资租赁业务有一定冲击，但行业内风控严格、经营合规、专业发展的融资租赁公司并未涉足其中。上述事件的暴露也将有利于行业内大量从事医疗器械融资租赁业务的企业更加注重专业发展，强化风控体系建设，从而提升整个医疗器械融资租赁业务的发展水平和质量。

2.2 业务特点

医疗器械融资租赁的主要客户为各类医疗机构和医疗器械的生产企业。由于医疗器械设备本身及上下游客户的特殊性，整个医疗器械融资租赁具有以下三个特点：

（1）面临双重严格监管。

医疗器械融资租赁行业是医疗器械行业与融资租赁行业的交叉子行业，受医疗器械与融资租赁行业的双重政策监管，且医疗器械与融资租赁行业目前均属于“严监管”状态。对于融资租赁公司从事医疗器械业务有着明确的规定：

表 6　融资租赁从事医疗器械业务相关监管要求

时间	政策	相关内容
2005	《关于融资租赁医疗器械监管问题的答复意见》（国家食品药品监督管理总局）	明确租赁公司开展融资租赁医疗器械属于经营行为，应当按照《医疗器械监督管理条例》的规定办理《医疗器械经营企业许可证》
2014	《医疗器械监督管理条例》	第二十四条再次重申：“企业在从事医疗器械经营时第一类医疗器械应当进行备案，第二类、第三类医疗器械应当经省、自治区、直辖市人民政府药品监督管理部门审查批准，并发给《医疗器械经营企业许可证》。”
2015	《关于促进融资租赁业发展的指导意见》（国办发〔2015〕68 号）	明确指出可根据融资租赁特点，便利融资租赁公司申请医疗器械经营许可或办理备案

从上述的政策可以看出，医疗器械融资租赁公司必须取得医疗器械经营企业许可证，才可开展业务，同时将医疗器械融资租赁业务视同为经营行为，需进行器械的备案或者注册。按照现行管理办法：

表 7　按设备类型分备案要求

设备类型	备案要求
境内第一类医疗器械	由设区的市级食品药品监督管理部门予以备案
境内第二类医疗器械	由省、自治区、直辖市食品药品监督管理部门审查，批准后发给医疗器械注册证
境内第三类医疗器械	由国家食品药品监督管理总局审查，批准后发给医疗器械注册证
进口第一类医疗器械	由国家食品药品监督管理总局予以备案
进口第二类、第三类医疗器械	由国家食品药品监督管理总局审查，批准后发给医疗器械注册证

虽在其后，监管政策有一定的放宽，如最高人民法院在其司法解释中明确“不应仅以出租人未取得行政许可为由认定融资租赁合同无效”，但双重监

管仍为事实。

（2）资产处置难度较大。

尽管医疗器械融资租赁业务相对稳定，但一旦发生风险，利用租赁物的残值对抗租赁债权风险，在操作层面上很难实现，租赁公司往往只能采取催收和诉讼的形式进行资产保全。这源于医疗器械融资租赁企业对于租赁物的管控和处置能力。一方面二手医疗器械再次销售将面临政策、法律风险，另一方面，政策的限制导致二手器械市场交易不活跃，与汽车、工程机械等二手市场相差较远。

2017 年 5 月 19 日，中华人民共和国国务院令第 680 号，发布的关于修改《医疗器械监督管理条例》的决定中第四十条提到："医疗器械经营企业、使用单位不得经营、使用未依法注册、无合格证明文件以及过期、失效、淘汰的医疗器械。"从管理条例上看，国家对于医疗器械二次流通、回收等环节进行了严格的控制，因而租赁公司一般不对设备做回收处置，往往都是默认为无法回收医疗设备。从而与其他设备的融资租赁业务相比，对于资产的把控力度较低，一般采取重催收、强诉讼，轻资产处置的做法，正是由于此种做法，需要融资租赁企业有较强的催收能力和诉讼处理团队。

（3）厂商自融需求较少。

与医疗机构不同，医疗器械生产企业自身对于资金的需求具有阶段性，通常厂商在研发期需要资本的大量投入，且具有一定的风险，此时融资租赁作为一种债权产品，不会介入高风险的投资；之后一旦产品成功研发，进入销售阶段后，厂商的利润通常较高，较少需要通过融资租赁的方式获得资金。因而融资租赁产品和厂商自融之间存在一定的错配，且厂商自融的金额普遍较小，传统融资租赁产品不太适合企业诉求，因而融资租赁公司通过开发厂商租赁延展业务的上下游，来拓展客户和市场。

2.3 趋势及未来展望

基于医疗器械产业的发展方向和大健康行业政策的演变，结合融资租赁自身"融资、融物"的产品特点，未来医疗器械融资租赁业务的发展将延续医疗器械产业的发展方向，客群逐渐向两头延伸，即向上延伸到器械研究开发企业客户，同时顺应国家"强基层"的号召，积极拓展基层医疗和小微客群，并基于客户的特点，开发专业定制化的产品。

（1）客户布局调整。

①强基层。

目前融资租赁公司在医疗器械融资租赁业务中，主要针对县市一级以上的公立医疗机构进行授信。然而根据国务院印发的《“健康中国 2030”规划纲要》要求，构建分级诊疗体系、重预防、强基层架构势在必行。2019 年 12 月 28 日全国人大常委会表决通过了《基本医疗卫生与健康促进法》，这是我国卫生健康领域首部基础性、综合性的法律，也提出了加强基础医疗建设保障人民基层医疗服务的要求。

国家对于医疗大健康事业重头部、强基层的发展路径，必将为医疗器械融资租赁带来新的发展契机。通过基层医疗机构开展医疗器械融资租赁业务，将各类医疗器械设备引入基层，将检验、检测设备基层化，提升覆盖率，对患者做到病症的早发现、早干预、早治疗，带动村医、诊所、乡镇卫生院等的基层医疗机构的检验、检测水平的提升。

②社会办医。

为更有效的补充现有公立医疗体系，国家积极鼓励社会办医，通过建立民营医疗体系，完善国家现有医疗系统。在各类民营医疗机构建设、升级的过程中，需要大量的资金。从融资渠道来看，大量民营医疗机构获得股权投资相对有限，大部分民营医院是通过债权融资的。而在债权融资中，受限于自身发展阶段和经营水平的限制，民营医院获得银行融资的金额较少，融资租赁成为其融资的主要渠道。

③器械研发企业。

未来国产化替代将成为国产医疗器械厂商发展的重要方向，因而国产医疗器械厂商不断加大研发的投入，将存在大量的资金的需求。然而需要注意的是，传统融资租赁债权产品要求与项目的风险相匹配，因而在开发此类企业的时候，需要匹配更为市场化的产品，也即下文会提到的产品模式创新。

④医疗消费。

随着居民生活水平的提升以及居民老龄化的到来，家庭成员以及个人健康管理、慢病管理更加重要，医疗器械不再是医院特有，而是逐步走入国民的日常家庭生活，血压计、家用呼吸机等会成为居民改善生活品质和满足基本生活活动的重要产品。

（2）产品模式创新。

在国产化替代、产业升级、并购加速的大趋势下，股债联动产品成为融资租赁公司拓展高成长、高风险客户的重要手段，逐渐进入部分租赁公司的视线；同时随着老龄化和慢病管理问题的发展，个人经营性租赁、医疗消费租赁也越发得到重视。

①股债联动。

由于融资租赁的债权资金和生产研发厂商的资金需求之间存在一定的错配，因而在一定程度上限制了客户的范围。对于处于初创期，如器械研发、社会办医等并且具有较好成长性的企业可以采用股债联动的业务模式，在获得稳定债权回报的同时，通过对赌分成、认股权、股权直投等方式获得超额收益，匹配所承担的投资风险。

从风险控制角度，将更青睐于有核心技术、一定规模和较好成长性的企业，评估模式上建议除了融资租赁债权安全性评估以外，可以适当引入企业成长性评估，及早规避企业因行业或者无核心竞争力造成的损失，同时分享企业成长带来的收益。

通过股权投资也可以强化资产管理，并有利于对逾期和不良资产的处置。融资租赁公司在操作股债联动的业务模式时，一方面要关注股权和债权的区别，在评判客户的时候多维度思考，另一方面也考虑股权和债权之间的联动。

②保理业务。

对医疗器械融资租赁而言，除设备本身具有良好的适租性外，与设备相匹配的医用耗材及 IVD 等市场也正在成为大家关注的焦点。由于耗材类产品属于消耗型的物资，企业无法作为固定资产进行采购，保理融资也即成为一种创新方向。

针对耗材较高的企业，在操作保理融资的过程中，往往先通过信用授信的形式给予客户一个审批额度，客户可在审批额度范围内，通过订单采购的形式进行提款，如平安租赁推出耗材客户专属的耗材赊呗产品，服务医用耗材市场。

③经营性租赁。

经营性租赁的业务模式为融资租赁公司出资购买医疗器械，承租人（医疗机构、康养中心、个人以及家庭等）根据自身需求，向租赁公司租借设备使用，承租人按期缴纳租金，租赁期可以是短期几天或者中长期几年。租赁期满，医疗器械仍归融资租赁公司所有。由于租赁公司负责设备的维修、保养、消毒等工作，往往需要租赁公司在覆盖地区建立洗消中心，确保器械的完整可使用的同时，还需要确保设备消毒到位，不造成区域传染性疾病的传播。

另外，像近期长期护理保险的出台，直接解决了照护器具经营性租赁的支付问题，有效减缓个人和家庭的器械租赁负担。

④医疗消费租赁。

之前所提到的医疗消费的发展为医疗消费租赁提供了市场，融资租赁公司可以为个人或家庭购买医疗保健或慢病管理相关的中长期使用的医疗设备提供资金。租赁公司通过在线商城或者厂商，进行批量化的获客、科技化的审批、高效快捷的签约和放款，为医疗消费者解决器械需求的同时，带来更好的医疗消费体验。

新能源融资租赁行业发展现状及趋势预测

——基于光伏与风电产业的分析

邵　宾①

1　2019 年新能源融资租赁行业发展概况

截至 2019 年 12 月底，中国融资租赁企业总数约为 12130 家，较上年增加了 353 家，增长 2.91%。其中：已经获批开业的金融租赁企业为 70 家，比上年增加 1 家，增长 1.43%；全国内资融资租赁企业总数为 403 家，较上年底的 397 家增加了 6 家，增长 1.51%；外资租赁全国共 11657 家，较上年底的 11311 家增加 346 家，增长 2.97%。

根据不完全统计，其中约 8 家金融租赁公司参与新能源行业融资，包括工银金融租赁、中信金租、长城国兴金融租赁、华夏金融租赁、北银金融租赁、太平石化金融租赁、河北金融租赁、农银金融租赁；7 家融资租赁公司参与新能源行业融资，包括：远东租赁、华能天成租赁、华电租赁、大唐租赁、中电投融和租赁、华润租赁、中广核租赁。

①　中信金融租赁有限公司副总裁。

表 1 涉及新能源业务的租赁公司

序号	公司	业务方向
1	工银金租	风电、水电、天然气等能源行业，目标客户为大型能源央企及省属能源企业
2	远东租赁	教育，旅游，K12，民办高校，制药企业，医疗器械制造业，中高端连锁酒店行业，央国企施工单位，五大四小电力客户，地方交通系统企事业单位，建材上市公司出行行业（停车、充储，汽车经营性租赁），电子，信息化，轻工制造，农林牧渔，基础设施及城市公用
3	华夏金租	清洁能源、政信类、制造业、垃圾发电、水污染治理、轨道交通、文化旅游、医疗器械
4	长城国兴金租	新能源、医疗、公用事业、交通、高端装备制造等
5	中电投融和租赁	光伏、风电、生物质发电、新能源车、充电设施、动力电池、智能微网
6	中信金租	光伏、风电
7	太平石化金租	地铁、公交、光伏发电、火力发电、供热、航运、飞机、旅游、港口、医疗
8	农银租赁	农业、航空、新能源（核能、水能、风能、太阳能、生物质）、基础设施
9	北银金租	新能源、物流、旅游、车辆、医疗、通用航空
10	河北金租	风电光水及生物质等发电、装备生产、材料制造产业、风电光水及生物质等发电、装备生产、材料制造产业、大型医疗器械、汽车金融
11	大唐租赁	电力（风火光水）
12	华能天成租赁	煤炭、能源（光伏水电风电）
13	华电租赁	电厂、煤炭
14	华润租赁	能源环保（光伏发电、风力发电）、医疗健康
15	中广核租赁	新能源车、政信、产业类央企国企、风电、新能源电池、房地产

数据来源：根据各公司官网整理。

综上所述，大多数从事新能源行业的租赁公司近几年来都将光伏、风电纳入重点开拓领域，不断扩大这两个领域的业务占比。与此同时，五大四小旗下的租赁公司以项目为核心开展直租业务占比较高，而金融租赁公司以类信贷模式的售后回租开展业务占比较高。不仅如此，五大四小旗下的租赁公司更聚焦于长期专业化能力的提升，致力于电力产业链上下游，为电力能源产业生态圈提供综合化绿色金融服务，从单纯的租赁业务向咨询服务、设备贸易、电站资产管理、电站交易撮合演进，为客户提供资金和中介全方位服务。

2 2019 年新能源融资租赁行业发展环境变化

众所周知，法律、会计、监管和税收是租赁的四大支柱，而一直以来新能源融资租赁行业的发展离不开国家相关政策的扶持。

2.1 可再生能源行业政策的影响

2019 年是我国光伏和风电行业至关重要的一年，为推动产业健康可持续发展，以及实现 2021 年全面平价上网的目标，国家发改委、国家能源局等部门密集发布了多项涉及平价上网、上网电价、竞争性配置和消纳保障等方面的规定，规范和促进了光伏和风电项目发展，意在进一步推动行业的可持续健康发展，其中的重点体现在平价上网 + 市场化交易。

2019 年，我国光伏发电相关行业管理政策均有重大调整：

表 2 2019 年至今可再生能源相关重点政策汇总时间方向

时间	方向	政策名称	主要内容
2019 - 1 - 7	平价上网	关于积极推进风电、光伏发电无补贴平价上网有关工作的通知	平价上网项目不受年度建设规模限制； 平价项目保障优先发电和全额保障性收购； 鼓励平价项目通过绿证交易获得合理收益补偿
2019 - 3 - 8	风电	关于 2019 年度风电投资监测预警结果的通知	红色区域进一步减少为甘肃、新疆（含兵团）
2019 - 4 - 28	光伏	关于完善光伏发电上网电价机制有关问题的通知	标杆上网电价改为指导价，进一步下调
2019 - 5 - 10	消纳	关于建立健全可再生能源电力消纳保障机制的通知	分省明确可再生能源电力消纳责任权重（最低和激励性）
2019 - 5 - 20	平价上网	关于公布 2019 年第一批风电、光伏发电平价上网项目的通知	第一批平价上网项目： 风电 56 个，451 万千瓦； 光伏 168 个，1478 万千瓦

续表

时间	方向	政策名称	主要内容
2019 - 5 - 21	风电	关于完善风电上网电价政策的通知	标杆上网电价改为指导价，进一步下调； 明确陆上风电 2021 年后不再补贴
2019 - 5 - 28	行业发展	关于 2019 年风电、光伏发电项目建设有关事项的通知	优先推进平价上网项目建设； 完善相关项目竞争配置机制； 光伏补贴预算总额度 30 亿元
2019 - 7 - 11	光伏	2019 年光伏发电项目国家补贴竞价工作总体情况	2019 年纳入竞价补贴范围项目 3921 个， 总装机容量 2278 万千瓦， 年度补贴需求约 17 亿元

资料来源：各政府文件，光大证券研究所整理。

2019 年 1 月，国家发展改革委、国家能源局发布《关于积极推进风电、光伏发电无补贴平价上网有关工作的通知》，正式启动平价上网项目和低价上网试点项目建设。

2019 年 4 月，发改委价格司印发了《关于完善光伏发电上网电价机制有关问题的通知》（发改价格〔2019〕761 号）：将集中式光伏电站标杆上网电价改为市场化竞价下的指导价，Ⅰ~Ⅲ类资源区指导价分别为每千瓦时 0.40 元、0.45 元、0.55 元，规定新增集中式光伏电站上网电价原则上通过市场竞争方式确定，不得超过所在资源区指导价。

2019 年 5 月 10 日，国家发改委与国家能源局下发《关于建立健全可再生能源电力消纳保障机制的通知》（发改能源〔2019〕807 号，以下简称《消纳通知》）为进一步有效解决风电消纳问题提供了解决方法。《消纳通知》明确了各承担消纳责任的市场主体完成消纳量的基本途径是实际消纳风电。此外，承担消纳责任的市场主体可通过向超额完成年度消纳量的市场主体购买其超额完成的风电电力消纳量和认购可再生能源绿证的方式完成消纳量。2019 年各地区新增风电项目的建设规模须严格将消纳能力作为前提条件。

2019 年 5 月 20 日，国家能源局公布第一批风光电平价上网示范项目名单。第一批光伏平价项目总计 168 个，装机共 14.78GW，风电项目总计 56 个，装机共 4.51GW 。

2019 年 5 月 28 日，国家能源局下发了《关于 2019 年风电、光伏发电项目建设有关事项的通知》（国能发新能〔2019〕49 号）。一是对 2019 年度已无须国家补贴竞争配置项目总量规模指标的地区，在确保具备消纳条件的前提下，可开展建设与消纳能力相匹配的平价上网风电项目；二是在各地区消纳能力配置方面，在不影响已并网和核准有效项目的电力消纳基础上，测算确认的消纳能力优先向新建平价上网项目配置；三是对已核准且在有效期的在建项目，如果消纳能力有限，优先落实自愿转为平价上网的项目的电力送出和消纳。

2019 年 10 月 17 日，财政部网站发布《公开回复〈对十三届全国人大二次会议第 9258 号建议的答复〉》，明确补贴拖欠暂无法有效缓解，欠补问题仍将持续。提出解决存量项目问题的三个思路：简化管理、减少补贴需求、增加补贴收入。2019 年 12 月 25 日，十三届全国人大常委会第十五次会议分组审议全国人大常委会执法检查组《关于检查可再生能源法实施情况的报告》，数据显示“十三五”期间 90% 以上新增可再生能源发电项目补贴资金来源尚未落实，截至 2018 年底累计补贴资金缺口达 2331 亿元。

2019 年 12 月 16 日，国家能源局下发《关于征求对 2020 年光伏发电项目建设有关事项的通知（征求意见稿）意见的函》。文件明确 2020 年竞价项目配置工作总体思路、项目管理、竞争配置方法仍按 2019 年工作方案执行；平价项目可由各省级能源主管部门在落实接网、消纳等条件基础上自行实施。关于补贴预算总金额、分布式项目和户用项目度电补贴、三类资源区的指导电价等问题，尚未给出明确答复。

2.2 国有资本大量进入光伏产业

2019 年，多家国有传统发电企业强势进入光伏领域，除国电投、三峡、中广核、中节能等传统光伏投资央企之外，华能新能源、中核集团、浙能等也成为最近一年表现活跃的收购方。

国有资本越来越重视光伏发电等新能源产业，并不断投入大量的财力，既是国有资产保值、增值的需要，也是国家能源战略的需要。随着央企及国企的混改深入，未来民营公司与央企之间的合作也将逐步增强。

2.3 首个金融租赁业公约发布：逐步降低售后回租的业务比例

2019 年 1 月，中国银行业协会金融租赁专业委员会（以下简称“金租专委会”）发布了金融租赁行业首个自律公约——《中国金融租赁行业自律公约》（以下简称《自律公约》）。《自律公约》表示，为不断提高金融服务实体经济的能力和质量，逐步降低售后回租的业务比例，开展售后回租业务时，租赁物必须由承租人真实拥有并有权处分。

《自律公约》主要从遵章守法、业务体系建设、公司发展战略以及从业人员管理等方面分别进行了约定。其中，主要包括遵章守法行为、严守商业道德、行业自律原则、强化内控建设、制定发展战略规划、建立合理定价体系、建立关联交易管理制度、建立租赁物评估定价体系、降低售后回租业务比例以及加强对全体会员机构从业人员的自我约束管理和教育培训等内容。

2.4 LPR定价机制改革对融资租赁的影响

2019年8月16日，中国人民银行公告决定改革完善贷款市场报价利率（Loan Prime Rate，简称“LPR”）形成机制，要求各银行在新发放的贷款中参考贷款市场报价利率进行定价。LPR定价机制改革对降低我国实体经济融资成本大有裨益。截至2019年11月，1年期LPR为4.15%，较改革实施前降低16BP，低于目前基准利率20BP；5年期LPR为4.80%，较改革实施前降低10BP。目前央行对银行机构新增贷款LPR应用情况实行“358”考核，力促改革能够平稳推进。尽管当前对融资租赁行业新增投放并没有采用LPR定价的要求，但融资租赁公司应及早谋划以顺应LPR改革大势。综合来看，LPR改革将会对融资租赁公司的资产端和负债端均产生影响。

就资产端而言，LPR改革打通了货币市场与实体市场之间的资金流动壁垒。当前，决策层对金融回归服务实体经济本源的实质性操作力度不断加强，LPR改革是贯彻普惠金融武器库中的重要一员。结合央行多次定向降准以及对存款准备金率采取“三档两优”的改革，今后中小银行将发展成为服务中小企业及民营企业的中坚力量。这对融资租赁产生一定的挤出效应，融资租赁公司所面对的客户层级将进一步下沉，市场竞争升级，信用风险、流动性风险相应增加。同时，实体经济融资成本降低，将导致融资租赁公司利差收窄，在一定程度上压缩了获利空间。对此，融资租赁公司必须进行专业化、特色化改革，聚焦特定领域、发挥比较优势，才能在激烈的竞争中求得发展与壮大。

就负债端而言，LPR改革一定程度上有助于降低租赁公司的融资成本。融资租赁公司的融资方式包括银行借款、股东借款、票据融资、发行债券等，其中银行借款一般约占全部融资来源的 50% ~70%。鉴于目前 LPR 仍有下探空间，融资租赁公司融资成本将会相应降低。此外为降低利率波动带来的利率风险，融资租赁公司可以进一步探索以 LPR 定价的债务融资工具，保持资产负债匹配的合理性。

2.5 下调增值税税率

根据《财政部 税务总局 海关总署关于深化增值税改革有关政策的公告》（财政部 税务总局 海关总署公告 2019 年第 39 号），自 2019 年 4 月 1 日起，增值税一般纳税人（以下称纳税人）发生增值税应税销售行为或者进口货物，原适用16%税率的，税率调整为13%；原适用10%税率的，税率调整为9%。

根据测算，锂电池、电力设备、风电、光伏行业平均实际增值税率分别为2.6%、3.1%、3.7%、2.4%。假设产品售价同步下降，本次降低增值税可降低公司的城建税和教育附加税，导致利润增厚。城建税和教育附加税的降低可以使得锂电池、电力设备、风电、光伏行业的平均利润分别增长6.3%、5.7%、5.3%、4.5%。降低制造业增值税率，意味着硅料、硅片、电池、组件、逆变器等光伏产品价格中的税金明显降低，生产企业利润增加的同时，也可以让利给下游生产环节，从而实现发电环节成本降低，推动平价上网。

3 新能源融资租赁行业未来发展趋势

3.1 光伏发电未来发展趋势

2019 年是全面推行市场化竞争配置的第一年，通过逐步下调补贴，并以竞价、平价的方式形成合理的新增规模，促进行业进一步优胜劣汰，降低度电补贴。2019 年是承启降本增效的一年，也是行业至关重要的一年。伴随着光伏政策逐渐明朗、新竞价指标下发等因素影响，加之 2019 年递延项目和海外需求的稳定增长，2020 年或将迎来整个光伏行业需求反转。

（1）新增装机规模保持稳步增长。

2019 年 11 月，财政部官网公布了《关于提前下达 2020 年可再生能源电价附加补助资金预算的通知》，2020 年共计安排约 56.75 亿元的可再生能源补贴预算，其中光伏发电项目补助合计 21.58 亿元。补贴的提前下达，对于缓解存量电站补贴资金拖欠具有一定的积极意义，同时表明政策制定者对于光伏行业的关注，以及在平价上网前夕达到稳市场预期的目的。在政策导向有延续性的情况下，国内光伏产业发展将趋于平稳，新增装机规模保持稳步增长。预计 2020 年，我国光伏市场新增装机容量仍将由平价项目和补贴项目组成，其中补贴项目包括集中式竞价项目和分布式项目。

由于 2019 年光伏政策出台时间较迟，企业办理土地、电网接网等相关手续时间有限，2019 年部分项目指标将转至 2020 年，预计 2020 年国内光伏新增装机容量将达 40GW，呈恢复式增长，第一季度光伏装机量预计将保持强势或超过市场预期。

（2）海内外需求暴增。

随着全球光伏产业的蓬勃发展，大体量区域市场不断涌现，海外市场的开拓已经成为中国光伏企业增强预期、信心以及抗风险能力的重要抓手之一。如今的海外市场客户不仅仅关心价格，更关注产品的质量和效率。技术创新俨然成为推动中国光伏产品“走出去”的核心竞争力。

2020 年全球光伏需求将持续增长。预计 2020 年全球新增光伏装机 140 ~ 150GW，同比增长超过 20%，海外新增光伏装机超过 100GW。海外光伏装机具备两个特点：①新兴国家出台政策支持光伏发展，新增装机较快增长；②成熟国家在组件价格不断下行的趋势下保持平稳增长。海外需求的稳定增长，或助力整个光伏行业需求反转，带动中国光伏制造企业产品出口量大幅增加。

（3）降本压力倒逼技术变革。

“531”新政通过控规模、降补贴的方式使得光伏产业链下游需求骤降，对行业盈利造成巨大挤压，使得产业链价格大幅下滑。不过，从长期看政策的出台利于行业的健康发展，一方面，新政通过控制规模和补贴，直接缓解补贴缺口问题；另一方面，淘汰落后产能，保护国内优质资产；同时，产业链价格的下滑进一步推进平价上网进程，利于加快最终市场化进度。受政策调整影响，行业竞争加剧，降本压力倒逼企业不断研发新技术。这使得创新成为行业高质量发展的法宝，不断引领产业升级。对于企业而言，能够率先实现技术突破，便能在激烈的市场化进程中维持或扩张其市场份额，反之将被淘汰。

（4）平价项目建设规模进一步扩大。

平价上网渐趋渐进，2020 年或是补贴最后一年。只有当度电成本真正低于燃煤电价，新能源替代传统能源才会产生经济效应，也才会真正迎来行业内生式的发展，因此全球各国光伏行业的发展都伴随着度电成本的下降。

从目前形势看，光伏政策方向较为明朗，光伏平价时代即将来临。预计 2020 年，光伏平价上网项目区域和平价上网项目规模将进一步扩大，这将加速光伏行业尽快结束补贴依赖，由政策导向转为市场导向，也预示着光伏市场存在较大增长空间。

3.2 风电未来发展趋势

平价上网时代即将到来，风电行业进入了发展的“快车道”，并且风电项目的建设周期较短、投产速度更快，扩张更为迅猛。

（1）在补贴取消前进行最后的抢装，赶上补贴的末班车。

2018 年、2019 年底之前核准的陆上风电项目，只要在 2020 年、2021 年底前完成并网，并且符合规划、纳入财政补贴年度规模管理陆上风电项目仍然可享受补贴，这就为许多既有项目带来了新的助推动力。必须与时间赛跑，尽快完成项目融资、开工建设，这就为融资租赁行业带来了难得的机会。虽然融资租赁的成本稍高，但审批与放款速度是有优势的，非常符合陆上风电项目的刚性需求，目前已有多个租赁公司实现了陆上风电项目的投放，主要采用直租 + 售后回租的模式。

（2）实现平价上网状态下的稳定盈利。

随着风电设备价格的逐渐降低，在一些资源和开发条件较好的地区，陆上风电已不需要补贴。平价上网虽然没有补贴，但也有补贴不具备的优势——平价上网的可再生能源是保障全额上网的，不受额度的限制。平价上网项目和低价上网项目还可以通过绿证交易获得合理收益补偿，最重要的是，补贴的发放时间存在巨大的不确定性，平价上网项目的现金流状况远优于补贴项目。

（3）可开拓风电 ABS 市场。

在保障项目运行成本的基础上，融资租赁企业可探索与项目的全生命周期管理相结合，更具市场化的风电项目不仅更适合融资租赁业务，也同样是

ABS 良好的底层资产。

（4）海上风电可成为新的发力点。

在陆上风电补贴停止后，海上风电成了风电企业的发力点。由于沿海地区经济发达，能源需求大，海上风电由于贴近用能端，因此长期以来不存在消纳问题，经济效益是胜过陆上风电项目的。但海上风电项目也存在问题，如技术要求比陆上风电更高，导致行业产能始终受限；运维成本也更高等。由于生产端的限制与更明确的经济效益，海上风电的市场是相对封闭的，截止到 2018 年底，风电行业头部的六家企业：国能投、国电投、三峡集团、华能集团、东海风电和国家电网，装机量占到了总规模的 80.9%，全部为国有资本。因此，未来的海上风电行业，则更像是国有资本的内部较量，而行业中的机会则转向了另一端——供应链融资。风电产业链具有较强的定制化特征。设计服务涵盖了整条产业链，从下游逐级传导至上游。风电制造企业需要对每一套风电设备进行个性化的开发，在整机环节实现柔性集成，海上风电行业的龙头们需要从大量的中小企业采购设备与服务，其中大部分是民营企业。发改委的补贴到账时间弹性很大，有时周期很长，这就造成了海上风电行业的怪相——龙头企业既享有高毛利，又现金流紧张，供应商的日子自然也不好过。

因此，在这样一个毛利高、主要采购人为大型国有企业的环境下，融资租赁公司可以采用供应链金融的模式切入行业，是当下供应商们与行业龙头的共同需求。可以效仿较为成熟的地产上下游供应链融资模式，采用 ABS 等多种模式，解决供应链中的资金困境，共同助力海上风电行业健康发展。

综上所述，第一，未来关于光伏风电项目竞争配置的政策会越加明晰，未来项目市场化交易范围会逐步扩大，市场化交易程度会不断提高，不需要国家补贴的平价上网项目会应运而生并不断增多，增值税的进一步下调也将推动平价上网。平价上网之后，对于中国企业的制造、运营、管理、销售、配套等诸多环节将带来全面考量，降本挖潜及竞争力的提升将让最优质的公司更快脱颖而出，也会让管理者更全面、更深入地思考企业参与各个项目如竞标、光伏电站运营等方向。明确陆上风电项目的补贴期限，将带来风电项目抢装潮，在《电价通知》规定的期限前完成并网，以便能享受国家补贴或当年度的上网电价，预计风电行业近三年将迎来抢装潮，为租赁公司带来新增规模的机会。第二，随着国有资本大规模进入光伏产业，未来民企与国企合作将是一条更为健康的道路，民企资质好，可以去开发项目，民企提供工程总包、运维等一揽子服务，后期等项目成熟后国企进行收购，这样民企向轻资产转型，最终国企持有电站。未来金融租赁公司将逐渐降低售后回租业务比例，以项目为本，直租为主，在更早期为民企提供融资服务。第三，伴随着 LPR 改革，定价会更加市场化，融资租赁公司面对的客户层级进一步下沉，市场竞争升级，信用风险，流动性风险增加，同时，实体经济融资成本降低，导致融资租赁公司利差收窄，一定程度上压缩了获利空间。因此，新能源融资租赁公司风险定价的能力需进一步提高，深耕行业专业性，形成自己的壁垒，对可再生能源行业资产需要具备专业化判定，对行业的发展应有专业性的预判，聚焦专业化、特色化领域，发挥比较优势，在业务方面回归服务实体经济本源。

清洁能源在我国的地位已从补充能源上升为替代能源，市场需求不断增加，回归本源后的融资租赁更应在此寻找自己的突破口与业务增长点，发挥自己的优势，为可再生能源行业的健康发展添砖加瓦。

汽车融资租赁业态发展分析

——重塑商业模式

周文敬①

1 中国汽车市场进入新一轮大变局

中国汽车制造业连续28年的发展与增长，走到2018年8月乘用车销量开始下滑，首次出现负增长，当年汽车销量2808万辆，比上年同期下降2.8%。进入2019年，汽车市场大环境并未出现回暖反弹，全年汽车销量同比下降9.2%，市场拐点确立。

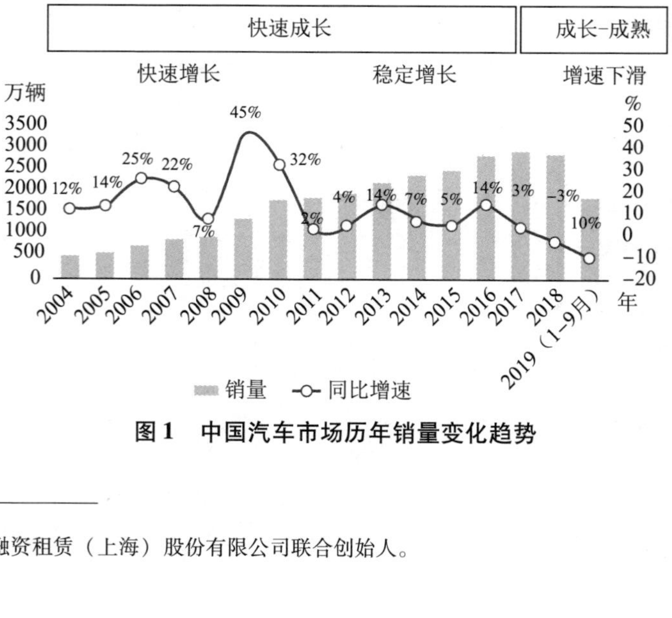

图1 中国汽车市场历年销量变化趋势

① 同辉融资租赁（上海）股份有限公司联合创始人。

为何会有这样的走势？我们是这样分析认为的，中国的汽车消费市场阶段性地来到了相对饱和状态，也可以认为行业从成长发展期开始步入成熟发展期。从原因上分析大致有如下几个方面：

第一，三大文明的碰撞，即工业文明、信息文明、生态文明三大挑战。首先是燃料供应数量需求及运输量日益增长矛盾的挑战，其次是互联网高科技信息时代，特别是5G的来临带来的全新概念的挑战，最后是日益高涨的环保需要，新势力在金融资本推手下新能源车发展面临的直面挑战。

第二，四大过剩的叠加倾轧，即传统车、新能源车、经销商、金融资本过剩。全国20多个省市，通过政府积极的招商引资建立起不同品牌的汽车生产线，既有德国、日本、美国九大品牌，又有各种合资品牌或自主品牌一起逐鹿中原，形成了面广量大的市场销售。据不完全统计，全国有200家燃油制造企业，产能高达6400万台，对标2017年的2880万台销量，产能过剩。

全国将近29578家合格授权经销商。这种摊大饼的布局本身已经引起了激烈的竞争。且汽车销售由4S店模式被打开以后，壁垒消除，各种销售门店、维修门店、汽车城相继应运而生，多元格局下竞争加剧，从而导致经销商过剩。

新势力卷入造车行列，新能源车制造企业目前有204家获批企业，可释放出2300万台的产能（不含氢能源汽车）。根据《中国汽车产业中长期发展规划》，市场投放也就区区200万台，现在超10倍的产能，好多企业还未进行产品投放就面临产能过剩。

金融基金大举介入，从事互联网的巨头和独角兽企业、知名的房地产企业及大型制造业企业的资金大量投入制造新能源车的队伍，驱动汽车向电动化、智能化、网联化、共享化发展，形成了金融资本过剩。

第三，汽车发展经过28年的高速增长，营造了一个长期的舒适环境，客观上形成了巨大的存量资产市场，主机厂赚得盆满钵满。因此，创新原动力显得有所不足，面对新概念、新势力的颠覆性挑战准备不足。

整体上说，中国燃油汽车数量已经达到每天需要消耗100亿桶油的水平，仅次于美国。这样的线性发展不能为继。于是在造车新势力的角逐下产生的大冲击、大震动、大洗牌、大淘汰、大变革不能避免，中国的汽车行业来到了一个新的大变局时代。

2 中国汽车消费依然有潜力

粗略的估计，截至目前我国汽车的存量市场大约在 2.5 亿台，随着我国未来的大交通基础建设的爆炸性大发展，按照存量置换及新增需求估算，新增市场在2500 万～3200 万台这个水平。2019 年我国的人均 GDP 突破了 10000 美元水平，新一轮的消费升级也将随之展开，汽车消费将从扩大活动半径向追求舒适及更具个性化演变，真正意义上从成长市场走向成熟市场。

从数据上看，对比发达国家和全球平均水平，中国目前千人拥车量为 173 辆，与美国（837 辆）、澳大利亚（747 辆）、意大利（695 辆）、日本（600 辆）等领先市场之间仍然存在较大距离；即使与马来西亚（433 辆）、俄罗斯（373 辆）等发展中市场相比仍有上升空间。人均用车量当然也会受经济情况、地理位置、出行习惯、公共交通便利度等方面的影响。

从另一个角度，在每公里高速公路汽车保有量方面，中国排位依然较低于全球其他的主要汽车消费国家。（数据详见图 2）

综上所述，我们可以看出中国乘用车市场已然成为国内第二大的存量资产市场，新车需求仍然存在较大潜力，二手车交易也会随着更换增大而逐步扩大。

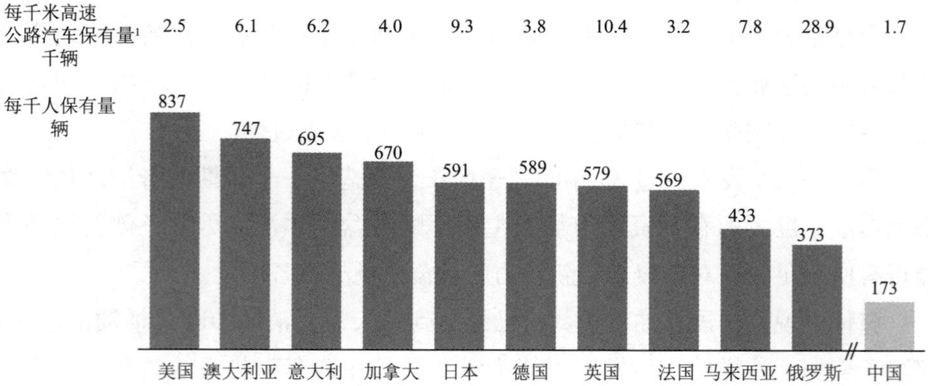

图 2　主要国家汽车保有量

2018—2019 年作为中国乘用车市场销量的分水岭，整个汽车市场也在进行转型升级。在此期间，市场经受了中美经贸摩擦、环保标准切换、新能源补贴退坡等诸多事件及政策的影响。尽管汽车市场销量进入下滑区间，但新一轮的机遇与挑战也将重整汽车行业。中国汽车市场经过起步期、高速成长期、普及稳定成长期，目前已经进入普及后期及成熟发展前期，需求结构发生了变化。主要表现为整个市场从“量”的发展向“质”的发展转变，行业在进一步整合与产品结构调整，通过产品下沉进行洗牌，通过汽车制造集团向全产业链，全行业纵向迭代延伸，做深技术，做细产品；横向借势切入，跨行业整合产业链打造产业新生态，达到合纵连横。只有经得起严峻市场的考验，才能有未来市场竞争的生存空间。中国汽车流通协会会长沈进军曾公开表示：“我国经济正从高速增长阶段转向高质量发展阶段，汽车市场正处于新旧动能转换和结构效益调整的攻关期。”

3 发展中的汽车融资租赁市场

3.1 汽车租赁市场概况

中国汽车金融服务市场发展快速，2016 年市场规模已经突破万亿元大关。在汽车销量增速负增长的背景下，汽车金融服务市场仍然可以保持相对的高增长，同时汽车金融服务渗透率也在显著提升。这表明市场消费人群的出行习惯、消费习惯开始有所改变，“消费主体呈年轻化趋势”“注重商品使用权而非所有权”“开始习惯使用金融购车工具”的理念逐渐增多。金融服务为市场提供了引导需求的可能，且这种需求将长期存在。我们针对如此大的市场，服务好需求，做出品牌，需要寻找到一种可持续、可防控、可共赢的发展模式，来做好这项工作。

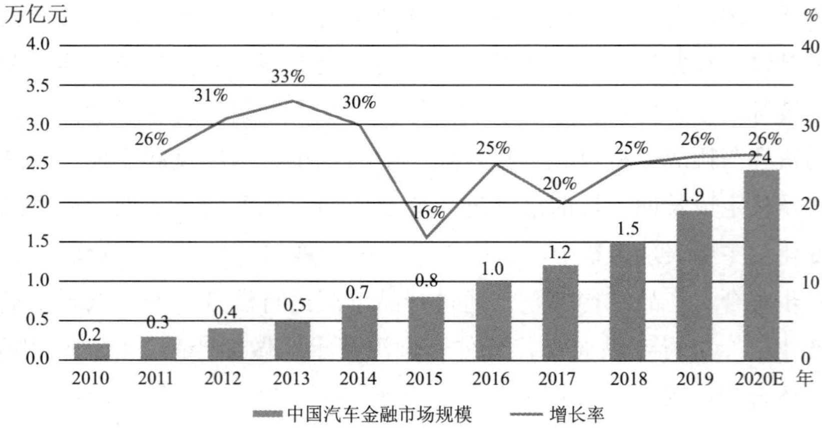

图 3　中国汽车金融市场规模及增长率

汽车融资租赁作为一种新型的购车方式，对国内大部分消费者来说不算熟悉，但在欧美等发达国家早已成为主流的购车方式。与传统车贷、信用卡分期等金融服务相比，汽车融资租赁更侧重购车、换车及整个用车环节的服务，租赁期内较容易切入到承租使用人的用车生活环节当中。通过融资租赁的方式，以相对低的商品价格、中等利率及低首付的优势，使承租人综合购车成本降低，同时能够得到租赁期的服务体验，省心、省力、省时。租赁期结束后，可退、可买、可续租的方式让消费者有了更多的选择。

近五年，中国汽车金融的渗透率由 36% 提高到近 50%。与此同时，汽车融资租赁的渗透率由五年前的 2%，提高到超过 5%。随着客户群体消费习惯改变、地方政策出台（主要为限牌等限制购车的政策），融资租赁购车的未来发展前景持续看好。2019 年，中国汽车融资租赁市场规模接近 3000 亿元，预计未来三年，中国汽车融资租赁市场规模累计将超过万亿元。市场这么大，我们如何做好它？

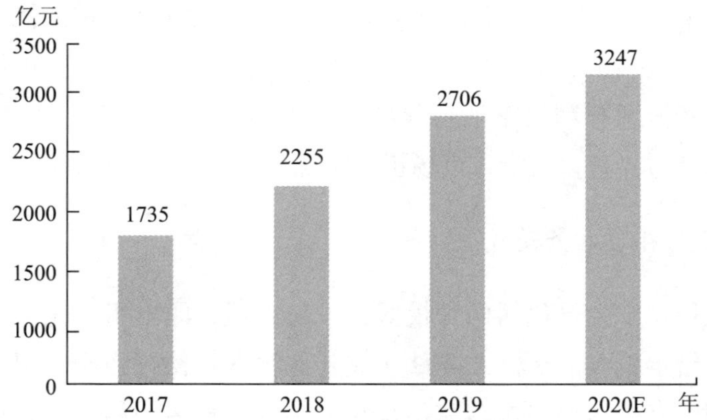

图 4　中国汽车融资租赁市场规模

汽车融资租赁早期作为“蓝海”被广泛关注，BATJ 作为资本风向标早已进行了布局，近年共计投资约 200 亿元人民币。例如，易鑫金融获得了百度、腾讯和京东等资本的多轮融资，融资总额达 15 亿美元，并且于 2017 年在香港上市；弹个车先后获得阿里巴巴集团、蚂蚁金服等超过 12 亿美元融资，已在全国范围内布局了线下渠道。

汽车的融资租赁业务具有市场需求大，单体投放小且承租人分散，回收残值处理市场明确、价格明确的特点。因此，专业汽车租赁公司、整车厂租赁公司、经销商租赁公司显现。作为金融服务和助推汽车销售的手段及工具，汽车融资租赁业务逐步得到市场的了解与接受。

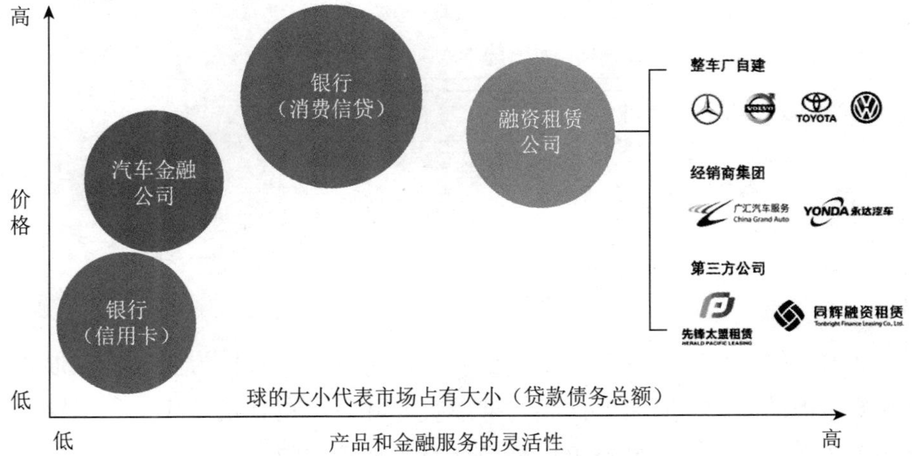

图 5　我国汽车金融主要参与者和竞争现状

2004年银行进入汽车金融服务市场，2010年融资租赁进入汽车以租代购服务市场。这么多年的市场耕耘，一定程度上助推了中国汽车市场高速发展的势头，为新能源车和汽车下乡起到了积极的作用。2019年经过治理整顿，汽车金融管控边界日益清晰，市场正在实现自我调整，自我修复之中。

3.2 汽车租赁业务模式

融资租赁购车主要包括两种模式，一是直租，即出租方先从厂商采购车辆，再出租给承租人，承租人按月（或其他频率）偿付租金，租赁期末支付残值，车辆所有权从出租方转移给承租人；二是售后回租，即承租人将自有车辆出售给租赁公司后再选择租回，按月支付租金，期末重新获得所有权。通过这种方式，承租人可以盘活固定资产，获得流动性支持。

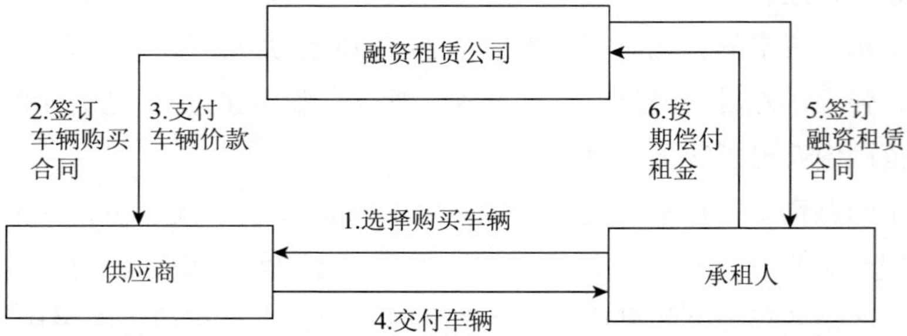

图6 直租模式

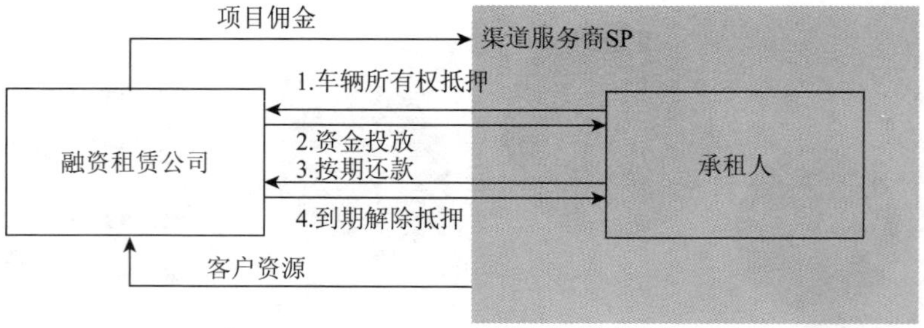

图7 售后回租模式

从汽车融资租赁服务企业的角度，选择哪一种方式作为业务管控形式是首先要考虑的问题。直租？回租？抑或直回并举？在直租模式下，车辆注册在融资租赁公司名下，融资租赁公司拥有车辆所有权，债权与物权得到有效控制，具有租赁期间所有权与使用权有效分离的特点。该模式优点是产权清晰，回收方便；缺点是人员加大，开设分支，服务面广，流程复杂。如果采用售后回租方式，车辆继续使用承租人的牌照登记且办理抵押，优点是以物融资，简单快捷；缺点是产权不清（汽车带牌照管理登记物权），没有服务，容易“截胡”，回收困难。特别是2019年，融资租赁企业纳入银保监会管理体系，金融监管趋严，司法趋严。在打击套路贷的环境下，这一模式受到了挑战。在数量众多的诉讼案件中，SP为了追逐个体利益，在业务来源前期做了诸多的手脚安排。这造成了简单案件复杂化，甚至不能得到法律的直接支持，还有卷入刑事追责的风险。

表1　直租、售后回租模式对比

融资租赁阶段	主体	直租	售后回租
期初	租赁公司	购买汽车租给客户使用	从客户手里购买汽车，再将该汽车租给客户使用
期中	客户	支付租金获得使用权	登记车辆所有权，按时支付租金
	租赁公司	拥有车辆所有权	通过抵押、担保等手段控制风险
期末	客户	获得车辆所有权（可选）	重新获得完整的车辆所有权

随着金融监管的持续严厉及法制化清晰，主营售后回租一味重“量”而轻“质”的汽车融资租赁公司都将面临转型。由于我国的诚信体系尚在完善的过程中，售后回租模式在风险控制方面存在一定的隐患。而相比之下，直租模式权属清晰，所有权与使用权分离，风险得到有效的控制。

当前出行方式多种多样，麦肯锡2019年的调查发现，消费者选择出行工具时，主要看重的是出行需求得到满足（62%）、安全性（48%）与驾驶乐趣（41%）等。随着我国大交通基础建设爆炸式发展，拥有并不重要，使用创造价值的观念正在被唤醒，未来的出行市场越发被看好。例如上汽集团收购AVIS公司，纳入移动平台享道租车，以网约车业务切入。现存包括滴滴出行、一嗨租车、神州专车、曹操专车、首汽约车、美团打车等几百家出行服务平台，近期还有“车要试”App，针对换车试车、周末悦驾等的服务平台涌现。相信未来有更多的服务平台参与到出行服务行列，为市场提供更多的出行产品和更丰富的出行体验。

另外，中国汽车平均更换频率在改变，预测从平均使用7年可降低到5年左右。新车的使用寿命被缩短，二手车市场交易比例将会快速提升。

3.3 汽车租赁消费群体

汽车金融需求分布是由城市汽车销量决定的。汽车销量多寡首先可用城市人口密度来衡量，其次是用城市人均 GDP、千人拥有量来衡量。城市人均收入的高低是品牌选择的标杆。

譬如，人口最密集的北上广深成渝六大城市人多量广，长三角人均 GDP 最高，人均收入较高，所以豪华车占比达 40%。由此可见，一、二线城市整体需求最大，对于汽车金融服务具有较大的需求及较高的接受程度。（详见图 8）

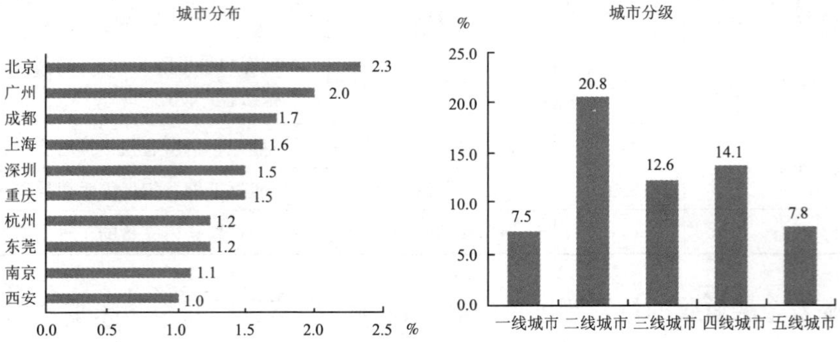

图 8 汽车金融消费群体城市分布与城市分级

融资租赁业务本身具有引导提前消费的特点。随着中国经济的持续健康发展，将有越来越多的家庭步入中产阶层，汽车消费的群体呈现年轻化趋势。目前我国大约有 3 亿人口的中产阶层，10 亿人步入小康。随着 2020 年的全面小康，我国将消灭贫困。预计到 2022 年，中产阶层以上的比例将进一步上升。据麦肯锡调查，相比于 2017 年仅 10% 受访者是再次购车，本次 2019 年调查中，再次购车者占比已达 30%。尤其是家庭月收入高于 4.8 万元的高收入群体（57%）及一线城市消费者（36%），增换购需求越发明显。另外，60% 的受访者表示下一辆车会选购价位更高的产品，价格带集中在 30 万 ~50 万元。这表明，入门级别的高档汽车将很可能处于消费升级趋势下的“黄金价位段”，是消费升级的主流选择。

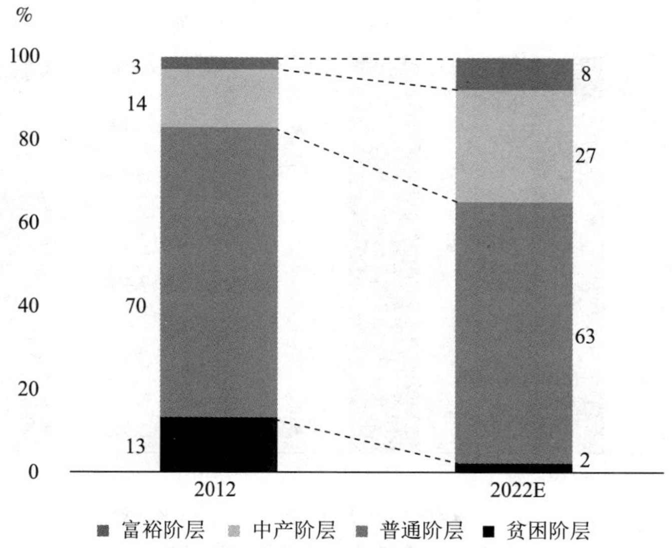

图 9　汽车消费群体阶层分布

从汽车品牌销量结构角度来看，虽然近几年整体销量在下滑，但是 B 级以上中高端汽车的数量占有率却在持续提升。到 2019 年，中高端汽车销量台数占比已达到整体市场的 30%，中低端车辆占比有明显的萎缩（详见图 10）。发生这样的情况大致有以下几个原因：①高端品牌做细产品，市场下沉产生挤出效应；②中国中产阶层日益扩大，消费能力明显上升；③经济稳定，收入增长及金融支持产品丰富，获得实现更加便利；④年轻人普遍对高端汽车向往，追求个性化及舒适要求强烈。

乘联会公布，2019 年，中国乘用车销量 2110.7 万台，同比下跌 9.2%，继 2018 年之后连续两年出现颓势。2019 年销量前十五的汽车品牌累计销量为 1584.3 万台，占 75.1% 的市场份额。奔驰、宝马、保时捷、雷克萨斯等品牌销量仍保持上升，整体同比下跌 5%，低于行业整体跌幅。这说明非头部车企跌得更惨，成为行情逆转、产能过剩洗牌的重灾区。

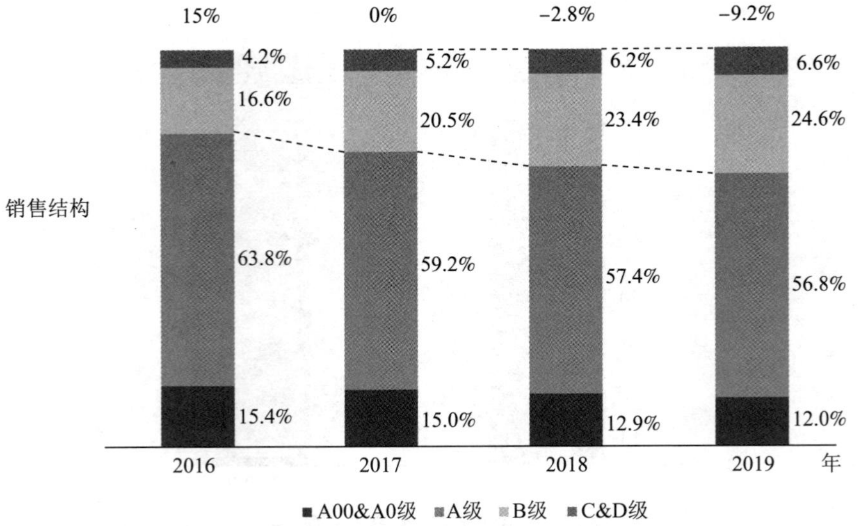

图10　汽车销售结构及销售增长率

实践证明，消费者在选择中高端汽车的同时，也愿意为其中高端品牌及服务支付相应溢价。更重要的是，其品牌忠诚度也比中低端汽车购买者要高出许多。这在一定程度上也有助于汽车融资租赁服务公司开展新的商业模式。通过与中高端汽车品牌厂商、经销商合作，推出符合消费升级趋势的产品和合作模式，在与这类客户互动过程中，了解客户，不断掌握客户需求，培养客户一起成长，这是有意义的。

另外，我们始终认为企业也是有消费需求的，在消费结构中对B端客户还是C端客户并不存在天然的矛盾，都是在为消费者服务。众多的中小企业及企业主都是社会消费的中坚力量，他们同样需要出行。如果我们能提供更切合他们的产品，应该是受欢迎的。学习欧美先进国家的解决方案，结合我国实际可以发现，面向B端企业的汽车融资租赁产品可以为中小企业带来价值。

触达B端企业客户时，主要发挥各类渠道优势，与各行业的合作伙伴互通客户来源，进行精准的推广。而产品方面，针对B端企业客户，需要特别注意其消费场景，如同城出行、异地用车、接送机、高管配车、员工购车等。通过产品设计满足企业需求，实现车队管理的打包式出行服务，将成为未来的趋势。

触达C端个人客户时，通常可以通过市场宣传、推介活动等方式获得客户来源。在产品设计上，主要是以标准化的产品满足客户的购车需求。尤其针对年轻人，可以尝试推出符合其消费习惯的金融购车、用车产品。

以上两类并非是相互孤立的客户群体。通过 B 端和 C 端之间的模式互换拓宽业务来源，平台的建立与推动方法是解决问题核心关键。

3.4 汽车租赁拓展方式

在市场大环境下，未来汽车产业将迎来低速增长或波动增长的新常态。汽车金融服务行业同样面临压力与挑战。抱团共进，寻求突破或许将成为各大汽车融资租赁公司发展的重要途径。上汽集团股份有限公司总裁王晓秋在中国电动汽车百人会论坛（2020）上提出了“蓄势、融创、竞合”三点倡议，着重提到了竞争者之间要加快开放合作节奏，通过合作竞争的方式实现合作共赢。

回到 2015 年，汽车新四化概念被正式提出。经过 5 年，围绕“电动化、智能化、网联化、分享化”的课题，中国汽车行业发生巨大变化。同样的课题也摆在了汽车融资租赁公司的面前。汽车融资租赁服务行业属于资金密集型行业，具有一定的门槛。但随着一哄而上的获客争夺（价格比战、来源提供商户利益诉求不断抬高等），汽车融资租赁公司运营成本持续增高，利润更显微薄。这种竞争下，消费者并没有得到实惠，体验度不高。

如今的中国汽车融资租赁产业，面临着前所未有的挑战和机遇，行业中的企业有责任加速行业进化，推动产业良性发展，重塑商业模式，从单纯追求息差经营的依附模式转变到真正能够为消费者出行提供解决方案的具有虹吸市场的价值模式中来。

拓展模式层出不穷，无论你如何展开，对于汽车融资租赁服务还是有比较好的轨迹可寻。融资租赁业务操作的三大要义包括价格的妥当性、合适的方案设计和后市场的强安排措施。我们可以作以下思考：业务车辆价格是清晰的，来源是可靠的，我们需要研究的只是市场折旧曲线演绎规律，这样的控制边界就非常确立了，从结构上讲不会出现太大的偏差。根据以上内容就可以在边界范围内勾勒操作流程、标准方案、标准风控，通过前置式的管理进行推动。由于汽车融资租赁主要是一种消费支持，具有量大、分散、单小、需要快速反应的特点。所以，现代科技融入应用实践是迫切的。操作轨迹的留痕、信审核查的埋点、资产管理的追踪一定是在第三方大数据共享下，才可以快速反应。而这些建立在结构性风险控制基础上的标准才能支撑企业的高速运营。因此，汽车融资租赁服务的风险控制应该是在真实性原则下，依据大数据埋点分析，运用人工智能管理，经过轨迹分析追踪建立起来的体系。有了这样的体系，我们就有可能去架构通过线上的交易模式，针对购车服务、用车服务、换车服务、出行服务的各个环节，将购车需求的低频次转化为中、高频次的关注。通过服务和引导从而介入用车需求人的生活方式，利用大数据的进一步分析，给予包括但不限于购车、用车、换车、健康、娱乐、度假、理财等需求服务，真正意义上提高客户的黏性。图 11 是部分品牌的市场折旧曲线图（仅供参考）。

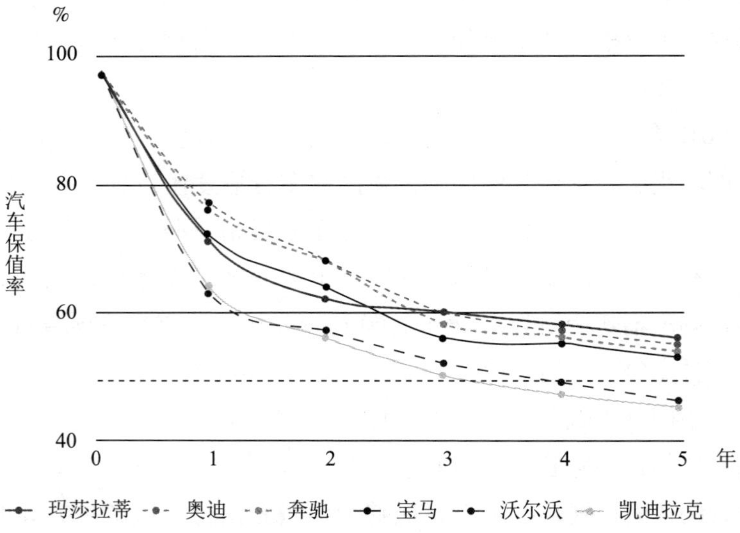

图 11　部分品牌汽车保值率

3.5　复式组织与平台

独吃一只鸡还是合分一头牛？

以两个行业发展为例：高铁建设与发展，无论对内对外，谈判都是由铁道部一家发标，生产由南车 + 北车整合起来的中车担纲。高铁最终成为“一带一路”拳头产品率先与周边国家市场共享。汽车行业全国 20 个省份各自为政，结果是好的时候主要盈利被美欧日品牌瓜分，波动的时候谁在卖房、停产、卖许可证？谁在主动转型，谁又是被动转型？

成长发展期的时候只要做好自己，成熟发展期的时候就应该呼唤品牌。怎么能脱颖而出？品牌又是什么？我们认为，极少数企业可以自创品牌脱颖而出，大多数的企业可以考虑如何依托复式组织，创出市场共有品牌。

目前的汽车融资租赁服务市场状态基本上是各自为阵，小而散，多而不强的局面，获客的成本更是高居不下，有越来越高的上升势头。试想如果可以通过平台设立，联合与车相关的重要力量，如整车厂、金融机构、保险公司、品牌经销商等，便能形成拳头出击之势，而不是手掌拍打之力。通过复式组织的方式推动市场发展，降低获客成本，受惠消费者，从而介入与引领消费者的生活方式，建立共有品牌，创建平台凝聚的新商业模式。参与企业机构经过合理分工、共控风险、高效融合，以期做大规模，做强平台，做出品牌。这不失为一种有效的解决方法。

国务院发展研究中心产经部副部长石耀东博士相信，未来出行场景及方式的变化，将带动汽车产业内部一些商业模式的变化。他表示，“向移动出行服务商转型不是心血来潮，而是战略性、前瞻性、长期性、趋势性的变化。特别是围绕着应用侧，所谓能提供按需服务、即时响应的服务时，更多地需要借助于高科技企业以及信息技术、互联网企业的力量”。平台型企业的需求开始出现并迅速增多，各自在市场中需要扮演好市场与资金之间的联系者。联系市场与资金并非简单的匹配，还涉及根据正在变革的出行场景，设计贴合消费者需求的金融购车服务产品、做好风险因素的控制、开展有效的资产管理等多方面问题。

随着科技的发展，越来越多的科技技术应用到了汽车融资租赁服务行业。金融科技的深化应用成为汽车融资租赁服务行业未来进一步发展的关键。汽车融资租赁服务机构可以通过机器学习等方式，将渠道准入标准、客户准入标准、产品和定价模型等原来完全由人工预设的审核条件智能化，以此实现内部信息资料与外部数据源链接，线上签约和资料归档等过程的自动化，提升业务系统的效能。还可以通过 SaaS 云平台的方式，帮助上下游合作企业低成本高质量地掌握获客、定价、风控等方面的技术能力。

科技化是成为平台企业的一个基础。融资租赁服务机构还需要通过不断地创新，实现平台化发展。未来，平台化、开放型的发展模式将成为主流。对汽车融资租赁公司来说，只有赋能产业链各方协同发展，才能有效解决获客、车辆管理以及依托消费场景的服务与风控问题。

作为复式组织，其宗旨是通过平台为消费者提供便利、提供高效率的服务，为消费者创造实际价值，借此融入消费者的用车生活方式，同时也为参与者带来收获和盈利。打破仅仅依靠加杠杆放大息差收入的传统简单模式，转为通过精益化的运营，实现收入的倍增。围绕消除市场与资金间信息不对称，提供多样化的服务。除了通过自身运营能力匹配双方需求，在发展中积累下的大量数据，经过分析也能为行业参与者提供改进的思路，进而促进整个行业的健康有序发展。

在中国的金融购车服务市场，最不缺的是产品，缺的是如何将合适的产品精准送达适用群体的方法。而我们从复式组织模式中，或许能找到针对这一课题的最好答案。

4 新冠肺炎病毒疫情影响与展望

2020 年伊始，黑天鹅事件接踵而至，新冠肺炎疫情波及面很广，对全社会的消费、供给、流通等都存在影响。但回顾 2003 年 SARS 期间的车市，我们发现汽车市场并未受到负面影响。当年轿车市场二季度同比增长近 70%，三季度也同比增长超过 50%。SARS 触发的大家对私密出行空间安全性的向往，是 2003 年车市获得爆发性增长的原因之一。然而，今年的疫情对车市影响有所不同。

首先，宏观经济环境不同。2003 年，中国产业结构工业占比近 60%，服务业占比不到 40%。而近年来，服务产业 GDP 占比已经超过 50%，受到疫情冲击较大。另外目前中国经济基本盘变大，发展压力较大。目前中小企业就业人口占到全部就业人口的 80%。中小企业能否挺过疫情，将直接影响消费者购买力。

其次，车市发展阶段不同。2003 年，我国汽车保有量为 2400 万辆，首次购车率达 95% 以上，千人保有量不到 20 台。如今我国汽车保有量超过 2.5 亿辆，首次购车率降到 70% 以下，千人保有量达到 170 台以上。由于主要增换购需求来自一二线城市，因此疫情对一二线城市的拉动作用将比较有限，可能拉动的需求主要体现在三四线城市。但由于服务业和中小企业遭到冲击，这部分需求又会被经济前景的不明朗所抑制。

最后，疫情广度深度不同。2003 年 SARS 主要打击了北京、广东和香港等少数地区和城市。内地 5300 多病例，广东及华北五省市占了 97%。而本次疫情影响了全国各地，累计确诊人数截至 2 月 17 日已超过 7 万人。波及面广将会导致作为汽车销售主要渠道的 4S 店短期难以正常开门经营，整体市场将面临不小的打击。

2020 年 1 月 26 日，银保监会针对汽车金融行业下发《关于加强银行业保险业金融服务配合做好新型冠状病毒的肺炎疫情防控工作的通知》。通知指出，对受疫情影响暂时失去收入来源的人群，要在信贷政策上予以适当倾斜，灵活调整住房按揭、信用卡信贷还款安排，合理延后还款期限。2 月 1 日，多部门（中国人民银行、财政部、银保监会、证监会、外汇局）印发的《关于进一步强化金融支持防控新型冠状病毒肺炎疫情的通知》（银发〔2020〕29 号文）要求各类机构不得盲目抽贷、断贷、压贷。在国家收紧金融大环境的背景下，若疫情持续，前端业务恢复缓慢没有流水，资产质量受到疫情影响，客户还款难达预期，汽车融资租赁服务机构的流动性会受较大影响，亟需寻找出合适的应对策略。

具有科技力量的平台型企业在此次疫情中可以减少受到的冲击。本次疫情最直接的影响就是无法开展现场尽调、无法当面签署合同。对于之前已经完成尽调但尚未签约的项目，租赁公司可以通过电子签约、客户远程服务等方式进一步推进，同时促进电子化手段在租赁业务开展中的运用。对于尚未进行现场尽调的项目，可以通过大数据应用、远程尽调等手段完成尽调，谨慎进行投放。同时针对优质客户也可以进行翻单处理，保持一定资产活力，抵消一部分疫情造成的损失，维持企业的持续经营。

在中后端实现科技化、平台化模式转型后，前端的营销集客转型也同步进行，线上渠道受到了广泛的重视。线上卖车已成为各大车企和经销商的“救命稻草”，在线直播则成了汽车导购人员的“必备技能”。

线上直播卖车并非新鲜事。2019 年 10 月，雷佳音联手快手网红“手工耿”直播 3.5 小时，帮宝沃汽车拿下 1623 个预订单，创下直播卖车记录。11 月 1 日，主持人李湘与汽车 KOL 闫闯合作直播，为长城汽车引入 200 多辆的加购订单，转化率远超传统 4S 店。同年双十一，上千家 4S 店和 2000 多名导购涌入淘宝直播。疫情促进了线上汽车零售渠道的拓展，为汽车新零售提供了无限想象空间。和电商平台类似，直播卖车可以在短时间内给消费者提供大量的产品信息，大大降低了用户看车、选车的时间成本。现阶段，直播间是和众多客户同时沟通的最好机会。不仅可以介绍汽车，还能一并讲解关于品牌历史、售后服务、车辆维修、购车金融、用车方式等方面的问题，与客户直接互动。这有助于培养一批具有全新购车、用车理念的消费者。

线下营销环节（包括沟通传播、促销推广和成交等）都可以尽可能地线上化。在这个过程中，沟通的渠道和策略需要尽快做全新的布置。尤其是人工的线上服务与问答，不少企业过去并未真正重视，未来需要尽快完善规范。另外，过去成本较高的上门取送车服务，现在也可以适当因地制宜地尝试了。我们预计，前期在营销数字化（包含企业端和经销商端）投入较大的企业，将在这一次疫情中获得独有的优势。

综合而言，成长期与成熟期交换，新势力与老传统交替，给汽车融资租赁服务带来的不是危机而是极大的机会。这是一个求变的年代。要么异军突起，要么优胜劣汰。强者恒强，弱者出局。因此，疫情也是一个很好的机会，促使企业思考转型改革，苦练内功。降本增效、模式创新将是未来的重点，利用数字化和高级分析等先进工具，实现企业科技平台化、重塑商业模式势在必行。

2019年建设施工融资租赁业发展分析

石翰卿　吴　杰①

建筑业是我国经济的重要组成部分，素来也是融资租赁公司重点关注的领域。其在2019年内部结构不断调整、金融渗透不断深化的基础上，又在2020年初迎来了重大机遇。面对如此巨大的变化，本文作者结合自身的工作实践和经验感悟，从相关数据入手，经由对2019年建筑行业发展趋势及2020年最新变化的分析，将对融资租赁如何更好地融入建筑行业这个大课题的所思所想撰写如下，以抛砖引玉，共同讨论。

1　建筑行业发展状况

1.1　全国建筑行业发展状况

2019年上半年，我国国内生产总值为450933亿元，按可比价格计算，同比增长6.3%，比上年同期回落0.5个百分点，保持了发展平稳的态势。其中在国内生产总值中占比6.09%的建筑业总产值101616亿元，与上年同期相比增长7.2%。实现增加值27466亿元，比上年同期增长5.5%，增速低于国内生产总值增速0.8个百分点。其他详细数据如下所示：

1.1.1　固定资产投资情况

全国固定资产投资（不含农户）299100亿元，同比增长5.8%，增速比一季度回落0.5个百分点。其中，民间投资180289亿元，增长5.7%。建筑

①　浙江建设融资租赁有限公司。

安装工程投资同比增长5.6%。

1.1.2 建筑行业从业人员数量及生产率

全国有施工活动的建筑业企业92733个，同比增长7.84%；建筑业从业人数4309.83万人，比上年同期减少109.41万人，下降2.48%；其中，国有及国有控股建筑业企业6490个，比上年同期减少12个，占建筑业企业总数的7.00%。2019年上半年，按建筑业总产值计算的劳动生产率为221424元/人，比上年同期增长8.61%。

1.1.3 建筑行业新签合同额

全国建筑业企业签订合同总额363978.20亿元，比上年同期增长8.53%。其中，新签合同额120305.68亿元，比上年同期增长2.47%。增速较上年同期收窄7.1个百分点。新签合同额占签订合同总额比例为33.05%。

1.1.4 建筑企业建筑及竣工面积

全国建筑业企业房屋建筑施工面积107.50亿平方米，比上年同期增长2.71%。其中，新开工面积23.52亿平方米，比上年同期减少6.62%。房屋建筑竣工面积14.24亿平方米，比上年同期减少4.48%。从全国建筑业企业房屋竣工面积构成情况看，住宅房屋竣工面积所占比重最大，为67.61%；厂房及建筑物竣工面积占12.74%；商业及服务用房竣工面积、办公用房竣工面积分别占6.82%和5.26%；其他种类房屋竣工面积占比均在5%以下。

1.2 各省市建筑业发展概况

2019年1—6月，江苏、浙江两省依然领跑全国各地区建筑业，建筑业总产值分别达到12438.98亿元、9291.17亿元，两省共占全国建筑业总产值的21.38%。除江苏、浙江两省外，总产值超过5000亿元的还有湖北、广东、四川、山东、福建、北京和河南7个地区，上述9省市完成的建筑业总产值占全国建筑业总产值的62.53%。此外，有27个地区的建筑业总产值较上年同期有不同幅度的增长。其中，广东、新疆、北京的增幅均超过15%。有4个地区出现负增长，其中，浙江出现了超过20%的负增长。

江苏、浙江两省建筑业企业新签合同额继续占据前两位，分别达到12211.27亿元和10358.55亿元。新签合同额超过5000亿元的还有湖北、广东、山东、北京、四川、福建、上海、湖南和河南9个地区。新签合同额同比增长较快的地区是甘肃、内蒙古、陕西、海南、青海和云南，增幅均超过了 20%。9 个地区新签合同额出现负增长，其中浙江负增长最大，为 28.4%。

2019 年 1—12 月浙江省建筑企业年报统计分析。根据 852 家建筑企业上报的 2019 年报汇总（其中特级企业 75 家、总承包一级 559 家、专业承包一级 215 家、其他 3 家），其主要指标完成如下：

表 1　浙江省建筑企业年报主要完成指标

内容	2019 年 1—12 月	2018 年 1—12 月	增减率/%
1. 建筑业总产值	13088 亿元	16603 亿元	-21.2
其中：省外产值	5589 亿元	8650 亿元	-35.4
2. 完成境外产值	88 亿元	72 亿元	23.6
3. 新签工程合同	14282 亿元	18348 亿元	-22.2
4. 房屋施工面积	132738 万平方米	143399 万平方米	-7.4
5. 房屋竣工面积	32050 万平方米	40339 万平方米	-20.5
6. 从业人员	327.94 万人	40339 万平方米	-20.5
7. 营业收入	11041 亿元	12494 万平方米	-11.6
8. 利润总额	307 亿元	356 万平方米	-13.6
9. 应缴增值税	239 亿元	266 万平方米	-16.5
10. 应收工程款	2227 亿元	2240 万平方米	-0.6

对前 100 家企业统计（含特级企业 71 家），完成建筑业总产值 6389 亿元，占统计数的 48.8%。新签工程合同额 9017 亿元，同比减 13.7%；房屋施工面积 9789 万平方米，同比减 0.2%；从业人员 17.76 万人，同比减 11.6%；营业收入 6563 亿元，同比减 3.0%；利润总额 176 亿元，同比减 2.8%；应缴增值税 130.2 亿元，同比减 15.2%；应收工程款 1230 亿元，同比减 5.7%。

对 75 家特级企业统计（五洋建设、中博建设未报），全年完成建筑业总产值 6168 亿元（占统计数的 47.1%），同比减 13%。其中省外完成产值 3472 亿元，占 56.3%；新签工程合同额 7540 亿元，同比减 13.1%；房屋施工面积 8821 万平方米，同比减 1.9%；从业人员 15.56 万人，同比减 11.4%；营业收入 5479 万平方米，同比减 3.9%；利润总额 154.54 亿元，同比增 2.6%；应缴增值税 108.38 亿元，同比减 18.6%。

1.3　建筑行业发展态势总结

就相关数据和行业整体发展态势来看，中国建筑行业已步入存量竞争时代，挑战与机遇并存。一方面国内固定资产投资增速、经济增长速度放缓，劳动力、水泥、钢材等生产要素受环保、政策等因素的影响价格不断攀升，政府投资的边际带动作用有所削弱，民间投资受各种外部因素的影响较大，市场竞争日趋激烈。另一方面新技术、新工艺的推广应用为建筑业转型升级带来新的生产方式以及技术、新基建政策的推出也为未来几年建筑行业的发展打下了基础。参照大型建筑企业发展经验，以提高自身技术及管控能力以及金融、大数据对原有的产业链进行渗透延伸等方式是实现盈利能力提升的主要渠道。具体而言，2019年建设行业呈现以下几个特征：

1.3.1 行业集中度加速提升

中国建筑、中国中铁、中国铁建、中国交建、中国电建、中国中冶六大建筑央企新签合同额占建筑业新签合同总额的比例自2014年后持续提升。2019年一季度更是高达35.4%，较2018年全年提升5.8个百分点，增长速度明显加快。这表明建筑行业的市场集中度加速提升，垄断竞争市场格局日益加剧。

1.3.2 PPP迈入高质量发展阶段

2019年财政部PPP项目管理库净增项目数量和金额明显高于去年同期。2019年1季度管理库累计净增项目189个，净增项目投资金额2520亿元，而去年同期管理库项目数量和金额处于净减状态。这表明随着清库工作的持续深入，PPP入库项目质量逐步提高。但从PPP项目月度成交额看，2019年前5个月PPP项目月度成交额总体低于去年同期水平，累计成交8560.1亿元，为去年同期的70%，市场反应存在迟滞。

1.3.3 对外承包工程市场复苏

截至2019年4月，我国对外承包工程累计新签合同额同比增长8.6%，高于去年同期9.3个百分点。营业额具有滞后性，伴随着新签合同额的回暖，营业额表现有望缓慢恢复。“一带一路”沿线国家表现较好，截至2019年4月，新签合同额同比增长40.2%。

1.3.4 行业龙头表现差强人意

（1）经营业绩增长乏力。2019年一季度，六大建筑央企新签合同额同比增长率较往期总体下滑。中国建筑、中国铁建、中国中铁、中国中冶呈个位数增长。一季度，除中国铁建外，其余建筑央企营业收入同比增速均出现不同程度下降。

（2）经营效益表现不一。观察近年来六大建筑央企经营效益，中国建筑的净利率明显高于其他企业。中国铁建、中国中铁净利率虽有上升趋势，但依然处于各建筑央企中较低水平。中国建筑较强的盈利能力主要源于其高额的投资收益及较强的费用管控。

（3）经营性现金流普遍紧张。2019 年 1 季度数据显示，六大建筑央企经营性现金流普遍为负，中国建筑表现尤为明显。这可归结于两点原因：一方面是资金面的收紧，业主支付放缓，项目回款放慢；另一方面是农民工工资必须及时足额支付、建筑材料价格大涨、企业规模快速扩张等导致的资金流出增加。

（4）战略活动日益频繁。一方面表现为积极布局重点区域（如粤港澳大湾区、海外重点市场等）、拓展新兴领域（如水务环保、基础设施运营管理等）；另一方面表现为通过产业链上下游之间、集团内部之间、与政府和高校之间的合作，补齐自身短板，发力技术创新（装配式建筑、新型建造装备等）。同时，国企改革提升列入各建筑央企工作日程，瘦身健体、产权改革、集团管控相关改革措施稳步推进。

2　中国经济 2019 年发展状况及对建筑行业的影响

2019 年，我国经济总体保持平稳运行态势，经济运行中出现诸多积极变化：一是经济结构优化升级持续推进；二是工业结构优化调整取得实效；三是减税降费政策红利显著；四是房地产市场“三稳”调控目标稳步落实。但与此同时，我国也面临经济下行压力加大、工业运行稳中趋缓、物价水平上涨较快、投资需求不振、消费需求不稳、区域增长不平衡加剧等难题。其中实体经济杠杆率再度升高，居民部门和民营企业杠杆率上升过快；民营和中小企业的融资难；衰退型顺差难以持续，净出口对经济增长的拉动作用或将减弱等问题尤为突出。而经济形势及政策环境的变化对建筑行业未来发展造成的影响主要有以下几点：

2.1　基础设施投资温和复苏

当下我国经济正处在转型关键期，新旧动能转换尚需时日，内需相对不足，而外部环境较为严峻。为了保障经济运行在合理区间，基建投资作为扩大内需的重要途径，将成为政府“稳增长”政策的关键着力点。另外减税降费加速落实，促进了经济的持续健康发展。2019 年前三季度，我国累计新增减税降费 17834 亿元，充分发挥了财政政策的逆周期调节效用，在降低企业成本、扶持民营企业、促进企业创新发展、提振市场信心等方面发挥了积极作用。这些因素连同专项债发力、新基建投资的开启都将促进基建投资温和复苏。基础设施投资与建筑业新签合同额存在共振效应，二者几乎同步。伴随着 2019 年下半年及 2020 年初的基础设施投资的回暖复苏，建筑业发展形势将实现一定程度好转。

2.2 新冠疫情迫使新基建发展加速

新冠疫情对建筑行业尤其是房地产行业的影响是巨大的，全国各处工地普遍因疫情停止施工一个月以上，因人员、物质到位影响，复工率增长较慢。而对房地产开发商的影响则更为长远和深刻，在建项目难以开工、无法按期交付、楼盘难以开盘、开盘难以蓄客、销售难以开展、资金难以周转。对全产业链的影响是巨大的，且短期内难以消除。新冠的另一影响则是投资拉动模式再开启和新基建的到来，这对于建筑行业属于重大利好，但值得注意的是基础设施投资内涵和结构将发生变化，“新基建”主要指以 5G、人工智能、工业互联网、物联网为代表的新型基础设施，本质上是信息数字化的基础设施。未来以“铁公基”为代表的传统基础设施建设将逐渐减少，而以“人物工”（人工智能、物联网、工业互联网）及对传统基础设施的数字化改造、新型城市建设所需要的升级产业（如特高压、城市轨道交通、地下空间建设等）为代表的新型基础设施建设市场份额或将逐步扩大。从 2019 年的数据表现就可以看出，信息传输、软件和信息技术服务业基础设施投资增速逆势上涨，高于传统交通运输、仓储和邮政业，水利、环境和公共设施管理业。

2.3 铁路建设市场持续发力

2019 年铁路固定资产投资计划额为 8000 亿元。截至 2019 年 5 月，铁路固定资产投资已完成 2244 亿元，超出去年同期 251 亿元。铁路作为基础设施补短板的重要领域，对“稳投资”具有重要意义。无论是《2019 年新型城镇化建设重点任务》还是随后发布的《关于做好地方政府专项债券发行及项目配套融资工作的通知》都明确提出加大铁路建设力度。加之国铁集团为稳定铁路建设投资，大幅增加铁道债的发行额度，预计未来铁路固定资产投资进度将明显加快。

2.4 公路建设市场存在不确定性

2019 年公路水路计划建设投资 1.8 万亿元，加之专项债新政明确支持国家高速公路和国家重大战略地方高速公路建设，公路建设投资总额可能超预期，但增速具有较大不确定性。截至 2019 年 5 月底，公路建设完成投资 7115 亿元；同比增长 4.5%，相较去年同期下降 0.4 个百分点。具体到区域，中部地区公路建设市场表现抢眼，西部地区后劲明显不足，东部地区表现相对平稳。

从公路市场热点来看，智慧公路发展进入新阶段。2019 年以来，在 5G 相关技术的催化下，智慧公路建设陆续进入实施阶段。未来公路施工协同者，除了投资、设计等传统角色，还将加入信息、通信、监测、能源等方面的技术服务公司。同时基于大数据的高速公路运营将覆盖路网综合信息采集、运营调度、收费、资产运维养护、公众信息服务、应急指挥等多方面，将对涉足公路建设运营的建筑企业提出挑战。

2.5 城市轨道交通市场前景广阔

自 2018 年 8 月重启新一轮城市轨道交通规划审批开始，城市轨道交通建设进入快速发展阶段。2019 年以来，国家发改委批复了武汉、郑州、西安等地最新城市轨道交通建设规划，涉及总里程 508 公里，总投资额 3576.51 亿元。在历年国家发改委批复的城市中，上海、北京、广州、杭州、深圳、武汉 6 市规划线路总投资达 1.54 万亿元，接近全国的 40%。

目前我国符合或基本符合建设轻轨、地铁条件的 95 个城市中，还有 53 个城市未启动轻轨、地铁建设。54 个有望建设地铁的城市中，还有 12 个城市未启动地铁建设，其中泉州、唐山、临沂、淄博、中山、珠海、惠州 7 个城市完全符合条件但未启动地铁建设。此外，我国城市的轨道交通线网密度与欧美发达国家相比还有较大差距，加之我国仍处于快速城镇化阶段，随着都市圈建设的加快、城镇化率的进一步提高，未来城市轨道交通的需求还将进一步加大，城轨市场前景广阔。

2.6 水务环保建设市场高位运行

2019年在“污染防治攻坚战”“稳投资”相关政策的持续催化下，水务环保市场将继续持高位运行。然而当前水务环保市场容易受到政策环境影响，行业内企业必须逐步摸索出清晰的建设运营模式，才能保持健康长期稳定发展。在水务环保细分领域，重视运营服务的环卫、环境监测、废物综合利用的相关企业营业收入、净利润增长表现较好。

2.7 房屋建筑市场稳健运行

2019年初，住建部将“稳地价、稳房价、稳预期”工作列在全年重点工作首位。在“房住不炒”调控基调指导下，我国房地产市场总体保持平稳运行，“三稳”调控目标稳步落实，土地市场热度有所回落。2019年前三季度国有土地使用权出让收入同比增长5.8%，较2018年同期增速大幅下降19.2个百分点。商品房成交平稳，房价上涨明显放缓。2019年1—11月商品房销售面积同比小幅上升0.2%；商品房销售均价同比增长7.1%，增速较2018年全年下降3.6个百分点。居民普遍预期房价稳定。

2.8 热点区域市场空间巨大

长三角、粤港澳大湾区、京津冀是我国最发达的三个区域，已纳入国家发展战略，具有广阔的市场空间。成渝城市群有望被作为第四个城市群纳入国家战略。山东半岛城市群和浙江大湾区虽然仅是一个省份区域，但经济发达，市场空间巨大。其余城市群经济规模较小，有待进一步培养和提高。

3 融资租赁在建筑企业中发挥的作用

面对已经发生深刻变化的经济形势，伴随城镇化率的提升，我国建筑业总体形势将在较长时期内处于波动状态，市场竞争加剧，“马太效应”逐步明显，大型企业通过兼并、重组、扩张等方式占据行业垄断地位。为应对这一形势，小型企业将更多地依赖技术、专业等方面优势在细分市场寻得发展空间。而各大建筑央企、地方建筑国企、优秀建筑民企纷纷寻求转型突破，除在市场布局、技术升级等方面持续创新、不断探索，以实现增量发展，培养企业未来核心竞争力外，还充分利用政策时机，在企业所有制改革、治理方面下足功夫。在强化企业管控能力、优化组织运行效率、提升企业管理效益的同时，大型企业纷纷实行横向多元、纵向一体化战略，积极向金融板块、产业链上下游延伸，拓展企业利润空间。

在这个大背景下，融资租赁因其对建筑行业上下游产业链极佳的支撑扶持作用而颇受建筑企业青睐。截至2019年，已有超过60家央企及大中型建筑企业布局了融资租赁业务板块，共发起设立或参股了超过70家金融租赁或融资租赁公司。

3.1　建筑企业系融资租赁公司业务范围及特点

建筑企业系融资租赁公司的营业范围极广，主要涉及交通基础设施租赁（公路、高速公路、桥梁、港口码头、轨道交通设施等）、城市基础设施租赁（市政设施、保障房、水务、燃气、公交等）、能源基础设施租赁（能源及电力设施、节能环保领域等）、船舶、海工装备租赁（疏浚船、挖泥船、钻井平台、多功能平台等）、大型工程机械租赁（盾构机、挖掘机等）等。除此之外，建筑企业系融资租赁公司营业范围还涉及再搭配智能装备、长途运输车辆、教育、医疗、旅游、航空、物流运输设备等融资租赁常见业务领域，部分企业还开展与主营业务相关的商业保理、保险代理及相关咨询等业务。

随着行业的发展以及国内外经济形势及政策环境的变化，很多租赁公司，特别是央企及建筑企业旗下的融资租赁公司，对自身的业务范围、经营理念进行调整，聚焦集团内部业务、围绕股东主业及上下游产业链进行业务开发及拓展，充分发挥自身金融属性优势，通过多种渠道与模式来服务集团及其客户。此类融资租赁公司不局限于单笔业务、不满足于利差收入，而是通过融入主业来实现产业链、上下游的协同共赢，进而实现产融结合、以融促建的终极发展目标。在这一过程中，相关融资租赁公司逐渐表现出了以下特点：

3.1.1　立足集团资源，内部业务占比过半

一方面租赁公司作为央企及大中型建筑企业的重要金融板块，以服务集团为使命，为集团内子公司提供融资租赁及保理服务，其下游客户主要为同一集团下属成员单位，多涉及关联交易。另一方面，从租赁公司自身发展来说，集团产业背景决定着自身的资源禀赋。租赁公司可以依托集团的资源优

势及资金支持来展开业务。而充分利用集团的客户资源往往意味着业务高度集中在集团内部，甚至在成立初期时的业务选择只能是围绕集团。尤其是电力背景的租赁公司，专注电力板块时，集团内客户资源足够充分，业务高度集中。调查的 60 家央企融资租赁公司内部业务占比平均在 50% 以上，高的达到 80%。

3.1.2　产融结合，积极兼营保理业务

基于集团及股东庞大的产业链，其内部及其上下游具有大量的应收账款资源及融资需求，部分央企及建筑企业所属的租赁公司通过自身或者旗下的保理公司开展保理业务，部分租赁公司甚至达到了业务总量的 50%。

以中交租赁为例，其就为集团内部单位（一级子公司）的原材料贸易和工程建设施工开展了大量商业保理业务。公开信息显示，中交租赁保理资产规模逐年攀升，一度与融资租赁业务规模持平。虽然保理的标的也包含施工建设行业，但保理模式与贸易类商业保理区别不大，只是考虑到项目施工企业的特点，保理金额更大，期限也更长。故中交租赁为基础建设项目提供的保理期限分为 1 年以内、1 ~3 年及 3 年以上三种。

3.2　部分建筑企业设立的融资租赁公司名单及成功经验

表 2　部分建筑企业设立的融资租赁公司名单及成功经验

企业名称	地区	融资租赁公司	注册资本/万	币种	注册时间/年	注册地点	外资/内资
中国交通建设集团有限公司	北京	中交融资租赁有限公司	500000	人民币	2014	上海自贸区	外资
中国电力建设集团有限公司	北京	中国电建集团租赁有限公司	200000	人民币	2004	北京	内资
中国能源建设集团有限公司	北京	中国能源建设集团融资租赁有限公司	100000	人民币	2016	天津自贸区	外资
厦门建发集团有限公司	福建	厦门星原融资租赁有限公司	3950	美元	2006	福建自贸区	外资

续表

企业名称	地区	融资租赁公司	注册资本/万	币种	注册时间/年	注册地点	外资/内资
上海建工集团股份有限公司	上海	上海中成融资租赁有限公司	15600	美元	2015	上海自贸区	外资
陕西建工集团有限公司	陕西	陕西建工国际融资租赁有限公司	260000	人民币	2016	西安国际港	外资
云南省投资控股集团有限公司	云南	云投旺世融资租赁有限公司	20000	人民币	2009	北京	内资
青建集团股份公司	山东	青岛城乡建设融资租赁有限公司	20719	美元	2014	青岛	外资
中国化学工程股份有限公司	北京	国化融资租赁（天津）有限公司	100000	人民币	2018	天津东疆保税港	外资
四川华西集团有限公司	四川	成都华西融资租赁有限公司	20000	人民币	2016	四川自贸区	外资
山东科达集团有限公司	山东	首信融资租赁有限公司	30000	人民币	2012	天津东疆保税港	外资
山西建设投资集团有限公司	山西	晋建国际融资租赁（天津）有限公司	100000	人民币	2016	天津自贸区	外资
四川省交通投资集团有限责任公司	四川	成渝融资租赁有限公司	52800	人民币	2015	深圳前海	外资

3.2.1 中国电建集团租赁有限公司

成立于2004年8月30日，是世界500强——中国电力建设集团有限公司成员企业。公司由中国电力建设股份有限公司和中国水利水电第四工程局有限公司出资设立，注册地为北京，注册资本20亿元人民币。

自成立以来，电建租赁公司依托股东在国内外市场的品牌优势、专业优势和资金优势，不断探索专业化、规范化发展的经营模式，确立了“融资租赁、经营租赁、采购服务、保险经纪”的主营业务架构和企业发展战略。作为电建集团旗下的金融服务平台，公司在投资开发、工程承包、装备制造、能源交通等多个领域中，为集团内外众多客户提供了一流的综合服务。其结合自身特点与优势，发展出了较为成功的业务模式。

（1）ELC（设计—租赁—施工）。承租人以集团公司成员企业为主，以新能源项目发电设备及附件为标的物，由电建租赁公司将融资款支付至设备供应商，由承租人分期还款。

（2）BLO（建设—租赁—运营）。该模式与ELC类似，主要特点在于租赁期长，可设定适当的宽限期和租赁期，融资期限最长可达10年。并根据运营收入设定还款期限及节奏，使资金收入可覆盖偿还租金，减轻承租人的还款压力。

（3）租投建联动。该模式适用于EPC项目中业主自有资金或项目贷款暂未到位，需由EPC项目总承包商垫资施工，同时EPC方自有资金不足支付且项目具有可靠的持有或收购方（集团内外）的情况。其优势有两点：一是融资额较大，最大可解决EPC项目100%设备用融资；二是融资期限长，可完全匹配EPC项目的建设期和待收购期。

3.2.2 中交融资租赁有限公司

中交融资租赁有限公司隶属于中国交通建设集团，2014年5月8日注册于中国（上海）自由贸易试验区，注册资本金人民币50亿元。2017年公司主体信用获AAA评级。公司致力于发挥产融优势，主要为中国交通建设集团及各类企业提供服务。

依托中国交建产业背景，经过五年发展，公司已逐步构建起以基础设施租赁为核心，设备租赁、海外租赁、供应链金融为支撑，旅居露营、移动房屋、健康养老等为新兴业务的“1+3+×”产业体系，明确了将自身打造成为中国交建主业发展的助推者，设备资源整合的参与者，产业链价值的发现者，新兴产业培育的探索者的“四者”定位。为了提供更专业化的服务，同时尝试开发与租赁不同的差异化服务，中交租赁在租赁业务之外还积极开展了经营性租赁、商业保理业务等综合投融资服务。事实上，中交租赁开展保理业务的规模很大，占公司收入的比例一度接近50%。

中交融资的业务范围基本围绕其集团主业，包括：交通基础设施租赁（公路、桥梁、港口码头、轨道交通设施等）、城市基础设施租赁（市政设施、保障房等)、能源基础设施租赁（能源及电力设施等)、船舶租赁（半潜船、疏浚船等)、海工装备租赁（钻井平台、多功能平台等)、工程机械租赁（盾构机、挖掘机等)。

3.2.3 青岛城乡建设融资租赁有限公司

青岛城乡建设融资租赁有限公司成立于 2014 年 6 月，公司注册资本为 20，719 万美元，由青岛城市建设投资（集团）有限责任公司控股，资产规模超百亿元。公司另于 2017 年 1 月在上海自贸区设立了控股子公司—上海青投融资租赁有限公司，注册资本为 17000 万美元，截至目前已累积投放超过 20 亿元。

该公司积极利用自身及集团资源，发展水务和燃气、公交和长途运输车辆、教育、医疗、广电信息、高速公路建设、旅游、轨道交通、航空、节能环保、光伏发电等方面的租赁业务，以及与主营业务相关的商业保理等业务。除成功发行债券补充资金外，其还成功为某拥有近 20 万合作承运商的物流企业提供保理服务。通过与该物流企业系统对接，租赁公司以真实交易背景为基础，利用线上签约方式开展业务，令其供应链金融产品与物流企业付款场景有机结合，解决了客户上下游账期错配问题的同时缓解了承运商的资金压力，有效支持了该物流企业的发展。

3.2.4 上海中成融资租赁有限公司

上海中成融资租赁有限公司由上海建工集团股份有限公司下属上海建工集团投资有限公司及中国银行下属中银集团投资有限公司共同出资，于 2015 年正式成立，注册资本为 15600 万美元。自成立之初就充分发挥自身优势和上海金融资源，不仅成功发行 ABS 募集资金，还将业务范围扩展到商业保理及医疗器械融资租赁业务，成了集团多元化发展的执行者。

3.2.5 大唐融资租赁有限公司

作为拓展集团内部及上下游产业链，助力集团发展的典型代表，大唐租赁相关业务主要围绕与大唐集团下属成员单位的紧密合作开展。其保理业务的开展较为成功，包括正向保理和反向保理。保理业务同租赁业务一样，需经过客户询价及报价、立项审批、现场尽职调查（重点对基础合同和应收账款的审查)、项目评审和出具风控意见、落实风控意见完成签约并放款等流程。客户主要为电力行业上下游客户，基本上为国企或行业排名靠前企业。

在风险控制方面，保理期限通常为 1 年内短期业务、明保理、有追业务。

大唐租赁会要求保理客户提供担保、账户监管等风控措施，在客户相关单据上盖发行人的确权章并在中登网应收账款转让登记系统上完成登记。

3.3 建筑企业系融资租赁公司业务模式

建筑企业系融资租赁公司深耕建筑施工和工程装备制造租赁领域，将融资租赁甚至经营租赁等金融工具融入其中，开创了许多建筑施工行业特有的融资租赁合作模式，包括融资租赁+EPC、大型工程或特种装备租赁、新型应收账款回笼模式等。

3.3.1 模式一：融资租赁+EPC

EPC工程总承包模式是目前国家和住房城乡建设部主推的施工模式。它以工程项目为核心，以先进技术应用为手段，以专业分工为纽带，可以构建合理工程总分包关系。融资租赁公司为服务自身集团主业，将自身金融工具角色引入此类项目，发挥以租带建的作用。融资租赁公司通过与优质客户开展深度合作，充分利用客户渠道优势，深入挖掘建设项目信息，并在建设项目EPC初期调研论证阶段介入，在精确掌握项目投资建设需求的情况下，为其设计交易模式。一般通过设备直租、设施回租方式提供建设项目初期启动资金和工程设备采购款，为产融结合提供一揽子综合解决方案。同时引入并配合系统内单位参加投标，成为该项目的EPC总包方，为自身系统内参建单位工程款回收提供保障。

这种合作模式下的融资租赁合作期限基本匹配项目总周期。如果是自带运营的项目，融资租赁的期限相对于普通模式较长，最长可达十多年。该模式可应用于基础设施项目，包括公路建设、地下综合管廊、园区（片区）开发建设等，亦可以应用于工业设备安装工程总承包项目。

3.3.2 模式二：大型工程或特种装备租赁

我国在铁路、公路、港口、机场、水利、能源以及市政建设方面不断兴建大型工程项目，对重型自卸车、推土机、装载机、工程起重机械、筑路机械、挖掘机械、混凝土泵车和搅拌车等主要机种的年需求量迅速增加。建筑系融资租赁公司自身所带的融“物”金融属性和建筑施工背景的专业匹配度正适合广泛开拓该领域。

融资租赁公司可与集团各产业联合营销，为交通轨道特种设备、模块化建筑、地下施工设备、专业路面设备、工业装备制造、能源化工、海洋工程、空港设备等领域客户提供“一站式设备采购 + 金融服务”，通过设备直租为客户平滑设备采购资金流出，合理改善现金流状况，增加合作深度，为后续集团工程承接奠定基础。

部分专业性强的融资租赁公司进一步开发装备租赁领域，为客户提供干租、湿租、以租代修、大修转租等个性化设备经营租赁服务。亦有公司利用互联网、物联网、云计算等信息技术创办了专业的设备租赁平台。

3.3.3　模式三：新型应收账款回笼模式

建筑行业常见因工程款应收账款未能按时支付而影响总承包商的资金回笼状况的现象。作为建筑行业系融资租赁公司可以让建设项目业主作为承租人，以项目中完工的内含设备、自有其他资产等作为租赁标的物进行售后回租，并约定回租所得资金专项用于对建设单位应付未付工程款的偿付。由于融资租赁公司的盈利结构较为多元化，可降低业主的名义利率，容易被其接受。此种模式可以使建设单位及时收到建设工程款，避免非质量原因无法回笼资金；可以帮助业主单位完成按时履约还款责任，并将实际还款期限延长，平缓现金支出。对于融资租赁公司而言，该模式将集团项下应收账款柔性债务转化为金融属性的刚性债务，增加了交易对手的违约成本，强化了对债务的约束，降低集团整体的应收账款风险。部分融资租赁公司为解决此类模式中标的物不足的问题，引入商业保理模式搭配融资租赁，盘活应收账款，解决客户资金周转困境。

4　融资租赁公司未来的发展方向

目前的经济态势以及建筑行业的发展阶段需要金融、融资租赁公司的参与，或者说建筑行业从发展伊始就与金融密切合作。现在所需要的不仅仅是资金融通，还需要与新金融、新模式、新技术的更深层次的结合，以适应新市场、新政策的要求，以维持和拓展相关业务，实现多渠道长时间的盈利与发展。另外，融资租赁公司，尤其是建筑企业及央企下属的融资租赁公司，也要审时度势，在经济形势和政策环境逐步发生变化的时候，主动回归主业，服务集团，发挥自身优势，实施产融结合、以融带建、以融促建，抓住未来几年内新基建、投资拉动的时机，实现自身和股东的协作共赢，共同成长。

以下是对融资租赁公司在建筑施工领域开拓的几点建议。

4.1 紧跟政策导向，投身重点区域与行业

深刻领会政策，积极投身新基建相关领域及铁路、公路、重点基础设施建设相关领域和业务；在区域上选择中东部发达地区；在业务上选择有中央及地方财政支持的项目、“一带一路”项目、PPP 项目、智慧城市项目、5G 基站项目、物联网工业区项目等；在行业上可持续关注环保、大数据、进口替代、高新制造、养老医疗等领域的建设租赁业务。但对房地产尤其是非一线城市的住宅开发与建设及相关客户的融资租赁业务需谨慎，目前看，“房住不炒”、保持房地产市场稳定的政策不会改变。

4.2 聚焦建设主业，拓展内部市场，试水供应链金融

对于建筑企业设立的融资租赁公司，建议向施工建设中小客户和产业园内生产厂商推广融资租赁业务及商业保理服务，并以此作为供应链金融的主要手段。调整业务结构，服务集团主业，构建融资租赁公司独有的业务生态圈，将集团内部业务和关联业务作为自己的重心，积极利用股东资源进行上下游拓展，实现互惠共赢。这也是目前央企及建筑企业所设立的融资租赁公司的普遍做法。

但供应链金融不是一个纯技术的问题，而是一个“技术+服务”的问题。每一个产业的供应链特性都不一样，不存在一个适用任何产业供应链解决方案。其最大的特点与要求就是能够根据行业和客户的交易场景、交易特点来设计定制化的金融服务。

4.3 打造建设行业生态圈的构建能力

在市场上做一个项目容易，但如果想把一个个的客户以及他们的利益相关者串联起来，构建成一个生态圈，却需要持续多年对行业深度的融入和耕耘。行业标杆远东和平安在这方面一直做得很优秀。远东更是直接切入到产业运营中。远东制药的客户经理与药厂谈融资租赁合作，把拥有上万张病床的远东医院集团对药品采购需求也纳入谈判筹码，所产生的影响力远超其他租赁公司。另外，平安集团旗下的汽车之家和平安租赁的汽车租赁业务也有深度协同。这就给了希望在建筑行业深耕的融资租赁公司以启示，未来能够

在拓展供应链金融的基础上，依托核心企业资源，在建设领域实现行业生态圈的建立，从而提升自己的行业竞争能力。

4.4 抓住建筑行业特征，创造专业优势

建筑产业系的租赁公司应继续将产融结合作为业务发展的核心竞争力，专攻自身优势，铸造特有行业品牌。依靠央企背景成立的融资租赁公司，其业务多集中在央企主业范围内，投向核能、电力等基础设施建设重资产领域。还有大量省属国有企业设立的融资租赁公司，依靠资源优势获得产业链项目，按照产融结合模式拓展产业链业务。建筑行业系融资租赁公司应进一步深耕建筑施工与融资租赁结合点，利用好 EPC、BT 建设模式，通过提供资金服务带动建设项目实现以租揽建、以融促产。同时将大型工程设备融资租赁融入施工建设过程中，实现额外的增值利润。租赁公司需改变以往只提供资金的单一发展思路，着力延伸租赁服务链条，为客户提供“建设 + 服务 + 金融”的综合性解决方案，与产业客户共成长。例如，租赁公司可朝着产业链经营业务发展，依靠对细分产业链的深刻理解，尝试探索经营性租赁、资产运营、管理及工程设计业务等，通过不同板块之间整合协同，提升市场竞争力。

4.5 改变营销对象，引进“场景化”风控概念，重构风控体系

在与建筑产业上下游客户合作的时候，鉴于其资金、实力、规模往往参差不齐。这就对希望在相关行业有所作为的融资租赁公司的风险管控提出了新的要求。租赁项目的竞争除了前线营销和价格的比拼以外，更重要的是中后台体系建设等软实力的竞争。包括风险评估、商务以及放款环节等。目前的形势需要融资租赁公司引入“场景风控”理念和方法，以适应未来供应链金融的需要，将风控前置，追求风控支持、引领业务发展。关键点有：①建设多种场景下多样化的风控标准和操作模式；②引进大数据概念，建设以核心企业供应链为特色的大数据平台，变静态监控为动态监控。

4.6 建立新的融资渠道

为应对建筑行业相关业务投放的需要，提升自身的竞争力。融资租赁公司应效法如青岛城乡、大唐电力等公司，积极建立符合自身条件和需要的，有别于银行等传统资金来源的新的融资渠道，提升直接融资比例，如发行

ABS、ABN，引进战略投资者，向特定人群直接发行理财产品等。

5 结语

融资租赁发源于美日，最初也是以建筑行业、工程机械为主要服务对象的金融业分支，在发达国家及地区也曾盛行一时，但最终随着本土大规模基础设施建设的结束和市场需求的变化而走上了稳健发展的道路。中国租赁行业的规模借助着经济的高速发展、房地产行业的井喷以及投资拉动的政策影响在过去的十几年获得了极快的增长。但需要注意的是，这些因素近年来均在发生着变化。经济增速下降，建筑行业发展速度放缓、部分发达区域的新签合同额等关键指标下滑，新冠疫情的爆发以及新基建的到来开启了进入门槛较高的新市场。这一切都对租赁公司提出了新的要求，也需要从业人员针对诸多变化思考相应对策。已有多家租赁公司根据自身特点以及对未来的判断做出了许多尝试，有些还取得了不错的成绩。如对细分建筑市场如环保、医疗、水务加大投入，围绕集团产业链上下游进行拓展，积极进行内部整合以应对新的市场等。

文章所述仅仅是部分租赁公司的探索、尝试，受限于作者有限的知识经验和信息来源，其流程、判断、结论、观点是否正确，尚待检验。但建筑行业的发展趋势已然显现，其对融资租赁公司发展提供了新的机遇，也同样提出了新的要求。希望租赁业界能积极对自身做出调整改变，以适应此次变革带来的影响，以促进租赁行业的长远发展。

中国中小微企业融资租赁业务实践与市场分析

黄　荣[①]

1　中小微企业的背景分析

中小微租赁发展到今天，渐渐突露头角，众多的租赁公司开始重新关注或开始关注中小微租赁的现状及发展情况，从一定程度上来讲，国内的中小微租赁仍处于刚刚起步的阶段。从宏观到微观，从中央到地方，从整体经济发展到发展结构分析，再到区域重点行业及产业分析说明，试图让大家能初步了解中小微市场的规模、环境及在整个产业链的位置，可以让大家加深对中小租赁的了解，同时对我们开发租赁产品和市场具有重要的价值和意义。

中小微企业作为实体经济的“毛细血管”是推动经济发展不可或缺的重要力量。在国家大力提倡扶持中小企业的政策号召下，中小微企业快速发展，相应中小微企业市场也成为租赁公司业务布局的新“蓝海”，服务中小微企业俨然已经成为租赁业的创新风向标。利用租赁这一工具，为中小微企业解决融资难的问题，有效地填补了金融服务实体经济和中小微企业之间的短板。

1.1　中国中小微企业现状

1.1.1　中国中小微企业概况

中小企业是促进就业、改善民生、稳定社会、发展经济、推动创新的基

---

① 广东中信融资租赁有限公司总经理。

础力量，是构成市场经济主体中数量最大、最具活力的企业群体。中小企业发展状况，关系到中国经济社会结构调整与发展方式转变，关系到促进就业与社会稳定，关系到科技创新与国家经济转型升级。国家市场监督管理总局数据显示，全国工商注册的中小企业总量超过 5000 万家，占企业总数的 99%，根据《2017—2022 年中国企业经营项目行业市场深度调研及投资战略研究分析报告》表明，中小企业贡献了中国 60% 的 GDP、50% 的税收、80% 的城镇就业、65% 的中国发明专利、75% 以上的企业技术创新和 80% 以上的新产品开发。中小企业已经成了市场经济的核心力量，是市场经济活动的主要参与者，是国民经济的细胞，在促进国民经济较快增长、缓解就业压力、实现科教兴国、优化经济结构等诸多方面，均发挥着越来越重要的作用。

1.1.2 我国中小微企业界定标准

表 1　我国中小微企业界定标准

行业	营业收入 I（Income）/万元	资产总额 A（Asset）/万元	从业人员 E（Employee）/人	类别
农、林、牧、渔业（I<2 亿元）	≥500			中型企业
	≥50			小型企业
	<50			微型企业
工业（E < 1000 人 ‖ I<4 亿元）	≥2000　且		≥300	中型企业
	≥300　且		≥20	小型企业
	<300　或		<20	微型企业
建筑业（A < 80000 元 ‖ I<8 亿元）	≥6000　且	≥5000		中型企业
	≥300　且	≥300		小型企业
	<300　或	<300		微型企业
批发业（E<200 人 ‖ I<4 亿元）	≥5000　且		≥20	中型企业
	≥1000　且		≥5	小型企业
	<1000　或		<5	微型企业
零售业（E<300 人 ‖ I<2 亿元）	≥500　且		≥50	中型企业
	≥100　且		≥10	小型企业
	<100　或		<10	微型企业
交通运输业（E < 1000 人 ‖ I<3 亿元）	≥3000　且		≥300	中型企业
	≥200　且		≥20	小型企业
	<200　或		<20	微型企业

续表

行业	营业收入 I（Income）/万元	资产总额 A（Asset）/万元		从业人员 E（Employee）/人		类别
仓储业（E＜200 人‖I＜3 亿元）	≥1000 且			≥100		中型企业
	≥100 且			≥20		小型企业
	＜100 或			＜20		微型企业
邮政业（E＜1000 人‖I＜3 亿元）	≥2000 且			≥300		中型企业
	≥100 且			≥20		小型企业
	＜100 或			＜20		微型企业
住宿业（E＜300 人‖I＜1 亿元）	≥2000 且			≥100		中型企业
	≥100 且			≥10		小型企业
	＜100 或			＜10		微型企业
餐饮业（E＜300 人‖I＜1 亿元）	≥2000 且			≥100		中型企业
	≥100 且			≥10		小型企业
	＜100 或			＜10		微型企业
信息传输业（E＜2000 人‖I＜10 亿元）	≥1000 且			≥100		中型企业
	≥100 且			≥10		小型企业
	＜100 或			＜10		微型企业
软件和信息技术服务业（E＜300 人‖I＜1 亿元）	≥1000 且			≥100		中型企业
	≥50 且			≥10		小型企业
	＜50 或			＜10		微型企业
房地产开发经营（A＜10000 元‖I＜20 亿元）	≥1000 且	≥5000				中型企业
	≥100 且	≥2000				小型企业
	＜100 或	＜2000				微型企业
物业管理（E＜1000 人‖I＜5000 万元）	≥1000 万 且			≥300		中型企业
	≥500 万 且			≥100		小型企业
	＜500 万 或			＜100		微型企业
租赁和商务服务业（E＜300 人‖A＜12 亿元）		≥8000 且		≥100	中型企业	
		≥100 且		≥10	小型企业	
		＜100 或		＜10	微型企业	
其他行业（E＜300 人）				≥100		中型企业
				≥10		小型企业
				＜10		微型企业

信息来源：工信部联企业（2011）300 号。

1.2 中小微行业政策分析

2018 年 10 月习近平总书记在广州考察某中小企业时表示党中央高度重视并一直在想办法促进中小企业发展，只有这样才能够真正使我国经济全面、科学、高质量发展。我们大力提倡创新、创造、创业，既离不开中小企业，也给中小企业发展提供了更多机会和更大空间。习近平希望广大中小企业聚焦主业，加强自主创新，通过自身努力不断取得新的业绩，让企业兴旺发达，为我们祖国强大和人民幸福做出更大贡献。

2018 年 11 月在改革开放 40 年的时间节点，习近平以党中央的名义召开民营企业座谈会，在此次座谈会中再次提出了六大措施：一是减轻企业税费负担；二是解决民营企业融资难融资贵的问题；三是营造公平竞争环境；四是完善政策执行方式；五是构建新型政商关系；六是保护企业家人身和财产安全。

2018 年 12 月李克强总理支持召开的国务院常务会议，第一项议题是部署加大对民营经济和中小企业的支持力度。总理明确要求：要进一步认真梳理，抓住市场主体反映突出的问题，实打实推出一些具体举措，给市场释放积极信号。会议确定，要更大力度减税降费，改进融资服务。完善普惠金融定向降准政策。将支小再贷款政策扩大到符合条件的中小银行和新型互联网银行。出台小微企业授信尽职免责的指导性文件。加快民企上市和再融资审核。支持资管产品、保险资金依规参与处置化解民营上市公司股权质押风险。

1.2.1 中央层面

近年来中央各部门对中小微企业相继发布了针对性的政策。例如：2018 年 10 月财政部发布通知，中央财政在 2018—2020 年每年安排资金 30 亿元，采用奖补结合的方式，对扩大小微企业融资担保业务规模、降低小微企业融资担保费率等政策性引导较强的地方进行奖补；国务院提出 2019 年 1 月 1 日实施的减税政策：小规模纳税人、个体工商户，月销售额 10 万元（季度销售额 30 万元）以内免征增值税；年利润不超过 100 万元，减按 5% 的税率缴纳企业所得税；年利润 100 万元到 300 万元，减按 10% 的税率缴纳企业所得税；2019 年 4 月中共中央办公厅、国务院办公厅印发了《关于促进中小企业健康发展的指导意见》，提出了营造良好发展环境、破解融资难融资贵问题、完善财税支持政策等指导意见。

1.2.2 地方层面

除了中央各部门的政策外，各地区政府也响应了号召，相应出台了支持中小微企业的各类政策：2018 年 9 月深圳市政府印发《强化中小微企业金融服务若干措施的通知》，为了营造良好的中小微企业融资环境，支持稳增长、促改革、调结构，加快建设现代化国际化创新型城市，制定如下措施：设立中小微企业融资担保基金、建立中小微企业贷款风险补偿机制、扩大支小再贷款合格质押品范围、建立战略性新兴产业中小企业政银担合作新机制等；2019 年 4 月 1 日，广州市科学技术局关于公开征求《广州市进一步加快促进科技创新的政策措施（征求意见稿）》意见的通知，意见稿中明确提出加大对科技型中小企业的支持。对设立时间不超过 5 年、经评价纳入“全国科技型中小企业信息库”的企业，由市、区两级财政按照一定的比例（按我市现行财政管理体制分担比例确定），对其形成的财政贡献给予 25% 奖励；2019 年 6 月东莞市发布了《东莞市工业和信息化局工业和信息化专项资金融资租赁专题项目实施细则》，对中小企业通过融资租赁直租方式购入设备，按融资租赁合同融资额的一定比例给予贴息；中小企业融资租赁机构为中小企业提供融资租赁业务且发生坏账损失的，根据损失额的一定比例给予风险补偿。

从国家领导人的讲话到中央各部门政府再到各地区政府相继出台的政策来看，近年来国家政府对于中小微企业扶持力度越来越大，中小微企业发展的环境是越来越好，“看得见，摸得着”的实惠越来越多，为中小企业的发展壮大提供了有利条件。扶持中小企业的发展，是我国经济结构调整和经济增长方式转变的必由之路。

2 中小微企业的融资困难点

2.1 中小微企业面临的问题

2.1.1 政府因素

政府对于中小微企业的相关法律及政策尚不完善，除了《中小企业促进法》对解决我国中小企业的融资问题有概括性的规定外，尚未出台相关的实施措施和办法。另外长期以来，国家的扶持政策基本向大企业倾斜，对中小微企业的扶持力度有限，这也是造成中小微企业融资难的问题所在。

2.1.2 社会因素

当前中小微企业的实际生存状况不容乐观，面临着营商环境不公，企业竞争力不强的问题。首先在营商环境方面，中小微企业处于较为弱势的地位，在经营、政策、金融甚至监管上面临不公平的竞争环境，与其在国民经济中扮演的角色不相称；目前在经营环境上，中小微企业面临行业龙头或者上下游大型企业的挤压，获得的交易条件较为苛刻；在政策环境上，由于中小微企业自身实力较为薄弱，因此国家或地方颁布的行业规范，其很难承受由此带来的压力，例如环保政策要求行业进行环保设备投入，除了政策规范之外，在政策扶持上，通常中小微企业也很难获得，例如地方对于行业的补贴政策等。其次在企业竞争力方面，大部分中小微企业的产品缺乏核心竞争力，可替代性强；中小微企业一般处于商业生物链的低层，产品缺乏创新和创造的专项资金，因此其产品附加值较低，进一步削弱了企业的竞争力。

2.1.3 金融机构因素

银行在我国金融体系中占据主导地位，因为受政策的影响且出于对资产质量和风险收益的考虑，银行对于中小微企业支持的积极性并不高；由于国家长期不重视中小金融机构的发展，未能形成健全的中小金融机构的监督机制，使得中小微企业缺乏一个稳定而开放的金融服务环境；虽然商业银行成了中小微企业融资的主要渠道，但是这些金融机构的资金实力并不能满足中小微企业的融资需求，最终还是制约着中小微企业的发展。

2.1.4 融资方式因素

中小微企业信用担保体系不完善，能够为中小微企业提供贷款担保的机构稀缺，在操作层面能够担保的品种又过于单一，使得企业寻保困难。

企业的外部融资主要是股权融资和债券融资。从股权融资来看，上市门槛过高，使得大部分的中小微企业无法通过该方式得到资金；从债券融资来看，中国的债券市场还处于初级阶段，其规模远落后于股市和银行信贷的发展，而中小微企业往往达不到债券的发行额度要求，因此几乎没有中小微企业通过债券融资获得资金。

2.1.5 自身因素点

中小微企业综合素质较低，信用状况一般：中小企业大多为私营企业或合伙企业，管理水平落后，经营风险大，信用观念差，财务制度不健全，信息不透明，企业的技术创新能力较弱，缺乏核心竞争力，市场风险高，使得金融机构不能把握中小企业的贷款风险，放贷风险较高。

中小微企业普遍缺乏担保物：对于银行等金融机构来说，普遍青睐不动产抵押物，而中小微企业拥有较少的不动产，即使拥有不动产，也受制于这些不动产的价值，虽然固定资产和应收账款等也可以成为融资的抵押物，但是金融机构通过此类抵押物的授信很难满足中小微企业的实际需求。

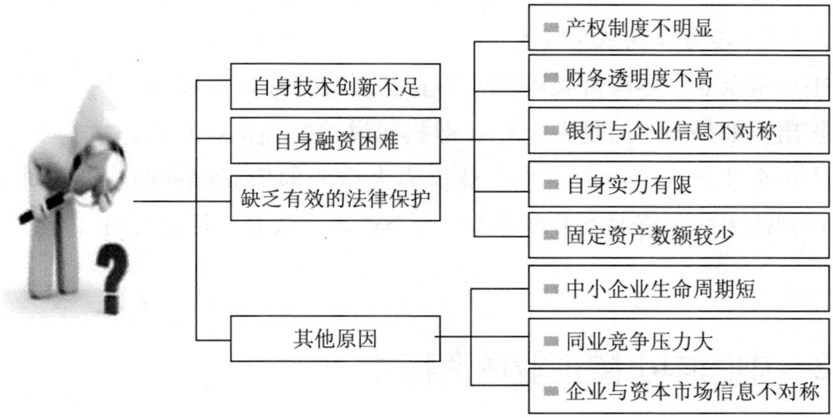

图1　中小微企业融资困难的自身因素

2.2　中小微授信的难点

2.2.1　担保物及抵押物不足

目前银行系的贷款，一般需要超额至少足额的不动产抵押物，但中小微企业，面对激烈的市场竞争，资金都优先用于生产相关的安排。同时，由于下游企业的强势，形成大量的应收账款，积压大量的周转金，这部分资金如果周转时间较长，但银行又无法提供配套授信，所以只能依赖融资租赁公司、保理公司乃至小额贷款公司的资金，以支持企业发展。

2.2.2　财务调查难度大

中小微企业限于管理成本约束，加上管理幅度不大，所以经常缺失完整的财务数据，或者部分数据来源未保留足够的数据和信息，这些信息部分实际控制人采取模糊判断，部分由实际控制人独立掌握。

而且信息的缺失并不是单点的缺失，而是多点的缺失。单点的缺失可以由其他信息还原或推理产生，但多点的缺失，会产生多种原因构成的可能，使得财务信息的模糊性变大。

加上中小微企业自身对信息保密的需求，配合度的缺失，使得财务信息的模糊性又变大。

2.2.3 调查成本高

调查的模糊性越大，需要确定时，投入的时间和人力就越多。但中小微企业本身单件产品金额低，市场竞争带来利润更低从而限制融资成本，结合起来，金融机构从可持续成长合作做出合理定价出发，盈利空间收窄。

2.2.4 本身业绩波动性大

中小微企业，本身规模不大，若直接对应终端，市场波动时，容易被大企业挤出。如果面对的是大企业（即我们说的核心企业）时，大企业的波动会在中小企业放大，因为中小企业作为大企业的配套服务商，议价能力弱，份额谈判能力弱，再加上融资成本比大企业高，从而面临更大的风险。

3 中国中小微企业融资租赁

中国融资租赁市场巨大，经过 2005 年放开外资对租赁公司的设立标准，和 2010 年后的行业快速发展，目前国内已经超过 13000 多家融资租赁公司，存量的资产规模已过 6 万亿，租赁公司已成为主流金融机构有效的补充。但是大部分由于股东、市场、团队等的问题，延续了主流金融机构的风控及投放标准，投放资产规模明显低于中小微企业的需求量和中小微企业对经济的贡献度。

但在行业经历快速的粗放式发展后，面对以上种种难题，租赁公司业务转型在即。目前主要融资租赁公司高度同质化，业务投放领域扎堆国企、医疗、教育、政府平台、上市公司、汽车租赁，导致客群下沉、风险积聚、竞争白热化，鉴于此，中小微企业是一个合适的业务出口进而实现业务多元化开拓。

3.1 市场的价值分析

中小微租赁市场的选取理由包括市场存量大、交易对价高、政策有保障等。

市场存量大：中小微企业占国内企业总数的 99%，因此中小微租赁市场存量大，但是做中小微企业的融资业务，必须要有基础的量来满足公司业务的发展，团队除了自身应具备多年的中小微企业融资租赁经验，还应在当地有着天然的客户基础。

交易对价高：中小微客户群体基本缺乏融资渠道，也相对缺乏对称的金融服务信息，在条件不对等的情况下，可以获取较好的融资租赁收益。

政策有保障：服务的客户都是国家和政府一直在强调的需要为其提供更多更好金融服务的中小实体经济，并不断为其出台金融服务及税收优惠政策，且他人进入有一定壁垒。

中小微租赁市场对融资租赁公司的意义包括有实体基础，风险可控制，竞争差异化，盈利有保障，整合产业链，规模化经济等。

有实体基础：融资租赁，服务的客户以实体企业为主，实体企业是国家经济发展的命脉。

风险可控制：有量的配合，标的物有残值保障，区域分散，行业分散，加上公司内部组织管理的岗位轮调制度，配合商务（风控标准）条件的执行，可以做到很好的风险覆盖。

竞争差异化：中小企租赁市场存量业务投放规模 500 多亿元，占市场总容量 0. 1%，而按照艾瑞咨询数据，中国小微企业最终产品和服务价值占 GDP 的比例约 60%、纳税占国家税收总额的比例约 50%，而 2017 年末中国金融机构小微企业贷款余额占企业贷款余额的比例约 37. 8%，金融机构对小微企业的贷款支持力度与小微企业的经济贡献有较大差距。

盈利有保障：融资租赁的市场利率一般高于银行贷款利率，可以获得更高的利差，在合适的风险控制操作模型下，从而获得更多利润，进而增强风险抵御能力。

整合产业链：融资租赁，以设备为基础，无论是服务业企业，还是制造业企业，其上下游中大多包含有设备的公司，通过融资租赁，还能协助上下游资金融通，资源共享，共同发展。

规模化经济：随着租赁忠实客户的增加和培养，可以开发原物料贸易融资、设备保险服务、应收账款保理、汽车融资租赁、办公家具租赁、股权风险投资等。对客户维护管理，挖掘其他潜在价值，提高客户的黏性，提高租赁公司的单位产值，同时降低租赁公司整体风险。当客户群体增长一定量级，就会形成以实体企业金融服务的综合性资产管理平台。

3.2 市场的需求分析

中小微融资租赁，拥有庞大客户群，中国中小微企业数量超过5000万家，占国内企业数99%，有超大市场容量，远超过其他细分市场。

中小微企业的融资需求来源是多方面的，中小微企业组建基本以个人出资为主，因此自身资金实力普遍较薄弱，其中需求角度举例如下：

3.2.1 公司固定资产投资融资需求

公司在投资固定资产时，往往伴随着大额资金支出，此时以公司现有资金实力难以支应，故需寻求融资。中小微企业固定资产投资主要包括购买土地或厂房、新建厂房、设备投入、设备技术改造等。

3.2.2 公司生产发展

中小微企业往往处于充分竞争市场，公司为了在激烈市场竞争中获得一席之地，在生产发展过程中需要不断创造创新，迎合市场开拓新产品；同时，大部分中小微企业为了更多的获取市场份额赚取更多的利润，在生产发展过程中不断地扩大企业规模，以求获得规模效应。

公司在创造创新、开拓新产品的过程中，需要企业持续的投入，且投资收益通常难以预估，因此在投资过程中伴随着资金短缺，此时企业通常有融资需求。

公司在扩大企业规模时，生产所需周转金增加，各项费用相应增加，因此企业占用资金增加，此时以企业原有资金往往难以应对，因此也会出现资金需求。

3.2.3 股东个人融资需求

中小微企业存在一个特点，股东和企业往往是一个整体，相互之间资金往来密切，企业和个人资金难以分割，通常会存在股东资金紧张连带公司资金紧张，因此企业融资需求可能来自股东个人融资需求。

股东融资需求一是个人消费，例如购买个人房产、购置新车等；二是个人投资，例如投资股票期货外汇市场，参与市场投机、民间借贷等。

3.2.4 突发事件融资需求

市场风雨变幻，对于中小微企业而言，经常会遇到一些无法预测的突发事件，而事件的发生又造成资金需求。例如内外部环境突变（股东退股、遭遇不可预测的灾难）、短期资金需求（员工赔偿等其他纠纷资金支出）。

同时，因为前述中小微企业自身担保物及抵押物不足，财务调查难度大，调查成本高，业绩波动性大的特点，传统的银行难以授信，就成为融资租赁发展的市场空间。

按照艾瑞咨询数据（《中国小微企业融资研究报告》），通过中国人民银行、中国银行保险监督管理委员会数据，银行业金融机构的小微企业 2017 年末实际贷款余额 307437 亿元人民币，而小微企业贷款余额空间 754101 亿元人民币，余额空间约为实际贷款余额的 2.45 倍。这部分空间也是中小微融资租赁发展的空间。

3.3 市场的供给分析

面向中小微企业的融资租赁公司，以往以台资公司为主，仲利国际租赁有限公司、台骏国际租赁有限公司等是其中的代表公司。近年，内资融资租赁公司开始在市场活跃，活跃的租赁公司包括：远东国际租赁有限公司、海通恒信国际租赁有限公司、平安国际融资租赁有限公司、富银融资租赁（深圳）股份有限公司、仲利国际租赁有限公司、台骏国际租赁有限公司、一银国际租赁有限公司、国旺国际融资租赁有限公司、和运国际租赁有限公司、台新融资租赁（中国）有限公司、裕融租赁（苏州）有限公司、欧力士融资租赁（中国）有限公司、欧力士科技租赁（天津）有限公司、深圳市朗华融资租赁有限公司、康业融资租赁（深圳）有限公司、新光租赁（苏州）有限公司、紫元（深圳）国际融资租赁有限公司、广东宏泰融资租赁有限公司、百业中兴（泉州）融资租赁有限公司、创信（厦门）融资租赁有限公司、中睿智慧融资租赁（深圳）有限公司、厦门星原融资租赁有限公司、深圳市前海瑞泰融资租赁有限公司、德益齐租赁（中国）有限公司、广东中信融资租赁有限公司等。

据公开的资料显示，截至目前融资租赁公司每年投放给中小微企业的资金额度不超过 2000 亿元，在未来还将会有很大的发展空间。

3.3.1 广东举例

目前广东中小企业数量已超过 700 万家，占市场主体比重达 99.7%。中小微企业对广东经济增长的贡献率超过 50%，吸纳新增就业岗位超过 80%，全省 60% 以上的发明专利、70% 以上的技术创新成果、80% 以上的新产品，都是由中小微企业完成的。

根据《2018年广东制造业500强企业研究报告》，深圳的上榜企业数量最多，达到143家；其次是佛山，达到109家；最后是广州，为96家；粤港澳大湾区上榜的500强企业占比达到465家，占比93%。整体来看，一共有56家企业的营收超百亿元，其中有9家企业的营收超千亿元。从行业来看，计算机、通信和其他电子设备制造业，电气机械和器材制造业2个大行业仍然是500强主要所属行业，合计数量达204家，占比41%。

以排名前十大的企业来看其2018年营业收入总额约2.3万亿元，而中小微企业营业额平均在3000万~4000万元/年，对此可带动的企业约8万余家，而500强企业能够拉动的中小微企业就达到数十万家，以目前市场上专做中小微企业客户的某知名的租赁公司为例，2018年在广东地区的放款总额约10个亿，每个客户平均放款额约200万元，按此来算合作的中小微企业客户才500余家。由此可见，中小微客户还有待进一步的开发挖掘，仍旧是一片蓝海。

主要的融资租赁公司，在广东地区面对中小微的放款额估计不足100亿元（平安租赁约30亿元，仲利国际约20亿元，台骏约15亿元，海通恒信约10亿元）。

表2　广东融资租赁业务情况

项目	在广东据点	其中小微事业部 估计在广东年放款额/亿元	主要业务
平安租赁	深圳、广州	30	直租为主
仲利国际	广州南、广州北、东莞、深圳	20	回租为主
台骏	佛山、东莞	15	回租和贸易
海通恒信	深圳、广州	10	直租为主

3.3.2　重点公司举例

（1）仲利租赁。

仲利国际租赁有限公司成立于2005年，总部设立于上海，为台湾租赁业龙头中租控股公司100%投资。公司借助母公司42年的技术经验，迅速扩展，现有46个营销网点及8个专业金融服务事业部。仲利国际另设两家子公司——仲利国际贸易（上海）有限公司和仲津国际租赁有限公司，业务遍布全国。成立14年来，累计业务投放额逾900亿元人民币，服务企业逾两万家，为促进产业发展做出积极贡献。

大部分投放都在中小企业，虽然，年投放量有投入160亿元，但每单实际投放金额不到200万元，平均单个客户的投放也不到300万元。

仲利租赁，目前已经有46个营销网点，每年还在不断增长。

通过小额策略，不但降低了单个客户信用风险对公司的影响，也通过分散行业、终端分散，做到了强周期与弱周期的搭配。

特别地，目前在主力融资租赁公司中，平安租赁、海通恒信租赁、远东租赁的都以直租为主，只有仲利租赁，以回租为主。

（2）平安租赁。

平安国际融资租赁有限公司成立于2012年9月，注册地为上海自贸试验区，是平安集团的全资子公司，注册资本金为122.11亿元，法定代表人方蔚豪。

目前，公司租赁业务主要涉及九个板块，分别为健康卫生、公共事业、能源及其他、教育文化、基础建设、机械加工、印刷造纸纺织、信息电子和重型卡车。宽广的行业投放，使公司具有优质、多源的资产形成能力，一定程度上避免了行业投放过度集中导致的系统性风险。

平安租赁的小微租赁事业部，成立于2013年，关注小微企业金融生态，主要为全国加工制造产值在5000万元以内、拥有2年以上成功经营经验的各类小微企业提供专业小额租赁服务，通过直接融资租赁、售后回租、委托贷款等方式展开相关经营活动。

小微租赁事业部大约400人，占平安租赁的1/6。

目前平安租赁小微事业部致力服务于小微企业，提供一整套金融服务方案，通过融资租赁业务满足小微企业经营资金需求。平安租赁小微事业部的客户定位主要是针对设备融资需求在30万元到500万元的中小民营制造业企业，采用中央风控加属地拓展跟踪的虚拟门店模式。风控方面，平安租赁小微事业部采用信贷工厂的模式，“信贷工厂”模式是指在进行中小企业授信业务管理时，通过设计标准化的产品和流程，从前期接触客户开始，到授信的调查、审查、审批，贷款的发放，贷后维护、管理以及贷款的回收等工作，均采取流水线作业、标准化管理。通过标准化和批量化操作，以便适应小微企业融资客户“短、频、急”的需求，同时又能使得企业在控制风险的前提下有效降低运作成本。

平安租赁的信贷工厂主要包括信审车间、商务车间、资产车间、数据车间四大车间，分别针对信用风险、商务风险、租赁物件风险和大数据风控等方面来保障资产安全和高效运营。信用风险又称为交易对方风险或履约风险，指交易对方不履行到期债务的风险，信贷车间主要关注承租人本身和其股东个人的财务情况和信用状况。商务风险主要针对租赁物件交易过程的真实性、合理性的判断，及针对交易行为的环境可能的对租赁产生的潜在风险，参与环境可能包括设备的运输、安装、勘查。资产车间主要关注于租赁物件本身，包括租赁物件的回收价值、可处置性等方面。

具体审批流程方面，在信贷车间内会有四道工序，分别为：反欺诈、信用审查、财务审查、征信审查，分别从交易模式、企业的财务情况和信用状况及企业主的信用情况等方面履行风险审查和准入审批。

贷后管理方面，小微事业部会从资金监控、资产预警和出险处置等角度来进行监测管理。租金监控方面，包括提前预计每天的应收租金及笔数、检视租金的核销与否、每周至少2次发送租金日报给前线客户经理进行提醒、在基层管理单元的周会上逐笔核对员工管理客户的还款情况、统计每月资产团队出具的租金管理月报等。资产预警方面，一旦出现严重逾期、重大事件，则会发起资产预警，并由资产团队判断最新的资产等级，采取不同的应对措施。出险处置方面，对于涉及出险的项目业务团队需复盘出险原因，并联合前线、信审、资产团队联合讨论方案，合理的通过内部处置或委外处置的方式管理和回收。

小微事业部租赁业务自成立起至今呈快速增长态势，2017年较2016年资产余额增长了2.54倍，2018年继续保持高速增长模式，2018年9月末资产余额较2017年末增长58.51%。

表3　小微事业部租赁业务情况

基本情况	2018年9月	2017年末	2016年末	2015年末
小微事业部资产余额/万元	573941	362079	142307	32898
不良率/%	0.95	0.74	0.86	1.00
租金回收率/%	98.23	97.05	97.48	98.09
逾期30～60天/%	0.11	0.28	0.23	0.30

另外，平安租赁在业内率先提出“创新租赁2.0”概念，深耕个人消费

租赁、经营性租赁、租赁 + 互联网、产业运营四大方向。通过创新实践，目前已延展出小微租赁、健康（检测）中心等 7 大创新业务线。

小微租赁依托线上线下模式，实现 1.5 小时快速审批，极速服务小微企业。通过“客户在线”“员工在线”和“资源在线”三个方向的 App 深化互联网布局，率先跨入移动互联时代。

（3）海通恒信。

海通恒信总部设在上海，业务领域涵盖工业装备、交通物流、公共服务、建筑建设、医疗健康等诸多领域。在坚持发展传统融资租赁业务的同时，结合资本市场特点，将融资租赁业务与资本市场充分结合，与关联公司一起，成功提供“投资银行 + 直接投资 + 融资租赁”的综合金融服务，体现集团化的经营优势，在保障资产质量的前提下，实现了业务的快速发展。公司还充分运用互联网手段，率先在业内推出了恒运宝、运通保等在线产品，以快捷的操作体验获得了良好的市场反馈。截至 2017 年底，海通恒信注册资本 70 亿元人民币，员工人数超千人，客户累计超万家，业务遍布全国 400 多个城市及中国香港、瑞士、爱尔兰、韩国、菲律宾、墨西哥等境外及中国特区租赁市场，已成长为一家独具特色、业内领先的融资租赁公司之一。

海通恒信，定义的“小微企业”，指年收益为人民币 100 百万元或以下，与公司所订任何单一合约的净融资额不超过人民币五百万元的企业。

小微企业，是海通恒信明显的增长点。通过多年布局，其已经在小微企业及个人客户业务领域累积了强大实力和实现了规模效应。

2016 年 12 月 31 日至 2018 年 12 月 31 日小微企业及个人客户数量从62642 人增长到 254718 人，实现了 101.6% 的复合年均增长率。小微企业及个人客户业务的生息资产规模从 2016 年 12 月 31 日的人民币 8319.9 百万元增长到 2018 年 12 月 31 日的人民币 28313.2 百万元，实现了 84.5% 的复合年均增长率。收入从 2016 年的人民币 570.2 百万元增长到 2018 年的人民币 2032.1 百万元，实现了 88.8% 的复合年均增长率。

海通恒信持续优化小微企业及个人客户业务的风险控制及运营能力、信审评估思路，制定出台了包括个人授信政策、在线保理打分卡、小微口腔医疗客户打分卡等在内的创新、高效的信审评估方式。截至 2016 年、2017 年及 2018 年 12 月 31 日，小微企业及个人客户业务的生息资产不良资产率分别为 1.38%、0.97% 及 1.02%。

（4）远东宏信。

远东宏信有限公司，秉承“金融 + 产业”的经营理念，致力于通过不断创新产品与服务为客户提供量身定制的产业综合运营服务，为实现“汇聚全球资源、助力中国产业”的企业愿景努力前行。十多年来，公司引领行业发展潮流，已进入《财富》中国 500 强、《福布斯》全球企业 2000 强名单。

成立 20 多年来，远东宏信已由一家单一金融服务机构逐步发展成为立足中国、放眼全球，致力于推动国民经济及社会可持续发展的产业综合运营服务机构。在医疗、教育、建设、交通、包装、工业装备、电子信息、城市公用事业等多个基础领域开展金融、投资、贸易、咨询、工程等一体化产业运营服务，创造性地将产业资本和金融资本融为一体，形成了具有自身特色的以资源组织能力和资源增值能力相互匹配、协调发展为特征的企业运作优势。

公司总部设在香港，于上海和天津设业务运营中心，并在北京、沈阳、济南、郑州、武汉、成都、重庆、长沙、深圳、西安、哈尔滨、厦门、昆明、合肥、南宁、乌鲁木齐等多个中心城市设立办事机构，形成了辐射全国的客户服务网络。在海内外设立了金融服务、产业投资、医院投资及运营、设备运营服务、高端教育、贸易经纪、管理咨询、工程服务等多个专业化的经营平台。

远东宏信是深具竞争优势的医疗融资租赁行业龙头企业，是最早聚焦医疗行业，专注三、四、五线城市布局，深度下沉，在基层市场有深厚资源壁垒。目前远东宏信已有服务 2 万家产业客户的基础，超过 200 条销售渠道，截至 2018 年 6 月 30 日医疗性资产余额 410.23 亿元，市场份额超 36%。公司融资渠道多元化程度高，业务成本可控，已与 200 多家金融机构建立联系，包括银行、证券、保险、信托等。境内评级 AAA，境外评级 BBB -，资质良好，能够境外发行债券融资确保公司资金成本低于同行、净息差高于同行。同时公司利用资产证券化提高资金利用率，是国内资产证券化产品发行成熟度高、活跃且存量规模较大的融资租赁公司。“金融 + 产业”协同化布局促使远东宏信强者更强。

“金融 + 产业”是公司顺应发展趋势打造的特色战略。公司在初期开展租赁业务的同时不断积累行业资源与经验，租赁业务进入平稳期后，客户不仅仅满足于融资租赁，逐渐衍生出行业需求，以帮助提升竞争力和效率。因此，远东宏信基于行业专业性和在上下游产业链的强大控制力，打造出“金融服务—咨询服务—资本投资运营服务”的一体化服务模式。从金融衍生出产业，且产业运营获得的客户黏性反哺于金融服务。在“金融+产业”的模式下，远东宏信已经不仅仅是传统的租赁公司，衍生出了医疗集团、教育集团等，目前远东宏信拥有16000张可开放床位，已经是“民营医院第一大”。(《华创证券》资料)

远东宏信从2018年开始，筹备建设小微事业部，2019年底正式成立“远东宏信普惠融资租赁（天津）有限公司”，预计2020年平安租赁、海通恒信租赁、远东租赁，将瓜分中小微直租市场50%以上份额。

3.4 中小微客户与租赁公司之间的相互影响

融资租赁行业，最早源于实体经济，同时服务实体经济。其特征就是融资和融物相结合。因此，发展融资租赁，一方面是发展金融，另一方面也是发展实体经济。完善的融资租赁市场，特别是针对中小企业的融资租赁，因为拓宽了其融资能力，一定也会增加其活力，从而激活整体GDP。

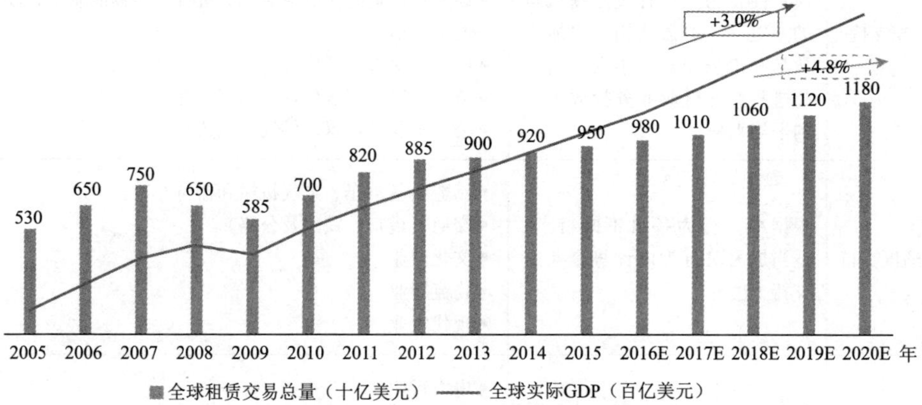

数据来源：Oxford Economics Global Economic Database；罗兰贝格。

图2 全球租赁市场交易额和GDP正比相关

4 中小微企业融资租赁操作

4.1 业务定位

4.1.1 扎根核心区域

区域是核心初选标准，筛选特定区域的客户。优先选择区域是团队之前精耕区域，客户群体厚实，产业状况清楚，风险状况可控，资产管理半径合理。

典型例子：广东××金控，主要服务某市实体企业，该市企业GDP过万亿，有充足的客户基础。因为业务半径小，既降低了开拓中的管销费用，也缩短了沟通和决策时间，成为企业的竞争力，所以初期成长迅速，风险可控。

4.1.2 挖掘核心产业

围绕着特定产业生产类客户开展业务。一般优先选择客户存量大，市场增长稳定，符合国家去库存、调结构、高获利的引导政策的行业，并在行业中优选其中的技改和产业升级项目。

下面是海通恒信在招股书中披露的行业选择的分类：

类别	描述	细分行业举例
先支持	该类别包括符合国家“十三五”规划及供给侧改革方向的成长性行为。在有效控制风险的前提下，加强营销，增加投放量和市场份额，年投放增幅超过我们各行业业务投放增幅的平均水平	•新一代信息技术（IDC数据中心） •教育 •高端装备制造（航空航天、机器人與智能制造、新能源汽车） •医疗（医院及药房） •节能环保（污水处理、固废处理） •公用事业（供水、供气、供热）
适度支持	根据细分行为各自不同特点，适当加大对行为内优势企业的支持力度	•制造业（汽车、电气机械和器材） •交通（港口、铁路及公路） •文化产业 •物流行业 •现代农业
审慎介入	在有效控制风险的前提下，有选择地慎重支持	•电力行业 •其他传统制造业（纺织和造纸） •房地产
压缩禁止	行为整体风险非常大，禁止进入此类行业企业的任何新业务	•严重产能过剩行业（钢铁及煤炭）

典型例子：深圳××租赁，主要从事印刷包装行业企业的融资租赁业务，服务全国范围，近年印刷包装的收益占总收益的85%以上。因为深耕印刷包装行业，所以熟悉该行业主要供应商和大型企业，既降低了业务开发成本，也通过实际操作掌握了产业的平均数据，容易分辨出申请人的优劣。

表 4　深圳××租赁 2015—2017 年收益明细

收益	截至 12 月 31 日					
	2015 年		2016 年		2017 年	
印刷	10825	99.9	27235	92.0	44269	85.0
物流	77	0.7	2366	8.0	7791	15.0
小计	10902	100.0	29601	100.0	52060	100.0
销售关税项	(95)		(55)		—	
扣除销售相关税项后的收益	10807		29546		52060	

4.1.3　依托专业团队

中小微企业融资租赁公司的团队人员，需要具有实际业务的丰富经验，同时建立适合中小微租赁的管理制度，并与时俱进地调整。人才和制度会打下稳定的基础，也做了很好的人才和智力支持。台资融资租赁公司和国内的优秀融资租赁公司培养了大量的在地人才，而且在地人才都是精耕区域的。他们对于区域产业和产品是相当熟悉的，只是相对 30 年前台资港资进入大陆的工厂而言，租赁作为金融行业，有相当的信息、人才的不对称性。

4.1.4　区域＋产业＋团队

如果只深耕一个行业，会有行业风险，例如可能因为阶段性的产能过剩而造成整个公司的资产质量下降；同样，以区域为核心，也会因为地区竞争力的变化或政府政策因素而面临资产质量的波动。只有同时做到区域与产业并重，跨区域跨产业经营才能有效降低这些波动，而且在业务上不受地区和产业天花板的限制。但也因为跨度大，管理的难度就更大，这时更凸显团队和经验的价值。

仲利国际、平安国际和海通恒信等一流融资租赁公司，已经做到了三者的结合，在核心区域做好核心产业，同时通过在地化经营，形成人才梯队。

例如，在深圳区域，原来的核心产业包括玩具和线路板，随着人力成本的上升和环保建设的要求，这两个产业陆续往内地迁移。这时深圳的智能制造兴起，就开始布局深圳区域新的核心产业，与此同时将原来从事玩具和线路板的经验又传授给内陆的分公司，协助其把握行业的基本知识，作为授信指导，同步实现核心区域内核心产业的转换和核心产业在区域间的转换。

4.2 操作特点

在操作中，针对中小微企业财务信息透明度低，受终端影响大的特点，会更加注重业务和风控分工设计以及产业研究。

所有的融资租赁公司都会分开设置业务部和风控部，风控部需要对业务部提出的授信申请项目进行审核。但每个公司对业务和风控的分工都有差异。目前市场主流的风控流程主要有两种，一种是风控主导，例如仲利租赁、广东中信租赁等；一种是业务主导，例如平安小微、恒信小微等。两种风控流程最大的差异在于风险主导权，第一种风控主导，风控需要现场调研，风险报告主要由风控部门完成；第二种业务主导，现场尽调主要是业务主导，风险报告主要由业务部门完成。目前两种模式在市场运作中均经过市场检验，具有可行性。

两种模式各有优点和缺点，如下：

表5 风控主导与业务主导模式的优缺点

模式	风控主导	业务主导
优点	1. 独立审核，降低道德风险机会； 2. 开发与审核分工，提高专业度； 3. 个案审核形成的现场经验，带来区域和产业经济更全面深入的了解，更容易形成产业研究	1. 全程审核，尽可能全面了解客户； 2. 组织结构更简单，便于管理； 3. 优秀员工的综合能力更加突出； 4. 责任明确，强化经办人员的责任意识； 5. 操作效率高
缺点	1. 基层组织机构人员多，管理难度大； 2. 局限于自己工作范畴，缺乏大局观	1. 员工道德风险机会增加； 2. 业绩和风险的选择，容易受业务员主观意识的影响； 3. 效率相对于分工，时效性较差； 4. 对员工的能力要求更高

另外，以仲利国际为例，为了配合小额业务要求决策快的特点，仲利设计了不同金额不同权限主管的制度，例如当地分公司的负责人有约300万元的决策权，而区域副总负责人有约600万元的权限，总经理有约1400万元的权限，1600万以上项目则需要通过董事会讨论，一般分公司的负责人多有10年以上从业经验。在权限上，也是充分尊重风控意见，例如，风控认为不能承做的项目，则承做业务只能申请金额的6~7成，同时需要增加保证金，再例如，分公司风控总监可以审批的额度，会高于分公司业务总监。

对产业链和产业群的结合，也有利于降低信息的不对称程度。

一方面，受限资金来源的成本和规模，也受限投放的利率承受能力，融资金额较大，如果像小额贷款一样以高利率覆盖高风险，客户群无法承受，所以业务上注定要寻找更少收益率又风险可控的资产，在这样的原动力下，融资租赁公司需要聚焦产业链；另一方面，融资租赁经常是三方交易，这样有利于融资中降低信息的不对称，这也是融资租赁的比较优势。

因为对产业熟悉，就能对新投资的预算及预期收益有更客观的评价，从而降低这两者作为承租人信用风险因子出现的概率。

对产业链和产业群的调查，主要是建立在主要地区和主要行业的行业研究报告，并定期更新。研究报告，需要根据地区和行业最新的统计数据及调研数据，制定分析方法和数学模型，进行定量分析，再结合影响行情变动的因素，不同情况下个体经营的差异，做出定性分析，根据定量和定性分析做出对研究地区或产业的现状评估和未来市场变动的预测，并能根据产业数据辨识产业内各企业的资质。

表6　研究报告内容

地区研究报告	行业研究报告
1. 主要总体经济指标 2. 重点产业与产值 3. 市场渗透率现况分析 4. 重点产业的议题讨论 5. 参考资料	1. 产业基本情况介绍 2. 行业的生产工艺 3. 产业链分析 4. 财务分析 5. 行业风险风向指标 6. 行业在地化分析 7. 产业发展预估 8. 参考资料

5　中小微租赁的未来

5.1　针对中小微可开发的产品

因为中小微企业的金融供应普遍不足，适合其他金融联动开发。

无论直租还是回租，都是针对固定资产的融资，企业固定资产的更新周期一般在3~5年，部分行业例如印刷行业，使用进口设备的，甚至在10~15

年。单纯的融资租赁业务无法满足企业应对变化迅速市场的需求，所以很多融资租赁公司，例如仲利国际租赁、广东中信融资租赁，都推出了针对原材料的融资服务作为配套。

与传统供应链公司的区别点在于，传统供应链公司的风控要点在于深度参与到供应链中，而融资租赁公司的风控要点是通过融资租赁业务掌握企业及相关上下游企业的信息，进而能对企业乃及产业链有充分的判断能力。

同时，中小微企业的金融服务普遍直接与高净值人士关联，适合其他非金融产品的二次开发。

中小微企业的金融服务一般都会与实际控制人获得深入接触，一是供应不足又需求强烈，所以由实际控制人负责统筹，二是在中小微企业的生存和发展中实际控制人作为变量影响较大，所以一般金融机构要求与实际控制人进行访谈调研。

中小企业，以拥有 3000 万元收入为例，其利润和可支配资金量已经符合高净值人群的标准。而且是典型的高净值人群——他们中的多数人都是白手起家，凭借自身勤劳与智慧，一步一步打拼“赢天下”。他们不断努力让个人财富保值增值、让个人或者家族的企业发展壮大，因而有着强烈的投融资需求；而在财富不断增值的过程中，他们又居安思危，希望能在分散资金风险、跨境资产配置、移民、财富传承等方面获得专业的帮助。

5.2 科技改变未来 场景创造需求

直租，特别是小金额直租的部分，未来会向消费金融模式转变。这不但符合收益成本的管理，也符合风险控制的要求。

这个模式下，资金供给方（融资租赁公司）、场景方（提供消费场景的标的物销售方）、用户（标的物使用人）组成系统。资金供给方关注收益与安全，场景方关注收入提升，需求方关注成本和便利性。

消费金融，一方面为资金方提供形成资产的服务，另一方面帮作为场景方的传统商户添加金融维度，提升营业额，场景方作为联结点，需要利用自己的技术优势和商业模式，调和资金方和用户的先天矛盾，实现双方利益最大化，进而实现自己的价值。

技术优势，包括了目前流行的大数据、人工智能、云计算和分布式账簿技术等。也即在系统中的产品，不只是金融工具和获取工具，还是一个数据采集工具，能够通过不断收集数据去迭代既有的商业模式，如同贝叶斯原理。

在这个系统中，融资租赁公司的收益，包括息差收益、返佣收益（商户业绩提升）、数据利用收益（例如跨界导入、白名单等），而成本还是资金成本、坏账成本与运营成本，这个运营成本也会因为场景的设计产生差异，属于流量入口及流量模式造成的隐形机会成本，需要通过数据采集去迭代优化，原则有两个：一是单位流量的流入成本和调查成本较低，二是收益来源多元化和利用潜力。

科技租赁发展探析

——融资租赁支持科技及新经济公司的新模式

杨鹏艳　任白冰　任彦浩①

历经三十余年发展后，融资租赁行业面临着中国经济进入高质量发展新常态的大变革，需要以服务实体经济作为出发点和落脚点，全面提升服务效能，把更多资源配置到产业变革的重点领域和薄弱环节，更好满足创新主体多元化的金融需求。本文以中关村科技租赁的实践为基础，从成长与安全分析维度构建了租赁产品、风险管理及服务体系，提出了科技租赁发展模式，旨在为融资租赁发展赋予新内涵，提供新思路。

1　融资租赁支持科技及新经济公司的重要意义

1.1　探索融资租赁发展新路径

融资租赁行业仍处于增长期，专业化与特色化发展趋势明显，市场集中度有望进一步提升。行业监管新政鼓励地方政府加大政策扶持力度，引导融资租赁行业更好地服务实体经济。融资租赁企业正积极开展前瞻性研究，聚焦产业变革趋势和技术演进规律，探索新的增长模式及市场空间，提升自身创新力和竞争力。

①　中关村科技租赁股份有限公司。

1.2 推动新旧动能加速转换

当前实体经济的发展动能转换至创新驱动，国家大力发展培育新动能。在国家创新驱动战略中，新动能领域涵盖了新一代信息网络技术、健康技术、智能绿色制造技术、生态环保技术、支撑商业模式创新的现代服务技术等十大产业技术体系。加快这些前沿共性通用技术突破，实现传统经济转型和“四新经济”快速发展是推进新旧动能转换的关键所在。近年来，通过弘扬优秀企业家精神及建立激发要素活力的体制机制，新技术、新产业、新业态、新模式“四新经济”呈现了强劲的发展势头，科技及新经济公司也成为最具活力、最具潜力、最具成长性的经济实体，逐渐成为融资租赁企业的业务战略选择。

1.3 满足科技及新经济公司现实需求

科技及新经济公司成长速度快，能提供高附加值的产品和服务。但在创业早期，其商业模式尚未成熟，产品及服务需不断迭代升级，市场对其的接受程度存在不确定性。这些均可能导致企业现金流不稳定，盈利能力有限，从而难以从传统金融机构获得资金支持。此外，科技及新经济公司的主要资产为无形资产，且因生产研发设备技术贬值风险较大，不愿意大规模地购置。即便有部分生产研发设备，也因专属性较强，无法满足传统金融机构对抵押物的要求，融资渠道较为单一狭窄。大多数科技和新经济只能通过风险投资来融资，这不仅过早地稀释了创业团队的股份，而且股权融资的资金规模较小，无法支撑其商业模式的规模复制。因此，科技及新经济公司高成长性、高附加值、高风险、轻资产的“三高一轻”特性，使得其更倾向于采用融资租赁方式。处于初创期或有资本市场融资计划的科技及新经济公司尤为如此。

2 融资租赁服务科技及新经济公司的实践探索

融资租赁公司立足于科技及新经济公司的融资需求，针对这类公司“三高一轻”的特征，对租赁产品进行了大量创新，充分发挥了投资、促销、资产管理功能优势，促使科技及新经济公司加速成长。

2.1 项目租赁：支持高投入或国家重点扶持项目

某危废处理企业，主要从事工业和市政危废项目运营。该企业与国内某大学建立产学研合作，经过多年的研发，在医疗废物处理技术上获得突破，并获得相关部门的认可，被列入国家重点扶持项目。企业急需快速完成项目建设，实现新技术的产业化。

在了解企业的情况和需求后，租赁公司的项目团队首先通过与行业专家沟通，论证了其技术的先进性和产业化的可行性。在项目操作中，发现该项目的设备需求占比仅为一半，其余为土建工程和系统软件。如果采用传统的直接租赁，企业能够获得融资较少。而目前企业的自有资金短缺，无法完成项目建设。项目团队在综合考量项目技术、国家扶持、项目建成后的收益等基础上，最终采用了创新的融资租赁产品——项目租赁，帮助企业实现该危废项目建设。

该项目租赁以整个危废项目为租赁物，把危废项目收益权作为核心增信措施，为企业提供资金，融资总额达到项目总投资的 80%。企业在获得资金支持后，9 个月时间完成项目建设，并顺利投入运营，项目收益稳定，已准备继续合作，采用项目租赁的方式建设下一个危废项目。

2.2 租赁服务：助力科技及新经济公司转型升级

某医疗器械企业，主要从事生产和销售体外诊断产品，主要销售给大型医院。近年来，该企业收入稳步提升的同时，应收账款激增，现金流存在一定的压力，存在资金紧张的状况。

在了解企业需求后，租赁公司对该企业情况进行综合分析，发现造成资金紧张的根源是企业的商业模式。通过调研发现，该企业的技术水平在行业处于领先水平，产品市场需求很大，但受限于资金已经放弃了很多业务。租赁公司决定和该企业深入合作，通过融资租赁改变其商业模式。最终，该企业通过融资租赁向医院投放设备，向医院提供体外诊断服务，从而实现了由卖产品向卖服务的转变。

租赁公司采用租赁服务的形式，不仅使该企业获得了资金，缓解了资金紧张的局面，同时从根本上改变了他的商业模式，即企业通过提供体外诊断服务获得稳定的收入，进而使应收账款也大幅减少，盈利能力增强。

2.3 委托运营：为科技及新经济公司进行提供全生命周期资产管理

某生物质发电运营企业已经拥有3个成熟运营的生物质发电厂，营收稳定。目前该企业计划将已经成熟的运营模式进行规模复制，并在成功复制4个电厂后申报上市。企业希望通过融资租赁获得资金，完成新的生物质发电项目建设。

租赁公司项目团队针对该企业情况深入研究发现，每个生物质电厂建成需要投入资金约1.5亿元。如果该企业后续生物质电厂通过融资租赁获得资金，其完成后续4个电厂建设后负债率将大幅提升。这将影响该企业IPO的估值，同时对该企业项目管理产生很大压力。租赁公司近年来一直关注科技及新经济公司，已经成立了自己的股权基金。最终租赁公司决定采用“租赁+投资+委托运营”模式解决企业资金问题。

租赁公司股权基金与企业合作成立注册资本为5000万元的项目公司（其中公司股权基金占股51%，企业占股49%），以项目租赁的方式将整体项目打包，质押项目公司股权、收益权及应收账款。租赁公司按照正常租赁业务资金成本，给予项目租赁资金1亿元，并结合企业的现金流情况灵活设计还款方式。待项目建成后，租赁公司委托企业运营项目，项目运营收益优先偿还租赁公司租金。租赁公司股权基金在项目公司上市或者被并购后退出，获得投资收益。

租赁公司通过“租赁+投资+委托运营”模式获取债权与股权的双重回报，有可能通过企业IPO获得超额收益。企业通过“租赁+投资+委托运营”模式实现了轻资产运营，快速进行规模复制，有效地缓解了资产管理压力。

上述实践案例，是中关村科技租赁在充分理解科技及新经济公司“三高一轻”特征基础上，为帮助科技及新经济公司快速成长而进行的融资租赁服务模式创新。作为首家科技租赁公司，业界也把这种模式称之为科技租赁模式。

3 发展科技租赁模式的经营策略

科技租赁模式以客户为本，不仅通过创新租赁产品为服务科技及新经济公司提供高效融资租赁解决方案及设备租赁方案，帮助其快速发展壮大，还针对其在融资、管理、人力等方面的经营风险，构建了服务体系和信用评价体系，在提升自身租赁资产安全性的基础上，帮助科技及新经济公司实现可持续性发展。

3.1 搭建“财务顾问＋管理咨询”的定制化特色服务体系

中小科技企业早期发展的重心集中在技术、产品和市场的打磨上，创业者往往也是技术背景，对资本市场缺乏了解。科技租赁公司可以通过与专业机构合作打造财务顾问团队，切入企业融资环节，帮助企业走出融资困境。财务顾问主要在三方面体现作用：一是利用自身在产业领域和金融领域的专业度，帮助企业分析市场上的可比项目、融资阶段、市场行情等，帮助企业发掘自身优势，并用投资人语言更好地表现出来。二是为企业的融资规划提出专业化的建议，例如股债配比、股权融资节奏、公司估值或资金成本等，帮助创业者厘清融资思路。三是发挥团队在金融产品设计、需求理解方面的优势，协同银行、投资机构等提供“投保租贷”一体化的金融服务，使企业在享受一种金融服务的同时，自动享受另一种金融服务，有效增加了科技及新经济公司的融资机会，全面解决企业“融资难融资贵”的问题。

科技及新经济公司大多处于商业模式的探索阶段，在人财物均紧张的约束条件下，缺乏足够动力规范内部管理。因此需针对管理上的痛点焦点问题，灵活采取“理论＋实践”“长期＋短期”方式，在帮助客户提升组织效能，增强内生动力的同时，构建科技租赁生态圈，实现客户协同效应。帮助客户提升组织效能主要有两种方法：一是打造商学院的服务品牌，通过线上与线下结合，举办商学院、训练营等活动，邀请客户实际控制人深度参与，把知识学习与实战应用紧密地结合起来，既提升企业实控人的领导力，又通过决策人面对面的形式，实现高效、精准的沟通交流和资源对接，搭建同行或跨界合作平台。二是通过与专业机构合作，开展管理咨询业务，针对性地帮助企业改进战略与业务模式、组织运营管理、人力资源管理等方面的问题，促进企业经营和管理水平的提高，解决科技及新经济公司“成长的烦恼”。

3.2 构建“主体成长性＋债项安全性”的竞合评价模型

科技及新经济公司“融资难、融资贵”的主要原因，是其轻资产、高风险的特点，很难在传统的信用评价体系中获得较高评级。作为专业服务科技及新经济公司的科技租赁机构，要联通内外部数据，将公司客户资产转化为多维度数据资产，打造一套包含“主体成长性模型”和“债项安全性模型”的科技及新经济公司风险评价体系，有效整合科技租赁机构自身的风险管理经验和内外部数据资源，为反欺诈、内审、预警模型持续迭代优化提供有力支撑，大幅提升运营效率。这不仅能持续推动科技及新经济公司融资业务的稳步增长，还能实现科技租赁企业在风险可控前提下的快速发展。

主体成长性评价模型，是科技租赁以“投行化”的思维代替传统的信贷思维，偏重对科技及新经济公司成长性开展多维度评价的数据模型。模型主要根据行业发展前景、技术创新能力、管理团队素质、公司治理水平、资本市场认可度等多维指标对企业进行综合考量，旨在发现具有较高发展潜力的企业。债项安全性评价模型，是在成长性评价的基础上，搭建涵盖现金流、租赁物、增信措施、客户信用等多指标体系的评价模型，有效判断单个债权项目的风险，旨在保障租赁资产安全性。

4　科技租赁发展趋势及前景展望

科技租赁作为一种新租赁模式，其在服务科技及新经济公司方面有着无可比拟的功能优势。随着科技及新经济公司发展壮大，创新升级也成为科技租赁行业发展的主线。围绕“专业化、投行化、智能化”不断打造科技租赁行业核心能力，科技租赁行业才能更好地服务科技及新经济公司，为国家新旧动能转换和经济高质量发展做出积极贡献。

4.1　专业化是科技租赁的基本战略

科技及新经济公司具有“新技术、新产业、新业态、新模式”的特点，适合走专业化、精细化发展道路。如果科技租赁公司“大撒网”开展业务，一是效率低、无法树立品牌影响力，二是风险识别能力弱，资产质量低。因此，在科技租赁发展的过程中，要逐渐形成专业化的核心业务领域，打造复合型专业化团队，加强租赁服务能力。在行业风险可控的基础上，合理地增加客户的集中度。并根据细分领域特点，不断创新租赁模式以满足客户创新发展需求，打造在细分领域具有竞争力和影响力的科技租赁品牌。与此同时，只有围绕专业化的发展战略，才能在细分领域内沿着产业链上下游深度开发客户，打造细分领域业务协同平台，帮助客户解决在经营、市场、资本等方面的问题，识别和化解租赁资产风险。

4.2 投行化是科技租赁的创新战略

深化金融供给侧改革、金融脱媒和客户需求多元化是大势所趋。在专业化的基础上，以投行思维开展网络化经营是科技租赁创新发展的必由之路。一是投行思维可实现由传统产品竞争向服务解决方案竞争转变，调整收入结构，降低利差依赖度。二是金融脱媒加剧，客户需求呈现多元化，公司可以利用自身产业专业能力和金融专业能力，以投行思维主动参与金融创新。三是公司业务投行化可以增强客户体验，提高客户黏性。投行化将更加注重用户体验，通过全面了解客户融资需求，一对一深入服务，从项目初期介入，一路跟进到项目成功完成，实现客户积累，收益共享和后续业务合作。

科技租赁将融资租赁作为流量入口，以单客价值最大化为目标，结合“租赁 +”的商业模式，从债权、股权、咨询服务多维度挖掘高成长性客户的价值。一方面，可以整合外部机构资源，如政府、银行、券商、投资机构、财务顾问，通过建立优质客户互推互荐机制，与其开展有区别、有侧重的合作，为科技型企业提供综合性金融服务。另一方面，在成熟的条件下，科技租赁公司通过参股等方式，开展财务顾问、投资、资产管理等创新业务，提升自身的核心竞争力，打造新的增长模式。

智能化是科技租赁的升级战略。随着云计算、大数据、人工智能、区块链等新兴技术在金融行业的深入应用，科技对金融的支撑作用得以不断强化。借助金融科技，科技租赁行业对风控技术和业务流程持续创新，极大地推进了运营智能化进程。一方面，智能化战略以“业务流程自动化，专业决策智能化、数据资产产品化”为目标，在精准获客、业务流转、评审决策等多方面植入数字化能力，极大地简化业务流程，丰富风控手段，提高运营效率，降低运营成本。另一方面，智能化打造了以外部数据 + 内部历史数据的大数据风控体系，为科技及新经济公司量身定制了“主体成长性 + 债项安全性”的双维评价模型，使得科技租赁公司在风险可控情况下能够批量化快速处理客户需求，也使得历史积累沉淀的科技型中小企业风控经验能够以企业知识模块化方式进行技术输出。“智能化”战略解决了科技租赁模式规模复制难题，可以为更多的科技及新经济公司提供高效的金融服务。

综上所述，科技租赁以“租赁+”为核心内容，以服务科技及新经济公司为战略定位，以提供高效融资租赁解决方案为基础，以“租赁+投资+服务”为增长模式，以“主体成长+债项安全”进行风险管理的融资租赁发展模式，实实在在地以客户为本，贴近客户、服务客户，很好地服务了科技和新经济的发展，为融资租赁支持中小企业、特别是科技型中小企业探索一条新的道路。

2019 年飞机租赁行业发展分析

郭愈强①

1　飞机租赁业务特点

飞机租赁业务具有以下特点：

第一，飞机具有单体价值大、保值性好、使用时间长、方便移动、登记制度完善、国际公约对债权人的利益进行保障特点，是最适合于开展租赁业务的租赁物。

第二，航空运输企业准入门槛高，且航空运营牌照不易申请，航空运输类企业现金流稳定，风险相对较低，如果做经营租赁，即使企业无法还款，也可以收回飞机再次进行租赁。

第三，飞机租赁目前多以经营租赁为主，经营租赁对资产管理更加严格，更加侧重于从租赁物本身来赚取利润，能够体现租赁公司的专业性。

第四，国家政策支持。国务院办公厅 2013 年印发了《关于加快发展国内飞机租赁产业的意见》，2015 年印发了 68 号文《国务院办公厅关于加快融资租赁业发展的指导意见》和 69 号文《国务院办公厅关于促进金融租赁行业健康发展的指导意见》，都提到了要鼓励支持飞机租赁产业发展；财政部、海关总署和国家税务总局 2014 年联合发布《关于租赁企业进口飞机有关税收政策的通知》，使租赁公司可以享受航空公司引进飞机的税收条件，飞机租赁产业发展的政策环境日益完善。

---

①　中原航空融资租赁股份有限公司副总经理。

第五，专业性强。飞机租赁其业务流程、操作模式、文本合同等都有别于传统的融资租赁业务，对从业人员的要求很高，需要具备航空背景、国际贸易、金融、法律、保险、税务等专业知识，且由于合同文本基本都是英文，也需要有扎实的英文听说读写能力。

2013 年国务院办公厅印发了《关于加快飞机租赁业发展的意见》（国办发〔2013〕108 号），指出飞机租赁作为支撑航空业发展的生产性服务业，是航空制造、运输、通用航空及金融业的重要关联产业。加快发展飞机租赁业有利于扩大机队规模，提升航空服务能力和国家综合应急能力，有利于优化金融资源配置，促进金融业务多元化和国际收支平衡，具有重要的现实意义和深远的战略意义，该意见也制定了我国发展飞机租赁产业“三步走”战略，即：

2015 年前，立足国情，尊重市场规律，借鉴国际经验，着力营造有利于飞机租赁业发展的政策环境。

2015—2020 年，进一步优化发展环境，加强政府引导，培育龙头企业。支持飞机租赁企业巩固和扩大国内市场，积极开拓国际市场。

2020—2030 年，打造飞机租赁产业集群。形成若干具有国际竞争力的飞机祖赁企业，使我国成为全球飞机租赁业的重要聚集地。

2 国内主要飞机租赁公司介绍

经过几年的发展，目前国内飞机租赁企业已经有多家跻身于世界前 20 名，提前实现了“三步走”的规划。根据 Flight Global 旗下的 Airline Business 出版的《Finance & Leasing 2019 Special Report》，中国主要租赁公司 2018 年的机队价值总额超过 900 亿美元，比 2017 年增加 100 亿美元。截至 2018 年底，在全世界机队价值排名前 20 名的飞机租赁中，中资租赁公司有 6 家，分别是：第 4 名 Avolon（渤海租赁控股）、第 6 名工银金融租赁有限公司（工商银行控股）、第 8 名中银租赁（BOC Aviation，中国银行控股）、第 11 名交银金融租赁有限责任公司（交通银行控股）、第 12 名国银航空金融租赁有限公司（国家开发银行控股）、第 15 名 Goshawk（香港新创建集团以及周大福控股）、第 19 名中国飞机租赁（光大集团控股）；除上述几家租赁公司之外，还有 7

家中资租赁公司机队价值排名进入了世界前 50，包括：第 26 名招银金融租赁有限公司（招商银行控股）、第 27 名建信金融租赁有限公司（建设银行控股）、第 31 名中航国际租赁（中航工业控股）、第 39 名民生金融租赁股份有限公司（民生银行下属）、第 41 名浦银金融租赁股份有限公司（浦发银行下属）、第 49 名长江租赁（渤海租赁控股）、第 50 名郎业租赁。中资航空租赁公司已经成为世界飞机租赁行业最重要的参与者。

表 1　世界机队价值排名前 50 名租赁公司名单

Total fleet value

2018Rank	2017Rank	Lessor	$ m	Change/%
1	(1)	AerCap	34680	9.5
2	(2)	GECAS	24652	-4.1
3	(4)	BBAM	20916	14.1
4	(3)	Avolon	19426	3.5
5	(5)	SMBC Aviation Capital	16200	2.6
6	(6)	ICBC Leasing	16148	12.7
7	(8)	Air Lease	14796	14.5
8	(7)	BOC Aviation	14620	4.6
9	(9)	DAE Capital	10610	0.0
10	(10)	Aviation Capital Group	9206	24.4
11	(12)	BoComm Leasing	7900	17.8
12	(11)	CDB Aviation Lease Finance	7390	6.1
13	(14)	ORIX Aviation	7308	18.8
14	(15)	Nordic Aviation Capital	6467	8.3
15	(19)	Goshawk	6467	58.2
16	(13)	Jackson Square Aviation	6412	3.5
17	(16)	Aircastle	5782	0.1
18	(22)	Amedeo	5003	77.4
19	(20)	China Aircraft Leasing Company	4642	18.7
20	(17)	Macquarie AirFinance	4635	-6.4
21	(18)	Standard Chartered Aviation Finance	4602	-0.1
22	(21)	Arctic Aviation Assets	3820	21.6
23	(29)	Carlyle Aviation Partners	3488	41.4

续表

2018Rank	2017Rank	Lessor	$ m	Change/%
24	(28)	International Airfinance	2992	20. 8
25	(30)	ALM – Aircraft Leasing &Management	2920	25. 0
26	(24)	CMB Financial Leasing	2855	1. 6
27	(25)	CCB Financial Leasing	2789	–0. 6
28	(23)	Doric	2566	–9. 0
29	(26)	ALAFCO	2495	–6. 9
30	(36)	Castle lake	2493	31. 4
31	(45)	AVIC International Leasing	2425	59. 4
32	(32)	MCAP/MC Aviation Partners	2266	1. 7
33	(31)	Altavair	2225	–4. 6
34	(37)	Accipiter	2118	14. 1
35	(34)	Deucalion Aviation Funds	2079	–3. 1
36	(33)	Tokyo Century	2072	–3. 7
37	(42)	VTB – Leasing	2053	23. 5
38	(39)	VEB – Leasing	1858	5. 5
39	(43)	Minsheng Financial Leasing	1821	13. 9
40	(51)	GTLK – State Transport Leasing Company	1818	40. 1
41	(46)	SPDB Financial Leasing	1704	14. 7
42	(47)	GOAL – German Operating Aircraft Leasing	1666	16. 9
43	(41)	Boeing Capital	1635	–2. 2
44	(38)	FPG Amentum	1616	–11. 1
45	(49)	Banc of America Leasing Ireland	1536	12. 9
46	(44)	Novus Aviation	1453	–7. 6
47	(53)	Sberbank Leasing	1429	23. 7
48	(55)	Titan Aviation Leasing	1370	36. 9
49	(48)	Changjiang Leasing Company	1331	–6. 0
50	(50)	Comsys Aviation Leasing	1178	–11. 7

除上述租赁公司外，在国内开展飞机租赁业务的公司还包括平安国际租赁、奇龙航空租赁、厦门飞机租赁、光大金融租赁、农银金融租赁、兴业金融租赁、信达金融租赁、太平石化金融租赁、西藏金融租赁、中原航空租赁、中建投租赁、中民投航空租赁、南航国际租赁、东航国际租赁、天合国际租

赁、阿维亚（中国）租赁、海通恒信租赁、亚太航空租赁、中信环球租赁、华新飞机租赁、航天融资租赁、华瑞融资租赁等。

以下对上述主要租赁公司飞机租赁业务开展情况做简单介绍（租赁公司机队数据是从 Ascend Flight Global 查询，与实际情况可能有所差别，仅供参考）。

2.1 工银金融租赁有限公司

工银金融租赁有限公司（下称“工银租赁”）是中国工商银行股份有限公司的全资子公司，是首家获中国银保监会批准开业的银行系金融租赁公司，目前注册资本 180 亿元人民币，工银租赁分别获得国外三大评级机构穆迪、标普和惠誉的 A1、A、A 的长期主体信用评级。工银租赁的全资子公司工银航空金融租赁有限公司于 2018 年 3 月 15 日在中国香港注册成立，于 3 月 28 日在香港举行开业仪式。

根据工商银行半年报显示，2019 年 6 月末，工银租赁总资产 2519. 34 亿元，净资产 346. 26 亿元，上半年实现净利润 21. 13 亿元，其业务主要分为航空租赁、航运租赁、设备租赁、私人租赁业务四大板块。工银租赁拥有目前国内租赁公司最大的机队，截至 2019 年 11 月，共交付运营 388 架商用飞机，包括波音飞机 164 架，空客飞机 196 架，巴航工业飞机 15 架，庞巴迪飞机 9 架，国产 ARJ21 飞机 4 架。业务遍布欧洲、亚太、北美、南美、非洲等国家和地区。业务模式方面，工银租赁开创了保税租赁、出口租赁、联合租赁等一系列创新业务。订单方面，波音飞机订单为 80 架，空客飞机为 112 架，C919 飞机为 100 架，ARJ21 飞机为 30 架，全部订单 322 架。

表 2　工银租赁机队情况

制造商	机型	数量
空客	A318	1
	A319	6
	A320CEO	106
	A320NEO	27
	A321CEO	34
	A321NEO	3
	A330CEO	13
	A350	7

续表

制造商	机型	数量
波音	B737NG	133
	B737MAX	12
	B747－8	3
	B787	10
	B777	19
庞巴迪 Bombardier	CRJ900	4
	Q400	5
巴西 EMBRAER	E190/195	10
	E135	5
中国商飞	ARJ21	4
总计		402

2.2 Avolon

Avolon 是总部位于爱尔兰都柏林的一家飞机租赁公司，成立于 2010 年，在美国、迪拜、新加坡、中国香港、上海设有办公室，为客户提供飞机租赁和飞机管理服务。2015 年 Avolon 机队全球排名第 11 位，渤海租赁通过 25.55 亿美元收购了其全部股权，成为中资控股的飞机租赁公司。2016 年渤海租赁又通过 104 亿美元，将当时排名第五的飞机租赁公司 CIT 全资收购并注入 Avolon 旗下，使 Avolon 成为目前世界排名第 3 位的租赁公司。2018 年渤海租赁将 Avolon 公司 30% 的股份出售给了日本欧力士集团下属的租赁公司 Orix Aviation。

Avolon 公司网站显示，截至 2019 年 12 月，Avolon 共交付运营 496 架商用飞机，包括波音飞机 171 架，空客飞机 325 架；管理飞机 45 架；订单以及意向订单飞机 387 架。在全球 61 个国家和地区拥有 152 个客户。

表 3　Avolon 机队情况

制造商	机型	数量/架
空客	A319	17
	A320CEO	138
	A320NEO	77
	A321CEO	48
	A321NEO	10
	A330CEO	52
	A330NEO	22
	A350	13
波音	B737NG	144
	B737MAX	31
	B757	4
	B767	2
	B777	3
	B787	23
总计		584

2.3　BOC Aviation

BOC Aviation（中银航空租赁有限公司）是中国银行控股的一家世界领先的飞机租赁公司，总部设在新加坡，并在都柏林、伦敦、纽约和天津设有办事处。

其前身是新加坡飞机租赁有限责任公司（Singapore Aircraft Leasing Enterprise Pte. Ltd），2006 年 12 月 15 日，中国银行通过一家全资附属子公司以 9.65 亿美元现金收购了该公司 100% 已发行股本，成为中国银行全资子公司。2016 年 6 月 1 日，中银航空租赁有限公司在香港联合交易所主板成功上市（股份代号：2588）。该公司自成立以来，已经连续 24 年录得盈利，其主要业务模式是以具有竞争力的价格从飞机制造商直接购买更新一代的飞机，就购买飞机的进行低成本的融资，在飞机交付时向全球范围内多元化的客户群提供飞机长期经营性租赁服务，同时通过出售飞机以维持低龄机队、降低飞机组合的风险并从中赚取收益，并将销售后的收入重新投资于新飞机投资。该公司目前自有机队按账面净值加权计的平均机龄少于 4 年，自有机队按账面净值加权计的平均剩余租期多于 7 年，拥有稳定的长期租金收入合约。该公司获得了标准普尔及惠誉均给予的 A－评级。

中银航空租赁 2019 年上半年经营收入为 9.3 亿美元，较 2018 年上半年的 8.25 亿美元增长了 13%，2019 年上半年税后净利润达到 3.21 亿美元，与去年同期相比增长了 8%。截至 2019 年 9 月 30 日，该公司已交付运营的自有飞机为 309 架，代管飞机 36 架，已订购飞机 164 架，总数为 509 架。该公司客户群体遍布全球，其中在亚太地区有 43 个客户，在欧洲以及独联体地区有 21 个客户，在中东地区有 7 个客户，在北美及拉美地区有 12 个客户。

表 4　中银航空租赁机队情况

制造商	机型	自有飞机/架	代管飞机/架	订单/架	总计/架
空客	A320CEO	121	12	0	133
	A320NEO	37	0	58	95
	A330CEO	12	3	0	15
	A330NEO	2	0	10	12
	A350	9	0	2	11
波音	B737NG	89	14	0	103
	B737MAX	6	0	87	93
	B777－300ER	18	4	3	25
	B777－300	0	1	0	1
	B787	10	1	4	15
货机		5	1	0	6
总计	总计	309	36	164	509

2.4　国银金融租赁股份有限公司

国银金融租赁股份有限公司（以下简称“国银租赁”）是境内第一家在 H 股上市的金融租赁公司（1606. HK），是国家开发银行唯一的租赁业务平台。成立于 1984 年，总部位于深圳，是中国首批成立的租赁公司之一，致力于为航空、基础设施、船舶、车辆及工程机械等行业的优质客户提供综合性的租赁服务，租赁资产及业务合作伙伴遍及全球近 40 个国家和地区。国银租赁享有中国国家准主权信用评级（穆迪 A1、标普 A 及惠誉 A +），是中国金融机构中信用评级最高的企业之一。2016 年 7 月，在香港联交所成功上市，注册资本增加至 126 亿元人民币。公司已逐步形成了以飞机租赁和基础设施租赁为核心的业务布局和以服务于大中型优质客户为核心的客户定位。截至 2019 年 6 月 30 日，公司资产总额 2401.96 亿元人民币；新增业务投放 422.07 亿元人民币，同比增长 22.3%；净利润 13.61 亿元人民币，同比上升 21.7%。

2016 年 9 月，中国银监会批复国银租赁在爱尔兰设立国银航空金融租赁有限公司子公司（以下简称“国银航空”），目前国银航空实行完全的市场化运作，聘请了大量的海外高管以及运营团队，在爱尔兰都柏林以及中国香港、美国佛罗里达设立有办公室，截至 2019 年共拥有员工 109 人，共有 63 个客户，分布于全球 37 个国家和地区。加权平均机队年龄为 4.7 年，加权平局剩余租期为 6.8 年。2019 年上半年与 5 个客户签订 15 架飞机租赁合同，销售 10 架飞机资产包，购买 14 架飞机资产包。

表 5　国银航空租赁机队情况

制造商	机型	自有飞机/架	订单/架	总计/架
空客	A320CEO	81	0	81
	A320NEO	24	87	111
	A330CEO	29	0	29
	A330NEO	4	2	6
	A350	1	0	1
波音	B737NG	60	0	60
	B737MAX	2	101	103
	B777 - 300ER	5	0	5
巴西 EMBRAER	E190	20	0	20
其他		1	0	0
总计		227	190	417

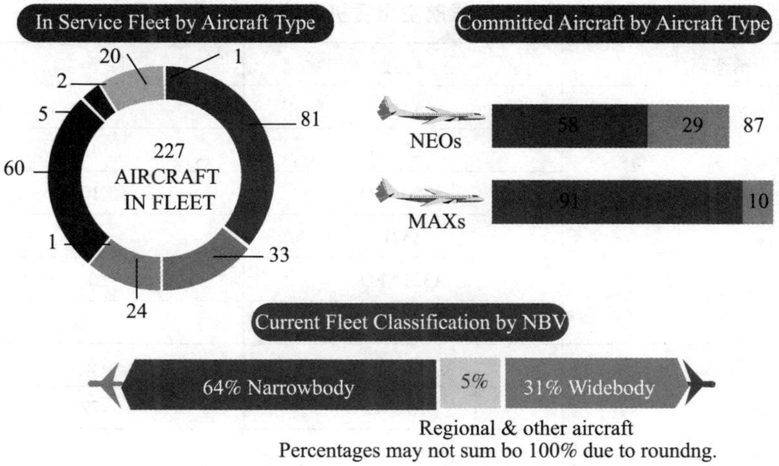

图3 国银航空租赁机队情况分析

2.5 交银金融租赁

交银金融租赁有限责任公司（以下简称“交银租赁”）成立于2007年，是上海最大的租赁公司之一，也是首家在国内自贸区设立专业子公司的中国租赁公司，最近公司增资55亿元，注册资本由85亿元变为140亿元。公司航空租赁业务覆盖全球，服务于国内外50多家知名航空公司。交银租赁航空租赁业务涵盖融资租赁和经营租赁，具备多币种（美元、日元、欧元和人民币等）项目操作能力，并能通过境内和境外设立的SPV公司满足客户各类需求。交银租赁坚持“专业化、国际化、差异化、特色化”的发展战略，不断深入推进航空、航运业务，专业化特色更加鲜明。截至2019年6月30日，飞机、船舶资产规模达人民币1415.94亿元，占全部租赁资产的59.63%，拥有和管理机队规模236架，船队规模401艘，资产余额达人民币2491.44亿元，较上年末增长7.51%。

表 6　交银航空租赁机队情况

制造商	机型	数量/架
空客	A319	12
	A320CEO	43
	A320NEO	10
	A321	25
	A321NEO	1
	A330CEO	11
波音	B737 - 300	3
	B737NG	77
	B737MAX	9
	B747 - 8	1
	B787 - 9	4
	B777	7
巴西 EMBRAER	E195	9
总计		212

2.6　Goshawk Aviation Limited

Goshawk Aviation Limited（以下简称 Goshawk）成立于 2013 年，目前是由香港上市公司新创建集团有限公司（NWS Holdings Limited，HKG：659，持股 50%）以及周大福企业有限公司（Chow Tai Fook Enterprises Limited，持股 50%）控股的一家总部位于爱尔兰都柏林的飞机租赁公司，在伦敦、迈阿密、香港、上海设有办公室。2018 年 Goshawk 全资收购了飞机租赁公司 Sky Aviation Leasing International Limited（SALI），使其进入全球前 20 飞机租赁公司行列。

表 7　Goshawk 机队情况

制造商	机型	数量/架
空客	A320CEO	48
	A320NEO	19
	A321CEO	24
	A321NEO	6
	A330CEO	4
	A330NEO	1
	A350	4
空客	B737NG	59
	B737MAX	4
	B787	6
	B777	2
巴西 EMBRAER	E190	1
总计		178

2.7　中国飞机租赁

中国飞机租赁集团控股有限公司（China Aircraft Leasing Group Holdings Limited，CALC，股票代号：01848. HK）是总部位于中国香港的一家飞机租赁公司，其主要股东为中国光大航空金融控股有限公司（持股约 30%）和富泰资产管理有限公司（持股约 26%），在中国香港、北京、上海、深圳、天津、马来西亚纳闽岛、法国图卢兹、爱尔兰都柏林均设有办事处。中飞租赁旗下业务及成员公司包括“新飞机租赁”及“老飞机拆解再循环”两个主要板块；业务范畴既包括飞机经营性租赁、购买及租回、结构融资等常规业务，也涵盖机队规划、机队升级、飞机拆解及航材销售等增值服务。截至 2019 年 11 月，中飞租赁自有飞机 138 架，待付新飞机订单 227 架，预计于 2023 年前完成交付，机队的平均机龄约 4.1 年，租约平均剩余期约 7.8 年（2018 年底：飞机平均机龄约 3.7 年，租约平均剩余期约 8.3 年），飞机出租率保持在 99%，该公司有 33 家客户广泛分布于 15 个国家及地区，中国境内和境外客户占比分别为 68% 和 32%。

表8　中飞租赁机队情况

制造商	机型	数量/架	订单/架	总计/架
空客	A319	1		1
	A320CEO	89		89
	A320NEO	6	127	133
	A321CEO	14		14
	A321NEO	1		1
	A330CEO	6	0	6
波音	B737NG	18		18
	B737MAX	2	100	102
	总计	137	227	364

2.8　招银金融租赁

招银金融租赁有限公司（以下简称“招银租赁”）是国家批准设立的首批五家银行系金融租赁公司之一，由招商银行全资设立，注册资本金60亿元。招银租赁推出了能源、装备制造、航空、航运、公用事业与文化产业、租赁同业六大行业金融解决方案，客户涵盖大、中、小各种类型企业。截至2019年6月30日，招银租赁总资产1882.40亿元，净资产192.09亿元，实现净利润13.65亿元。招银租赁开展了飞机经营性售后回租、订单直租、融资性租赁、资产包交易等业务模式，目前客户分布于亚太、中东、欧洲、非洲等地，飞机租赁资产占公司全部资产的20%左右。

表9　招银租赁机队情况

制造商	机型	数量/架
空客	A319	4
	A220	4
	A320CEO	16
	A320NEO	3
	A321CEO	16
	A330CEO	7

续表

制造商	机型	数量/架
波音	B777－300	2
	B737NG	20
	B787－8	3
巴西 EMBRAER	E190	4
总计		79

2.9 建信金融租赁

建信金融租赁有限公司是由中国银行业监督管理委员会批准的首批全国性银行系金融租赁公司之一，是中国建设银行旗下的全资子公司，注册资本 80 亿元人民币。截至 2019 年 6 月 30 日，建信租赁资产总额 1416.82 亿元，净资产 153.63 亿元；上半年净利润 8.87 亿元。建信租赁近年来逐步加大航空租赁业务投入，不断完善航空租赁业务架构，目前已经建立了遍布全球的客户网络，与 30 家国内外航空公司建立业务合作。公司获得行业顶级国际评级：标普 A；穆迪 A1；惠誉 A。2019 年 10 月挪威航空宣布，将与建信租赁组建一家联合飞机租赁公司，建信租赁将拥有该合资公司的 70% 股权，挪威航空旗下 Artic Aviation 将拥有 30% 股权。根据协议条款，合资公司将从 Artic Aviation 购买首批 27 架空客 A320NEO 飞机，将于 2020 年至 2023 年交付。

表 10　建信租赁机队情况

制造商	机型	数量/架
空客	A319	1
	A320CEO	8
	A320NEO	2
	A321CEO	13
	A321NEO	1
波音	B737NG	36
	B737MAX	2
	B787	2
	B777	4
总计		69

2.10 民生金融租赁

民生金融租赁股份有限公司是由中国民生银行发起创立和控股的，经中国银监会批准设立的首批 5 家拥有银行背景的金融租赁公司。目前注册资本为 50.95 亿元人民币。公司业务涉及公务机、商用飞机、船舶、海工装备、物流、车辆及工程机械、能源设备、节能环保、医疗设备、电子信息等多个领域。民生租赁是国内也是亚洲最大的公务机租赁公司，近些年逐步开展商用航空飞机租赁业务，与全球主流飞机制造厂商湾流、达索、巴西航空、庞巴迪、塞斯纳、空客、波音等公司合作。截至 2019 年 6 月 30 日，民生金融租赁总资产 1719.50 亿元，净资产 180.97 亿元。

表 11　民生租赁机队情况

制造商	机型	数量/架
空客	A319	2
	A320CEO	25
	A330CEO	3
波音	B737NG	16
	B737MAX	2
庞巴迪 Bombardier	CRJ200	20
	CRJ700	11
	CRJ900	12
	Q400	2
巴西 EMBRAER	E190/195	8
	E145	12
	E135	6
其他		5
总计		124

2.11 浦银金融租赁

浦银金融租赁股份有限公司（以下简称“浦银租赁”）成立于 2012 年 5 月，注册地上海市，目前注册资本为 50 亿元。是国内首家由商业银行、先进制造企业和综合化金融控股集团共同发起设立的金融租赁公司。股东包括上海浦东发展银行股份有限公司（持股 61.02%）、中国商用飞机有限责任公司（持股 20.34%）、上海国有资产经营有限公司（持股 10.17%）和上海龙华国际航空投资有限公司（持股 8.47%）。该公司是国内唯一具有民用航空制造企业和航空服务业股东背景的金融租赁公司，兼具民用支干线飞机研发、设计、总装制造、航空服务多重特色优势，飞机租赁方面，目前主要与国内航空公司开展业务合作，形成了较为齐全的飞机租赁业务种类。截至 2019 年 6 月 30 日，浦银租赁资产总额 654.16 亿元，实现营业收入 20.57 亿元，净利润 2.92 亿元。

表 12　浦银租赁机队情况

制造商	机型	数量/架
空客	A320CEO	1
	A330CEO	2
波音	B737NG	31
	B787	2
	B777	1
中国商飞	ARJ21	2
总计		39

2.12　奇龙航空租赁

奇龙航空租赁成立于 2006 年，由中国航材集团与荷兰爱尔凯普飞机租赁公司（Aer Cap B. V.）及法国东方汇理银行航空融资公司（CA-CIB Air finance S. A.）合资成立，目前股东还包括东方时代有限公司（EAST EPOCH LIMITED）。凭借股东在国际租赁领域的丰富经验和大力支持，奇龙航空租赁有限公司致力于向中国及全世界航空市场提供包括经营租赁、售后回租、飞机交易、资产管理的全方位服务。

表 13　奇龙租赁机队情况

制造商	机型	数量/架
空客	A320CEO	12
	A330CEO	1

续表

制造商	机型	数量/架
波音	B737NG	16
总计		29

2.13 兴业金融租赁有限责任公司

兴业金融租赁有限责任公司（以下简称“兴业金融租赁”）是由兴业银行独资设立的全国性金融租赁公司，成立于 2010 年，公司注册资本 90 亿元人民币。飞机租赁方面，该公司坚持“以国内业务为基础、稳步推进国际化”的发展策略，围绕商用飞机、公务机两大产品线，辅以机场设备等产品开展租赁业务。

2.14 朗业（天津）国际租赁有限公司

朗业（天津）国际租赁有限公司（简称“朗业租赁”）是国内较早成立的专注于航空航运租赁业务的外商融资租赁公司，于 2010 年 5 月设立，为客户提供各类服务，包括融资租赁、经营租赁、售后回租，同时提供租赁资产购买、残值变卖处置、租赁交易咨询等。

表 14　郎业租赁机队情况

制造商	机型	数量/架
空客	A320CEO	2
	A321CEO	4
	A380	1
	A330CEO	2
波音	B737NG	11
	B787	1
	B777	2
总计		23

2.15 光大金融租赁股份有限公司

光大金融租赁股份有限公司（简称“光大金租”）于 2010 年 5 月在湖北

武汉注册成立，是由中国光大银行股份有限公司发起和控股的，目前注册资本 59 亿元。自成立以来，光大金租凭借光大银行的资金优势、客户资源及网络渠道陆续开展了多类型的租赁业务，截至 2019 年 6 月 30 日，租赁业务主要涵盖公用事业、基础设施、城镇化建设等国计民生领域，在航空设备、车辆设备领域形成一定品牌优势并积极探索进入新能源领域。报告期末，总资产 874.86 亿元，净资产 87.57 亿元，实现净利润 3.81 亿元。

表 15　光大金融赁机队情况

制造商	机型	数量/架
空客	A320CEO	2
波音	B737NG	17
总计		19

2.16　农银金融租赁有限公司

农银金融租赁成立于 2010 年 9 月，注册资本人民币 95 亿元，农业银行持股 100%，服务领域遍及现代农业、装备制造、交通运输、公共事业、节能环保等，主营业务包括新购设备融资和经营租赁、售后回租、转租赁、联合租赁，应收租金转让和经济咨询等。截至 2019 年 6 月 30 日，农银金融租赁有限公司总资产 529.52 亿元，净资产 96.43 亿元，上半年实现净利润 1.50 亿元。

表 16　农银租赁机队情况

制造商	机型	数量/架
空客	A320CEO	12
	A330CEO	1
	A350	1
波音	B737NG	6
庞巴迪 Bombardier	CRJ200	1
总计		21

3 2019 国内飞机租赁发展情况

3.1 银行系金融租赁公司依然是开展飞机租赁业务的主力军

进入国际排名前 50 的 13 家中资租赁公司中，银行系金融租赁公司为 8 家，融资租赁公司 5 家，从飞机资产规模来看，金融租赁公司飞机资产总规模为 552 亿美元，融资租赁公司占比为 96 亿美元（不包括总部位于国外的中资租赁公司），这和金融租赁公司在资金规模以及融资成本方面的优势有较大关系。

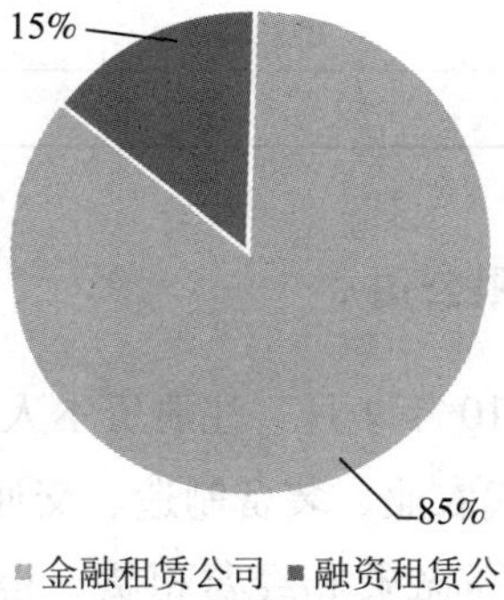

图 4 租赁公司飞机资产价值对比

3.2 全行业飞机租赁业务占比逐步提高

由于受到经济不确定性影响，传统的政信类以及其他行业的融资租赁业务风险比例加大，而航空业运营相对稳定且飞机价值稳定，客户出现风险时也能及时回收租赁物，业务面临的风险较小，因此已经开展飞机租赁业务的公司逐步提高飞机租赁业务的占比，且有越来越多的租赁公司开始关注且进入飞机租赁领域。

3.3 市场竞争日趋激烈

国内航空市场规模有限，且国内航空公司主要采取全球公开招投标的方式来开展飞机租赁业务，各租赁公司为了拿到业务，竞争十分激烈，导致租金水平始终处于较低的水平，只有融资成本较低的大型金融租赁公司才有可能中标。国内激烈的市场竞争导致很多租赁公司开始走向国际，尝试海外飞机租赁业务，然而，开展海外飞机租赁业务对租赁公司的国际市场开拓能力、国际融资能力、风险应对能力会提出更高的要求，需要配备更加专业的团队。

3.4 盲目进入将会导致潜在风险

2019 年受到整体经济环境下行影响，一些航空公司运营较为艰难，前期发展过快的航空公司也面临较大的债务到期压力，行业内出现了一些航空公司飞机停飞以及拖欠飞机租金的现象，虽然从长期看最终能通过航空公司运营情况改善、重组或者取回飞机的方式化解风险，但短期将会增加租赁公司的现金流压力。一些新进入的租赁公司急于开展业务，降低了对航空公司资质的要求，当航空公司出现运营风险时，由于经验缺乏不能及时处置飞机，给自身运营带来一定的影响。

3.5 波音 737MAX 停飞导致飞机交付量大幅减少

2019 年受到波音 737MAX 飞机停飞事件影响，国内航空公司以及租赁公司都有很多的 737MAX 飞机不能交付，导致全年的飞机交付量大幅下降，虽然空客系列飞机以及波音其他型号的飞机正常交付导致绝大多数租赁公司 2019 年业务量有所增加，但都没有达到全年预计的业务指标。波音 737MAX 长时间停飞持续对航空业带来负面压力，航空公司无法按预期进行更换及运力提升，也不能享受到新机型燃油效率提升而实现成本节省。

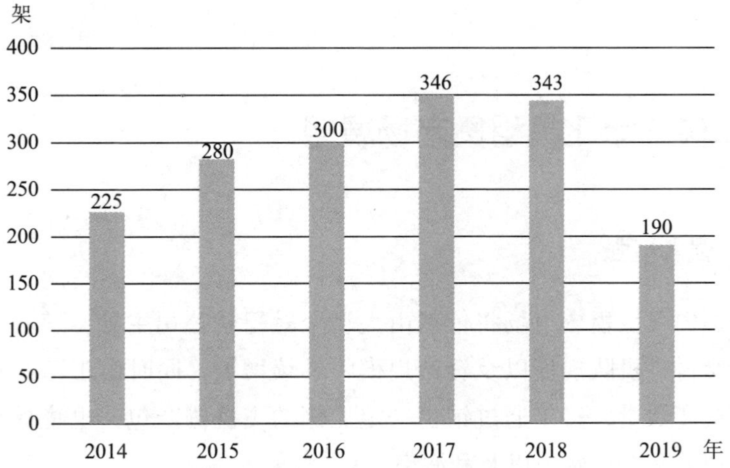

图 5　国内历年飞机交付量对比

3.6 对专业化运营的要求越来越高

飞机租赁业务由于其专业性较强，在客户选择、业务模式、融资方式、评审方法、文本合同、租后管理、法律、税务、保险等多方面都与传统融资租赁业务有所区别。因此越来越多的租赁公司成立专门的航空租赁子公司，走专业化运营的道路。另外，随着国内近10年飞机租赁业务的发展，最早的一批飞机已经陆续开始进入退租期，对于租赁公司的全球市场营销能力、技术管理能力、谈判能力提出了更高的要求，对于有经验的专业人员的需求进一步增加。

3.7 寻求差异化运营

由于新交付飞机租赁市场竞争激烈，一些租赁公司开始尝试新的业务模式，如：老旧飞机租赁，厦门飞机租赁公司专注于飞机全寿命周期资产管理业务，以中期飞机资产管理、后期飞机资产余值处置为主要业务方向；直升机租赁，如北银金融租赁、中民投国际融资租赁等；现有租赁公司也开始布局航空业上下游产业链，寻找新的业务机会，如中国飞机租赁（CALC）成立MRO合资公司—中龙欧飞飞机维修工程有限公司，2019年10月获得中国民用航空局颁发的首张飞机拆解许可证，正式开始飞机拆解相关业务；天津东疆保税区成立天津东疆飞机资产管理有限公司，提供飞机资产技术管理服务、交易服务、价值评估等飞机资产全生命周期管理服务。

4 2020年飞机租赁市场展望

4.1 强者恒强

未来国内飞机租赁市场将依然由大型金融租赁公司主导，随着自有订单飞机逐步交付，机队规模以及资产规模将继续增加；同时由于已经积累了一定的飞机资产数量，每年通过销售一定比例的飞机资产包，也将提高大型金融租赁公司的资金周转率以及利润率。

4.2 经营租赁飞机到期数量将继续增加

随着早期开展的经营租赁业务租期逐步到期，将会有更多的飞机第一租期结束，租赁公司将面对更多的飞机退租和再次租赁工作，将会持续增加全球市场营销人员的配置以及增加技术人员应对退租以及飞机改装等工作。

4.3 航空市场面临不确定性增加

国际航空运输协会（IATA，以下简称“国际航协”）于 2019 年发布的报告指出，2019 年全球面临经济增长放缓、贸易战、地缘政治紧张局势和社会动荡，导致航空公司的运营环境不及预计。然而，由于重组和成本削减不断带来红利，航空业 2019 年将连续 10 年实现盈利。2020 年航空业面临的主要问题是运力如何发展，尤其是波音 737 MAX 飞机复飞运营及延期交付，年初由于受到新型冠状病毒的影响，国内航空公司航班量大幅度取消，收入受到较大影响。此前，国际航协预计 2019 年全球航空运输业净利润为 259 亿美元，预测 2020 年全球航空运输业净利润将达 293 亿美元，增长 13%，但全球受到疫情影响，预计增速将有所下降，飞机租赁业与航空业发展息息相关，预计 2020 年飞机租赁行业也将受到影响，租赁公司可能会面临一些中小航空公司租金延付等问题。另外，需要注意的是，如果 737MAX 飞机能够在 2020 年复飞的话，将有大量的 2019 年未交付的飞机在 2020 年集中交付，租赁公司业务量将会有大幅增加。然而，如果 737MAX 依然不能在 2020 年复飞的话，也就意味着该机型能否复飞的希望将会十分渺茫，对于航空业以及持有大量订单的飞机租赁公司来讲，都将会产生巨大的影响。

4.4 窄体机供不应求

受到波音 737MAX 飞机停飞事件影响，大量已经订购了该机型的航空公司面临无飞机可用的问题，已经有不少传统运营波音机队的航空公司转而订购空客 A320NEO 飞机，然而 A320NEO 飞机订单已经累积到了 2023 年，就算空客开足马力生产，现在也无法满足这些航空公司的需求。也有一些航空公司开始在市场上寻求二手的 737—800 飞机来缓解运力短缺的问题，目前二手的 737—800 飞机市场供不应求，价格以及租金也随之水涨船高。如果 737MAX 飞机问题短期内不能解决，也可能会给大一些的90—150 座级的支线客机，如空客 A220、巴西安博维 E190—E2 飞机带来订单机会。

4.5 国际化步伐加快

飞机租赁业务本身就是一项国际性业务，由于资产保值性较好、便于移动、受到国际公约保护、保险完善，开展国际业务也有较好的风险保障，同时由于国内市场竞争十分激烈，租赁公司开拓国际市场才可能获得更高的收益；另外，对于二手飞机到期后的再租赁，国内航空公司更加青睐使用新飞机，国外很多地区的航空公司对于二手飞机的需求量较大。

4.6 提高专业化程度

飞机租赁市场专业性程度较高，对于新进入以及有进入飞机租赁行业的租赁公司，建议在配置了专业的团队、对市场已经进行了详细调研之后再开始相关业务，盲目进入可能会导致业务风险，从而影响业务发展。

5 总结

受到疫情影响，2020 年初国内航空运输企业受到了较大影响，为了支持航空业健康发展，民航局出台了免征航空公司应缴的民航发展基金的政策，另外，民航局还将继续向国家有关部门积极争取对民航企业疫情防控的财政补贴政策，同时出台进一步降低民航企业成本负担措施。对于执行疫情防控任务飞行的民航企业免收起降费等机场航空性业务收费，以及免收航路费等空管收费。随着各项政策的落实到位以及疫情逐步得到控制，受到抑制的航空运输需求将逐步得到恢复，飞机租赁行业 2020 年将依然持续健康稳定的发展。

供应链融资租赁业务的市场分析

宋伟农①

供应链金融是金融支持实体经济发展和解决中小企业融资难的重要手段和工具，其重要作用正在日益为大家所认识。

供应链金融是一种集物流运作、商业运作和金融管理为一体的管理行为和过程，通过整合供应链上的资金流、信息流、物流、商流，联合供应链中的各类主体及外部服务企业，共同实现快速响应链上企业的资金需求，最终实现共同的价值创造。供应链金融是以核心企业为切入点，通过对物流、商流、资金流、信息流的有效控制或对有实力关联方的责任捆绑，针对核心企业及其上、下游长期合作的供应商、经销商的融资服务。

1 供应链金融是有别于传统信贷的融资模式

在传统的信贷融资模式下，金融机构主要是根据融资企业的历史财务信息以及抵押物来提供授信，而在供应链金融模式下，资金提供方（不局限于金融机构）可以免去审查融资企业的财务信息，转为对产业链上企业的交易状态进行综合评价，针对单笔或者多笔交易提供融资服务。

供应链金融的形式包括银行贷款、信托、投资、基金、债券、担保、融资租赁、保理、票据、资产证券化等，而“融资租赁+保理”正日益成为供

① 现任浙江大学金融研究院特聘高级研究员，高级经济师。历任中国人民银行杭州分行总稽核，中国投资银行浙江分行副行长、国家开发银行浙江分行副行长、大连分行行长、安徽分行行长，安徽省人民政府参事。

应链金融的重要形式。

据权威机构预测，2020 年供应链金融市场规模有望达到 20 万亿元。

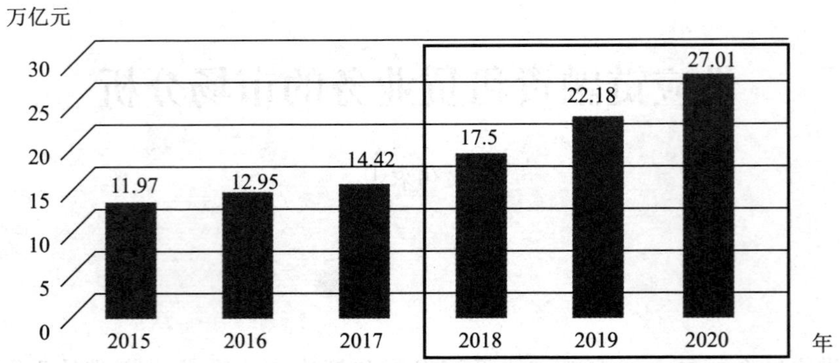

图 1　全球供应链市场规模

供应链金融具有三个特点：一是与货物交易密切相关，二是资金需求具有确定性，三是随着交易阶段发生动态变化。供应链金融服务方式以及供应链金融产品也围绕这三个特点展开。供应链金融作为有别于传统信贷的融资模式，能够为企业提供产业链上相应节点的融资服务，提高营运资金的周转能力。从业务切入节点来看，涉及了订单采购、存货保管、销售回款三个阶段。

基于供应链金融服务衍生出来的金融产品是多样的，基本上可以总结为：预付款环节下主要是保兑仓融资/提货单融资；存货环节主要是仓单质押融资/货权质押融资；应收账款环节主要是应收账款保理融资、应收账款质押融资、应收账款证券化等。

表 1　供应链金融产品

业务环节	供应链金融产品
预付账款	保兑仓融资/提货单融资
存货	仓单质押融资/货权质押融资（静态、动态）
应收账款	应收账款质押/保理融资/供应链保理 ABS

1.1　订单采购阶段

订单采购阶段相应的是预付账款环节，采购方作为资金需求方为了预定采购、获取货物而进行的融资，可以理解为未来存货的融资。通常，根据采购的定位不同，分为两种状态：一种状况是，采购方作为经销商，通常是零售行业。相对上游较为弱势，在采购构成中需要支付预付款，甚至全部货款才能取得货物，经销商模式下，融资是为了采购，进而销售，着重点在于货物是否畅销；另一种状况是，采购方作为代理承包方，通常是电子产业、汽车制造产业。大型生产制造企业在生产过程中需要大量的、多样化的采购，进而将采购环节外包，并且由采购承包方垫付采购费用。而在采购承包方模式下，融资是为了给特定需求方（发包方）垫付采购资金，并完成采购任务，着重点在于发包方能否履约。

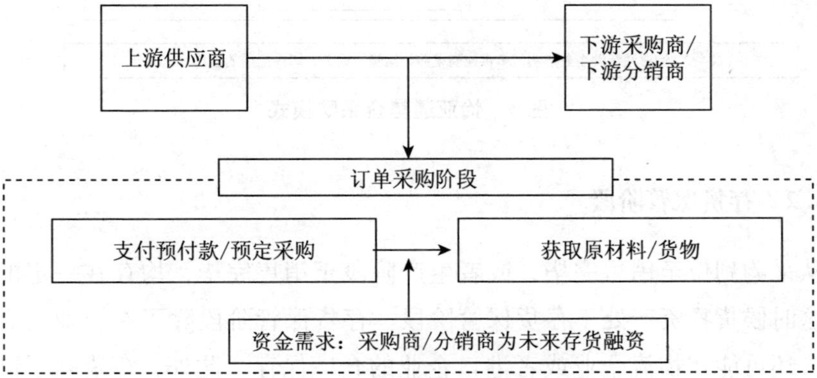

图2　订单采购阶段融资需求

在预付账款环节存在融资需求可以概括为两类：一是经销商，二是代理采购商。针对第一类主体，比较典型的是保兑仓融资模式。保兑仓融资是基于预付款融资的一种，这种模式通常是为供应链中处于核心企业的下游提供融资方案。针对第二类主体，比较典型的是怡亚通在代理采购方面的融资模式。

怡亚通是我国第一个以供应链服务为主营业务的上市公司。其中，作为第三方提供垫资采购服务是其重要的业务部分。第三方采购垫资业务兴起的背景是企业将供应链外包，由于产业链分工呈现国际化的布局，因此采购业务也表现为国际化的特点。国际化采购呈现采购种类众多、货款支付频繁、进口报关手续麻烦的特点，因此，怡亚通在承接外包采购的同时，给企业提供垫资服务，然后再与企业统一结算。金融机构根据怡亚通的采购频率以及采购金额，提供相应的资金支持。

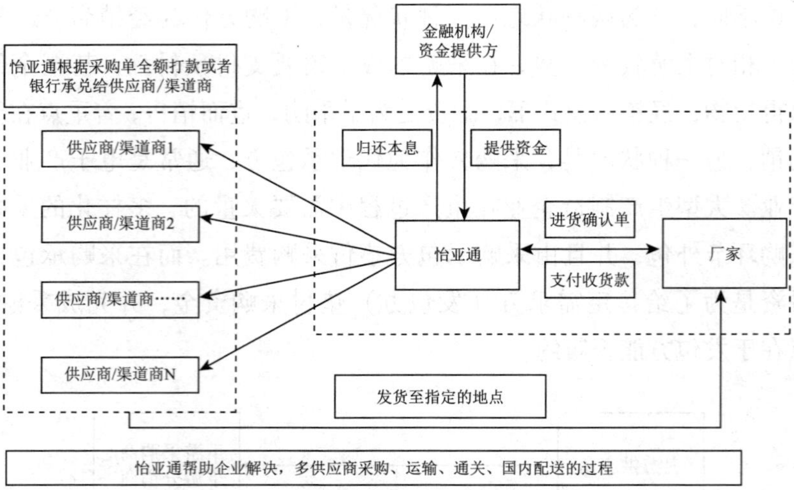

图3　怡亚通垫资采购模式

1.2　存货保管阶段

从采购到位至销售完毕，或者生产阶段至销售完毕，均存在一定的时间差，这时候货物资产处于存货保管阶段。存货保管阶段除了在企业自有仓库存放，还可能在物流企业或者港口企业的仓库保存。此外，存货除了静态的存放，也可能表现为处于运输途中的动态阶段。存货作为资产存在的一种形式，实际上是对企业现金流的占用。资金需求方，可以货物进行质押获得融资，往往是标准化的货物具有较强的可质押性。

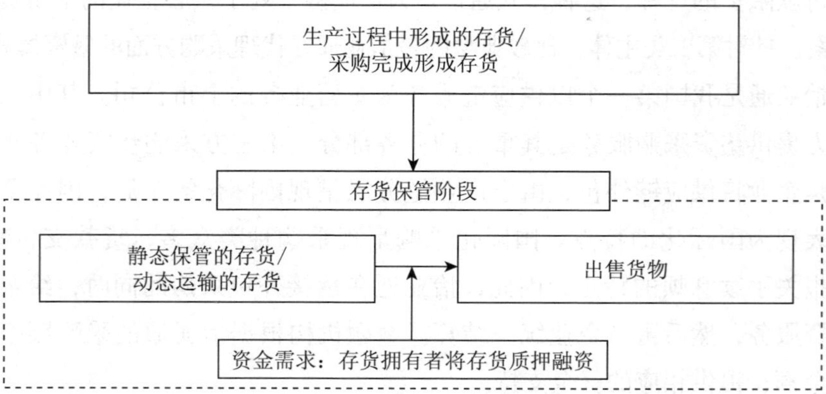

图4　存货保管阶段融资需求

存货用于质押获得融资，相应的供应链金融产品包括仓单质押融资、动产质押融资等。在实际运用中，大宗商品贸易企业拥有货物的控制权，是这类融资的主要需求主体。这种情况下，金融机构通常根据仓单提供资金支持，以仓单标的物为质权，为债权实现提供担保手段，并且借助外部物流仓储企业作为监管方来实现对货物的把控。

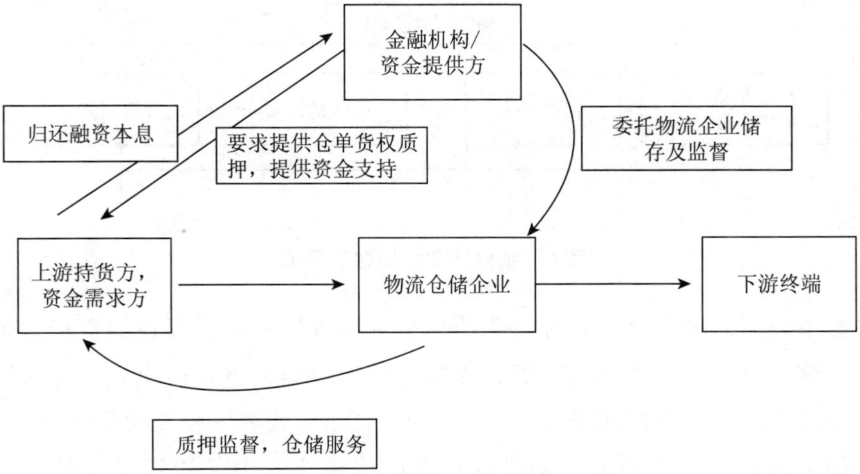

图5　仓单/货权质押融资模式

由于存货既有静态储存，也有动态运输的状况，因此金融机构也可提供存货动态模式下的融资方案，核定库存总量，库存保持最低限额。这种模式下，往往需要借助物联网技术对货物的状态进行实时监控。

1.3　销售回款阶段

从销售完毕至等待回款这个阶段，形成了应收账款，这个阶段的融资需求都是为了加快销售回款。通常也可以分为两种情况：一是上游企业作为大型企业主体，销售量比较大，通常形成了较大的应收账款额度，但是众多分销商的支付周期存在差异，为了加快自身销售的回款，将销售形成的应收账款质押融资。二是强势的下游主体会要求上游企业给予较大的商业信用额度或者较长的期限，将资金链的压力转移至上游，使得企业承担较大的负债端压力。通信行业、医药流通、建筑工程类的企业这方面的特点较为突出。应收账款的额度大小以及账期的长短是影响企业资金安排的重要因素。为了加快资产的盘活，产生了将应收账款作为质押、转卖获取融资的需求。

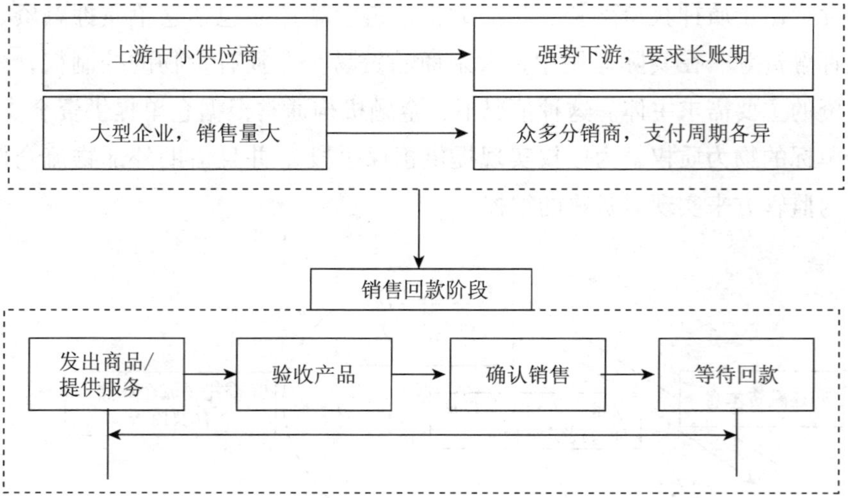

图 6　销售回款阶段融资需求

在销售回款阶段形成的应收账款，是一种以债权形式存在的资产。企业可以将这个权利作为质押获取资金支持。根据资金的直接需求方，也可以分为两种情况：一是销售量较大的核心企业，二是应收账期较长的弱势企业。

第一种情况，核心企业是应收账款的融资方，由于销售量比较大，通常形成了较大的应收账款额度，但是众多分销商的支付周期存在差异，为了加快自身销售的回款，将销售形成的应收账款质押融资。这种模式下的融资，是基于应收账款分散、小额多笔，违约率较低，可以形成应收账款资金池。

第二种情况，也就是应收账期较长的弱势企业作为融资方的情况较为常见。通常可分为间接融资与直接融资模式。直接融资主要是应收账款质押融资，以医药配送企业作为主要代表。下游医院较为强势，医院客户应收账款账期通常较长，随着医院赊销规模扩大，公司应收账款金额也由之扩大，这是医药流通行业的主要特点之一。目前，在我国医药销售企业与生产企业之间、销售企业与医院之间以及销售企业相互之间均存在不同程度的资金拖欠现象。在应收账款质押融资模式下，主要是看下游欠款人的还款能力及还款意愿。

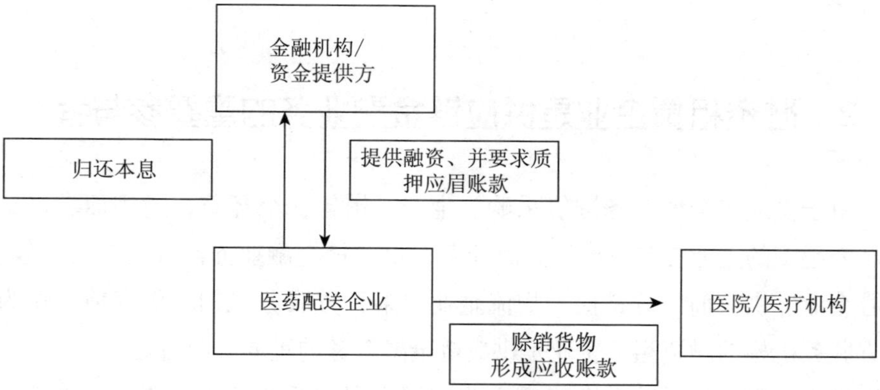

图 7　应收账款质押融资

间接融资主要是资产证券化的模式，例如房地产企业供应链 ABS。供应链保理 ABS 是供应链金融与资产证券相结合的模式，以万科供应链保理 ABS 为例进行分析。原始债权人为众多的上游供应商，实际债务人是万科集团及下属的项目公司，双方存在应收应付的关系。对于供应商而言，这是一笔由万科作为核心企业，其信用支撑的应收账款收益权，现在将该收益权打包卖给中间的保理商，保理商将该应收账款收益权通过资产支持计划，转化为资产证券化产品，由市场投资者认购份额。到期日，万科将账款划入专项账户，兑付给市场投资者。这里较为关键的环节是：第一步基础资产的确认，需由万科出具付款确认书且作为本项目每笔应收账款债权的共同债务人。也就是这种模式下，同样依赖核心企业的支付能力。

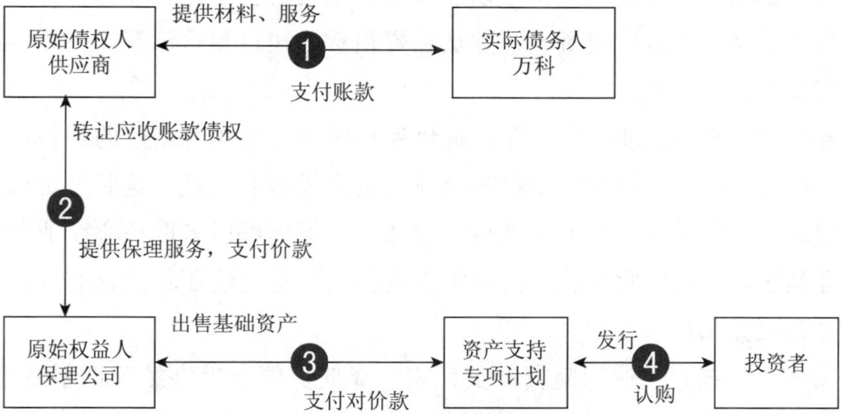

图 8　应收账款质押融资

2 融资租赁企业是供应链金融业务的重要参与者

由于供应链金融业务围绕采购、生产、销售各个环节，适用面较广，因此越来越多的企业参与供应链金融业务。供应链金融业务涉及的参与方较多，核心企业、供应商、分销商、物流企业、第三方服务机构。而当前，作为第三方服务机构的融资租赁企业是供应链金融业务的重要参与者之一。

供应链融资租赁是融资租赁企业运用融资租赁业务集融资、融物于一体的特性，为供应链核心企业及其上下游企业的供应商、经销商所提供的融资性租赁、经营性租赁、保理等金融服务，以保障产业链的顺畅运行和整体效能的提升。

2.1 供应链核心企业的融资租赁业务

核心企业在供应链体系中处于主导地位，对整个供应链的运转和开展供应链融资租赁业务起到关键的作用。同时，由于核心企业一般比较强势，供应链融资租赁必须要找准核心企业的需求，把握好切入点。

第一，为核心企业提供厂房、设备的融资租赁服务，包括直租和售后回租。核心企业在生产经营中经常会遇到需要购置更新设备、建造厂房时资金短缺，这时就可以使用融资租赁方式来购置设备和建造厂房。有的企业拥有很多资产而当前资金短缺，就可以通过融资租赁的售后回租业务，将资产出售给融资租赁企业以取得资金，并从融资租赁公司再租赁该资产使用，这样就可以盘活存量资产。

第二，为核心企业的应收账款提供保理服务。当核心企业的销售形成较多的应收账款时，往往会严重影响企业的资金周转和效益，这时就可以通过供应链融资租赁的保理服务来减少应收账款。保理可以采取核心企业公开向融资租赁公司转让应收账款，由融资租赁公司作为应收账款的持有方向付款方收款的三方明保理方式。

第三，为核心企业调整资产负债表、降低负债率提供经营性租赁服务。经常有核心企业因为负债率过高导致影响其信用评级、不能获得银行增加授信和发行债券。这时就可以使用供应链融资租赁提供的经营性租赁服务，将一部分资产转移到资产负债表外，以有效降低企业的负债率，改善财务状况和信用评级。

第四，与核心企业合作对其上下游供应商、经销商开展供应链融资租赁业务。核心企业向融资租赁公司推荐优质客户，提供增信措施、协助资金管理、深入产融结合。这样的合作，对核心企业能够起到培育优秀供应商、稳定原材料供应和拓展经销商渠道、保持良好的销售业绩的积极作用。

2.2 供应链上游企业的融资租赁业务

上游企业主要是核心企业的原材料、零部件、中间体供应商，这些企业大多数是中小企业，都会遇到生产经营流动资金紧张的问题，经常发生因为缺乏流动资金而无法完成订单的情况。供应链融资租赁可以依据核心企业和上游供应商的采购协议，对供应商的应收账款做保理服务，使其能及时取得资金进行生产。

第一，融资租赁公司对供应商持有的对核心企业的应收账款做保理，为了控制风险，最好能取得核心企业对保理业务的担保。但是核心企业将因此产生或有负债，而且如核心企业向供应商收取担保费也会增加供应商的成本。如果不能得到核心企业担保，也要争取取得核心企业的增信措施，如核心企业同意协助督促供应商及时支付保理款项，或者对供应商采取限制采购等措施。

第二，融资租赁公司与核心企业、供应商签订三方协议，约定融资租赁公司对供应商持有的对核心企业的应收账款做保理后，核心企业承诺将把对应供应商的货款支付给融资租赁公司，融资租赁公司由此收回保理款，保理业务实现闭环运作。这种方式不需要核心企业提供担保，供应商也不会增加生产经营成本，关键是需要取得核心企业的支付配合，形成三方资金支付的法律关系。而能否取得核心企业的支付配合，关键是供应商的品质以及与核心企业的关联度。这种三方保理方式能使各方利益最大化，是应该努力发展的方向。在操作顺畅后，融资租赁公司可以给予供应商一定的授信额度，并与核心企业和供应商三方签订长期合作协议，保持稳定的业务运行。

第三，融资租赁公司对供应商扩大或改善生产而采购机器设备提供融资租赁服务。这种情况虽然不直接形成对核心企业的应收账款，但供应商扩大或改善生产将会提高对核心企业的供货保证，所以要尽可能取得核心企业的担保或者提供增信措施。

2.3 供应链下游企业的融资租赁业务

下游企业主要是核心企业销售方的经销商，经销商中往往有一些企业因为资金的问题而无法采购核心企业的产品。因此，核心企业就面临二难选择，或者是同意经销商分期付款或延期付款，由此形成核心企业自身的应收账款；或者是不同意经销商分期付款或延期付款，放弃这笔业务。这时供应链融资租赁可以配合核心企业对其经销商开展厂商租赁和应收账款保理服务。

第一，厂商租赁：融资租赁公司购买核心企业生产的产品（设备），然后租赁给核心企业的经销商，核心企业承诺如其经销商对融资租赁公司违约，核心企业将回购其产品。这种方式能有效地帮助核心企业在其经销商缺乏现时购买能力的情况下实现产品销售。

第二，保理：当核心企业对经销商采取分期付款或延期付款的销售方式时，供应链融资租赁可以为核心企业的应收账款提供保理服务，以帮助核心企业既实现销售又不增加应收账款。

第三，对下游经销商开展供应链融资租赁业务的关键，是一定要选择核心企业推荐的与其关联紧密、信用度高的优质经销商，并构建可靠的信用结构。在厂商租赁和保理业务中，为了控制风险，要尽可能争取核心企业提供担保或者提供增信措施，比如承诺回购其产品、协助对经销商催收保理帐款、对违约的经销商限制其购买产品、将其列入经销商黑名单等。

第四，融资租赁公司可选择部分信誉良好的经销商，与核心企业一起签订三方长期合作协议，融资租赁公司给予一定的授信额度，核心企业提供增信措施，经销商对履约作出保证安排，达到三方共同发展的目的。

2.4 供应链核心企业对外投资的融资租赁业务

供应链融资租赁可以为核心企业对外开展投资业务提供融资租赁和保理服务。

第一，核心企业投资项目建设、特别是使用自己的产品延伸产业链建设下游项目时，供应链融资租赁可以为项目提供设备购置和场站建设的固定资产融资租赁服务。

第二，如项目已经建成，但核心企业面临资金压力时，供应链融资租赁可以提供售后回租服务，帮助企业及时取得资金。

第三，当项目投产后，供应链融资租赁可以为企业提供经营收入的应收账款保理服务，帮助企业尽早取得资金。

2.5　共建供应链融资租赁

对于某些供应链很长、上下游企业众多、技术要求高、核心企业主导地位强的产业（如汽车制造业），融资租赁企业可与其核心企业合作开展供应链融资租赁业务，如共同设立融资租赁公司或保理公司，专业为核心企业及其上下游企业提供租赁和保理等服务。由于是专门从事这个行业，可以实现专业化、精细化、规模化的运作，以取得较好的效益。同时，由于利益一致，核心企业也会积极推进上下游企业与融资租赁业务的结合。

2.6　供应链融资租赁对融资租赁企业的要求

由于供应链融资租赁主要针对以核心企业为主导的产业链，因此，要求融资租赁公司必须要具备行业的专业技术知识，熟悉行业上下游的情况，了解产业链各环节的运转，能与核心企业以及主要的上下游企业建立良好的互信合作关系，能根据核心企业及其上下游企业的条件和资源、适应其需求为其设计产品和模式，量身打造供应链融资租赁服务方案，切忌拿着大路货的融资租赁模式到处套用。

2.7　行业分析

以光伏行业为例，光伏行业的生产、建设、经营、投资涉及的产业链很长，供应链融资租赁可以充分发挥融资、融物的特殊作用。如光伏组件设备的生产和销售，涉及上下游供应商和客户的资金需求，需要运用供应链融资租赁服务帮助解决。投资建设光伏电站时，金融机构往往都要在项目建成后再做抵押贷款，在建设期就可以使用融资租赁方式购买电站设备，项目建成并网发电后，通过金融机构做项目融资归还融资租赁款项。如果当初电站是用自有资金投资建设的，就可以使用售后回租方式收回资金，再投入下一个电站的建设，实现滚动发展。光伏电站的电费结算和补贴往往滞后较长时间，对企业资金周转影响较大，就可以使用保理服务帮助企业尽早拿到资金。光伏组件生产企业如电池板厂、逆变器厂、硅料厂之间也可以通过保理等供应链融资方式建立紧密的业务协作关系。同时，融资租赁企业也可以和投资机构合作，运用融资租赁方式并购、经营光伏电站进行资本运作。

而当前，融资租赁企业开展供应链融资租赁业务正面临良好的环境和机遇：

第一，国家大力支持发展供应链金融。习近平总书记在党的十九大报告中指出："深化供给侧结构性改革。建设现代化经济体系，必须把发展经济的着力点放在实体经济上，把提高供给体系质量作为主攻方向，显著增强我国经济质量优势。加快建设制造强国，加快发展先进制造业，推动互联网、大数据、人工智能和实体经济深度融合，在中高端消费、创新引领、绿色低碳、共享经济、现代供应链、人力资本服务等领域培育新增长点、形成新动能。"

2017 年 10 月 5 日国务院办公厅发布《关于积极推进供应链创新与应用的指导意见》，这是国务院首次就供应链创新发展出台纲领性指导文件。指导意见指出：供应链通过资源整合和流程优化，促进产业跨界和协同发展，有利于加强从生产到消费等各环节的有效对接，降低企业经营和交易成本，促进供需精准匹配和产业转型升级，全面提高产品和服务质量。供应链金融的规范发展，有利于拓宽中小微企业的融资渠道，确保资金流向实体经济。指导意见明确提出：到 2020 年，形成一批适合我国国情的供应链发展新技术和新模式，基本形成覆盖我国重点产业的智慧供应链体系。供应链在促进降本增效、供需匹配和产业升级中的作用显著增强，成为供给侧结构性改革的重要支撑。培育 100 家左右的全球供应链领先企业，重点产业的供应链竞争力进入世界前列，中国成为全球供应链创新与应用的重要中心。该指导意见提出了六项保障措施，分别是营造良好供应链创新与应用政策环境、积极开展供应链创新与应用试点示范、加强供应链信用和监管服务体系建设、推进供应链标准体系建设、加强培养多层次人才和加强供应链行业组织建设。

第二，供应链金融已成为产融结合的有效途径。国务院办公厅《关于加快融资租赁业发展的指导意见》国办发〔2015〕68 号文：鼓励融资租赁公司依托适宜的租赁物开展业务，坚持融资与融物相结合，提高融资租赁全产业链经营和资产管理能力。

2017 年 3 月 29 日中国人民银行等五部门发布《关于金融支持制造强国建设的指导意见》，鼓励金融机构依托制造业产业链核心企业，积极开展仓单质押贷款、应收账款质押贷款、票据贴现、保理、国际国内信用证等各种形式的产业链金融业务，有效满足产业链上下游企业的融资需求。要求大力发展直接租赁、售后回租等业务，充分发挥融资租赁业务支持企业融资与融物的双重功能，通过“以租代购”、分期偿还等方式，支持制造业企业实施设备更新改造和智能升级。积极发挥融资租赁“以租代售”功能，支持制造业企业扩大销售和出口。

银保监会向各大银行、保险公司下发《中国银保监会办公厅关于推动供应链金融服务实体经济的指导意见》（银保监办发〔2019〕155 号，简称 155 号文）。155 号文要求，银行保险机构应依托供应链核心企业，基于核心企业与上下游链条企业之间的真实交易，整合物流、信息流、资金流等各类信息，为供应链上下游链条企业提供融资、结算、现金管理等一揽子综合金融服务。

第三，中国拥有全球最完善的产业链和最完整的产业门类。据联合国统计，按照工业体系完整度来算，中国已拥有 41 个工业大类，191 个中类，525 个小类，成为全世界唯一拥有联合国产业分类中全部工业门类的国家，联合国产业分类中所列举的全部工业门类都能在中国找到。从而形成了一个举世无双、行业齐全的工业体系，能够生产从服装鞋袜到航空航天、从原料矿产到工业母机的一切工业产品，成为中国竞争力的重要源泉，也是进一步升级产业所必需的基础和动力。这就为融资租赁企业开展供应链融资租赁业务提供了广阔的市场和业务机会。

第四，5G、互联网 +、大数据、区块链、物联网等信息技术的快速发展，为开展供应链融资租赁提供了有力的科技支持。大数据、人工智能、5G（移动通信）、云计算技术合称“大、智、移、云”共同构成了万物互联时代的新型基建设施体系。大数据、人工智能对供应链金融的风控和决策提供重要支撑，大数据建模可对借款人或借款企业资质事先筛查和精准画像。由于与最初始的数据采集和流通直接相关，5G 作为新型基建的底层技术，支撑整个信息产业的未来发展。云计算大大降低了供应链金融该体系内企业数字化线上化的成本，让各类服务触手可及。物联网与供应链金融的结合主要是通过传感技术、导航技术、定位技术等方式，在仓储和货运环节来控制交易过程，提高终端交易的真实性。区块链技术具有分布式数据存储、点对点传输、共识机制、加密算法等特点，为供应链金融核心企业应付账款的快速确权提供了便利，同时减少了中间环节，交易数据可以作为存证，中间环节无法篡改和造假，并且可以追踪溯源。区块链技术的这些特点与供应链金融的业务环境天然契合。综合上述各类技术的共同发展突破，将推动整个社会进入万物互联的产业互联网时代，最终也推动供应链金融自身服务模式的智能化变革。

第五，经过改革开放以来几十年的发展，中国的融资租赁行业逐步成长壮大，企业日渐成熟，融资租赁渗透率不断提高，融资租赁企业对供应链业务的认识不断深化，对供应链产业的支持和融合程度不断加深。

2019 年 7 月 11 日，中国融资租赁（西湖）论坛围绕融资租赁如何在供应链领域中发挥作用，主办了“西湖论道—大家谈租赁”活动。与会代表一致认为，供应链融资租赁业务已成为融资租赁公司走向专业化的必经之路，成为融资租赁由虚转实，回归本源，促进实体经济发展的必由之路。为更好地助力融资租赁公司聚焦供应链融资租赁，服务上下游全产业链，发挥融资租赁在服务实体经济中的关键作用，推动融资租赁公司产业化、专业化发展，各位专家积极建言献策。浙江物产融资租赁有限公司结合自身企业的实际案例，向在场的与会人员结合实际业务案例 PPT 详细分享了融资租赁汽车供应链业务模式及风控措施。他们表示：“在构建供应链服务平台时，可以从前端、中端、后端全产业链进行了覆盖，立足于整个的全产业链的闭环，同时嵌入金融服务，提升产业运营服务能力。”上海迪智租赁有限公司介绍道，“迪智租赁和供应链融资租赁非常契合，我们平时主要从事的就是供应链金融这一块，我们股东的主营业务就是供应链，在设立迪智租赁的时候主要也是如何更好地服务产业供应链。融租租赁公司可通过对接医疗设备生产商和经销商，设计合规的经营模式、风控模型，加强融资租赁业务在供应链中的应用。”利程融资租赁（上海）有限公司表示：“租赁公司在整体的产品设计理念中需要抓住的切入点是供应商，但是核心企业是真正的抓手。所谓自建核心企业，不是去市面上找供应商，而是在产品设计初期就抓住核心企业，这样可以切入到整个供应链的末端，享受到比较高的收益以及风险适当可控。”

融资租赁企业在开展供应链业务中，探索和发展了许多行之有效的做法和案例。如：成渝租赁的股东四川交投和成都交投分别是四川省属最大国有企业和成都市属最大国有企业，也是四川省内主要的交通基础设施投资、建设、运营方。成渝租赁自 2015 年成立以来就按照“做稳”“做强”“做优”的要求，立足股东在交通领域和金融市场的优势，大力推进产融结合，拓展交通产业链融资租赁业务或股东有产业优势的金融业务。公司已经初步形成了“交通 +”的产融发展模式，形成“以国有企业、上市公司增规模，以交通产业链项目提收益，以交通设备直租为公司核心竞争力”的发展战略。在业务推进过程中，成渝租赁基于对交通运输行业的深刻理解，研究开发了切合交通产业实际的产融结合产品——交租宝。该产品解决了高速公路及其下游企业、设备供应商融资难、融资贵及工程资金垫付压力大等一系列问题，一定程度上消除了行业因资金困扰所导致的企业规模小，施工进度慢的不利因素，也为成渝租赁迅速打开市场奠定基础。其中，交租宝 1 号针对高速公路企业，通过售后回租的形式将现有固定资产盘活；交租宝 2 号针对高速公路下游施工方企业，就应收账款以融资租赁形式进行融资；交租宝 3 号针对高速公路设备供应商，施工方等就项目保证金以融资租赁方式进行融资；交租宝 4 号针对高速公路企业上下游的设备制造厂商，通过“以租代售”模式为其提供金融服务。交租宝经过多次实践运作及优化，基本实现标准化、流程化管理，有力地推动了公司的市场推广及风险控制，促进了公司效率及风险双控目标，也在交通行业内建立了良好的口碑。

贵州某医院的体检科室，因体检的扩容和硬件升级，需要购置大型影像设备 PET/CT，经过多轮的对比以及招投标，最终确定，设备采用某进口设备，设备供应商选定为国内的代理商，代理商给到的设备报价为 1900 万元。该医院一次性支付大额资金较为困难，经过与院委会的讨论以及上报，最终决定选择与医药行业的租赁公司合作，采用直接租赁的方式购买设备。医院与融资租赁公司以及代理商签订购买协议，同时医院与融资租赁公司签订融资租赁合同。医院先期向代理商支付 5% 的首付款，作为代理商发货的前提，待设备到货、安装验收完成后，融资租赁公司将剩余设备款项支付给代理商。医院未来 5 年时间，按期向租赁公司支付租金。该方式大幅度缓解了医院一次性的资金压力，同时也保证了医院硬件水平的提升。

因此，供应链融资租赁是按照融资租赁的规则，结合供应链生态的特性，运用供应链金融的理念，将融资与融物相结合，使用租赁、保理等金融工具和产品，服务和促进供应链生态的运行和发展。

3　国内供应链融资租赁业务的特点

第一，融资租赁企业广泛进入供应链领域（虽然很多企业未必明确自身是在从事供应链业务），但是对开展供应链融资租赁业务的理论和实务的研究比较薄弱，尚未形成比较系统的理论、产品、操作、风险控制、业务模式等基础性成果。

第二，融资租赁企业大多是参与供应链的某个节点业务，缺乏对全供应链上中下游环节的全面渗透和支持服务。

第三，融资租赁企业在供应链中运用的产品主要是设备租赁，缺少将各种租赁产品、保理、资产证券化以及与其他金融产品组合使用的业务模式。

第四，融资租赁企业在开展供应链业务操作和风控中，主要套用银行信贷业务的模式、方法，缺乏对供应链产业的分析和专业的把握。

第五，长期以来国内供应链金融的市场主要还是银行为主，融资租赁参与度不高、规模不大，市场空间还很大。

4 国内供应链融资租赁业务未来的发展趋势

未来，在政策加持和金融服务实体经济，普惠金融的大势下，供应链金融是一块巨大的蛋糕，越来越多的企业投身其中，希望分得一杯羹，甚至掌握“切分蛋糕”的大权。金融科技的发展，为供应链金融产业生态重构优化注入了“活水”，随着物联网、云计算、大数据、人工智能、区块链等技术的运用和突破，供应链金融产业生态中各主体之间的相对关系有望被重新勾勒。而其中，供应链融资租赁业务可以成为广大融资租赁企业实施转型升级、开展专业化特色化经营的重要抓手和平台，为融资租赁的发展提供广阔的市场和空间。因此，建议融资租赁企业可以进一步从如下方面加强研究，以期在未来更好地推动供应链融资租赁业务：

第一，要从全产业链考虑问题。

第二，紧紧依托核心企业开展供应链金融业务。

第三，培养行业专业能力。

第四，创新业务模式：开展投租联动、银租联动、保（保理）租联动，与资本市场、资金市场、产业市场深度融合。

第五，积极参与新技术、新经济、新商业模式的发展，开辟新市场和新业务。

第三部分

2019 年中国融资租赁业创新案例

基础设施投建运租商业模式及其案例应用

贺竹磬①

基础设施有着巨大的商业空间，尤其是“新基建”将会成为未来若干年拉动经济的一个重要增长点，是包括租赁公司在内各类类金融机构的一个重要市场领域，但由于产权、租赁物合规性及工程回款不确定性，导致融资租赁公司很难大规模拓展，构建以“投资+租赁”为核心的直接租赁商业模式，通过特许经营的方式，解决基础设施简单融资租赁面临的问题。本文通过实际案例，介绍该种模式的具体应用。

1　基础设施市场空间大，终极风险相对小，是融资租赁重要的业务领域

基础设施是一国经济发展的先导性产业，历来是发展宏观经济的主抓手，市场空间巨大。在经济下行过程中，基础设施投资对经济的拉动作用尤为明显。据统计，未来几年，我国在城市市政基础设施建设方面的投资规模预计在 10 万亿元，建设存在很大的资金需求。2020 年 3 月 4 日，中共中央政治局常务委员会指出加快 5G 网络、数据中心等新型基础设施建设进度，进一步提高了融资租赁等类金融机构拓展基础设施领域业务的积极性。

基础设施建成后一般都具有稳定的现金流来源。高速公路、桥梁、隧道等基础设施有通行费收入，通信基站有用户支付的服务套餐收入，充电设施

①　现任湖北楚天高速公路股份有限公司董事。

有电费收入，燃气设施有用户支付的燃气费收入。稳定的现金流，较小的终极风险，使得基础设施成为各类金融机构和类金融机构理想的投放领域。

融资租赁具有融资与融物相结合的功能，属于产融结合的领域，可以发挥产业背景优势，也是融资租赁公司与其他融资渠道竞争的优势所在。而基础设施，尤其是新基建产业链条长，产业与金融耦合程度高，必然成为融资租赁公司的一个重要业务方向。

2 基础设施融资租赁面临工程款不确定性及租赁物合规性等问题

基础设施领域非常适合融资租赁拓展商业业态，但对于中小融资租赁而言，大规模推进基础设施项目也面临一定的困难。

2.1 工程建设进度的不确定导致融资回款的不确定，容易出现逾期

在基础设施建设的参与者当中，投资方一般都是规模大、资信好的央企或地方国企，资金实力雄厚，信用评级高，融资容易并且成本低，资金主要由银行提供。对于一般的融资租赁公司，特别是中小型融资租赁公司而言，基础设施租赁中的目标客户主要是工程承包类企业或规模较小的项目。这些企业在中标前后和施工过程中都需要垫资，对资金需求量大，而且只有等到工程完工验收合格后才能收到工程款。工程建设由于征地拆迁及地质情况等原因，具有一定的不确定性，进而导致工程回款也有不确定性。如果融资租赁通过售后回租，以债务模式提供服务，租金回款的刚性与工程进度不匹配，可能形成租赁公司的不良。因此，承租人较高的逾期风险和较低的终极风险，成为租赁公司参与基础设施建设融资所必须面临的问题。

2.2 基础设施多数是不动产，租赁物产权形式转让存在法律瑕疵

在对工程建设企业提供服务过程中，融资租赁普遍以工程机械为租赁物，帮助施工方提供工程机械融资。然而与庞大的基础设施建设资金相比，工程机械融资规模非常小，根本无法满足客户需求。为此，多数租赁公司便做起了基础设施本身的租赁，将路面资产及其附属资产作为租赁标的物，通过售

后回租的模式提供类信贷服务。

根据融资租赁相关制度，租赁标的物必须是承租人真实拥有并有权处分、可转让的资产。而基础设施中道路、桥梁资产属于国家所有，即使是使用权、收益权等无形资产，由于涉及公共利益，产权转让有着严格的招投标等公开程序，并且不动产转让涉及大量的税费，制约了租赁资产流转。基础设施租赁项目，在实务操作中，普遍只做了形式上的转让，租赁公司也并未获得合法的产权确认，存在法律上的瑕疵，一旦出现风险，租赁物也由于难以确权而无法缓释风险。

3 特许经营类基础设施，“投建运租”，直接租赁，可迅速扩大业务

目前，在基础设施建设和运营中，越来越多地采用特许经营模式。特许经营是政府将基础设施一定期限内的收益权让渡给投资者，由投资者建设并运营基础设施，并从中获利的行为。从本质上看，特许经营类似于直接租赁。由特许经营人投资建设基础设施，并由使用者使用并支付费用。特许经营人进而通过收费收回投资并获利。高速公路通行费就是换了一种形式的租金——机动车驾驶人不拥有道路所有权，但因使用道路而向道路运营商支付对价。因此，可以认为特许经营就是一种特殊的租赁形式，二者在本质上是相通的。

融资租赁公司参照 BOT 模式，作为项目的特许经营者，投资建设基础设施。基础设施建设开始前，特许经营权人（租赁公司）需要就项目投资的可行性进行分析。类似于租赁公司的项目评审，只有达到投资回报要求、风险可承受的项目，特许经营权人（租赁公司）才可能去投资。在项目初始阶段，租赁公司投入资金购买相关设备，将基础设施建设外包，由施工方进行施工，租赁公司支付工程款项。在基础设施建成以前，只是租赁物形成的过程，是租赁公司进行的投资。一般来说工程建设由专业的承包商完成，类似于直接租赁过程中的设备供应商。在建成后，租赁公司将其运营委托（外包或租赁）给运营商运营，也可以看作是一个租赁的过程——租赁公司拥有租赁物（基础设施）的所有权（收益权），但租赁物归运营商运营。运营商向使用者收取

租金，实际上也是一种出租行为。最终基础设施项目通过使用者付费模式，收取租金，实现项目的资金循环。因此，特许经营模式为基础设施租赁提供了一个有效的解决方案——即将投建运租理念应用到租赁中，解决基础设施产权认定的问题；同时，对租赁公司来讲，是直接租赁的架构，也可以是经营性租赁模式，可以避免工程建设回款不确定性产生的账面逾期。在风险控制手段上，除了项目的特许经营权外，对于基础设施不够专业的租赁公司，可以与工程承包商及运营商进行对赌约定，在工程质量或市场需求方面进行保底约定，进而降低租赁公司的风险。

目前，国内开展的融资租赁业务绝大部分都是融资性售后回租业务。该类业务因为很少关注租赁物，更多关注承租人主体状况，而被称为“类信贷”业务。采用投建运租模式构建的基础设施，租赁公司更看重的是租赁物本身（基础设施）的盈利性。这是对国内现有融资租赁模式的一个创新，有助于融资租赁回归本源，也有助于融资租赁公司走向更专业化的道路，培育自身核心竞争力。

4　投建运租模式在基础设施项目的实践

CY 租赁实际控制人是一家省属基础设施投资运营商。自成立以来，CY 租赁就依托股东基础设施投资建设的背景，探索更有效的基础设施融资租赁方案。在此过程中，CY 租赁创新性地提出了“投建运租”理念，并在几个项目中将该理念付诸实施，进行了诸如自动洗车机投建运租的尝试，取得了一定的效果。为了拓展通信基础设施项目，CY 租赁在 2019 年与具有电信运营资格的国企设立合资公司（SPV），共同推动信息化基础设施租赁业务。

4.1　案例背景

2019 年，Z 公司与某电信运营商 CD 分公司（以下简称“CD 电信”）就某区域家宽端口租赁项目达成一致，约定由 Z 公司负责建设家宽端口，建成后租赁给 CD 电信使用。在此过程中，CY 租赁以“投建运租”模式，解决项目融资，实现了项目的落地。

4.2 交易结构

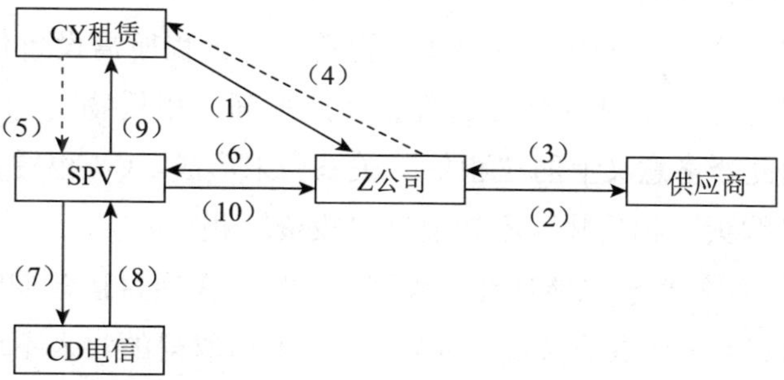

图1 投建运租模式在基础设施项目交易结构

（1）CY 租赁向 Z 公司支付设备采购价款；

（2）Z 公司向供应商支付设备采购款和施工款，由供应商负责相关设备采购及项目施工；施工过程中，SPV 与 Z 公司对项目监工；

（3）施工完工后，供应商向 Z 公司交付工程；

（4）Z 公司向 CY 租赁交付工程（形式）；

（5）CY 租赁将工程以融资租赁的形式出租给 SPV（形式）

（6）Z 公司向 SPV 交付工程（实际）；

（7）SPV 将工程以经营租赁的形式转租赁给 CD 电信；

（8）CD 电信向 SPV 分期支付端口租赁费；

（9）SPV 向 CY 租赁分期支付融资租赁费；

（10）SPV 按约定向 Z 公司支付项目收益分成。

为控制项目风险，项目参与各方签订合同明确了各自的权责。其中，Z 公司的母公司向 CY 租赁提供担保，约定如 Z 方出现违约，所有责任由其母公司承担。同时，由于供应商是工程的实际施工方，为确保工程质量，Z 公司与供应商约定，供应商需就工程提供质量保证。通过这些风控措施，CY 租赁和 SPV 实现了部分风险转移，有效确保了公司利益的实现。

4.3 项目创新

与传统租赁项目仅有的“买—租”两个环节不同，CY 租赁创新性地提出了“投—建—运—租”理念。本项目就是该理念的集中体现。

（1）投。

“投”即“投资”。在传统的租赁业务中，租赁公司扮演的是“出租人”的角色，对于租赁物也只是“购买”。在本项目中，CY租赁联合子公司SPV，实际扮演了“投资方”的角色。从CY租赁支付工程所需设备价款到项目完工交付，其间有近三个月的施工过程。在此期间，租赁物（即完工的工程）尚未形成，因此严格意义上的“租赁”关系尚未形成。CY租赁支付的设备价款与其说是“购买”租赁物，不如说是“投资”租赁物。

同时，“投资”理念也体现在工程完工之后。在项目运营期间，SPV替代了Z公司，直接与CD电信对接。SPV自CD电信取得的收入不应单纯视为端口租赁费，而应是“投资收益”。也正因为如此，SPV在向CY租赁支付工程租赁费之后，还需按照约定向Z公司支付收益分成。在本项目中，Z公司与SPV之间的关系不是“租赁”关系，而是“投资合作”关系。

（2）建。

“建”即“建设”。在传统的租赁业务中，租赁物是现成的、明确的设备或不动产。在本项目中，租赁物的形成需要一个建设过程。虽然SPV将项目施工转包给了第三方（即供应商），但仍然在项目的监工过程中扮演了重要的角色，因此，SPV实际上参与了项目的建设过程。

（3）运。

“运”即“运营”。从表面上看，本项目的实际运营方是CD电信。但实际上，SPV在整个项目周期内，都需要为工程的政策运营负责，如果工程出现质量问题，SPV需要协调供应商进行维修，并要求供应商定期对工程进行检查维护，避免出现网络端口不能使用的情况。

同时，在租赁到期后，SPV获得了租赁物的所有权。按照约定，SPV将以一个较低的价格继续将工程租赁给CD电信。对租赁物（即工程）的运营维护，也是SPV的责任。

（4）租。

“租”即“租赁”。与传统的租赁项目相比，本项目涉及的租赁形式更多，租赁环节也更多。在上述交易结构中，包含两次租赁：CY租赁将工程以融资租赁的形式出租给SPV，SPV再以经营租赁的形式将工程转租赁给CD电信。实际上，最终用户（即“家庭”）会通过购买宽带套餐的形式租赁宽带端口，本质上也是一次租赁。

事实上，“投建运租”模式也得到了银行等金融机构的认可。基于对项目模式和参与方的认可，CY 租赁迅速找到了银行对接资金。这样，CY 租赁从银行取得资金，购买设备及工程出租给 SPV，解决了 SPV 和 Z 公司在工程建设过程中的资金需求。CD 电信从 SPV 租入设备及工程，得以为最终用户提供网络服务。产业链金融在“投建运租”模式中得到了完整的体现。

5 结语

在“类信贷”的融资性售后回租饱受诟病的今天，业务创新对融资租赁公司培育核心竞争力、保证可持续发展具有非常重要的意义。通过以“投建运租”的模式建设并运营基础设施，融资租赁公司在基础设施租赁中存在的租赁物权属问题及现金流回款不确定性问题得到解决。基础设施租赁因此变得更加合规、合法。同时，在项目执行过程中，融资租赁公司可以整合各方资源，充分发挥各自专长，把项目看成一个系统工程，关注项目的整个生命周期，这有助于融资租赁公司走出短视的“类贷款”困境，走出一条适合融资租赁公司的具有自身特色的发展路径。

基于全产业链服务与风险控制能力的新能源电站“F + EPC”项目直接融资租赁模式

许贺龙① 许海文②

1 案例背景

我国的能源产业正处于结构调整和转型升级过程中，清洁化、电气化是能源产业发展的大势所趋，随着新能源产业技术进步和降本增效，近年来以风力发电、光伏发电为代表的非水可再生电源快速发展，逐步形成对传统新增电源的替代之势。由于风、光发电项目投资中动产设备占比较高，投产后现金流稳定，投资业主相对多元化，是典型的宜租行业。

西北某省拥有国内一流的风资源条件，但因本地煤、风、光等各类电源装机容量大，电网负荷较小，新能源电力消纳情况不甚理想，存在一定比例的弃风现象。为促进西部发展，国家建设了目前特高压直流输电工程，将当地该工程配套的各类电源所发电量全额外送至经济发达的长三角地区。

① 中国电建集团租赁有限公司董事长。
② 中国电建集团租赁有限公司风管部主任。

2 案例介绍

2.1 承租方需求

国内某上市公司A获得了该特高压送出工程配套某风电项目的开发权。为获得较好的上网电价，该项目需要在2020年底前建成并网发电。作为中小型民营上市公司，加上大多数金融机构对西北地区风电消纳情况的固有片面认知，其在项目建设期难以获得项目融资。为此，业主通过F+EPC方式招标采购该项目工程，希望EPC方能带融资方案参与项目建设。

2.2 出租方简介

中国电力建设集团有限公司（以下简称“中国电建”）是全球清洁低碳能源、水资源与环境建设领域的引领者，全球基础设施互联互通的骨干力量，服务“一带一路”建设的龙头企业，为海内外客户提供投资融资、规划设计、施工承包、装备制造、管理运营全产业链一体化集成服务、一揽子整体解决方案的工程建设投资发展商，在电力能源板块，具有“投融资+勘察设计+建设施工+运营”全产业链管理能力。中国电建集团租赁有限公司（以下简称“电建租赁”）是中国电建全资子公司，注册资本金20亿元，作为中国电建旗下产融结合服务平台，为集团内外客户提供良好的专业化金融服务，达到以融促产、服务实体的目的。结合自身资源禀赋，以打造专业化、差异化服务能力为核心，电建租赁依托中国电建在全球范围内领先的能源电力全产业链优势，与从事电站EPC主业的成员企业一道，开展风、光新能源“F+EPC”业务模式创新，服务实体经济，为客户提供“融资+设计采购建设”的一体化解决方案。电建租赁协同中国电建下属某总承包企业（B公司）参与投标并获中标，为业主提供融资租赁+EPC综合服务，解决了项目业主工期紧且融资难的痛点。

2.3 交易结构

该案例承租人（投资业主）为国内某以电气设备及系统生产制造为主业

的上市公司A下设的SPV公司，租赁物的供应商即项目EPC方为B公司，出租人为电建租赁。

新增及风险控制方案：①承租人先期投入20%项目资本金；②项目未来形成的所有资产和权益对租赁债权做抵质押担保，包括租赁物及土地抵押、电费收益权质押、承租人100%股权质押、发电收费账户监管；③上市公司A提供连带责任保证；④承租人自费为租赁物在建设期和运营期分别购买以出租人为第一受益人的相关保险；⑤供应商B为项目出具完工保函，保证在约定工期内完成项目竣工交付。

3 创新亮点

（1）通过融资租赁引领，实现集团成员企业商业模式从EPC向FEPC的升级，在解决客户融资难、工期紧痛点的同时，协同成员企业获得优质市场订单，最终达到产融结合、服务实体。本产品充分发挥了中国电建在电力能源领域的全产业链能力和成员企业间的产融结合协同效应，为客户提供“融资租赁+设计采购施工（Engineering，Procurement，Construction，EPC）”的全方位综合增值服务方案，解决客户需求痛点。通过提升竞争门槛，在同质化严重、价格竞争激烈的工程建设市场，规避无序低价竞争，以合理EPC报价实现了中国电建整体利益最大化，满足了客户项目快速投产实现收益的需求。由于出租人和供应商同属一个集团，显著减少了业主在融资、工程、结算等方面向多主体的协调工作量和难度，有利于尽早实现建设项目投产。

（2）以项目融资的视角设计租赁产品，借助成员企业营销触角，降低获客成本，深度参与项目开发全程，有效降低与承租人间的信息不对称，拓宽优质客户群体。融资租赁产品设计的原则是重债项（租赁物）、轻主体，注重项目未来现金流对租金的自偿能力，弱化对承租人主体信用资质的要求，与传统金融机构“重主体资格”的展业思路相比，大幅拓宽了租赁公司的获客范围。同时借助关联EPC方的营销和工程触角，深入项目开发，有效解决信息不对称，甄选优质中小客户，并解决其项目工期短且建设期融资难的问题。

（3）通过业主项目资本金投入缩小出租人风险敞口，以租赁物权+SPV股权+特许经营权（电费收益权）抵质押+收费账户监管结合方式，设计风险控制策略和租赁资产优先级风险退出。产品设计锁定了项目未来发电收入这第一还款来源，同时以 SPV 的上市母公司增信作为第二还款来源。在第一、二还款来源均不能实现情况下，由于出租人具有法定租赁物权，同时通过办理租赁物及项目土地、建筑物抵押防范善意第三方，有了项目资本金的风险敞口缓释，出租人仍可通过承租人股权的打折处置，实现租赁债权的优先受偿，风险控制得以闭环。本产品退出安排设计的亮点在于通过上述设计，出租人可全面掌控租赁项目未来形成的所有资产和权益，同时锁定项目资产和股权的优先受偿，进而实现通过股权转让实现有效的资产退出，规避了单独处置租赁物变现的巨大现实难度。

（4）依托出租人＋EPC 方的专业化资源禀赋，准确识别行业风险，优化项目建设期及运营期风险管控，凸显了出租人的差异化风险控制和市场竞争优势。中国电建是全球领先的电力能源工程建设投资商和国内新能源工程及咨询领域的排头兵，电建租赁作为“懂工程、熟机械、擅融资、长贸易”的产业系租赁公司，拥有国内租赁业一流的新能源项目风险识别和控制能力。通过出租人与 EPC 商的合作，共同对行业发展前景、项目手续完备性、技术成熟性、投资经济性、工程与质量过程可控性和资产可变现性进行准确评估，进而设计完善的交易结构和风险控制与退出策略。

（5）基于互联网和大数据的租赁资产管理。电建租赁通过与国内权威的专业新能源数据平台和咨询机构合作，开展新能源电站租赁资产的精细化管理，以互联网大数据为手段，对租赁电站投运后的运营情况开展远程监测，掌握租赁资产的实时运行动态数据，包括风资源、发电出力、电网消纳、电费结算、补贴收入、设备故障与检修等数据，做到对可能风险的及时预警和高效应对。

4 应用价值

新能源电站设备投资占比高，属于宜租行业，其投资主体较多元化，其中民营企业凭借灵活机制和高效决策，掌握相当比例的优质项目资源，但获得项目核准的项目公司往往是民企的下辖 SPV 公司，自身行业经验不足，在项目建成前无实质经营，无信用记录，要想高效建设开发拿到较好电价，即便有母公司支持，但仍普遍面临投资大，工期紧、融资难的困境。另外，国内电力建设产能严重过剩，新能源施工技术难度低，工程市场竞争同质化严重，价格战激烈，在民企开发商严控投资成本情况下，国有电力工程承包商在竞争中不占优势。通过该业务创新，出租人与其关联 EPC 企业一道，为优质中小开发商提供了融资租赁 + EPC 的综合增值服务产品，解决了其需求痛点，同时也能协同 EPC 方规避惨烈价格战，获得优质订单，充分发挥了租赁公司产融结合、服务实体的功能，具有很强的可复制性，能有效助力我国的能源结构转型升级战略，助力中国电建的新能源承包市场拓展。

“租赁+基金”降成本解难题，聚合力促发展

陕西财信融资租赁有限公司

1 背景介绍

随着经济下行压力加大，融资难融资贵成为制约我国民营经济和中小企业不断发展壮大的突出问题，更成为制约安康市毛绒玩具文创产业的发展瓶颈。为破解制约，积极为毛绒玩具新社区工厂发展营造良好环境。陕西财信融资租赁有限公司（以下简称“财信融租”）积极对接安康市新社区工厂领导小组办公室及市发改委、财政局、建行安康分行等，主动作为、敢为人先，推出“融资租赁+基金+新社区工厂贷”，金融支持新社区工厂发展组合拳。

安康市发改委对苏陕协作资金使用方式进行探索创新，设立了常州·安康扶贫协作融资租赁基金，从2018年苏陕扶贫协作资金中拿出580万元注入财信融租，优先用于支持新社区工厂特别是毛绒玩具文创企业开展融资租赁专项业务，对毛绒玩具文创企业融资租赁租金给予补贴，切实解决企业融资难融资贵问题，支持安康市经济发展，推动安康市承接东部产业转移和苏陕区域经济合作。

2 项目情况

2.1 项目主要参与方介绍

（1）出租人简介。

财信融租成立于2017 年10 月，注册资本为5 亿元人民币，注册地为西安市国际港务区。是经安康市人民政府同意，由市国有控股企业安康市财信小额贷款有限公司和市国有独资企业陕西安康高新产业发展投资（集团）有限公司共同出资设立的国有控股企业，是陕西省第一批内资租赁试点企业之一，中国融资租赁（西湖）论坛常务理事单位。

（2）承租人简介。

在安康市政府要求主动承接东部地区毛绒玩具文创产业转移，大力发展毛绒玩具产业的背景下，安康市对落户的毛绒玩具企业提供资金补贴、税收优惠、就业帮扶等一揽子产业扶持政策，积极促成毛绒玩具产业聚集。2018 年4 月，南京万协玩具有限公司经过充分调研，最终落户安康市旬阳县，成立陕西康之宁玩具礼品有限公司。

2.2 承租人的困境

陕西康之宁玩具礼品有限公司落户旬阳后，在毛绒玩具文创产业发展领导小组办公室的帮助下，很快解决了招工和工人培训的问题，依托南京万协玩具有限公司解决了技术和上下游渠道问题，但急需购买一批自动化程度较高的设备来满足公司经营需要。由于公司刚刚组建，资金非常紧张，且银行和其他金融机构均将其拒之门外。

2.3 财信融租为企解困，争取贴息降低成本

经过与承租人多次接触和谈判，财信融租了解到承租人虽是新企业，但其拥有成熟的生产技术和稳定的订单，且目前是有订单、有技术、有人才、有厂房、有经验，仅缺少设备，只要解决设备问题，可以立即投产达效。随即，财信融租派遣多名业务和风控人员分别前往承租人经营地、南京万协玩

具有限公司车间、设备厂商，全面开展尽职调查，双方很快达成合作意向，设备总金额为130万元，且通过直接融资租赁的模式为其提供设备租赁。

由于设备及时到厂，承租人顺利开工投产。随后财信融租积极主动对接苏陕扶贫基金，为其申请苏陕扶贫融资租赁租息补贴。同时为了承租人更好的发展以及双方业务合作上的双赢，又免费为其提供咨询服务，协助其申请建设银行“新社区工厂贷”专项贷款，解决企业后续发展资金问题。

2.4 项目创新内容

财信融租拥有国企背景，具备优先掌握政策信息的优势，在业务实际操作中根据承租人的资质和经营现况，最大化地将地方的优惠政策嵌入融资租赁方案中，尽可能为承租人降低融资成本，实现业务合作上的双赢。

在本笔业务中，承租人设立之初由于缺少设备，且又是新企业，银行和其他金融机构均将其拒之门外，因此无法进行生产，导致厂房租金补贴、生产水电补贴均无法享受。财信融租经过详尽的调查，并研究了地方补贴政策和产业扶持政策，建议承租人招聘建档立卡贫困户工人，以满足扶贫协作融资租赁基金的租息补贴条件。达成一致后，以短短20天时间完成了项目落地，并及时将信息反馈至安康市发改委，积极为承租人申请了全额租息补贴，使其以极少的付出完成设备投资，并在半年内投产达效，达到厂房租金补贴、生产水电补贴标准。同时协助其申请建设银行“新社区工厂贷”专项贷款100万元，解决了企业后续发展资金问题。

承租人既是苏陕协作背景下的产业转移企业，又是扶贫带贫的社区工厂，财信融租积极开展本笔业务，既推动了安康市承接东部产业转移和苏陕区域经济合作，又助力了安康市脱贫攻坚和产业扶贫事业，社会效益远大于经济效益。

3 创新成效

3.1 项目综合效益超预期

目前，该项目正常到期，设备所有权已转移给承租人。承租人创立之初，以较少的投入获得了生产设备，成为较早投产达效的产业转移企业之一，抢占了发展先机；在租赁期间，财信融租除了通过对接苏陕扶贫基金对本笔融资租赁业务的租息进行了全额补贴外，还帮助承租人获得了建设银行“新社区工厂贷”授信，解决了承租人后续资金问题，目前承租人已发展了 7 家分公司，事业蒸蒸日上。

3.2 业务拓展与产业转移有机结合

安康市印发并实施了《安康市人民政府关于加快推进毛绒玩具文创产业发展打造安康市新兴支柱产业的意见》，要求大力发展毛绒玩具文创产业，承接中国东部毛绒玩具文创产业转移，解决大量贫困人口的就业问题，促进产业脱贫和经济发展。在此背景下，近两年已有 120 余家毛绒玩具企业在安康市投资建厂，财信融租以融资租赁 + 基金的新模式助力地方招商引资，有力推动了地方经济结构转型，促进经济健康可持续发展。

3.3 助力地方发展，践行国企担当

本笔业务打造了财信融租支持中小微企业和扶贫带贫企业发展的样板，开创了业务与地方产业扶持优惠政策结合、经济效益与社会效益结合的新发展模式，以此带动更多贫困人口就业，助力安康市脱贫攻坚和产业扶贫事业，践行国企担当。同时，财信融租在此种发展模式的基础上不断探索创新，统筹运用苏陕扶贫基金，以符合国家发展战略的行业为业务投放方向，积极支持企业科技创新，为当地多家电子科技、高新技术和节能环保企业提供全方位的融资租赁 + 基金服务，促进了地方科技创新产业和节能环保事业发展。

中关村科技租赁第 4 期资产支持专项计划案例

刘焕礼　钟宝玉①

2019 年 8 月 6 日，由天风证券股份有限公司担任计划管理人的“中关村科技租赁第 4 期资产支持专项计划”成功设立，发行总规模为 10 亿元。本产品为国内首单扶持科创型民营中小企业的循环型租赁 ABS，在金融赋能中小科创企业，提高企业融资效率方面，具有重要的示范效应。

1　产品基本情况介绍

1.1　产品亮点

1.1.1　原始权益人/第一差额支付承诺人具备较强的专业能力

本产品原始权益人/第一差额支付承诺人中关村科技租赁股份有限公司（以下简称为“中关村租赁”），中关村科技租赁股份有限公司（股份代号：1601. HK，前身为中关村科技租赁有限公司）成立于 2012 年 11 月，是经商务部和国家税务总局批准的国有控股内资融资租赁试点企业，注册资本金为 10 亿元人民币，于 2019 年 8 月 16 日核准为股份有限公司，是服务中国科技和新经济公司的先行者。2020 年 1 月 21 日，中关村科技租赁于中国香港联合交易所有限公司主板正式上市。依托于中关村发展集团，中关村科技租赁以“促

① 天风证券股份有限公司。

进科技与金融的融合，成就科技创业者的梦想”为己任，专注于为科技及新经济公司提供高效的融资租赁解决方案和多样化的咨询服务，满足科技和新经济公司于不同发展阶段的金融服务需求，以实现科技产业与金融产业的共赢发展。

公司累计发行四期 ABS，资产表现良好，产品均正常兑付，未发生产品逾期、违约等风险事件。

1.1.2 第二差额支付承诺人具有极高的信用质量

中关村发展集团股份有限公司（以下简称为“中关村发展集团”），主体评级为 AAA，注册资本 230 亿元。中关村集团作为第二差额支付承诺人，对优先 B 级证券的本息偿付承担差额补足义务。中关村集团作为中关村重要的开发建设主体，业务地位突出，能够持续获得资本金注入及财政补贴等方面较大力度的支持，并且已逐步形成多元化产业结构，且具有一定规模优势，其极高的信用质量有助于保障优先 B 级证券本息的安全偿付。

1.1.3 入池资产分散度高，质量优良

初始基础资产合同共计 130 份，共计 99 个承租人（单笔租赁合同平均待收本金余额为 831.42 万元）。入池资产应收租金总额约为 11.74 亿元人民币，其中应收本金总额约为 10.81 亿元，优先级预计融资规模为 9.70 亿元。承租人以中小型科创企业为主，整体及偿债能力良好。

1.1.4 产品信用增级措施充分

初始入池基础资产设置了保证金，保证金金额合计占初始入池资产未偿本金余额的比例为 11.74%。本专项计划安排了优先/次级分层、现金流超额覆盖、中关村租赁第一差额支付承诺、中关村集团第二差额支付承诺、原始权益人赎回机制、信用触发机制等增信措施。

1.1.5 循环购买机制

出于原始权益人融资需求，本期项目采用了循环购买机制，其中循环期 1 年，摊还期 2 年。在循环购买期内，基础资产产生的现金流只支付专项计划费用以及向资产支持证券持有人支付预期收益，不支付本金，剩余现金流用于购买新增基础资产，极大地提高了原始权益人的融资效率。

1.2 产品要素

本产品发行规模合计 10 亿元，其中优先 A 级资产支持证券发行规模为

7.6亿元，AAA评级，发行利率为5.35%、优先B级资产支持证券发行规模为2.1亿元、AAA评级，因原始权益人中关村科技租赁股份有限公司股东中关村发展集团股份有限公司为优先B级资产支持证券提供差额支付承诺，其发行利率为4.7%。本产品基本要素如下表：

表1　中关村科技租赁第4期资产支持专项计划产品要素

发行总规模	10亿元		
入池资产规模	11.74亿元（租金本息）		
产品成立日	2019年8月6日		
证券分档	优先级A	优先级B	次级
目标规模	7.60亿元	2.10亿元	0.3亿元
规模占比	76%	21%	0.3%
信用等级	AAA	AAA	—
预计到期日	2022年3月20日	2022年3月20日	—
发行利率	5.35%	4.70%	—
利率类型	固定利率	固定利率	—
付息方式	按季付息	按季付息	—
本金偿付方式	循环期不还本，分配期过手摊还	循环期不还本，分配期过手摊还	—

1.3　基础资产情况

本期专项计划基础资产租赁合同共计130份，共计99个承租人，截至初始基准日，初始基础资产应收租金余额的总规模约为11.74亿元人民币。基础资产系中关村科技租赁为中小民营科技企业提供的融资租赁金融服务，承租人广泛分布于通信基础设备、人工智能及大数据、云计算、互联网服务平台、节能环保（传统能源）、循环再利用、清洁能源、医疗及健康服务、医药及保健品、医疗器械、集成电路、新材料、新能源汽车产业链（运营服务）、机器人、消费升级、办公空间、仓储物流等行业。

2 产品交易结构介绍

“中关村科技租赁第 4 期资产支持专项计划”原始权益人、资产服务机构及第一差额支付承诺人为中关村科技租赁股份有限公司，股东中关村发展集团股份有限公司担任第二差额支付承诺人。专项计划主要参与机构及交易结构图如下表：

表 2 中关村科技租赁第 4 期资产支持专项计划主要参与机构

计划管理人	天风证券股份有限公司
原始权益人/资产服务机构/第一差额支付承诺人	中关村科技租赁有限公司
第二差额支付承诺人	中关村发展集团股份有限公司
托管银行	华夏银行股份有限公司北京分行
监管银行	华夏银行股份有限公司北京知春支行
评级机构	上海新世纪资信评估投资服务有限公司
法律顾问	北京市圣大律师事务所
资产类别	融资租赁
交易场所	深圳证券交易所

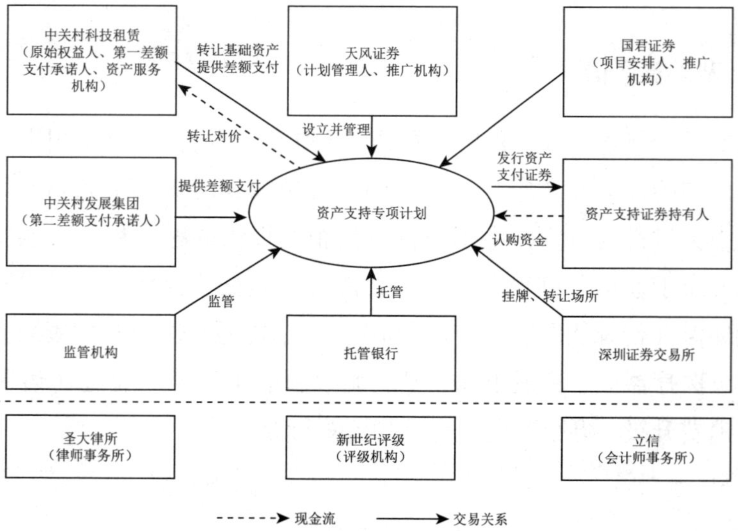

图 1 中关村科技租赁第 4 期资产支持专项计划交易结构

本次专项计划主要采取了优先/次级分层机制、差额支付承诺、现金流超额覆盖、原始权益人赎回机制和信用触发机制等增信措施。优先/次级分层机制系指每一次进行投资收益的分配时，只有在所有优先级本息完成足额兑付后，次级方可享有剩余收益。根据本期专项计划的交易结构设定，优先 A 级资产支持证券、优先 B 级资产支持证券、次级资产支持证券和初始超额抵押的比例分别为 70. 31%、19. 43%、2. 78% 和 7. 48%。优先 A 级资产支持证券能够获得优先 B 级资产支持证券、次级资产支持证券和初始超额抵押合计 29. 68% 的信用支持；优先 B 级资产支持证券能够获得次级资产支持证券和初始超额抵押合计 10. 26% 的信用支持。次级证券吸收了专项计划的风险，极大降低了优先级证券的风险。优先级/次级分层机制在专项计划存续内的每一期间均发挥作用。

差额支付承诺系指第一差额支付承诺人中关村科技租赁不可撤销及无条件地向计划管理人（代表资产支持证券持有人）承诺对专项计划可分配资金不足以根据《计划说明书》和交易文件支付优先级资产支持证券的当期预期收益和本金的差额部分承担补足义务。第二差额支付承诺人中关村发展集团不可撤销及无条件地向计划管理人（代表资产支持证券持有人）承诺在中关村科技租赁不能按《计划说明书》《第一差额支付承诺函》及专项计划文件承担第一差额支付义务时，对专项计划可分配资金不足以支付次优级资产支持证券的当期预期收益和本金的差额部分承担补足义务。

现金流超额覆盖系指初始基础资产池的应收租金总额约为 11. 74 亿元人民币，其中应收本金总额约为 10. 81 亿元，而本专项计划优先级证券的目标募集规模为人民币 9. 70 亿元，基础资产池的应收租金对优先级资产支持证券本金部分形成超额覆盖，有力地保障了优先级资产支持证券本息的兑付。

原始权益人赎回机制系指当原始权益人或资产服务机构发现不合格基础资产/违约基础资产时，原始权益人应按照《资产转让协议》的约定赎回不合格基础资产、违约基础资产，资产赎回的方式包括用现金赎回以及用新的资产替换原有资产。

信用触发机制系为预防信用风险，尽最大可能减少债务人信用风险对基础资产的影响，专项计划还设置了加速清偿事件、权利完善事件、违约事件等信用触发机制。

3 原始权益人介绍

本次专项计划的原始权益人为中关村科技租赁股份有限公司，公司成立于 2012 年 11 月 27 日，控股股东为中关村发展集团股份有限公司，是中关村集团科技金融板块下的融资租赁公司。该公司致力于通过提供创新的设备租赁解决方案和金融服务为科技与新经济企业解决融资难题，从而促成科技与新经济产业与金融产业的共同发展。截至 2019 年 6 月 30 日，中关村科技租赁已服务超过 750 名承租人，其中超过 95% 是科技和新经济公司，已开展了超过 1200 个融资租赁项目，放款总额约人民币 156 亿元。

中关村科技租赁以科创型中小企业融资租赁业务为主业，依托股东资源优势及园区影响力、自身管理团队以及专业团队在相关细分领域多年的经验积累，公司在相关细分领域的竞争优势如下：

3.1 市场定位于科技租赁，行业地位突出

中关村科技租赁有限公司的市场定位是为具有创新性、复杂性的科技型中小企业提供高效金融服务及设备租赁解决方案，是全国领先的科技租赁公司。在科技租赁行业具有代表性地位。不同于其他租赁公司服务于传统的产业，公司主要服务的目标客户定位于战略性新兴产业，如节能环保、生物制药、电子信息、医疗器械、高端装备制造等。这些行业企业技术更新速度快，设备投资、改造更新、升级需求大。相对于传统银行信贷、战略投资等金融服务，融资租赁灵活性高，综合服务能力强，对于这些新兴产业融资需求有天然的优势。

3.2 股东实力雄厚，资源优势突出

中关村租赁是中关村集团布局科技金融的重要一环，在集团科技金融体系内拥有重要地位，公司可在业务开展、资本补充及资金支持等方面持续获得股东的有力支持。2017 年，公司获得股东增资 5 亿元，资本实力得到大幅提升。在业务协同方面，公司与中关村集团下属成员子公司根据自身的专业特点，在服务相同客户时，互相推荐适合客户运用的产品，从而满足客户综

合化的金融需求。资金支持方面，中关村集团及其他关联方可向中关村租赁提供资金拆借。

3.3 依托中关村新兴产业集群，客户资源丰富

在政策推动下，中关村示范区成为跨行政区的高端产业功能区，中关村示范区的发展为中关村租赁提供了大量的客户资源。为支持聚焦服务中关村示范区创新创业主体，中关村管委会颁布《中关村国家自主创新示范区促进科技金融深度融合创新发展支持资金管理办法》（中科园发〔2017〕10号），对于帮助企业拓宽融资渠道、提高融资效率、降低融资成本的金融机构，发放一定的补贴款项。中关村租赁作为支持中关村园区创新创业企业发展的主体之一，自成立以来，持续获得中关村管委会的补贴款项，2016—2018年，公司获得中关村管委会提供的补偿款分别为507.75万元、500万元和500万元。2018年全年，包括中关村管委会提供的补偿款，公司总计获得政府奖励性补贴超过1000万元。

3.4 租赁资产质量良好

中关村租赁在现有业务基础上，公司针对可能面临的信用风险、流动风险及操作风险，建立了符合自身业务需求的一套较为完备的风险管理体系，并持续推动其完善。目前公司正在探索和建立完整的风险管理体系，积极探索大数据风险管理、主体评级体系等风险管理模式。

截至2018年末，公司不良应收融资租赁款余额为6676.66万元，应收融资租赁款不良资产率为1.21%。在租赁业务规模快速发展的同时，中关村租赁不良资产规模占比较小，资产质量总体保持良好水平。

3.5 中关村租赁服务理念先进，盈利能力突出

中关村租赁目前主要从事国内融资租赁业务，营业收入主要来源于融资租赁利息收入，涉及的领域主要包括生物和健康、节能环保、科技服务、新能源与新能源汽车及高端装备与通用航空等。中关村租赁借助中关村产业园区平台，为产业集群的核心企业及其上下游产业链开展融资租赁业务，主要采用“1+N”的业务模式开展业务，其中“1”指龙头企业，“N”指其产业链上的企业，通过产业链布局的思路，为产业链上多个企业提供租赁服务，

形成收益最大化的业务模式。

中关村租赁盈利能力较强，业绩增长突出。2016—2018年度，公司实现的净利润分别为8744.55万元、9399.19万元和12453.95万元。中关村租赁净利润呈逐年递增态势，盈利能力较强，有效提升公司的竞争力。

3.6 融资渠道广泛、融资能力突出

发行人积极开发京津冀、粤港澳大湾区及长三角地区的客户，通过挖掘有潜力的成长型客户的多元化需求，在交叉营销基础上，将公司盈利达到最大化释放。目前公司融资渠道畅通，截至2018年末，中关村租赁所获得的银行授信限额共计人民币63.90亿元，其中未使用额度为48.39亿元。充足的授信能够为公司业务扩张提供一定资金基础。未来公司将继续通过股东借款、银行借款、资产证券化以及发行债券等方式丰富融资渠道，优化融资结构。

中关村租赁有限公司控股股东为中关村发展集团股份有限公司，集团持有公司股份比例合计为64.00%（其中4.00%通过全资子公司中科金集团间接持有），实际控制人为北京市政府。中关村发展集团股份有限公司资产规模雄厚，有较强的盈利能力，截至2018年12月31日，公司资产规模达到1321.55亿元，股东权益达388.06亿元。中关村集团成立初衷为加快中关村国家自主创新示范区“一区多园”的统筹建设，目前已发展成为以产业投资、科技金融和园区发展为主业的全链条服务型企业。集团充分发挥国有资本引领放大作用，积极开展产业投资、科技金融和园区发展三大主营业务。作为公司控股股东，中关村发展集团能够在资金支持、渠道拓展和业务协同等方面给予公司一定的支持。

4 管理人介绍

天风证券股份有限公司成立于2000年3月，系由原天风证券有限责任公司依法整体变更设立，是一家总部位于武汉的全国性综合型全牌照证券公司。

2018年10月19日，公司在上海证券交易所挂牌上市，股票代码：601162，注册资本达51.8亿元，总资产逾550亿元。

截至2018年12月31日，天风证券在全国设有98家证券营业部、4家子

公司及16家分公司。股东结构多元，股东类型涵盖国有企业类、集团化公司类、金融机构类、基金投资类、上市公司类等不同参与主体，天风证券将国企股东的经验，与民营资本灵活的机制和创新思维有效融合，优势互补，形成完善的法人治理结构和市场化的规范经营模式，发挥了混合所有制的优势。2008年至2018年6月，近十年的时间内，天风证券注册资本增长近25倍，总资产增长约57倍，净资产增长约79倍，净资本增长112倍。

天风证券拥有完整的资产证券化业务构架，建立了包括承揽承做、销售、投资（自营投资、ABS夹层基金和Pre－ABS基金）、后续管理等一体化的全产业链业务体系。

天风证券资产证券化业务正式起步于2016年6月，截至2019年12月31日，天风证券合计共发行91单资产证券化产品，规模超过1055亿元，排名行业前列。

天风证券拥有行业一流的资产证券化专业团队，在资产证券化和类REITs领域及不同基础资产领域拥有专业、高效、丰富的实务经验，在业内具有较强影响力。团队成员曾负责或参与完成了国内多个首单基础资产的资产证券化项目。

2018年，天风证券担任管理人的融资租赁债权类资产证券化项目，其发行数量和规模在交易所市场（含报价系统）融资租赁债权类ABS产品中均排名第1位。公司作为计划管理人发行运用了区块链技术的ABS产品共3支，发行数量排名国内券商第一，在金融科技与资产证券化的结合方面具有较强的先发优势。

凭借优秀的业务能力，公司获2018年度“上交所—资产支持专项计划优秀管理人”和“深交所—优秀资产支持专项计划管理人”奖项。

第四部分

当下租赁热门问题研讨与部分宜租行业分析

LPR 利率形成机制改革及其融资租赁行业定价机制的改进

杨柳勇①

2013 年 10 月 25 日中国人民银行开始试行 1 年期的 LPR 报价和发布，到 2019 年 8 月 17 日中国人民银行发布〔2019〕第 15 号公告，决定改革 LPR 利率形成机制，同年 12 月中国人民银行又发布了〔2019〕第 30 号公告，决定加快 LPR 的改革。至此关于人民币利率的市场化改革进入了又一个关键性阶段，目标就是把现行的以贷款基准利率上下浮动的利率定价机制切换至由 LPR 加点的贷款利率更为市场化的决定机制上来。也就是说，LPR 已成为贷款利率定价的主要参考基准。

这次以 LPR 为突破口的利率市场化改革必将为相关银行业金融机构利率定价带来深远的影响。金融租赁公司已在改革的范围之内。融资租赁企业的利率定价，一头连着企业，一头连着银行，随着银行贷款利率定价市场化机制的推进，融资租赁企业不可能独善其身，按原有的规则来定价，必须对利率定价作出重大的改进。

本文将分析这次 LPR 改革的具体做法和可能的影响，进而专门对融资租赁企业的影响进行分析，提出融资租赁企业改进利率定价的建议。

---

① 浙江大学金融研究院副院长。

1 LPR 利率形成机制改革

1.1 LPR 利率形成机制的改革历程

我国的利率市场化改革是逐步推进的。1993 年党的十四届三中全会《关于建立社会主义市场经济体制若干问题的决定》提出了利率市场化改革的基本方向，即“中央银行按照资金供求状况及时调整基准利率，并允许商业银行存贷款利率在规定幅度内自由浮动”。1995 年《中国人民银行关于“九五”时期深化利率改革的方案》初步提出利率市场化改革的基本思路。接着我国在 1996 年 6 月和 1997 年 6 月分别放开了银行间同业拆借市场利率和银行间债券市场回购和现券交易利率。1998 年将金融机构对小企业的贷款利率浮动幅度由 10% 扩大到 20%，农村信用社的贷款利率最高上浮幅度由 40% 扩大到 50%。2000 年 9 月 21 日实行外汇利率管理体制改革，放开了外币贷款利率，300 万美元以上的大额外币存款利率由金融机构与客户协商确定。在上述改革的基础上，中国人民银行在《2002 年中国货币政策执行报告》中提出了我国利率市场化改革的总体思路，即先外币、后本币；先贷款、后存款；先长期、大额，后短期、小额。后续的利率市场化改革也基本上遵循了这样的思路。2004 年 10 月放开人民币贷款的利率上限管制，并取消存款利率的下限。2005 年 3 月，金融机构同业存款利率完全放开。2007 年上海银行间同业拆借利率（Shibor）正式运行。到 2007 年货币市场的各种利率都已放开。

我国的利率市场化改革也受到了美国次贷危机的影响，危机得到平息以后，我国又加快了利率的市场化进程，2012 年 6 月中国央行进一步扩大利率浮动区间，将存款利率浮动区间的上限调整为基准利率的 1.1 倍，贷款利率浮动区间的下限调整为基准利率的 0.8 倍。2013 年 7 月，全面放开金融机构贷款利率管制。并取消票据贴现利率管制，改变贴现利率在再贴现利率基础上加点确定的方式，由金融机构自主确定。至此，政策层面已经完全放开贷款利率定价。2013 年 10 月推出贷款基础利率（LPR），12 月推出同业存单，2015 年 6 月推出大额存单，2015 年 10 月放开商业银行、农村合作金融机构、村镇银行、财务公司、金融租赁公司、汽车金融公司等金融机构活期存款、一年以内（含一年）定期存款、协议存款、通知存款利率上限，2015 年 12 月放开金融机构一年以上（不含一年）定期存款利率浮动上限（其余仍保持基准利率的 1.5 倍）。中央银行则相继推出短期流动性调节工具、常备借贷便利、中期借贷便利等工具，旨在加强利率的传导作用。

2015 年后利率市场化改革的探索主要是培育央行货币政策利率和市场基础利率，完善利率走廊机制，改进从基础利率到货币市场、债券市场、信贷市场利率的传导机制，最终目标是建立由市场供求关系决定金融机构存贷款利率的市场利率体系和利率形成机制。

1.2 LPR 改革的出发点和主要内容

LPR 的改革实际上分为两个阶段，一是从 2013 年开始到 2019 年的初步 LPR 报价改革，二是本次 LPR 改革，包括 2019 年 8 月和 12 月起 LPR 的两次改革。

LPR 报价和发布从 2013 年就开始了。2013 年 10 月 25 日，当时称为“贷款基础利率”（现称为贷款市场报价利率 Loan Prime Rate，简称 LPR）的集中报价和发布机制正式运行。运行初期向社会公布 1 年期贷款基础利率。目标就是为进一步推进利率市场化，完善金融市场基准利率体系，指导信贷市场产品定价。LPR 被设计为商业银行对其最优质客户所执行的贷款利率。其他的贷款利率在 LPR 上加减点生成，希望成为货币政策基准利率，并取代贷款基准利率。但是从执行的效果看，反而是 LPR 跟着贷款基准利率走，因而失去了它的本意。

从当时的报价机制看，设计 9 家银行为首批报价行，每个工作日在各报价行报出本行贷款基础利率的基础上，剔除最高、最低各 1 家报价后，将剩余报价作为有效报价，以各有效报价行上季度末人民币各项贷款余额占所有有效报价行上季度末人民币各项贷款总余额的比重为权重，进行加权平均计算，得出贷款基础利率报价平均利率，于每个工作日对外公布。而且也设计了市场利率定价自律机制，对报价行的报价质量进行监督评估，促进提升贷款基础利率的基准性和公信力。事实上从运行结果看，由于贷款基准利率作为政策利率具有很强的指导性（在实践中，与法定准备金率变动一样，基准利率的变化成为货币政策的标志性指标），加上 LPR 的报价缺乏真实的交易行为，所以结果就是 LPR 跟随贷款基准利率（见表 1 和图 1）。

表 1　2014—2015 年降息周期中 LPR 跟随基准利率变动

宣布降息时间	贷款基准利率			LPR 一年期	
	一年以内（含一年）	一至五年（含五年）	五年以上	LPR 调整时间	利率
2014. 11. 22	5. 60	6. 00	6. 15	2014. 11. 24	5. 56
2015. 03. 01	5. 35	5. 75	5. 90	2015. 03. 02	5. 30
2015. 05. 11	5. 10	5. 50	5. 65	2015. 05. 11	5. 05
2015. 06. 28	4. 85	5. 25	5. 40	2015. 06. 29	4. 80
2015. 08. 26	4. 60	5. 00	5. 15	2015. 08. 26	4. 55
2015. 10. 24	4. 35	4. 75	4. 90	2015. 10. 26	4. 30

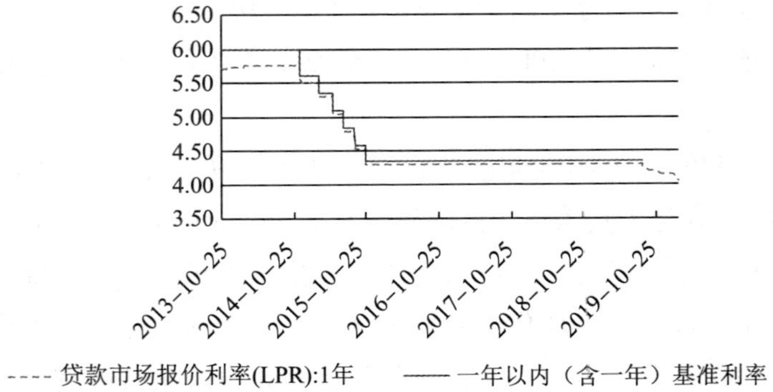

图 1　LPR 随基准利率报价（2019 年 8 月前）

改革的本意是 LPR 利率应该与银行利率定价密切相关，但是事实上跟随贷款基准利率，而贷款基准利率作为货币政策指标不可能经常变化，所以 LPR 就失去了它的本意。现实中，货币政策的利率传导机制无法通达银行。

为深化利率市场化改革，提高利率传导效率，推动降低实体经济融资成本，中国人民银行 2019 年 8 月决定改革完善贷款市场报价利率（LPR）形成机制（中国人民银行公告〔2019〕第 15 号）。其要点是（见人民银行公告）：（1）LPR 形成方式改变。贷款市场报价利率报价行应于每月 20 日（遇节假日顺延）9时前，按公开市场操作利率（主要指中期借贷便利利率①）加点形成的方式，向全国银行间同业拆借中心报价，全国银行间同业拆借中心按去掉最高和最低报价后算术平均的方式计算得出贷款市场报价利率。改变了原有LPR事实上按贷款基准利率报价的方式。（2）报价行更有代表性。LPR的报价行除了原有的全国性银行外，还加进了城市商业银行、农村商业银行、外资银行和民营银行等共18家。（3）期限品种。贷款市场报价利率由原有1年期一个期限品种扩大至1年期和5年期以上两个期限品种。银行的1年期和5年期以上贷款参照相应期限的贷款市场报价利率定价，1年期以内、1年至5年期贷款利率由银行自主选择参考的期限品种定价。（4）银行贷款定价基准。自公告日起，各银行应在新发放的贷款中主要参考贷款市场报价利率定价，并在浮动利率贷款合同中采用贷款市场报价利率作为定价基准。存量贷款的利率仍按原合同约定执行。（5）银行贷款利率定价的竞争性。各银行不得通过协同行为以任何形式设定贷款利率定价的隐性下限。（6）监督机制。央行把银行的LPR应用情况及贷款利率竞争行为纳入宏观审慎评估（MPA），督促各银行运用LPR定价。

2019年12月18日，中国人民银行〔2019〕第30号公告，为进一步推动贷款市场报价利率（LPR）运用，主要就存量浮动利率贷款的定价基准转换为LPR作出要求，自2020年1月1日起，各金融机构不得签订参考贷款基准利率定价的浮动利率贷款合同；自2020年3月1日起，金融机构应与存量浮动利率贷款客户就定价基准转换条款进行协商，将原合同约定的利率定价方式转换为以LPR为定价基准加点形成（加点可为负值），加点数值在合同剩余期限内固定不变；也可转换为固定利率。存量浮动利率贷款定价基准转换原则上应于2020年8月31日前完成。存量浮动利率贷款定价基准转换为LPR，除商业性个人住房贷款外，加点数值由借贷双方协商确定。

与15号文不同的是，30号文中针对存量浮动利率贷款部分也要求转换为LPR定价，消除15号文中的一个漏洞，从而根本上就抛弃了基准利率，也就是“两轨合一轨”。至此，剩下的官定利率只有存款基准利率了。这个改革也

---

① 中期借贷便利（Medium-term Lending Facility，MLF），是指中央银行提供中期基础货币的货币政策工具。于2014年9月由中国人民银行创设。对象为符合宏观审慎管理要求的商业银行、政策性银行，可通过招标方式开展。发放方式为质押方式，并需提供国债、央行票据、政策性金融债、高等级信用债等优质债券作为合格质押品。

体现了利率市场化改革中的“先贷款后存款”的思路。

1.3 LPR改革主要解决什么问题

一是改革新出现的贷款参考利率的双轨制，双轨并一轨，确定LPR为贷款参考利率，摒弃贷款基准利率。

2013年人民银行放开了贷款利率的全面管制，为引导商业银行贷款利率，避免贷款利率的无序价格竞争，市场利率定价自律机制组织成立了LPR（当时称为贷款基础利率）工作小组，10月25日LPR集中报价和发布机制正式运行。其本意就是贷款定价交给市场。但是由于贷款基准利率并未退出，反而在2014—2015年的降息周期中变成了货币政策标志性指标而得到强化，于是LPR就变成了基准利率的跟随者，失去了应有的功能。

因此这次的LPR改革就是要取消原贷款基准利率，发挥LPR的应有功能，使其成为银行贷款定价的参考。而货币政策的利率则迁移至MLF利率以及Shibor、FR007等货币市场利率。对此改革，中国金融四十人论坛的徐高总结得很清晰：“传统的货币政策传导路径是‘中央银行——银行间市场短期政策利率——金融市场中其他期限和品类的利率——银行存贷款利率’。但这条货币政策传导的‘大路’因为种种原因而阻塞，使得人民银行需要通过LPR改革来构建‘中央银行——银行间市场中期政策利率（MLF利率）——LPR——银行贷款利率’这条货币政策传导路径的‘小路’。这条‘小路’给人民银行提供了跳过市场而直接影响银行贷款利率的能力。”

二是要解决贷款利率的非市场性和利率的刚性问题。

2019年8月之前，银行贷款的定价主要是按基准利率上下浮动，体现了一定的市场性，银行可以根据政策的松紧状况、客户的信用差异和本行的资金情况等来决定对客户贷款利率的上下浮动幅度。问题是基准利率是不常用的货币政策工具，银行按基准利率来定价并不能反映真正的货币政策意图，既不能反映政策利率（如MLF），也不能反映政策影响很大的货币市场利率水平，银行按基准利率定价形成了事实上的利率非市场性和利率的刚性。

三是打通从政策利率到贷款利率的路径。

我国的货币政策的传递机制与以前比较已经有很大的改善，央行的利率如MLF利率和货币市场利率基本上能够反映出央行的政策意图。比如Shibor和FR007债券回购利率因为具有实质交易的支撑，反映了真实的成本和连续价格，所以其市场性特别好，具备了货币政策传导过程的中介变量的功能，一定程度上也可以成为贷款的基准。Shibor 和 FR007 的特点是它们作为货币市场利率，与货币政策利率的变化比较一致，与货币政策工具的实施预后基本一致。也就是说政策利率和政策工具的实施能够比较灵敏地传导到货币市场利率上来，改变货币市场的利率趋势。但是在实现货币政策利率到银行信贷利率的传导中，光是改变货币市场利率有可能是不够的。因为在这次改革之前，仍旧存在受管制的存贷款基准利率，而且银行的存贷款利率定价以此为基准，这说明货币市场利率无法有效传递到信贷市场，特别是在 2016 年后贷款基准利率就没有再变动过，造成银行信贷利率也相对固化。另外，货币市场的主要交易品种均是短期的，目前尚很难直接作为银行贷款定价的基准。

这样恢复 LPR 的真面目，去除贷款基准利率的羁绊，建立 LPR 的良好的市场性是这次 LPR 改革的目标。

四是 LPR 的改革，短期上还有降低融资成本的意图。

这一点是比较特殊的，我们可以在利率下行的周期中来理解它。政策利率和货币市场利率均呈现下降趋势，但是按贷款基准利率加浮动的银行信贷资金的成本并未相应同比例下降，银行的息差保持长期较高的水平。既然原有的银行贷款定价方式无法反应利率的市场趋势，那么这次的改革就是要实现这个降资金成本的目的。

1.4 利率市场化的方向

总结前述，以 LPR 为标的的利率市场化改革基于几方面的考虑，一是事实上存在的两种利率，LPR 利率和存贷款基准利率，即存在双轨；二是银行的利率定价习惯未改，主要依据基准利率，而基准利率是不太变化的，无法根据央行有实质性交易的利率如 MLF 利率等进行调整，也说明货币政策的传递机制不够有效；三是相应的自律机制和央行的监督、评价、激励机制不够完善，无法促成银行贷款利率的变动。所以利率市场化改革已经放开了绝大部分利率，但是，事实上因为存在银行按存贷款基准利率定价的习惯，所以无法把政策利率如 MLF 利率传递到信贷利率上去。在政策利率乃至货币市场利率下行时期，信贷利率无法下降，实体经济的资金成本居高不下。

通过这次改革，形式上利率市场化的最后障碍是存款基准利率的官定。相对于贷款基准利率，存款基准利率主要作用于各类存款市场，对于银行短端市场中的非存款类产品来说，比如存单市场及部分理财产品主要依据 Shibor 等市场价格来定价，市场化程度是比较高的。央行副行长刘国强最近表示，存款基准利率是我国利率体系的“压舱石”，将长期保留，未来人民银行将按照国务院部署，综合考虑经济增长、物价水平等基本面情况，适时适度进行调整。

当然实质上，我国利率市场化的终极目标是建立一个货币政策能够有效传递、银行贷款利率能够市场化定价、微观主体能够得到有效资金投入的资金资源有效配置机制。其条件是金融机构有竞争性、金融结构有合理性、微观信用环境好。

毕竟 LPR 也是一个过渡期的产物，它仍然不是以实质交易来支持的。根据国际经验看，未来 LPR 定价的范围有可能缩小在特定的消费信贷等领域，大部分的商业性贷款的定价随着利率传递机制的完善，可以参考多种利率水平，比如直接的政策利率 MLF、再贷款再贴现率，货币市场利率 SHIBOR、FR007 等，也可以参考 LPR。

从 2019 年 8 月 20 日推出新的 LPR 以来到 2020 年 3 月 20 日，已经发布了 8 次 LPR，利率呈现小降趋势（见图 2）。

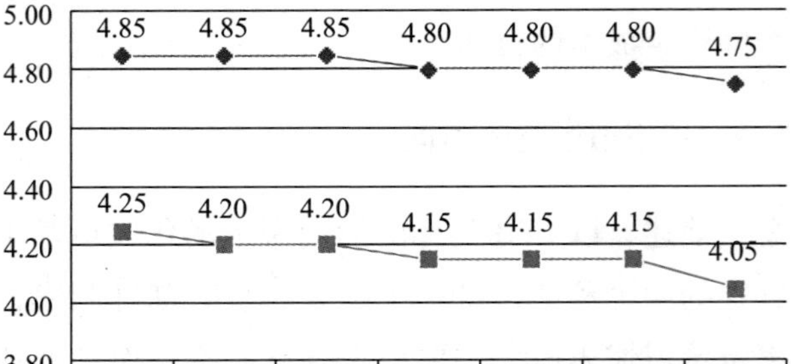

	2019–08–20	2019–09–20	2019–10–21	2019–11–20	2019–12–20	2020–01–20	2020–02–20
—■— 贷款市场报价利率(LPR):1年	4.25	4.20	4.20	4.15	4.15	4.15	4.05
—◆— 贷款市场报价利率(LPR):5年	4.85	4.85	4.85	4.80	4.80	4.80	4.75

图 2　2019 年 8 月 LPR 改革以来的 LPR 利率

2　LPR 改革对融资租赁资产定价的影响

LPR 改革对融资租赁行业的影响将是比较全面的，因为定价问题是一个公司竞争力的体现，也是竞争的手段。目前融资租赁公司的息差收入占到全部收入的 80% 左右，所以不管是资产端还是负债端，其成本和定价的高低与租赁公司的盈利和资本回报是休戚相关的。更何况，租赁公司的手续费收入基本上也是租赁定价的可替代部分，这个收入与利息净收入合起来就是租息定价，就是我们要讲的租赁公司定价的范围。这两部分收入几乎占租赁公司营业收入的全部。举例来说，江苏租赁 2015—2019 年三季报的营业收入中，平均的利息净收入占 77.8%，手续费等收入占 21.2%，两者合计占 99%（见表 2）。

表 2　江苏租赁主要营业收入构成，合并报表

项目	2019 年三季报	2018 年报	2017 年报	2016 年报	2015 年报	平均占比/%
营业收入/万元	222095.42	243660.70	194268.60	180974.04	132541.69	—
1. 利息净收入/万元	187311.06	190014.00	145010.29	139904.16	95288.03	77.8
2. 手续费等净收入/万元	34050.56	46342.49	48067.28	41031.23	36980.97	21.2

数据来源：江苏租赁定期报表。

LPR 首先关乎的是商业银行贷款的定价，似乎与融资租赁公司的租息定价关系小。事实上因为融资市场的统一性，特别是租赁公司的负债大部分来自银行，所以融资租赁公司的资金成本与银行贷款利率相关，LPR 改革必然传导到融资租赁市场上来。以江苏租赁为例，其负债约 80% 来自同业拆借，另外 20% 来自发行债券和债券回购。一般的融资租赁公司不能进入银行间和货币市场，日常的资金来源中来自银行的授信比例可能还高于金融租赁公司。2013 年的时候商务部有过统计，融资租赁公司包括资本金在内的资金来源 70% 来自银行（如果按 5 倍杠杆计算的话，租赁公司来自银行的资金就超过了 85%，扣除发债等少量其他负债融资方式，来自银行的资金通常也会超过 80%）。

因为来自银行的资金占比很高，所以租息定价更离不开银行资金成本的影响，银行资金的成本是租赁公司向客户提供租赁资产收取租费的参照，也是租赁公司租息定价的计算起点。尽管融资租赁还有其他优点，但是租息成本是客户首先考虑的问题。所以不管从什么角度看，LPR 的改革必然会很快传递到租赁定价上来。

总的来说，LPR 改革给租赁资产定价可能带来的直接影响或挑战有以下几个方面：

一是在短期内或甚至从中期看，面临租息下行的压力，融资租赁业务的息差会出现下降。随着市场利率的下降，LPR 利率也会下降，然后是银行信贷利率定价的下降，最后是传递到租息的定价上。而负债成本变动弹性会比较小，下行的幅度可能有限，因为银行同业的市场化程度已经比较高了，随着 LPR 下降，银行业同样面临着息差下降的压力。结果是租赁公司的负债成本的下降会低于租息率的下降，很可能息差受到挤压。

二是从长远看，整个融资市场定价的竞争性将会提高，将会冲击租赁公司的定价能力和定价体系。过去融资租赁公司的定价有一定主动权，可归为负债成本加成的定价方法（事实上也是按基准利率上浮的），租息以外的费用收取也比较随意，总体在定价上受利率市场化的影响较小，尚能维持比较可观的净息差水平，但是随着融资市场一体化程度的提高，以及融资租赁公司之间竞争性的加剧，未来融资租赁公司如果不改进定价体系、提高定价能力，恐怕难以为继。

三是在各种债务融资定价更加透明化的环境下，迫使租赁回归本源，利用融资租赁优势，提升租赁资产管理的综合服务能力。所以未来融资租赁可以做的业务根据风险划分有两类，一类是倾向于风险比银行信贷更大的类融资业务，大致上就是影子银行业务，租息定价中的风险溢价比较高，但是需要有科学的定价机制和体系才能降低信用风险；另外一类就是体现租赁优势的真实租赁业务，包括经营租赁，复杂租赁业务，或者是帮承租人设计经营方案和提升盈利能力的业务（可能是咨询业务，也可能是租投结合的业务等），或者是帮助承租人避税的业务等，需要有在行业中领先的服务能力才能胜任，这类业务的定价将会比较有主动权。业务类型不同，租赁定价的方法也不同。

四是对资产负债综合管理提出了更高的要求。租赁公司的资产端投入主要是中长期的资金，利率定价需要覆盖利息成本和风险溢价，以及期限错配成本等，从市场定价看，资产端定价是独立于负债端的，是对承租人风险的定价，不会随负债成本而改变，但是从竞争角度来定价，资产端的定价又与负债端的成本和期限是相关联的。如可以压缩净息差来提高竞争力，或者是获得比较有利的负债条件，来给出有竞争力的租息率定价。资产负债综合管理对租息定价的影响还包括通过加强余值管理、加强服务来增效，来适应服务方式综合化趋势，加快租赁服务管理从项目扩展到企业，从融资到投融结合的综合性服务的转变。

五是考虑LPR改革深化中要求对存量浮动利率贷款的定价基准转换为LPR，会影响存量合同的价值。尽管是在融资租赁监管上尚未要求，但是作为具有融资性质的租赁业务，定价基准的转换不仅是市场竞争的需要，也将会是监管的要求。对此将会影响融资租赁公司存量合同的价值，也将提高按浮动利率定价的租赁合同的价值波动风险。

3 融资租赁资产租费定价如何应对LPR的改革

3.1 区分业务性质来定价，租金中利息部分按LPR来调整

传统上，融资租赁租费率的计算最能体现资金的时间价值的，就是按承租人以占用出租人资金的时间来计算租金。为了简便起见，我们这里区分一下融资租赁业务是属于影子银行业务（类信贷）还是真实租赁业务，现实中不一定区分得很清楚。

3.1.1 纯粹影子银行业务

如果融资租赁业务是倾向于影子银行业务的，那么有可能是偏向于次贷性质的，或者是因为银行信贷额度不足给影子银行业务留下的空间，这两种情况都会使得利率高于一般信贷业务。比如最新的全国银行一年期信贷的平均利率是4.59%，作为影子银行业务的利率有可能在7%以上。简单来说，租费率的定价只要高于银行信贷利率多少点数即可，比如200个点，只要这个点数能够覆盖租赁公司的资金成本和服务成本，并获得一定的盈利就可以了。定价的方式可以套用银行信贷定价的方式，即：

租赁费率=无风险利率+风险溢价

无风险利率：LPR改革后就需要参考LPR利率，如果是采用固定利率，

可以参照最近一期的 LPR 一年或五年期利率来折算成租赁年份（月份）的利率水平。如果是浮动利率，则按特定期限根据未来 LPR 可以调整利率水平。

风险溢价：就要对承租人的风险进行评估后得到。建立科学的风险评估方法是很重要的，理论上来说，如果合同约定，风险溢价也是可以调整的。

至于每期租金的计算，按年金现值方法来计算即可。不管是定额年金法还是变额年金法，需要把每期的租金按厘定的租费率（折现率）折现成为项目的全部现金投入，再算出租金即可。当然具体计算租金的方法很多，需要考虑租金偿付方式（先付或后付），是否有保证金和租赁合同结束时是否留购租赁物件（保留残值）等情况。

3.1.2 一般的融资租赁业务

融资租赁本源上并不是影子银行业务，融资租赁的业务存在性，是在于承租人的财务节税效应和其他财务需求的满足，或者是在于出租人资产服务方面的专业能力。

以往租金的计算是考虑资产或设备的原价（租赁物的买价、运输费、保险费、调试安装费等）和残值、利息、手续费与利润等。这种成本加成的计算方法是以租赁公司的合理盈利为基准的，也没有考虑双方因租赁带来的好处，因此租赁公司处于强势方。但是随着租赁行业竞争性的提高，照顾到承租人的需求将是租赁业务成功的主导原因。这样，租赁公司租费定价的思路也会随之改变。

3.1.3 经营租赁业务

融资租赁只要具备以下四条标准中的一条：（1）租赁期初，租赁付款额的现值至少是该资产公允价值的 90% 或以上（全额补偿特性）；（2）租赁期末，租赁资产所有权被转移到承租；（3）租赁期为租赁资产估计经济使用寿命的 75% 或以上；（4）承租人可以在租赁期满后以低于市场公允价值的价格购买租用的资产（优先购买权）。不符合上述四条标准之一的租赁就是经营性租赁。在新的会计准则下，经营性租赁不转移资产的所有权至承租人，属于表外租赁。但是融资租赁则属于资本租赁或表内租赁，一般是不可解约的。两者在折旧的处理上差别很大。

至于租费率的计算同样考虑了各种现金流和期限，按年金现值的计算方法得到折现率即为租费率。其中经营性租赁对承租人折旧带来的税盾是定价中考虑的重要因素。另外就承租人而言，租赁方式有可能置换掉一部分债务，所以也要考虑债务税盾的影响。

3.2 定价中要考虑分享因租赁带来的价值增长

当然理论上讲，如果租赁双方使用的税率和利率相同且交易成本可以忽略不计，再假设折旧和利息的折现均适用无风险利率，那么租赁交易不可能使租赁双方同时受益。而事实上是，双方适用的税率可能是不同的，由于税盾效应的差异，那么租赁可能使一方或双方都受益。比如对于我国的科技型企业来说，税率可能是比较低的，如果采用租赁方式取得资产，由于出租方享受税盾的好处，可以部分转让给承租人，使双方均有好处。承租人也可能还有其他的诉求，比如减少前期现金流的压力，降低因自行购买资产的交易成本，或者是通过出租人可以获得更低的资产购买价格等。这些好处在租赁谈判中是可以互惠互利的。

一个好的租赁应该是有价值增长的。如果从价值角度观测，理论上说只有价值增长的项目是可行的，这对出租人和承租人是一样的。出租人需要获得高于内部回报率的加成。这个价值增长有可能来自折旧的税盾。

对于经营性租赁业务来说，资产不进入承租人表内，出租人拥有并折旧资产，但是承租人有美化财务报表、宽松现金流，以及提供专业服务的好处，双方也需要进行谈判来约定租金和租费率。原则上也可以通过经营性租赁创造的价值进行共同分享。

此外，政策规定“向贷款方支付的与该笔贷款直接相关的投融资顾问费、手续费、咨询费等费用，其进项税额不得从销项税额中抵扣”。融资租赁中属于融资性售后回租业务的，直接支付给融资性售后回租方的与该笔售后回租款直接相关的投融资顾问费、手续费、咨询费等费用等，不得抵扣。其他融资租赁支出取得的专用发票可以抵扣。这点也会影响租赁成本。

3.3 资产负债综合管理中的资产定价

融资租赁公司经营的租赁产品的定价是以利率为主要构成内容的，因而与银行贷款一样可归为利率产品，利差是公司获得利润的主要来源。但与银行有所不同的是，融资租赁公司往往以短期融资支持长期租赁，有时以浮动利率借入资金而以固定利率收回租金，因而融资租赁的利率风险比银行更高。这加大了利率风险管理在融资租赁交易中的重要性。

如果租赁公司的负债和资产在期限和利率上是匹配的，则不存在利率风险问题。在采取项目融资方式的租赁项目中，有可能通过专项的负债融资来匹配租赁资产价值。大多数常规的租赁项目中“借短用长”情况是比较普遍的。资产负债两端的不匹配会导致租赁资产的资本化价值发生波动，产生浮盈浮亏问题，增加利率风险。

负债管理是影响租赁资产定价的重要方面，而且会越来越重要。金租除外的融资租赁公司无法进入批发性质的货币市场，且其资本投向偏向于中长期，所以相对于银行来说，租赁公司的负债成本天然就比较高。通过负债管理，发债或资产证券化等方式降低融资成本是租赁资产获得竞争性定价的重要基础。

期限管理也是资产负债管理的应有内容，期限越不匹配，风险越大。在按浮动利率定价的租赁项目中，出租方也可以通过利率掉期等衍生产品来避险。只要利率风险管住了，租赁资产的定价才是可靠的。

3.4 考虑利率短中长期趋势，研究收益率曲线的变化对租金价值的影响

由于租赁期限是偏长期的，固定租金是常用的方式，但是不管是固定利率还是浮动利率租赁，未来利率走势的不确定性总是存在的。如果与利率走势相逆，再好的项目也可能是赔钱的。所以研究利率走势，分析收益率曲线，对租赁公司的合理定价是很重要的。图 3 为国债与担保企业债（AA 级）收益率曲线。

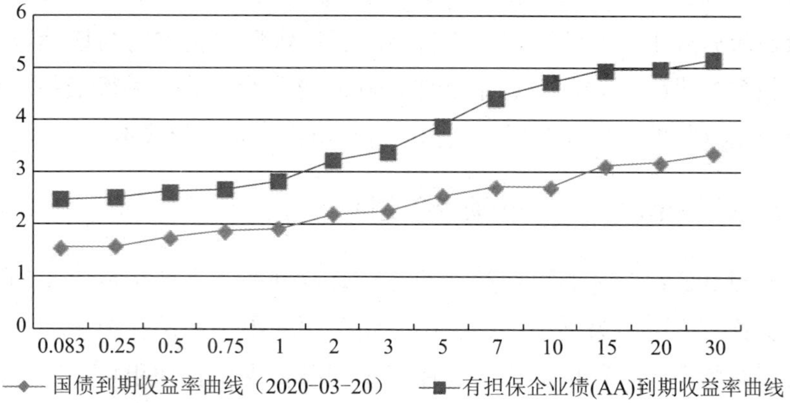

图 3　国债与担保企业债（AA 级）收益率曲线

对于没有能力研究利率走势的公司，建议是尽量规避利率风险，锁定利润，或者把现金流前移。

3.5 改进公司的信用能力，提高信用评级，有利于降低负债的成本，也有利于租赁资产证券化管理

以融资租赁 ABS 为例，在 2006 年到 2018 年底发行的 357 支租赁 ABS 产品中，AAA 评级的平均发行利率为 5.37%，AA + 评级的平均发行利率为 6.05%，AA 评级的平均发行利率为 6.81%，AA - 评级的平均发行利率为 7.93%，A + 评级的平均发行利率为 8.54%，A 评级的平均发行利率为 8.67%。信用评级对融资成本的影响是很大的，值得重视。信用评级是以信用能力为核心的综合性评价，高的评级需要符合信用程度高，有优良的信用记录，资金实力雄厚，资产质量优良，经济效益明显，不确定因素对其经营与发展的影响极小，履约能力强等。

3.6 提高租金定价的管理水平，构建风险管理生态系统

建立和完善公司的租金和租费率的风险定价模型和系统，提高风险管理能力。

（1）租赁公司需要有个性化的符合公司业务特色的定价系统。

（2）把传统信息和大数据线上信息结合，有效利用外部数据服务。

（3）提高信用风险、市场风险、法律风险、操作风险、技术风险等管理能力，以及资产负债期限错配风险的管理。对于有外汇资金的公司还要管理好汇率风险。

良好的定价系统要符合：①在组织架构上，建立了专门的定价决策、执行和监督部门；②在机制建设上，建立了科学的租赁定价模型及管理办法等规章制度，可运用于绩效考评；③在信息系统上，具有支持差异化、精细化定价的管理系统，能够对租赁项目进行逐笔定价测算和管理，且测算结果有强制约束力；④在决策执行上，能够根据自身发展需要确定科学合理的定价策略，定价授权管理制度完备并能严格执行，按月或按季度通过专门的利率分析报告（通报）或作为资产负债分析报告（通报）的一部分，对产品的定价及执行情况进行监测分析和通报，并定期考核。

3.7 租赁定价要综合考虑与四大支柱的关系

通常讲的四大支柱（法律、监管、会计、税收）影响是属于外部环境的影响。融资租赁定价除了公司内部的决策外，外部的影响也是需要考虑的。比如接下来监管上可能要求融资租赁公司尽快转变以LPR定价的方式，因为金融租赁已经被要求转换。在法律层面，比如在租金之外单列手续费和咨询费，以利于承租人的增值税抵免，法律上也越来越趋向于按照涉及手续费或咨询费的租赁交易是否真正提高了相关服务这一标准来判断合同的合法性。跟以前相比，模糊性的处理将有法律风险。保证金的问题也是如此。会计和税务处理上的变化对租赁成本影响很大，比如如果融资租赁就是资本租赁，则承租人记录资产负债，如果经营性租赁则不用。这对于承租人来说，改变了资产负债率状况。对于承租人的租赁需求和租赁成本都会发生影响的。在双方认同的情况下，具体项目采取融资租赁还是经营性租赁是可以协商的。营改增后，税务的处理也同样对租赁影响很深。因而，所有与宏观环境相关的情景在租赁定价中也是需要考虑的。

新能源发展现状及展望

——以浙江为例

蔡　刚[①]　程良玉[②]　王　涛[③]　赵　岩[④]　卢　迪[⑤]

1　新能源定义及特性

人类对能源及新能源的定义、分类、属性、地位作用等认识尚在不断深化之中。

对新能源的定义，目前普遍形成的共识要点如下：一是刚开发利用，但限于当前技术、经济水平，还没有完成产业化过程，市场不成熟，尚未广泛推广的能源；二是通过新技术和新材料，新设备系统开发利用的能源；三是指长期广泛使用、技术较为成熟的煤炭、石油、天然气、水能、核裂变能等常规能源之外的各种能源，主要包括太阳能、风能、生物质能、海洋能、地热能、核聚变能及氢能等。

从成本角度看，新能源具备生产成本高，使用者成本低，环境成本低等

---

① 曾任浙江省发改委副主任、浙江省能源局局长，多年从事能源领域行政管理工作。

② 浙江省能源局规划处（新能源处）副处长，主要从事新能源、抽蓄电站行业管理工作。

③ 华东勘测设计研究院新能源工程院执行院长，主要从事新能源规划设计工作以及新能源政策研究。

④ 华东勘测设计研究院新能源工程院规划室副主任，主要从事新能源规划设计工作以及新能源政策研究。

⑤ 华东勘测设计研究院新能源工程院规划室博士，主要从事风光功率预测研究以及储能、制氢等新兴业务研究。

特性。具体表现为新能源资源分布广、储量大，能量密度低，稳定性及可靠性低，技术迭代快、单位投资强度大；可再生、可周而复始利用；环境影响小、清洁低碳。

从开发条件看，一个新能源项目乃至一个新能源品种是否值得投资开发，必须具备足够的安全性、经济性，即技术可行、能流可靠可持续、同类型项目大规模开发可成为基荷电源，能量可有效乃至高效利用、经济可行、与其他能源品种有竞争力有可替代性、产业发展与其他产业和民生关联性强。

新能源最为令人看重的是清洁低碳特性。走能源清洁低碳转型之路，发展新能源，减少化石能源的过度使用，可以有效因对全球化石能源资源枯竭和环境气候变化面临的严峻挑战。

据浙江省环保厅公告，2016 年我国能源活动排放占温室气体（其中 CO_2 排放占比为 84.23% ）排放比重为 82.7%（包括土地利用变化和林业），占碳排放比重为 98.2%（浙江省为 97.4%），占 SO_2 排放比重为 95% 以上，氮氧化物几乎全部由化石燃料燃烧导致。

事实上，能源利用伴随着人类的进化和发展。人类能源利用大致可分为：薪柴时代、化石能源时代、电气时代以及新能源时代。薪柴时代以 40 万年前人工火的使用为标志，主要是利用地表上的生物质能，促进农业的发展，推动了农业文明。化石能源时代以 1769 年瓦特改进蒸汽机和化石能源大规模使用为标志，使人类摆脱人力、畜力，极大提升了社会劳动生产效率。电气时代以 19 世纪中叶电的发明为标志，电的发明改变了人类用能方式，也为各种电器产生提供了便捷。新能源时代以 20 世纪风电、光伏等新能源的应用为标志，逐步发展成为替代能源。人类能源利用已从薪柴时代、化石能源时代、电气时代，逐步过渡到新能源时代，也推动人类社会从工业文明走向生态文明。

2. 新能源发展现状及方向

2.1 世界能源发展趋势

从近 40 多年的能源发展历程来看，世界能源结构逐步向低碳无碳演变。

一次能源供应方面，2015 年世界化石能源供应占比约 81.4%，较 1973 年下降了 5.3%。非化石能源中，核电占比增长 4%，风能和太阳能增加约 1.5%。终端能源方面，过去 40 年，电力消费比重近翻一番，由 9.4% 增加到 18.5%，增加 9.1%；天然气增加 0.9%，石油降低 7.3%，煤炭下降 2.4%。电力供应结构方面，也呈现低碳化无碳化的发展趋势。世界化石能源发电量占比约 66.3%，较 1973 年下降了近 8.9%，反之，非化石能源发电量增长近 8.9%，其中核电增长 7.6%，风电、太阳能光伏发电增速较快。

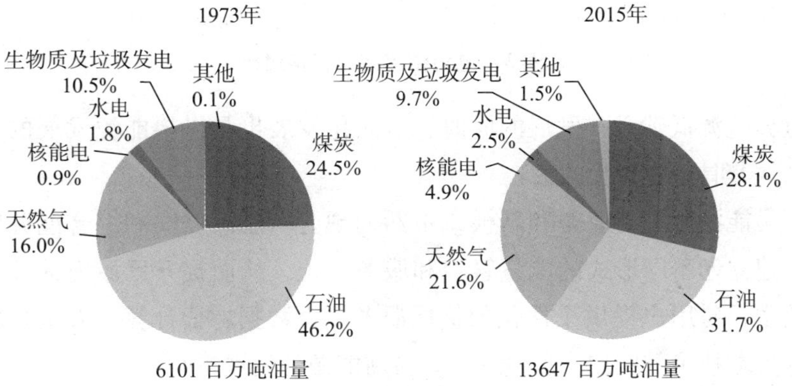

图 1　一次能源供应份额对比

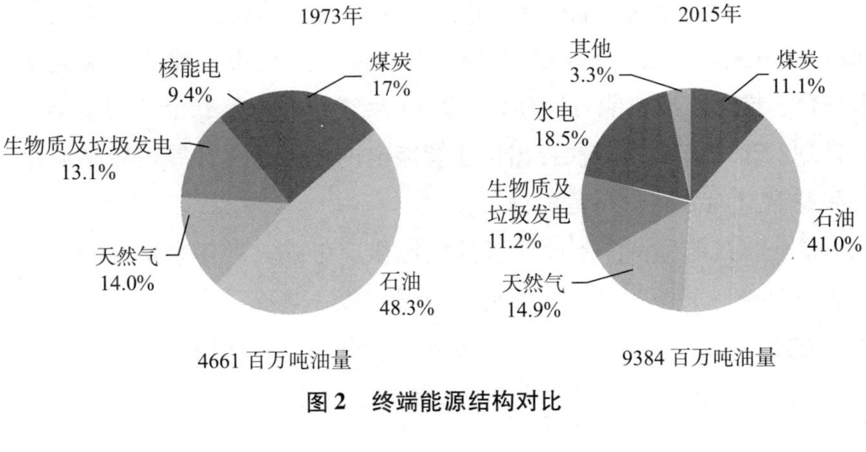

图 2　终端能源结构对比

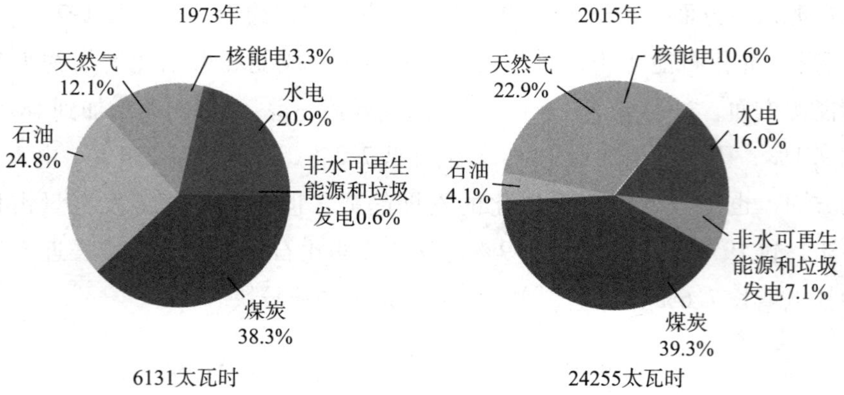

图 3　电力供应结构调整对比

世界能源低碳无碳发展的同时，多元化发展也是世界能源发展的又一重要特征，其具体表现形式为：

一是能源服务新业态和新模式不断涌现。以能源互联和综合能源服务为方向，建立起不同形式的能量管控和服务系统，从而提升区域内的综合能源转换效率，对用户提供个性化的优质服务。大数据、云计算、人工智能和区块链等尖端技术的应用，也进一步拓展新能源的发展空间。

二是源网荷储智能能源体系建设步伐日益加快。主要发达国家在智能计量、智能电网平台、电网监控和管理、需求侧管理、可再生能源接入等领域的技术、标准及示范项目取得长足进展。美国能源部提出建立“21 世纪的能源网络”，并启动智能能源建筑计划。2004 年欧盟提出搭建“未来电网”的技术平台，推动欧洲智能电网建设，2013 年宣布实施第二个“智慧能源—欧洲”计划。2010 年日本首次提出构建智能电网体系，并开展“智慧城市共同体”和“智慧能源网”示范项目。

三是分布式能源将深刻改变世界能源供应方式。近年来世界新增发电装机容量的 25% ~30% 为分布式能源。分布式以小规模、小容量、模块化、分散式的方式，布置在用户端，双向传输冷热电，具有利用高效、损耗小、运行灵活、系统经济性好等诸多优点，发展前景十分广阔。

2.2　我国能源发展新态势

“十三五”以来，各方扎实贯彻党的十九大提出的“推进能源生产和消费革命，构建清洁低碳、安全高效的能源体系”要求，能源领域呈现新的气象。

2.2.1 能源发展态势

目前，我国能源需求增长动力处于转换过程中。工业化中后期，冶金、建材、化工等高耗能行业对能源需求拉动力减弱，交通用能、建筑用能成为能源需求增长的主要动力，新的用能技术与方式不断涌现。如交通领域中，电能对液体燃料的替代规模不断扩大；建筑领域中，被动式、主动式、近零能耗建筑逐步兴起；网络经济、大数据、云计算、机器人等新产业对电力需求产生重大的影响，以互联智能为主要特点的新型能源体系正在形成。

我国将继续加快能源利用新业态新模式的培育和能源国际合作全方位拓展。我国信息产业、数字经济与能源产业将深度融合，已组织实施首批 55 个能源互联网示范项目、23 个多能互补集成优化项目，启动建设一批分布式可再生能源微网、微电网、储能示范工程，累计推广新能源汽车超过 100 万辆，建成公共和私人充电桩约 40 万个。国际合作方面，油气进口多元化格局加快形成，从 39 个国家和地区进口原油，从 13 个国家进口天然气。四大油气进口战略通道不断完善，陆上管道输油和输气能力分别达到 6000 万吨和 650 亿立方米。

2.2.2 新能源发展现状

在国家各项政策的支持下，我国能源结构进一步优化，可再生能源电量占比不断增加。截至 2018 年底，我国各类电源总装机容量 19 亿千瓦，其中可再生能源 7.3 亿千瓦，占全部装机容量的 38.4%；各类电源全口径总发电量 7.0 万亿千瓦，其中可再生源发电量 1.9 万亿千瓦时，占全部发电量的 26.7%。2019 年，我国风电、光伏和生物质能等新能源发电 7411 亿千瓦时，同比增加 16.9%。此外，我国保障性收购政策得到落实，在投资监测预警机制引导、用电负荷持续增长、电网调度运行考核力度不断加强等因素的共同作用下，全国风电光伏消纳形势持续好转。2019 年中国弃风、弃光率实现双降，平均弃风率 4%，同比下降 3%，弃光率 2%，同比下降 1%。

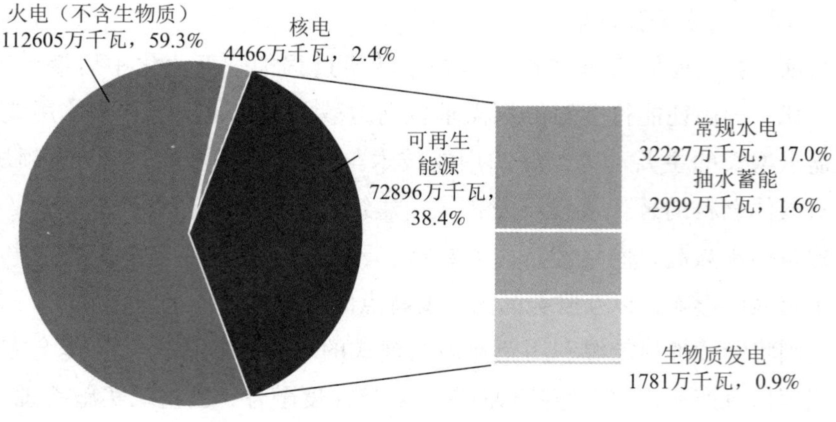

图 4　2018 年中国各类电源装机容量占比

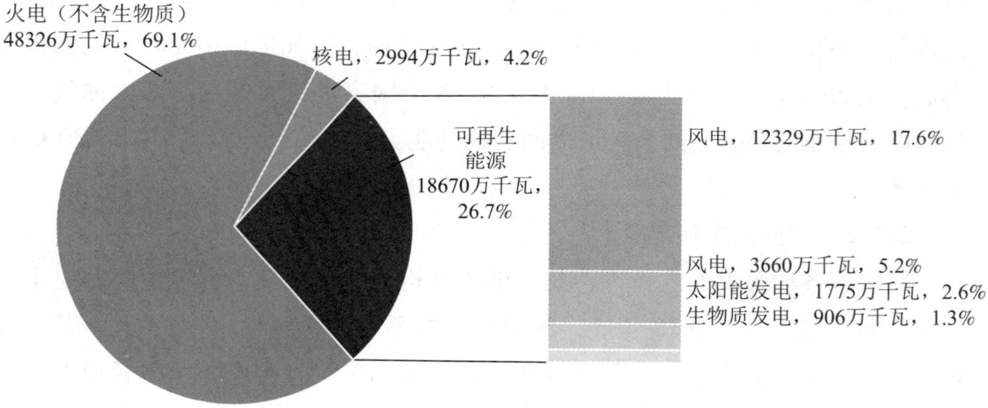

图 5　2018 年中国各类电源发电量占比

2. 3　浙江新能源发展现状及方向

2. 3. 1　发展现状

“十三五”以来，浙江省高度重视可再生能源发展，并取得较大成绩。截至 2019 年底，全省可再生能源装机容量达到 2860 万千瓦，比 2018 年增长 32. 2%，其中光伏 1339 万千瓦，水电 712 万千瓦（不含抽蓄），生物质发电 190 万千瓦，风电 161 万千瓦，可再生能源装机占比达到 29. 2%。在国家和浙江省各项政策的支持下，浙江省可再生能源得到全面发展，其中分布式光伏和垃圾发电走在全国前列，装机规模连续多年全国第一。

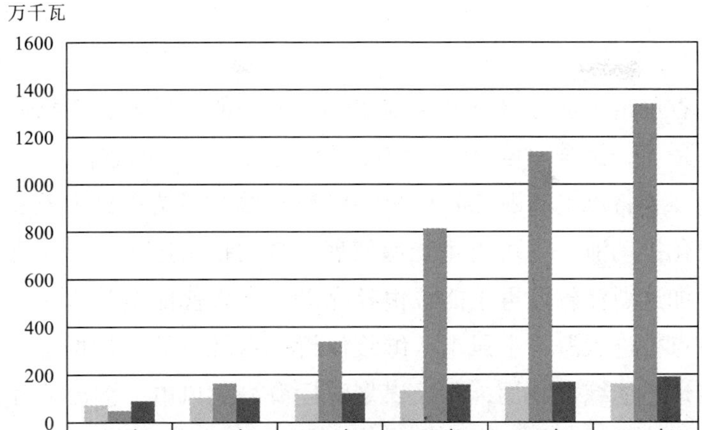

	2014年	2015年	2016年	2017年	2018年	2019年
风电	73	104	119	133	148	161
太阳能	50	164	338	814	1138	1339
生物质能	90	103	122	158	168	190

图 6　浙江省主要新能源电源装机容量历年统计

分区域来看，浙江省各地区可再生能源发展水平不一。可再生能源发电量丽水、台州最高，主要以水电为主，分别占全省可再生发电量的 16.3% 和 15.8%。湖州地区可再生发电量增长较快，占比达到 13.0%，位居第三。风电以宁波为主，光伏以嘉兴为主，生物质发电丽水、温州较为突出。

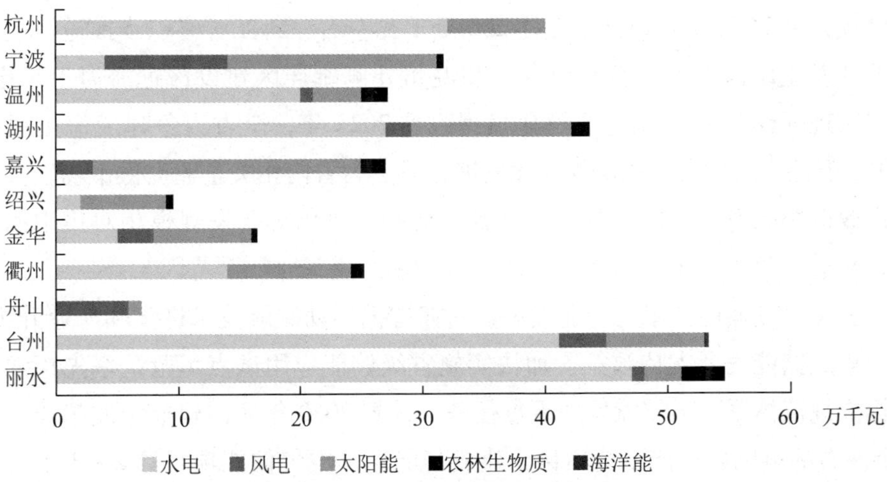

图 7　浙江省各地区可再生发电量

2.3.2 发展方向

浙江省可再生能源已基本涵盖水能、太阳能、风能、生物质能、海洋能等各能源种类，是全国可再生电力发展种类最为齐全的省份之一。“十四五”期间，浙江省将以提高浙江省可再生能源规模及消费占比为发展目标，差异化、规模化推动浙江省可再生能源发展，带动技术进步、产业升级和机制体制健全，加速浙江省可再生能源由补充能源向替代能源的迈进。浙江省发展思路为重点推进近海海上风电，继续保持一定规模的光伏增量，深度推广垃圾发电和地热能综合利用，积极谋划深远海海上风电、潮流能和波浪能示范项目，鼓励储能、制氢、综合能源服务等新兴方向的发展。

“十四五”期间主要发展方向如下：

一是继续推进分布式光伏发电应用。截至 2019 年底，浙江省光伏装机 1339 万千瓦，其中屋顶分布式光伏装机 925 万千瓦，装机规模居全国第一，家庭屋顶光伏并网 34 万户，处于全国领先地位。结合浙江新能源项目建设条件，具备较好的分布式发展基础，应坚持集中与分布式并重的原则，积极鼓励浙江省分布式能源的发展。到 2025 年，全省力争光伏装机容量达到 1900 万千瓦，其中分布式光伏 1400 万千瓦。

二是稳步推进海上风电建设。浙江省海上风电累计核准 407 万千瓦，其中已经并网 26 万千瓦，开工在建 200 万千瓦左右。浙江省将稳步推进海上风电的开发建设，逐步探索利用台州和温州外侧毗连区建设深远海海上风电，逐步实现浙江省海上风电规模化发展。到 2025 年，全省力争建成海上风电 600 万千瓦。通过海上风电规模化发展，重点为省内相关企业提供市场，实现全产业链协同发展，同时重点在宁波、温州、舟山等开发规模相对集中的区域，打造“海上风电 + 海洋能 + 海洋牧场 + 产业基地”示范区。

三是促进储能技术与产业发展。浙江省把推动储能技术进步和产业升级，大力集成储能发展支持政策，加快实施省级储能应用试点示范，率先探索储能标准规范体系作为储能发展重点任务。计划 2020 年底前建成宁波越瓷变等 6 个左右的电网侧储能示范项目，建成华能遂昌空气储能项目等 2 ~ 3 个电源侧储能示范项目，建成浙能萧山发电厂电化学储能电站等 10 个左右用户侧储能示范项目。

四是加快培育氢能产业发展。《浙江省加快培育氢能产业发展的指导意见》提出，到2022年，通过技术突破、产业培育和推广应用，力争走在全国氢能产业发展前列。到2025年，基本形成完备的氢能装备和核心零部件产业体系；氢燃料电池电堆、关键材料、零部件和动力系统集成核心技术接近国际先进水平；加氢设施网络较为完善，氢能在汽车、船舶、分布式能源等应用领域量化推广，成为国内氢能产业高地。

五是推进生物质能项目建设。截至2019年底，已并网生物质及垃圾发电190万千瓦。2018—2020年，全省新增在建类生活垃圾焚烧发电设施处理能力3.02万吨/日，到2020年底，全省生活垃圾焚烧发电处理能达到约8.9万吨/日，全省生活垃圾焚烧处理能力占无害化处理总能力基本达到100%。2021—2030年，全省新增生活垃圾焚烧发电设施处理能力6350吨/日以上，到2030年底，全省生活垃圾焚烧发电处理能力达到9.8万吨/日，全省生活垃圾全部实现焚烧处理。

六是推动海洋能示范项目建设。浙江省海洋能资源丰富，具备开发条件的潮汐电站场址19处，潮汐能资源总量为850万千瓦，其中技术可开发量120万千瓦。潮流能理论开发量700万千瓦，波浪能理论开发量200万千瓦。截至2019年，已并网海洋能6050千瓦。浙江省较早地开展了潮汐、潮流试验电站建设，但受限于能量转换效率不高、投资较大等因素，并尚未具备规模化、商业化开发条件。“十四五”期间，重点工作为推动海洋能示范项目建设。

3　新能源政策分析及展望

3.1　新能源政策分析

3.1.1　促进保障政策

我国已公布《新能源产业振兴和发展规划》《可再生能源“十三五”发展规划》《风电“十三五”发展规划》《太阳能“十三五”发展规划》等产业发展规划；并且建立可再生能源绿色电力证书自愿认购体系，明确非水电可再生能源电力消纳量比重指标，建立评价专项监测和清洁能源示范省评价体系等环境保障政策；同时出台新能源项目用海用地标准，明确风电以点征形式征地，海上每十万千瓦涉海需控制在 16 平方千米左右，光伏对不占压土地、不改变地表形态部分，按原土地类型认定等政策。

3.1.2　经济激励政策

为鼓励新能源发展，我国出台了一系列政府补贴、加速折旧、税收优惠、金融优惠等政策。主要包括电价额外补贴，设立新能源示范城镇、示范项目发展基金等政府补贴；让利投资企业，加速回收投资，增强还贷能力等加速折旧途径；风电增值税即征即退 50%，新能源所得税“三免三减半”等税收优惠政策；以及提供优惠贷款，贴息贷款、信贷担保等金融优惠政策。目前，浙江省配套国家补贴政策，额外给予光伏 0.10 元/千瓦时的补贴。

3.1.3　市场开拓政策

国家通过节能与可再生能源发展基金，利用专项资金支持可再生能源发展。通过产业融合等新模式促进新能源发展，如可再生能源与数字化、物联网等融合促进分布式应用的新模式，可再生能源与储能、氢能、制气、供暖等融合发展，能源管理集成商、P2P 交易、综合能源服务等新模式。

3.1.4　研究开发政策

通过补贴、专项计划等引导新能源相关企业，加大对高精尖新能源装备的研发、前沿课题研究的投入，提升自身竞争力，促进产业发展。鼓励相关企业研发大型的抗台风电机组关键技术、高承载性能主轴承、柔性直流输电等风电技术；研发高效晶硅电池、新型太阳能电池、跨季节储热、漂浮浮筒等太阳能发电技术；研发水热型地热系统改造及增产、干热岩开发等地热能技术。

3.2　产业发展与政策展望

《中华人民共和国可再生能源法》是新能源产业发展的核心法律，我国于 2006 年正式颁布，2009 年又对该法进行修订完善，提出了总量目标制度、强制上网制度、分类补贴制度、费用分摊制度和专项资金制度等要求，为可再生能源的持续健康发展提供了法律基础。在该法的保障下，近年来我国可再生能源发展取得了长足的进步，风电、光伏装机规模提前实现“十三五”规划目标，且多年连续位居世界第一。在市场的带动下，风电、光伏等新能源技术进步显著，成本持续下降，部分资源富集区已基本实现平价，新能源项目竞争力明显提高。

“十四五”期间，陆上风电和光伏发电将逐步实现全面平价，海上风电开发成本也将持续下降，水电开发成本稳中有升。在新形势下，我国可再生能源发展的长效机制需进一步完善。

未来，我国将实现多行业多能源品种协调发展。能源系统方面，逐步转变当前以化石能源为基础的能源体系，有效协调能源转型中相关方的利益冲突；能源管理从适应集中式生产供应为主转变为集中式与分散式并举的新格局；新能源与供暖、燃气、交通用能等行业的协同，推动综合能源服务。电力系统方面，在发电侧做好各类电源规划及运行协调，促进可再生能源多发满发；在电网侧消除受限断面，优化调度运行，促进跨省区资源优化配置；在用户侧持续推进需求侧管理及响应，引导绿色消费。其他行业也要坚持多规合一，统筹可再生能源与土地、林业、草原、生态环境等其他行业的统一规划。

《九民纪要》对融资租赁业务的影响：基本精神、机遇和挑战

金建忠①

自2007年《金融租赁公司管理办法》颁布和商务部将融资租赁公司的审批权下放到省、市、自治区、计划单列市以后，金融租赁公司和融资租赁公司的数量大幅增加，融资租赁业务得到了前所未有的发展。截至2019年底，全国融资租赁企业（不含单一项目公司、分公司、SPV公司和收购海外的公司）总数约为12130家，较上年底的11777家增加了353家，其中，金融租赁公司70家，内资融资租赁公司403家，外商租赁公司11657家。全国融资租赁企业合同余额共计66540亿元，其中金融租赁公司合同余额25300亿元，内资融资租赁公司合同余额20810亿元，外资融资租赁公司20700亿元。

伴随着融资租赁企业的增多和融资租赁业务的大量增加，融资租赁的纠纷案例同样呈现不断增长的趋势。根据上海申骏律师事务所对融资租赁合同纠纷大数据分析报告，2014年到2017年三年间融资租赁纠纷案件数量增幅明显，其中出租人败诉案件占诉讼案件20%左右，二审改判的案件占被诉案件的40%，其中很大比例涉及合同的效力及担保和回购等法律问题。这说明，在融资租赁纠纷案件中，由于法律、司法解释缺少规范或理解不一、法律法规之间相互矛盾等原因，如租赁物的适格性、租赁合同的法律效力、担保合同的法律效力、回购、救济措施等问题，租赁业界、同一地区的一二审法院，不同地区的法院对同一问题在理解上、审判思路、审判理念上没有得到统一，造成租赁业界对某些行为无所适从。

---

① 交银金融租赁有限责任公司法律合规部总经理。

2019年11月，《全国法院民商事审判工作会议纪要》（以下简称《九民纪要》）发布，《九民纪要》针对现阶段民商事审判工作中的重点、疑难问题进行了规定，其中，有关合同法律关系、担保法律关系以及部分民事纠纷处理程序规范的内容直接涉及融资租赁。尽管从效力上看，《九民纪要》不属于司法解释，司法机关不能作为裁判依据进行援引，但《九民纪要》必将成为法院乃至仲裁机构裁判案件时重要的心证依据和说理论据，进而对裁判结果产生影响。基于此，本文拟就《九民纪要》对处理融资租赁纠纷案件中涉及的相关问题展开分析，并对未来如何调整和完善融资租赁业务模式、有效降低业务风险给出一些建议。

1 基本精神

此次《九民纪要》的基本精神在于要求各级人民法院在民商事审判工作中树立正确的审判理念、遵循科学的裁判思路，主要包括：第一，注意辩证理解并准确把握契约自由、平等保护、诚实信用、公序良俗等民事基本原则；第二，注意树立请求权基础思维、逻辑和价值相一致思维、同案同判思维，通过检索类案、参考指导案例等方式统一裁判尺度，有效防止滥用自由裁量权；第三，注意处理好民商事审判与行政监管的关系，通过穿透式审判思维，查明当事人的真实意思，探求真实法律关系。以下具体分析。

1.1 辩证理解契约自由原则

契约自由可以说是民商事交往中的第一原则，体现了私法领域中对主体意思自治的充分尊重。然而，任何自由都应是有限度的，尤其是在商事和金融领域，没有边界的自由必然会导致市场秩序的混乱。本次《九民纪要》即强调应辩证理解契约自由原则，既要充分发挥市场主体的创造性，同时，也要正确认识契约自由与国家干预的关系，防止以契约自由为名从事违规交易行为，破坏公平公正的市场秩序。

应当注意到的是，融资租赁在我国金融领域仍处于发展较早期，市场主体的创新热情高涨。各租赁公司为了增加市场竞争力，在传统租赁业务的基础上，为满足承租人的各种“需求”，不断进行“创新”，并在明知存在法律风险的情况下，认为利用“契约自由”原则，就可以将可能存在的风险或违法后果通过合同约定的方式转移给承租人、担保人，但在纠纷真正出现时，出租人会受到承租人特别是担保人的强烈抗辩，大大增加双方的诉讼成本。

由于相关法制建设尚不完备，无论是市场主体在交易结构的设计中，还是法院、仲裁机构在案件裁判中，都面对着找寻契约自由合理边界的难题。尽管就现阶段而言，要从根本上解决这一难题还不现实，但《九民纪要》所确定的“辩证理解契约自由原则”在调整裁判者思路的同时，也为融资租赁交易的市场主体提了一个醒：即使没有直接的法律规定，业务创新仍应秉持谨慎的态度，既要完全遵守法律规范的指引，也应与国家和地方政策的精神保持高度一致。

1.2 坚持同案同判，统一裁判尺度

《九民纪要》在明确裁判理念的同时也提出了具体的要求和目标，即坚持同案同判。具体主要包括：一方面，通过司法解释、法律适用指导意见、指导案例、类案检索制度约束审判权的运行；另一方面，法官在审理疑难复杂和新类型案件时要进行类案检索，充分了解案件涉及的法律适用问题以前是否有相应的案例，特别是上级法院和本级法院已生效的类案，如果不予适用，应充分说理，并报审批，将法官的自由裁量权约束在合理范围内。

尽管我国并非判例法国家，但从维护司法稳定和权威的角度，类案生效判决无论从说理还是结果上来看，都具有较高的参考价值。从融资租赁业务发展角度看，融资租赁业务是相对比较专业的金融业务，其业务模式相对比较稳定，对承租人的准入门槛有统一的要求，特别是在批量业务中，业务模式统一、合同模板统一、保障措施也一致，因此一个成熟的融资租赁业务模式必然会对纠纷发生后裁判结果的一致性和稳定性具有很高的期望。

此次《九民纪要》从统一裁判尺度出发，强调了类案生效判决的重要性，这无疑释放出一个重要信号：融资租赁业务模式和交易结构的设计应更重视判例研究，特别是类案研究。可以说，一个成熟的融资租赁业务模式，既是融资租赁公司创新能力的体现，更要依靠风控和法律团队的“打磨”。类案研究将是融资租赁公司降低新业务模式的法律风险的最重要、最有效的方式之一。

1.3 把握民商事审判与行政监管的关系

在融资租赁纠纷中，尽管纠纷本身多属于合同纠纷，纠纷当事人也均为民事主体，但由于融资租赁交易具有特殊性，往往涉及金融安全、市场秩序、宏观经济政策等对公共利益产生重大影响的因素，因此融资租赁交易也受到行政监管。

例如，2019 年中国银保监会印发了《中国银保监会关于开展“巩固治乱象成果 促进合规建设”工作的通知》（银保监发 2019〔23〕号），明确指出了部分金融租赁公司在经营管理中存在的问题：第一，宏观调控政策执行不到位，违规开展房地产业务、违规向地方政府及融资平台提供融资等；第二，公司治理乱象丛生，股东滥用权利损害公司利益、股东违规质押本公司股权或设立信托、董事会及专业委员会履职有效性不足、监事会监督作用未充分发挥、关键岗位长期空缺、兼任不相容职务、薪酬管理制度不完善或执行不力、关联方识别不到位、违规通过关联交易输送利益等；第三，业务经营中规避监管的现象严重，如以公益性资产、在建工程、未取得所有权或所有权存在瑕疵的财产作为租赁物，违规开展固定收益类证券投资以外的投资业务（如购买信托计划、资管计划），未做到洁净转让或受让租赁资产，违规以带回购条款的租赁资产转让方式向同业融资，违规通过各类通道（包括券商、信托、资产公司、租赁公司等）实现不良资产非洁净出表或虚假出表，人为调节监管指标，专业子公司、项目公司未在公司授权范围内开展业务，租赁物属于国家法律法规规定的所有权转移必须到登记部门进行登记的，未办理相关转移手续等。

笔者认为，以上这些问题的解决，不仅需要加大行政监管力度，更需要司法裁判对行政监管的支持。此次《九民纪要》就特别提到了民商事审判与行政监管的关系问题，这是在商事领域，特别是金融领域纠纷中普遍存在的一个重要问题。《九民纪要》要求既要使市场在资源配置中起决定性作用，又要更好发挥政府作用，要依法确定当事人之间的权利义务关系，依法支持监管机构有效行使监管职能，加强与监管部门的协调沟通，配合协力化解风险。一旦纠纷发生，由于前述金融安全、市场秩序、国家宏观政策等因素属于民法上公序良俗的范畴，很可能最终决定融资租赁合同的有效性，因此，融资租赁公司在日常管理和业务开展过程中应特别重视行政监管的相关政策法规，避免在最终的纠纷解决环节陷于不利境地。

1.4 依职权主动审查合同效力

对民事合同有效性的审查，到底是基于当事人的诉求、抗辩还是裁判机构可以甚至应当进行主动审查，在我国民事诉讼法及相关司法解释中没有明确的规定。从我国的司法实践来看，基于“不告不理”的一般审判观念，至少《九民纪要》颁布前，人民法院法官、特别是年轻法官，都是基于当事人的诉求或抗辩才会对合同的有效性进行审查。因此在过去的审判实践中，完全要依靠诉讼当事人的主动申请，法院才会对涉案合同的有效性展开审查。由此，当事人的法律知识、金钱多寡、专业能力以及有无到庭应诉等因素均会对是否启动合同有效性审查程序造成直接影响，这就导致了同样类型的案件中，法院对合同有效性的判断并不完全是基于法律的实体性规范，而是要以诉讼当事人有无主动提起审查申请为前提。这会使当事人抱有侥幸心理，特别是对于租赁公司而言，会导致在审查租赁项目的合法有效性时，不将审查重心放在项目模式及合同内容是否符合法律的实体性规范上，而是期望承租人及担保人信用良好不违约，诉讼时不提出合同无效的抗辩意见。这样的结果，显然既不利于法院形成裁判的公正权威性，更不利于融资租赁行业长远的健康发展。

基于此，本次《九民纪要》对人民法院在认定合同效力过程中提出如下要求：一是要依职权审查合同是否存在无效的情形，不论当事人是否对合同效力提出异议，实现意思自治与国家强制之间的平衡；二是注意各种效力形态之间的区别，尤其是未生效合同和无效合同的区别、无效合同与可撤销合同的区别；三是要贯彻案结事了的原则，在合同不成立、无效或被撤销的情况下，人民法院应当通过合理行使释明权实现当事人之间的利益平衡。

此外，从另一个角度来看，融资租赁合同的有效性是整个融资租赁交易的基础，也是出租人实现租金债权甚至担保权利的保障。此次《九民纪要》明确提出人民法院应依职权主动审查合同的效力，既是对承租人利益的进一步保护，也对出租人的业务设计和合同制作提出了更高的要求，毕竟多数情况下，融资租赁合同是由出租人提供的。融资租赁公司在进行业务模式设计和合同文本制作上应投入更多精力，以确保融资租赁合同的有效性经得起法院的推敲。

2 带来的机遇

在我国民法典未出台前，《九民纪要》具有十分重要的现实意义。长期以来，我国民事单行法及相关司法解释面对实践变化，产生了不少规范矛盾及规范漏洞，使法院、仲裁机构以及民商事活动主体面对相关问题时常陷入无所适从的境地。《九民纪要》的出台，从一定程度上为解决这些问题提供了依据。

具体而言，就与融资租赁公司和融资租赁交易关系较为密切的内容来看，《九民纪要》主要对如下几方面作出了规定：第一，公司纠纷案件中的股东出资、公司人格否定、公司对外担保；第二，合同纠纷案件中的合同效力、合同履行与救济、借款合同；第三，担保纠纷案件中的非典型担保、越权担保；第四，破产纠纷案件中的债务人财产保全、重整中担保物权的恢复行使；第五，民刑交叉案件的程序处理。

可以说，以上内容几乎涉及融资租赁公司治理以及融资租赁交易各阶段纠纷处理的大部分争议问题。因此，对融资租赁公司来说，及时学习、正确理解《九民纪要》的相关内容，能够为下一阶段有效预防和应对业务风险及交易纠纷提供有力的保障，应当成为现阶段工作的重中之重。限于篇幅，以下试举几个方面有利于融资租赁业务发展的内容展开具体分析。

2.1 首次肯定非典型担保的有效性

一直以来我国奉行较为严格的“担保法定主义”，即一般只认可《担保法》所规定的五种法定担保形式，即保证、抵押、质押、留置和定金。从本质上讲，担保即企业对外承担的或有债务，鉴于此，为了真实反映企业的资产状况，保护债权人以及中小投资者利益，立法规定了担保内部决议、担保登记、担保公告等制度。然事物均有两面性，担保的程序性规范过于僵化、灵活性不足的问题，导致了实践中有些当事人虽有担保能力，但出于各种原因无法履行担保的法定程序。此情形下，当事人只能通过创设诸如回购、代偿、备用租约、差额不足、流动性支持等具有担保增信功能的措施，规避在中国人民银行的企业征信系统公示、上市公司公告、董事会、股东会进行审议等法定担保的程序性要求。

根据《上海二中院关于融资租赁合同纠纷案件审理情况的调研报告》，融资租赁合同的当事人主体呈复杂化趋势。除典型的出租人、承租人以及出卖人三方合同架构外，出租人出于风险控制的考虑，以增加回购人、保证人等方式，将更多的利益相关方纳入融资租赁合同体系中，最大限度的降低融资风险。在审结的67件案件中，涉回购人承担回购责任的有33件，占比高达49.25%。可以说，要求租赁物的制造商、经销商在承租人违约时回购租赁物，已经成为出租人保障自身融资融物安全的重要创新举措之一。但同时，回购合同究竟属于何种性质的合同，成为涉回购案件的审理难点。

对于这些非典型的担保措施的合法性问题在租赁业界、法学界等一直存在争议，使得出租人在不得不采用此类保障措施时难免战战兢兢。《九民纪要》对此类非典型性担保的有效性进行了肯定，并明确分别应参照适用相关典型担保的程序性规定，这样做既明确拓宽了有效担保的类型，使得出租人有更多的选择，也对非典型担保人提出了明确的要求，有利于对第三人的保护。可以肯定，对非典型担保合法性的承认，将有利于融资租赁行业的规范发展。

2.2 进一步明确了债权人相关审查义务的内涵

对于担保人承担担保责任是否履行了内部决议程序，债权人有审查义务。在以前的审判实践中，人民法院对该等债权人的审查义务是否完全履行，往往以债权人是否属于金融机构等专业机构作为区分标准，对金融机构的审查义务提出了更高的要求，大大增加了金融机构等主体的义务履行成本。然而，这种基于主体类型不同区分审查义务的做法，由于并未给出具体明确的义务内涵，所以既不利于法院、仲裁机构判断债权人是否完全履行了审查义务，也不利于债权人经营活动的开展和经营活动的稳定，更是不公平的。

对此，《九民纪要》不以债权人是否属于金融机构为区分标准，从明确债权人审查义务内涵的角度出发，提出债权人的审查义务内涵由主观和客观两方面标准构成：主观上债权人应为善意，即“债权人不知道或者不应当知道法定代表人超越权限订立担保合同”；客观上，由于债权人并非担保人公司的内部人，故只需债权人履行了形式审查义务即可。如此，对于融资租赁公司，尤其是作为金融机构的金融租赁公司而言，在未来业务开展过程中，对于自身是否依法履行了审查义务将有明确的预期。

2.3 对名为租赁实为借贷的法律效力判定规则作了进一步限缩

《最高人民法院关于审理融资租赁合同纠纷案件适用法律问题的解释》（法释〔2014〕3号）发布以前，租赁业界和法律界都比较明确，若融资租赁合同被认定为名为租赁实为借贷，则该融资租赁合同无效。司法解释发布以后，由于该司法解释第一条规定："人民法院应当根据合同法第二百三十七条的规定，结合标的物的性质、价值、租金的构成以及当事人的合同权利和义务，对是否构成融资租赁法律关系作出认定。对名为融资租赁合同，但实际不构成融资租赁法律关系的，人民法院应按照其实际构成的法律关系处理。"这一条的规定给融资租赁业界带来了无限的想象空间，同时也给人民法院审判带来了混乱，即该条中的"按实际构成的法律关系处理"应如何理解和适用，如是否实际构成借贷法律关系，就一定要按照有效的借贷关系处理，能否判定虽然构成借贷关系，但该借贷关系无效。笔者从中国裁判文书网上检索相关案件后发现，各地法院对这一问题的处理截然不同。

对此，《九民纪要》通过对借贷关系有效性判定规则的确认，将有效的民间借贷法律关系进行了限缩处理，规定"套取金融机构信贷资金后高利转贷的行为"以及"职业放贷人的出借行为"均为无效的借贷关系，从而使得不具有合法信贷资质或合法资金来源的主体，无法再通过融资租赁等形式实施放贷经营活动，进一步维护了信贷秩序。

3 面对的挑战

在带来机遇的同时，《九民纪要》的相关规定也使一些融资租赁传统业务模式面临较大挑战。

3.1 融资租赁的传统盈利模式亟需改变

长期以来租赁行业的内部收益率构成是：租赁利息、服务费、保证金的利差、现金流；从而决定了过去融资租赁的业务（盈利）模式设计成：收取服务费、保证金和租赁利息。《九民纪要》规定：金融机构以服务费、咨询费、顾问费、管理费等为名变相收取利息；金融机构收取服务费等必须提供价值相符的服务，否则人民法院不予支付。这一规定必然导致融资租赁公司必须重新设计自己的盈利模式，改变原来的表面租赁利率较低，通过收取服务费、调节保证金数额来实际提高内部收益率的方式。

笔者认为，目前行业内尝试使用的通过租赁 + 银行承兑汇票、租赁 + 保理、租赁 + 理财、租赁 + 其他等创新盈利模式，尽管在合法性上暂时没有太大问题，但也只是临时解决个案的“权宜之计”，设计租赁行业普遍认可、具有广泛适用性，并被承租人接受的具有竞争力的租赁业务盈利模式，需要租赁业界的共同努力。

3.2 出租人必须改变以前只重视法律法规不关注行政规章的现象

《九民纪要》纠正了以往人民法院在确认合同效力时，只有违反法律法规中的效力强制性规定合同才无效的审判规则，并进一步体现了我国《民法总则》中有关民事法律行为的效力规则的精神，即违背公序良俗的民事法律行为无效。基于此，《九民纪要》明确将涉及金融安全、市场秩序等公序良俗内容的规章纳入了可以判定合同无效的规定的范围，从而改变了大家以前的思维定式：只有违反法律法规，合同才无效，违反规章只是会受到行政机关的处罚，不会影响合同的效力。

笔者认为，《九民纪要》以后，各类融资租赁公司，尤其是原商务部系的融资租赁公司，应当加强对租赁合同尤其是租赁物的合规性审查，特别是要深入了解和分析与政府平台、隐性债务、公益性资产、公路资产、房地产等业务密切相关的规章的相关内容，以防止因规章内容涉及公序良俗而导致租赁合同被判无效，进而影响担保合同的有效性，造成租赁公司的损失。

3.3 对于租赁期限较长的交易应将政策变化纳入约定变更或解除租赁合同的条件

如前述，《九民纪要》第 31 条明确规定：违反规章一般情况下不影响合同效力，但该规章涉及金融安全、市场安全、国家宏观政策等公序良俗的，应当认定合同无效。鉴于融资租赁业务多数涉及金融安全、市场安全、国家宏观政策等方面的内容，这些方面的政策变化相对比较快，这就会产生一个问题，即在融资租赁合同订立时相关规章未作出规定，而在合同履行过程中进行了规定或修改了规定导致违反公序良俗的情况出现，这时若发生纠纷，合同是否会被法院认定为无效。

对此，笔者认为，基于法不溯及既往的法理，这种情况下，法院一般不会认定合同无效。然而，考虑到违背公序良俗的情况可能将要或已经发生，继续履行合同可能不再具有合理性，也会加大违约的风险，这时若作为出租人的融资租赁公司有合同约定的单方变更权或解除权，就能通过变更或解除租赁合同，更积极主动的控制交易的走向，将损失降到最低限度。因此笔者建议，对于租赁期限较长、可能面对更多政策变化的交易，应将政策变化导致交易可能违背公序良俗这一情况纳入约定变更或解除租赁合同的条件。

3.4 应加强事前对融资租赁合同和相关担保合同的有效性审查。

如前述，《九民纪要》要求人民法院“依职权主动审查合同效力”，对这一审判理念的转变，融资租赁公司应做到未雨绸缪，在融资租赁项目相关合同订立前主动对合同的效力进行审查。一方面，应将审查的重点放在合同法、担保法等相关法律法规关于合同有效性的实体规范上；另一方面，要善于进行换位思考，从对方当事人抗辩的角度和第三人居中裁判的角度预判合同可能会被认定无效的因素。

此外，尽管《九民纪要》肯定了非典型担保的合法有效性，但融资租赁公司仍应特别注意，该合法有效性是建立在非典型担保应“参照适用相关典型担保的程序性规定”的基础上的，即非典型担保并不意味着绝对免除担保人应当履行的内部决议、外部登记、公示等法定程序，而是应当首先判断准备采用的非典型担保方式更类似于哪种典型担保，从而事先在担保合同中明确约定担保人应履行的相关程序性义务，避免纠纷发生后担保被认定无效。

4 小结

总体来看，本次《九民纪要》的出台，确实会在未来相当一段时期内对融资租赁行业的发展产生不小的影响，特别是今后几年的诉讼案件中，由于前期的审查义务、合同设计、保障措施的程序性要求等和本次《九民纪要》规定不一致，融资租赁业现有的业务模式将受到很大的挑战，纠纷案件在出租人不做较大让步的情况下调解结案和案件执行难度将增加。但正如本文所分析，对于融资租赁公司，这会是一种机遇与挑战并存的影响。只要充分学习和正确理解《九民纪要》内含的精神与规则，我国的融资租赁业一定能够抓住机遇，朝着更好的方向发展。

敬畏危机·布局医疗产业

——融资租赁在医疗产业中的产融协同发展

陈 凯①

1 危机凸显：宏观环境和行业环境面临挤压

1.1 中国宏观经济面临三重危机

2019年末有人说，“2019年可能会是过去十年最差的一年，但却是未来十年里最好的一年”，当时很多人并不以为意，不曾想一语成鉴，在2020年暴跌式的开局下，受疫情等影响，多重危机叠加，使得中国以及全球经济面临重大挑战。

1.1.1 第一重危机：经济放缓GDP减速

亚洲金融危机后，2000年我国加入了WTO，进一步对外开放，中国经济开启了黄金发展的十年。直至2008年受美国次贷危机影响，全球经济受创，尽管中国政府启动了4万亿的基建投资，将GDP增速维持在10%。但在三驾马车集体减速的情况下，从2011年始，中国GDP步入了下行通道（见图1）。从中长期角度看，中国整体GDP将步入缓慢增长阶段，经济增长也从“高速发展”向“高质量发展”转变。

---

① 国控租赁总经理。

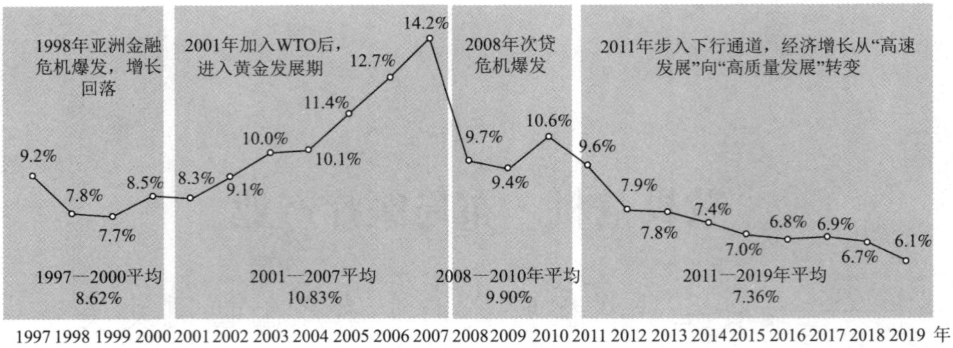

图 1　1997—2019 年 GDP 同比增速

数据来源：Wind，国控租赁整理。

1.1.2　第二重危机：疫情中国爆发

更甚者 2020 年初突如其来的新冠疫情，使得中国经济近乎停摆。与 2003 年非典相比，病毒本身潜伏期长、传播力强，同时叠加中国相较彼时更为发达的交通网络，使得中国不得不按下暂停键，人员停工、公司停产。在疫情的笼罩下，中国经济停摆接近两个月，1～3 月各项重要经济指标出现大幅下降、失业率大幅攀升。在各大机构对一季度的预测中，均较 2019 年同期出现了大幅下降，出现了负增长（见表 1）。

表 1　主要机构对中国一季度 GDP 增速预测

机构	1 季度 GDP 增速预测值/%	去年同期实际值/%
瑞银证券	2.0	6.4
花旗银行	-5.2	
中金公司	-9.3	
天风证券	-10.0	
浙商证券	-8.0	

数据来源：国控租赁整理。

1.1.3　第三重危机：疫情全球大流行

就在国内疫情得到有效控制，正逐步步入正轨的时候，疫情出现了全球蔓延的态势，截至 2020 年 4 月 16 日，全球确诊人数超过 200 万人，其中疫情最严重的十个国家与中国贸易往来频繁，十国占我国出口总额的 34%，占我国进口总额的 26%。在经济高度全球化、产业链高度关联的大背景下，国外疫情通过产业链的方式再次传导到了中国，中国经济在前期付出了沉重代价的情况下，受到了二次打击，中小企业出现“复工、难复产”的情况。

1.1.4 经济增长预期大幅下滑，投资和消费成为关键增长点

综上所述，从短期来看，疫情导致全球相继停工停产、贸易往来受阻，经济增长近乎停摆，预计恢复周期半年以上；从长期来看，疫情导致各国将强化自身供应体系的保障能力，导致全球产业中心的转移，加剧逆全球化的倾向，或将影响经济的恢复；据各大机构预测，2020 年全球经济以及中国经济均将显著下行。

为稳住疫情，快速提振经济，政府从投资和消费领域进行深度刺激。在投资方面，积极布局新型基础设施建设，加码以新基建为代表的技术密集产业投资及产业应用，做好疫情防控保障建设，此类投资举措有望拉动经济稳步增长。在消费方面，一方面通过直接发放消费券等方式刺激消费；另一方面顺应我国消费结构转型，关注增速最快的医疗保健消费领域（见图2、图3）。

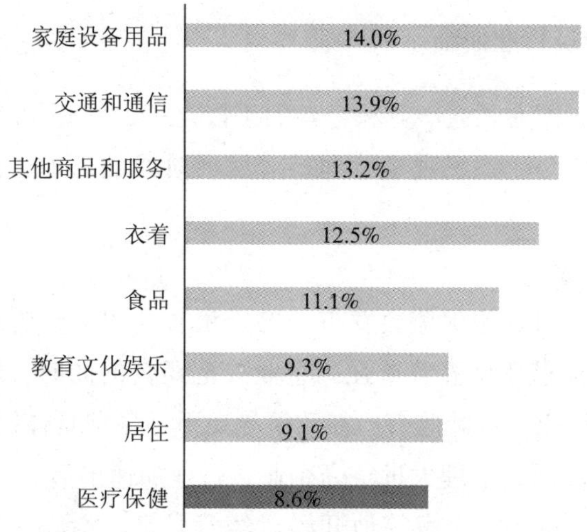

图2 2006—2012 年服务型消费分领域速增

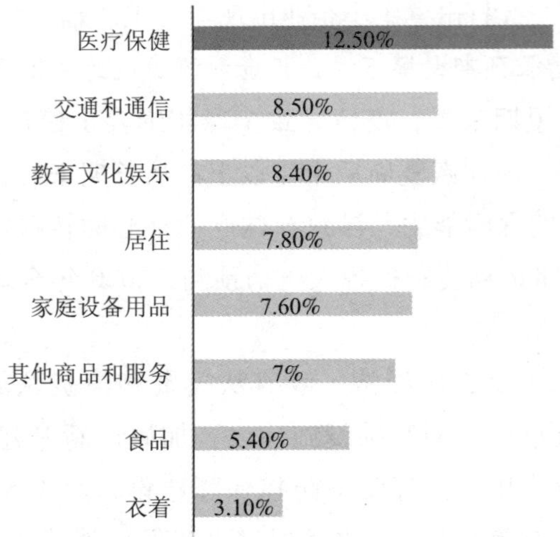

图 3　2014—2018 年服务型消费细分领域增速

数据来源：平安证券经济结构转型系列报告。

1.2　融资租赁行业面临二大挑战

融资租赁行业作为联通产业和金融的手段之一，在近 10 年时间内，得到了高速的发展，如今受到宏观经济和行业发展阶段的影响，面临着监管和同业的双重挑战。

1.2.1　强监管

2020 年 1 月 8 日，银保监会发布《融资租赁公司监督管理暂行办法（征求意见稿)》，该征求意见稿着重强调企业规范经营的同时，明确了行业的两大趋势，即聚焦产业、从严监管。在政策导向下，各项具体措施逐步实施：

（1）在企业层面，清理大批空壳企业，行业加速出清。

南通、天津、重庆、上海等地开始对经营异常、空壳、资本金长时间未到位的企业进行排查，并对失联、监管困难的融资租赁企业进行通报和列入黑名单，同时加大对新设立融资租赁公司的注册限制。

（2）在经营层面，规范融资平台价格和业务范围。

各个地方陆续出台文件，规范政府融资平台的运作，从融资的范围和融资的价格两个维度，规范业务范围，强化租赁聚焦产业发展（见表 2）。

表2　各地金融监管部门出台政策规范平台融资

时间	省市	政策	重点内容
2017－06	重庆市	关于加强融资平台公司管理有关工作的通知（渝府办发〔2017〕74号）	融资平台公司不得利用公益性资产作为抵押物进行贷款、发行债券或资产证券化产品等融资
2018－07	陕西省	关于推进我省融资平台公司转型发展的意见的通知（陕财办预〔2018〕66号）	学校、医院、公园、广场等以及无经营性收入的市政道路、水利设施、非收费管网设施等公益性资产，不得作为资本注入各类企业。 禁止以学校、医院等事业单位为中介，变相为政府举借债务
2020－02	山东省	关于推进政府融资平台公司市场化转型发展的意见（鲁财债〔2020〕17号）	严禁通过公立学校、公立医院等公益性事业单位变相为融资平台公司建设项目融资； 严禁将公立学校、公立医院、公共文化设施、公共广场等公益性资产注入平台公司
2020－03	江苏盐城	关于报送成本8%以上债务融资清退工作方案的通知	要求清退成本8%以上融资，清退工作原则上要在今年年底前全部完成

数据来源：国控租赁整理。

继盐城之后，泰州、常州、徐州等地也陆续下发通知，对政府或国有企业融资成本上限加以限制，这些政策都迫使融资租赁公司调整业务模式，进一步向产业端转变。

1.2.2　行业竞争

（1）货币和财政政策宽松，租赁行业面临其他金融机构竞争。

疫情发生前，国内货币供应量（M2）已经是GDP的两倍，金融行业存在“宽货币、紧信用”的状态；疫情发生后，为支持打赢疫情阻击战，央行于2020年2月初推出3000亿元专项再贷款，以加快地方债的发行，这导致了LPR快速下行，M2增速加快（见图4）。

截至2020年3月22日，专项再贷款支持的企业已经超过了5000家，优惠利率贷款的总额已经超过了2000亿元，实际融资成本只有1.26%左右（加上财政部50%的贴息），对租赁行业的企业类客户挤出相应明显。

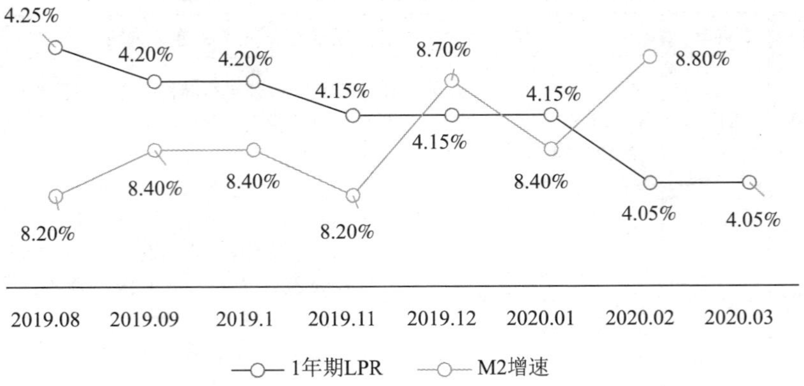

图 1　LPR 与 M2 增速对比

（2）同业竞争：产业集中度高、产品单一，同质化竞争严重。

截至 2019 年末，融资租赁公司已经超过一万家，这些租赁公司一方面业务赛道同质化明显，大量集中于城市公用、工程机械、医疗大健康等领域，另一方面产品单一，租赁公司以类信贷的回租为主，聚焦价格竞争，同质化竞争激烈。为应对行业内外部压力，租赁公司亟待创新发展，深入产业成为各大公司转型重点和方向。

2　转型升级，新形势下的医疗大健康产业

2.1　选择医疗大健康产业

2.1.1　医疗大健康产业在国民经济中已经占据重要地位

目前，我国卫生费用增速接近 GDP 增速的两倍，在所有行业增速中位列第一，特别是在 GDP 增速放缓的情况下，大健康产业仍保持强劲的增长势头（见图 4）。然而从卫生费用在 GDP 中的占比来看，尽管占比逐年上升，2018 年占比达 6.57%，但相较世界平均 9.9% 和美国 17.4%，有较大的提升空间（见图 5）。

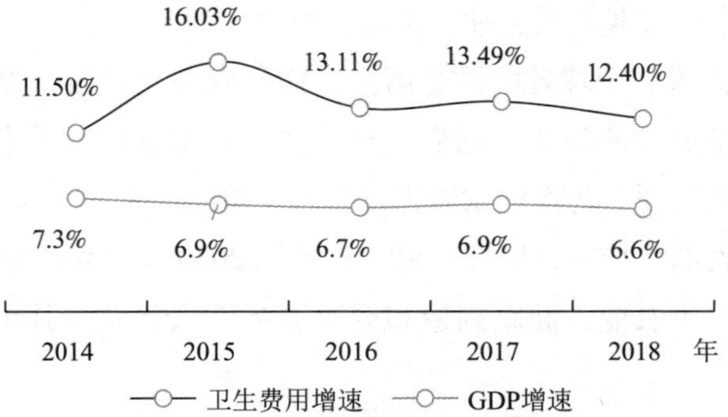

图4 卫生费用与GDP增速对比

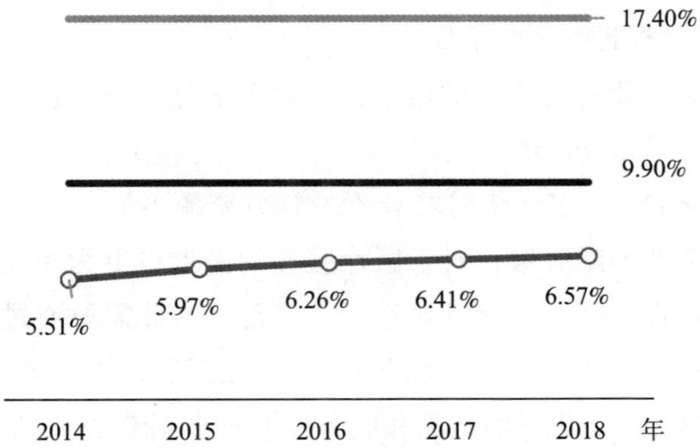

图5 卫生费用在GDP中的比重

数据来源：国家统计局、国控租赁整理。

2.1.2 6大因素驱动医疗产业未来的快速发展

（1）政策因素：2016年落地的《“健康中国2030”规划纲要》延展了医疗大健康产业的范畴，丰富了产业链的内涵，将原来单纯的治病，延伸到了养病、治未病的领域。

（2）人口因素：2018年我国60岁以上人数2.5亿人，预计到2025年将达到3亿人，占比将超过20%；同时老年人疾病医治疗程长，平均医疗费用高，推动了国民医疗的需求。

（3）经济因素：随着国民可支配收入的逐年上升，生活条件的改善引发国民消费升级为医疗支出的提升提供了基础。

（4）社会因素：社会环境、饮食习惯等因素导致亚健康、慢性病等问题显著，中国城市白领中健康人群的占比仅为2.5%，慢性病患者已超过3亿人。

（5）意识因素：国民医疗消费需求不断发生升级，医疗美容、医疗体检、健康养生等消费医疗越发受关注，市场规模均接近千亿元。

（6）技术因素：全球各大医疗巨头大额研发费用的投入带动了整体医疗技术的发展，基因检测技术、癌症免疫疗法、人工器官、手术机器人等科技手段和产品不断涌现，为产业发展提供技术支持。

在上述因素的引导下，医疗大健康产业到 2030 年市场规模预计将达到 16 万亿元，涵盖健康农业、健康制造和健康服务三大板块，其中医疗服务将占据半壁江山。

2.2 医疗大健康产业细分方向选择

2.2.1 选择逻辑：供需矛盾

医疗大健康产业有着广阔的市场，在对于细分方向的选择上，笔者从供需矛盾出发，寻求市场的增长点。

（1）供需矛盾 1：多元化需求 vs 公立医疗资源不足。

随着国民消费不断升级，对于医疗服务的需求也更为多元化，更强调服务和便捷，然而现有公立医疗资源远无法满足，为此需要通过大力发展基层医疗、民营医疗，并且针对人口老龄化这一突出问题，推动康养产业发展。

（2）供需矛盾 2：先进的产品和服务需求 vs 医疗制造中低端。

医疗技术的发展使得各种先进的产品层出不穷，然而我国目前的药械研发、生产制造尚处于低端阶段。为缓解矛盾，一方面可以通过加强药械创新，推动国产化替代，加快追赶先进技术；另一方面可以抓住疫情和新基建带来的科技风口，布局智慧医疗，形成弯道超车。

2.2.2 细分热点领域简析

（1）基层医疗。

截至 2018 年底，我国基层医疗机构有 94.4 万个，占医疗机构总数的 94.6%，且数量还在逐年提升。然而与之形成鲜明对比的是床位数占比仅为 18.8%、医疗人员数量占比仅 7.4%、就诊人次仅为 53%，其中很大部分为挂号拿药等服务。因此尽管基层医疗在机构数量上占据绝对优势，但是在软硬件设施，以及服务半径上来看，能力依然有限。

尽管国家意识到了发展基层医疗，开展分级诊疗的重要性，但基层医疗机构的建设需要包括资金在内的更多产业支持。针对发展中的痛点和难点，融资租赁可以有针对性地提供软硬件设施建设和配套医疗服务：

表 3　融资租赁在基层医疗中的应用

痛点	解决方案
硬件设施差：落后陈旧	• 提供资金，协助引入新设备、新技术等
软件设施弱：优质医生缺乏、技术水平不足、服务意识薄弱	• 引入优质医生集团资源，完善医生培训体系 • 引入医院管理体系，提升医院服务能力层级 • 进行科室共建。
服务能力弱：时空受限	• 发展远程诊疗等科技技术，提升医疗效率

（2）民营医疗。

与基层医疗机构现状类似，民营医疗机构在数量上已经超过公立医疗，占医院总数的 63.5%，但是在软硬件设施，以及服务半径上覆盖同样有限。

为促进民营医疗发展，国家出台了一系列的政策，但在 2020 年初我司针对民营医疗机构的调研结果显示，近 50% 的民营机构负责人仍然认为“政策不清晰”是制约民营医疗发展的因素之一，有待国家进一步明确。除此之外，融资租赁公司可以在融资和服务方面助力民营医疗机构的发展：

表 4　融资租赁在民营医疗中的应用

痛点	解决方案
融资难：体量小、受众面窄	• 创新融资模式，拓宽融资渠道 • 开发模型法、画像法等评审机制，提升融资效率
服务能力弱：优质医生缺乏、技术水平不足、管理能力薄弱	• 引入优质医生集团资源，完善医生培训体系 • 合作建设第三方医学中心 • 引入医院管理体系，提升医院服务能力层级率

（3）康养服务。

我国人口老龄化的时代快速到来，2018 年我国养老产业市场规模为 6.57 万亿元，预计 2022 年可达 10.29 万亿元，每千名老人拥有床位数 30.9 张，较 2014 年有所增加，但仍低于发达国家 50～70 张的水平，面临人口老龄化的快速到来，养老服务供需矛盾较为突出。同时，养老服务机构的服务内容也不断升级，由一般性的配餐送餐、居室保洁、医疗陪护逐步向康复治疗、心理慰藉、文体娱乐等方面延展。产业发展的痛点也在于资产和服务两方面，融资租赁公司可以通过提供更多元化的产品和服务来解决：

表 5 融资租赁在康老服务中的应用

痛点	解决方案
资产过重：资金投入大、回收周期长、利润相对偏低	• 股债联动、经营性租赁、或有租金等
服务能力差：慢病管理、治疗护理、多元化养老服务	• 配套提供医疗资源 • 开展护理人员培训等

（4）药械创新。

①制药工业。在制药工业方面，我国制药产业工业增加值增速整体高于 GDP 增速，在 2015 年触底反弹，且连续两年逆势上行，2018 年医药产业市场规模为 33775 亿元，占大健康产业的 49.8%。但在产业层次上仍局限于低端产业，以医药中间体和原料药为主，技术含量较高、附加值高、领域前沿的企业较少。

近年来在药品行业出现一系列的重大改革，其中最重要的是两票制和“4+7”。国家通过推行两票制，压缩了药品流通环节，这一结果直接导致了部分流通商被淘汰；而“4+7”则通过药品集采，直接压缩了生产企业的利润。通过上述两项制度，部分药品的价格大幅下降，同时也倒逼药品相关企业转型升级，迈向自主研发和高端制造。

②医疗器械。在医疗器械方面，我国医疗器械行业一直保持两位数的增长率，预计 2019 年行业总规模达到 6400 亿左右。但行业呈现粗放增长态势，国产医疗器械生产还主要集中在低端产品上，中高端产品进口依赖较为严重。除此以外，由于国内人口结构老龄化的趋势逐渐凸显，居民对于康复养老辅具的刚性需求进入旺盛期，预计到 2020 年，家用医疗器械有望达到 1500 亿元。未来国产化替代、兼并收购和医疗消费将成为行业发展主线。

然而在药械创新的过程中，高风险、高成本成了制约行业转型升级的掣肘，而融资租赁多元化的产品和深入产业的特点，可以帮助企业实现突破：

表 6 融资租赁在医疗器械中的应用

痛点	解决方案
融资难：研发新产品周期长、资金需求体量大、研发失败率高	• 创新融资模式，多元化融资产品，如股债联动、投贷联动、供应链金融

续表

痛点	解决方案
利润侵蚀严重 • 销售环节成本高，带金销售现象严重 • 集中采购政策制约，利润面临进一步压缩	• 节流：借助庞大的分销零售网络，将产品推向全国，降低销售成本 • 开源：加入药品集采平台（GPO），生产企业以价换量，薄利多销

（5）智慧医疗。

在新基建的狂潮下，势必会崛起一批智慧医疗企业，他们应用人工智能、大数据、物联网、5G通信等新技术，重新赋能医疗行业。在应用领域，融资租赁企业可以利用自身的产业的优势，抓住风口和机遇，最终将实现弯道超车。

细分到智慧医疗领域，与5G通信的应用领域主要有医疗物联网、远程诊疗和移动医疗三个子方向，融资租赁公司可通过融资租赁、经营性租赁、股债联动等多元化的产品，为产业提供资金和服务。而人工智能更侧重于对于医疗数据的价值挖掘，更多的是采用股权投资的方式进行投资。

3 布局产业：融资租赁深入融合产业发展

针对医疗大健康产业的产业特点和未来方向，结合融资租赁行业的发展，我们将融资租赁产品、其他金融产品以及产业服务相结合，围绕客户的各类需求，提出“融资租赁+”的概念，通过叠加不同金融产品、产业服务、生态，力争为客户提供一站式、多元化的解决方案。

3.1 融资租赁 + 经营性租赁

经营性租赁（Operating Leasing）是指出租人向承租人提供设备及使用权的同时，并提供设备的维修、保养等服务的一种中短期融资与融物相结合的经济活动。由于经营性租赁和融资租赁在业务实质、会计处理等各方面存在着差异（见表3），前者能对后者进行补充。

表7　经营性租赁和融资租赁区别

项目	经营性租赁	融资租赁
业务实质	• 融物属性； • 涉及设备使用权转让； • 租赁公司和承租人共担资产的风险和报酬	• 融资属性； • 涉及设备所有权转让； • 承租人承担资产的全部风险和报酬
会计处理	• 租赁公司计入资产； • 承租人计入费用	• 租赁公司计入应收款； • 承租人计入固定资产和负债
维保	租赁公司负责	承租人自行负责
期末处置	租赁公司回收租赁物/承租人续租或购买	租赁公司以名义价格转让给承租人
租赁物	升级换代快，使用期短，高流通的设备	长期使用，相对稳定的设备

3.1.1　国外发展情况

国外租赁发展较为成熟，“残值风险租赁模式”（即经营性租赁）经过几十年的积淀，模式已趋于成熟，其中北美市场40%以上的业务都是残值风险租赁，相关企业较多，比较经典的如美国本土的Meridian Leasing（迈瑞迪租赁）。Meridian Leasing提供大型新旧医疗设备的融资租赁和经营性租赁，为客户降低设备使用的成本。同时Meridian Leasing还开发了针对用户的资产管理MCAP系统，通过该套系统，客户可实现自主化定制设备租借方案、线上续订和购买操作以及了解设备租借情况等。

除了针对医疗机构服务的经营性租赁公司以外，国外还涌现出一批针对个人的经营性租赁公司，比较有代表性的如麦肯医疗（McCann's Medical）。麦肯医疗成立于1974年，是波特兰地区领先的医疗用品供应商，旗下产品包括康复、养老、便民辅具等使用期限短、流动性高的产品。消费者可以在其线上商城购买或租赁康复医疗辅具，同国内的线上商城一样，消费者可直接在线上完成订单，收货方式可以选择自提或快递上门。

3.1.2　国内发展情况

国内有一些公司开展设备经营性租赁业务，但主要是工程机械等设备，大型医疗设备（三类、二类医疗设备）的经营受到国家严格的监控，在国内开展缓慢。因而针对个人的普通医疗设备成为经营性租赁的标的物，目前主要是厂商或经销商在开展相关业务。

例如北京康复之家旗下的健租宝，于2013年成立，专业从事医疗器械经营性租赁、设备回收、二次销售业务、适老化改造等业务，与康复之家旗下的药械零售、慢病管理等业务开展协同。其设备租赁业务也采用了电商模式，可在淘宝或微信小程序上下单，送货上门。

3.1.3 开展经营性租赁的注意事项

在国内，大型医疗器械的门槛相对较高，融资租赁公司可以针对个人使用的，且使用周期短、便于流通、价值相对较高的消费医疗设备开展经营性租赁业务。在业务前期，可通过与医疗器械厂商或经销商合作，共同开展相关业务，形成资源共享和联动。在实际操作过程中，市场、系统以及配套服务均是融资租赁企业需要考量的：

表8 融资租赁的应用

市场选择	操作系统	配套产品
• 产品有潜力、有发展空间 • 设备制造商自身有产业背景或资源积淀	• 支持客户进行简单快捷的操作 • 支持企业进行后端的设备运营管理、维护保养	• 通过配套产品将租赁由低频变高频，如配套购买、二手销售和维修等

3.2 股权类产品

融资租赁作为债权类工具，主要针对成熟期客户，为进一步扩大客户群体，满足客户多元化的诉求，股权类产品在租赁的营销过程中也往往不可或缺。通过股债联动，一方面可以为客户匹配更为长期的资金，另一方面实现收益和风险的再分配，并与客户深度绑定。

3.2.1 风险债权

风险债权是指在融资租赁公司与承租人签订融资租赁合同的同时，与承租人签订认股权证（Warrant）；双方约定在租赁期内，在融资租赁公司按期收取固定租金的同时，有权在特定的时间对认股权证行权或者转卖，从而获得超额股权投资收益。这一模式让出租人获得了与风险相匹配的收益，同时避免了承租人当下的股权稀释。

启明医疗是一个业内非常典型的案例，启明医疗成立于2009年，是中国领先的经导管心脏瓣膜设计、开发和商业化企业。2019年12月10日，启明医疗—B（2500.HK）发行价格为每股33港元，开报40港元，目前股价在44港元。浦发硅谷银行在启明医疗C轮和D轮的股权融资窗口期内，与其进行了风险债权合作，随着之后启明医疗的估值不断上升，这一交易使得浦发硅谷银行收益快速上升。纵观这次交易，浦发硅谷银行在此次交易中能够获得较高的收益来源于如下几个层面：

（1）清晰的商业模式：启明医疗具有领先的技术，在 TAVR（经导管主动脉瓣置换术）市场是个不折不扣的行业龙头，具有很高的技术壁垒。

（2）广阔的发展前景：2018 年心脏瓣膜全球市场规模为 41 亿美元，中国市场规模为 2870 万美元，尽管目前中国市场规模不大，但增速较快，预计 2025 年将达到 9.6 亿美元。

（3）创始人多次创业：创始人訾振军有多次在医疗行业的成功创业经历，启明医疗已然是其第三次创业，并且本人具有良好的医疗专业背景和行业资源，这类创始人多半深深厌恶多轮股权融资造成的股权稀释。

（4）受到资本的追捧：公司获得了启明创投、红杉资本、高盛、德弘资本等大牌 VC 和 PE 的认可，是资本的“宠儿”，曾多次被列为独角兽企业。

通过对案例的上述分析，笔者认为风险债权产品主要适用于公司业务明确、商业模式清晰的企业，通过这一产品有助于融资租赁公司达到收益和风险再分配、拓宽客户群体的目的。

3.2.3 产业服务

不同于银行等其他金融机构，融资租赁以设备为抓手，满足客户的资金需求，因而与产业有着天然的关联度。融资租赁公司可以通过叠加产业服务，在为各类相关医疗机构和企业提供资金的同时，配合需求提供产业运营服务，扩大租赁规模，深度布局产业链生态。

（1）产业园。药械研发、生产、流通企业往往呈现产业聚集的形态，据统计，长三角、珠三角和环渤海地区汇集了全中国 62% 的制药企业和 68% 的医疗器械企业。融资租赁公司可以通过与医疗产业园进行合作，深入产业生态，提供产业服务。除了利用租赁的债权优势以外，一方面协助园区管理单位，汇聚科研领域的杰出人才、团队、企业，打造健康产业集聚地；另一方面通过产业聚焦和人才聚焦，对科研成果的转化、应用和生产制造，对初创企业孵化扶持，形成产业规模化发展。

（2）第三方医学中心。第三方医学中心不仅需要重资产、重投入的建设，而且需要精良的管理团队和运营团队，同时又需要先进的医疗技术和医生资源。因而融资租赁企业在服务第三方中心的过程中，一方面，通过租赁或者投资的形式满足项目投建过程中的资金需求；另一方面，在机构运营过程中，我们可为其提供供应链管理、医疗技术能力建设、医疗运营与质量管理、学科建设和医学中心建设等产业服务，帮助医疗机构提升管理水平和运营能力，在助力第三方中心成长的过程中，也保障了我们债权资金的安全。

金融科技技术在融资租赁行业的应用场景和发展趋势

王兰芳①

1 金融科技发展的背景分析

1.1 国家高度重视金融科技发展

金融科技是技术驱动的金融创新，人工智能、大数据、云计算、物联网等信息技术与金融行业结合，为金融发展提供源源不断的动力。在融资租赁行业，信息技术的应用加快业务发展，提高服务效率。金融科技为普惠金融发展带来新机遇，借助智能合约、数据挖掘等技术，降低融资成本，缓解小微企业融资难融资贵的问题，助力降低金融服务门槛。

运用大数据、人工智能等技术建立金融风控模型，实现风险早识别早处置，提升金融风险能力。运用智能监管平台，推动金融监管模式由现场监管转变为非现场监管，解决信息不对称，金融科技成为防范和化解风险的新利器。

1.2 金融科技重点任务和发展目标

人民银行在《金融科技（Fintech）发展规划2019—2021年》的通知中，针对金融科技发展的重点任务指出六个方面：一是加强金融科技的战略部署，统筹规划，激发人才创新；二是强化金融科技的合理应用，科学运用大数据、

---

① 深圳市金证前海金融科技有限公司总经理。

云计算、人工智能、分布式数据库等；三是赋能金融服务提质增效，拓宽金融服务渠道，完善产品供给，提升惠民服务能力；四是增强金融风险的防控力，加强网络安全管控，保护数据安全；五是加大金融审慎监管力度，建立科技监管体系；六是夯实金融科技基础，推动法律法规建设。

到2021年，建立健全我国金融科技发展的基础，增强金融科技应用能力，实现金融与科技的深度融合，协调发展，使我国金融科技发展居于国际领先水平。

2 云计算在融资租赁领域的应用

2.1 云计算的应用价值探讨

云计算在金融领域的应用规划，应引导金融机构探索与互联网交易特征相适应、与金融信息安全要求相匹配的解决方案，搭建安全可控的金融行业云服务平台，构建集中式与分布式协调发展的信息基础设施架构，力争云计算服务能力达到国际先进水平。加快云计算金融应用规范落地实施，发挥云计算的资源整合优势，更好地适应互联网新型金融业务特征。

云计算在以下几个方面具备优势：

（1）有效降低机构的IT投入成本。

相比传统的采购大型机和小型机作为基础设施的机房建设方式，云计算通过虚拟化技术将物理设备虚拟成资源池，以资源池的能力满足金融机构的计算力和存储需求，如果使用云计算，系统搭建、机房场地、硬件设备等投资近乎降低为零，管理成本与独立团队来比，也是微乎其微。

（2）具有较高的可靠性和可扩展性。

传统的基础资源部署，扩展能力较差，随着业务发展，只能部署越来越大的服务器，且交付周期长。传统的应用架构强调单体应用，数据库的可扩展性受到制约。相比之下，云计算的资源池模式天然具备良好的可扩展性，在可靠性方面，云计算可以通过数据多副本容错、计算节点同构可互换等措施，保障服务的可靠性。

（3）运维自动化程度高。云计算服务平台自身拥有专业的服务团队，无须企业对IT基础设施进行维护，节省了企业专业团队的维护开支。云计算的操作系统通过统一的平台管理企业的服务器、存储和设备。可精准定位故障设备，现场更换设备排除故障。相比传统联系厂家维修的维护模式，云计算平台自动化程度较高。

（4）云数据的信息共享。云数据的获取便捷，用户只要有终端、有网络、有授权，即可高速有效的访问数据，从而实现数据的真正共享。

2.2 云计算在融资租赁行业的应用场景

2.2.1 融资租赁行业上云着眼于互联网金融的合作模式

随着互联网金融的兴起，融资租赁行业的发展似乎看到了曙光，因为融资租赁公司的业务发展到一定规模后，很容易就会受到资本约束无法开展新的业务，而借助互联网金融渠道，一方面可以通过租赁收益权的转让方式，实现租赁收益权的出表，能帮助融资租赁公司盘活现有资产，解决资本约束难题。另一方面，融资租赁公司借助互联网金融渠道还可以获取优质客户，扩大融资租赁公司的业务规模。

融资租赁行业上云也促进了融资租赁产权交易平台的搭建，融资租赁产权交易平台是融资租赁债权、融资租赁公司股权和租赁标的物的残值交易服务的综合性平台，交易主体为中小型融资租赁公司和资金方，以及第三方服务机构如会计、法律、评级、担保、资产管理、三方支付等机构，把控交易风险，增强租赁资产的流动性。

目前国内已经成立多家租赁产权交易平台，上海自贸区融资租赁产权交易平台是国内首个标准化的、面向境内外的融资租赁产权交易专业平台，平台一方面为境内外融资租赁企业优化资产管理体系、拓宽投融资渠道、打破发展瓶颈、发掘新的业务增长点提供更为专业化的配套服务。另一方面，该平台的建设还将进一步促进国内融资租赁业更趋成熟，推动融资租赁上下游产业链拓展延伸，加快提升上海金融产业服务能级，切实有效落实国家关于金融服务实体经济的政策方针。前海融资租赁金融交易中心，将资产交易平台的交易结构、风控结构搭建好后，在合规的基础上，还可将广大中小租赁公司的优质资产也撮合起来，从而加强租赁同业合作的广度和深度，助力中小租赁公司加速成长。除此之外，融资租赁“融资+融物”的特色，可以促进产融有效结合，切实将资金聚焦于实体经济发展。

2.2.2 融资租赁电商平台的引入

传统的融资租赁业务多是通过融资租赁公司的业务员线下挖掘获取的，业务规模有限，从而严重制约融资租赁公司的业务发展。融资租赁电商平台将传统的融资租赁业务由线下搬到线上，包括设备生产商设备信息的网上发布、承租人设备的在线选择以及融资租赁公司风险的在线审核等环节，这不仅能降低承租人在设备购买过程中的信息不对称，还能扩大设备生产商的业务销售规模以及融资租赁公司的业务规模，从而实现多方共赢。

设备租赁模块涉及设备生产商、承租人、融资租赁公司、电商平台以及第三方支付机构五方。其交易过程为：①设备生产商将销售设备信息放到融资租赁电商平台上，承租人在平台上下单选择要购买的设备；②承租人向融资租赁公司发起购买设备需求，融资租赁公司对承租人在线尽调，尽调合格后向第三方支付公司付款；③设备生产商收到第三方支付公司发来的收款通知后，向承租人发送设备，承租人无异议后与融资租赁公司签订融资租赁合同，并通知第三方支付机构向设备生产商付款；④承租人根据融资租赁合同定期向融资租赁公司支付租金。

2.3 云计算促进融资租赁行业平台业务的开展

融资租赁行业上云除了结合互联网金融产生创新业务模式之外，云计算更多赋予了平台业务风险防范、数据挖掘、经营成本控制方面的技术解决方案。

2.3.1 云计算优化网络风险防范

融资租赁公司自主建设部署的互联网金融平台，易遭受网络黑客攻击，轻则数据受损，重则影响声誉。而云计算服务平台拥有专业 IT 团队，通过网络风险防范系统可对病毒、木马程序等恶性攻击行为进行专业处理。云平台使用的加密技术更好的保障用户信息安全，防止账号被盗。此外，云服务的分布式部署能对融资租赁平台的数据多处备份，在部分数据受损的情形下，仍能正常运营。

2.3.2 大数据存储和挖掘

云计算背景下，融资租赁金融资产交易平台的交易数据，保存在相对隔离的数据库中，不会出现数据流失或被盗取的情况。云平台的大数据计算能力，赋予资产交易数据、挂牌数据、撮合数据、客户信息等进行深度挖掘，满足平台对用户交易行为的分析，数据应用可结合人工智能程序实现自动推送相似产品，提高平台用户的活跃度。

2.3.3　风控能力提高

云平台结合风控大数据通过对出租人、承租人、资产出让方、受让方的企业和个人的信用数据进行分析，从而确定各方的风险状况，在资产准入、债权风险警示、企业画像、风险关联图谱等方面进行风险信息披露，提高融资租赁资产交易平台整体风险防控能力，降低平台方的运营风险。

2.3.4　降低平台经营成本

采用云计算服务的最大优势在于能够为平台节省购买硬件设备的成本投入，随租随用的方式给不具备经济投入能力但有良好业务模式的企业开展创新平台型业务的机会。同时，基础设施管理简化，使得平台公司节约IT团队建设方面的人力成本。

2.3.5　电商平台物流监控

融资租赁电商业务上云可对接租赁物流信息系统，实现云上同步交易流、物流、信息流，平台物流信息的同步更新使得承租人、供应商、租赁公司即时获取标的物的状态，信息同步率高，简化了平台管理的信息管理问题。

3　大数据在融资租赁业务中的应用

3.1　大数据在金融领域的应用价值

3.1.1　提升决策效率

大数据分析可以帮助金融机构分析和预测，针对应用场景提供动态建议和决策，可以更迅速反应市场变化。

3.1.2　实现精准营销

基于数据的精细化运营需求和产品创新需求，大数据可以帮助金融机构更好的识别用户需求，精准定位用户画像，打造良好客户体验，实现精准营销。

3.1.3　增强风险管理能力

大数据技术可以帮助机构将客户数据进行分类分析，识别可疑信息和潜在欺诈，强化风险预判和风险防控，节省风险控制人员的投入，带来更可靠的风控管理效应。

3.2 大数据在金融领域应用的关键技术

3.2.1 大数据原理

大数据能够提供数据采集、数据存储和管理、数据处理与分析、数据隐私与安全等功能。

数据采集：利用 ETL 工具将分布的、异构数据源中的数据如关系数据、平面数据文件等，抽取到临时中间层后进行清洗、转换、集成，最后加载到数据仓库或数据集市中，成为联机分析处理、数据挖掘的基础；或者也可以把实时采集的数据作为流计算系统的输入，进行实时处理分析。

数据存储和管理：利用分布式文件系统、数据仓库、关系数据库、NoSQL 数据库、云数据库等，实现对结构化、半结构化和非结构化海量数据的存储和管理。

数据处理与分析：利用分布式并行编程模型和计算框架，结合机器学习和数据挖掘算法，实现对海量数据的处理和分析；对分析结果进行可视化呈现，帮助人们更好地理解数据、分析数据。

数据隐私和安全：在从大数据中挖掘潜在的巨大商业价值和学术价值的同时，构建隐私数据保护体系和数据安全体系，有效保护个人隐私和数据安全。

3.2.2 大数据应用

大数据应用无处不在，包括金融、汽车、零售、餐饮、电信、能源、政务、医疗、体育、娱乐等在内的社会各行各业都已经融入了大数据的印迹。大数据应用有力促进了信息技术与各行业的深度融合，大数据开发大大推动了新技术和新应用的不断涌现。

3.3 大数据在融资租赁业务中的应用

大数据在融资业务中主要通过各种场景下的结构化和非结构化数据分析，发掘客户的行为，构建功能模型，应用于营销获客、贷前审核、车辆监控等业务环节。结合汽车金融消费场景，大数据应用在汽车金融行业可以分为四大主要方面：

3.3.1 客户画像应用

客户画像应用主要分为个人客户画像和企业客户画像。个人客户画像包括人口统计学特征、消费能力数据、兴趣数据、风险偏好等；企业客户画像包括企业的生产、流通、运营、财务、销售和客户数据、相关产业链上下游等数据。汽车金融公司不仅要考虑自身业务所采集到的数据，更应考虑整合外部更多的数据，以扩展对客户的了解。包括：①客户在社交媒体上的行为数据；②客户在电商网站的交易数据；③企业客户的产业链上下游数据；④其他有利于扩展汽车金融公司对客户兴趣爱好的数据，如网络广告界目前正在兴起的DMP数据平台的互联网用户行为数据。

3.3.2 精准营销

在客户画像的基础上汽车金融公司可以有效地开展精准营销，找到汽车金融用户，将金融产品精准推荐给潜在用户。在获客成本不断高企的今天，精准营销能够帮助汽车金融从业机构快速获得有效客户，降低业务获客成本。精准营销包括四种方式：①实时营销，实时营销是根据客户的实时状态来进行营销；②交叉营销，即不同业务或产品的交叉推荐；③个性化推荐，即根据客户的喜好进行服务或者产品的个性化推荐，如根据客户的年龄、资产规模、理财偏好等，对客户群进行精准定位，分析出其潜在金融服务需求，进而有针对性的营销推广；④客户生命周期管理，客户生命周期管理包括新客户获取、客户防流失和客户赢回等。

3.3.3 风险管控

即通过大数据分析和建立风控模型有效识别汽车金融用户的潜在违约风险和欺诈交易识别，控制业务整体不良水平。这是目前大数据在汽车金融行业应用上最成熟的方面，风险管控贯穿贷前、贷中、贷后全生命周期。

（1）贷前信用审批：大数据风控公司基于大数据进行实时数据收集、数据分析，并进行一系列规则计算、评分建模与智能决策，实现风控前置，帮助汽车金融公司实现客户身份识别，反欺诈核查，扫描客户不良信息，并通过关联图谱扫描客户关联人不良信息，甄别高风险人群，预防团伙骗贷，再通过评分模型评估客户信用风险，实现风险定价和额度授信，达到“秒级审批”。有效降低平台人力审核成本及坏账率，助力汽车金融健康发展。

（2）贷中监控预警：对客户在贷款期间的信息进行跟踪、监控及时掌握借款人风险变化情况。对于个人信用的恶化及时预警，提早防范风险。汽车金融业务中，不仅要对人进行风险管控，还要对租赁车辆进行监控。可以依靠技术安装 GPS 远程监控系统，及时获取车辆信息，并实时监控租赁车辆的运行状态。

（3）贷后催收对债务人信息监控：依托大数据，通过其身份、身份特质和行为偏好等数据的海量对接，使催收人员在线上即能轻松地对债务人的信息进行全方位的了解和监控，从而形成对失联客户的信息修复。

3.3.4　运营优化

（1）市场和渠道分析优化：通过大数据，汽车金融公司可以监控不同市场推广渠道尤其是网络渠道推广的质量，从而进行合作渠道的调整和优化。

（2）产品和服务优化：汽车金融公司可以将客户行为转化为信息流，并从中分析客户的个性特征和风险偏好，更深层次地理解客户的习惯，智能化分析和预测客户需求，从而进行产品创新和服务优化。

（3）舆情分析：汽车金融公司可以通过爬虫技术，抓取社区、论坛和微博上关于汽车金融产品和服务的相关信息，并通过自然语言处理技术进行正负面判断，尤其是及时掌握汽车金融公司产品和服务的负面信息，及时发现和处理问题；对于正面信息，可以加以总结并继续强化。同时，汽车金融公司也可以抓取同行业正负面信息，及时了解同行做得好的方面，以作为自身业务优化的借鉴。

4　工业物联网技术在融资租赁行业的应用

4.1　工业物联网技术的应用价值探讨

物联网的应用集中在三个主要方面，一是消费物联网，即物联网与移动互联网相融合，衍生出智能硬件、智能家居、健康养老等消费场景的应用。二是面向供给侧的生产性物联网，即与工业、农业、能源等传统行业结合形成，成为行业升级的基础设施。三是智慧城市，物联网结合立体化信息演化出集成创新综合平台。

融资租赁行业主要涉足生产性物联网即工业物联网，涉及的交界范围集中在基础资产的定位跟踪、质量管控、风险管理和应对等。工业物联网技术与融资租赁行业的耦合也为融资租赁行业创新发展提供有效路径。

4.1.1 融资租赁设备采购

物联网技术在融资租赁设备采购的主要应用点在于对设备唯一识别码的自动识别与跟踪，实现在网络环境下设备的跟踪、溯源、定位、监控以及自动化管理，在指定采购需求阶段、设备招标阶段、设备验收入库和设备仓储管理阶段综合应用物联网技术，提高设备管理精准度和数据应用。具体实施过程中，利用物联网技术统一租赁设备的信息编码，形成质检数据库，用于反馈指导设备采购的招标工作，在仓储管理阶段，对大型高价值的设备安装视频识别标签，在设备仓库安装 RFID 读卡器搭建物联网感知层，通过网络传输实现对设备的状态、数量、位置的实施监控。物联网应用可实现设备可视化管理、自动跟踪出入库、设备精准定位。

4.1.2 融资租赁设备质量追踪

基于物联网技术实现的质量追踪，既能通过主动管理提高管理可靠性和安全性，又能避免过度维护导致资源浪费。在仓库内安装环境感知设备，通过传感器数据掌握温度、湿度、压力、化学环境等信息，远程监测设备所处环境，并在应用层存储、处理数据，实时分析评估设备可能发生的风险和故障原因。

4.1.3 融资租赁设备维修支持

结合设备维修系统，采用物联网二维码识别技术，采集维修件的原始信息，利用 FRID 定位的设备的物理位置，基于以上信息自动生成备件入库清单，应用物联网的维修系统，大大减轻了仓管工作量，提高设备入库效率和客观性。此外，备件管理系统能够通过设置好的模型计算出最佳库存，采购预警，备件超期预警等，结合物联网射频识别技术感知备件的位置和质量，完成最优路径提取和自动化跟踪备件的使用情况。

4.1.4 承租人风险管理和风险应对

在承租人使用租赁物进行生产的管理阶段，物联网技术的应用可以有效地作为租后巡检生产情况补充，为融资租赁公司预防承租方还款能力下降导致违约提供风险预警。实操中，借助物联网技术，获取租赁物的工作量方面相关的数据信息，实现对承租方租金偿付能力的科学分析，以及承租方风险承受能力的实时分析。通过在机器上布置适当的传感器捕捉信息数据，通过网络信道进行动态地数据传输，使得风险控制端可以实时获取机器的运作状态数据，进而推算机械设备在某段时间内的工作量，通过工作量的变化推断未来收益情况，预判承租方还款能力的变化，当预计承租方还款能力下降时，出租方就可以提前作出风险处置方案降低业务可能的违约损失。

融资租赁业务中，违约情况一旦发生，传统的做法一般是借助法律对承租方进行追偿或者收回租赁物，再次变卖之后来弥补损失。而利用物联网平台，则可以较好地进行事后风险损失的控制。

物联网还可以对数据信息进行反向传输，同样搭载网络信息进行指令数据的传输，通过特定的传感器以及内置的代码程序实现对风险控制端指令的响应。具体而言，当发现所观测的机械异常的驶出活动作业区域范围时，可以进行机械制动指令的发送，在不影响人员安全的情况下，通过终端传感器的响应，锁死机械设备，以此实现对租赁物的控制，进而便于后续对标的物的追索和处置。

4.2 工业物联网在融资租赁行业应用的关键技术

4.2.1 物联网架构

物联网通过二维码读取设备、射频识别装置（RFID）、红外线感应器、全球定位系统和激光扫描器等信息传感设备，按照既定协议，把任何物品与互联网连接，进行信息交换和通信，以实现智能化识别、定位、跟踪、监控和管理的一种网络。物联网的本质很简单：传感 + 通信 + IT 技术。

终端：透彻的感知和测量，使生产资料能够有自己的思想，并与外界沟通交流。

网络：泛在的接入和互连、公共通信网络、物联网、互联网，以确保生产资料和工业应用的泛在的连接。

应用程序：深度智能分析与控制、行业智能应用与控制系统（计算、存储、应用）。

融资租赁行业应用的工业物联网终端主要是安装在工厂的大型设备上，用来采集位移的传感器、GPS、震动传感器、液位传感器、压力传感器、温度湿度传感器等，通过有线网络或无线网络传输至决策服务端。

4.2.2 物联网的关键技术

传感器是面向硬件集成、终端安全的主要应用。传感器的基础技术创新较慢，但面向应用的创新已经显现。例如，在硬件集成方面将高精度气压传感器集成，可适应无人机的多场景拍摄需要。新型生物识别传感器，也满足了智能终端对生物安全保障的需要，如厂房生物识别安全生产。

在高端应用领域，由于技术、安全性的要求高，传感器的成本高居不下。例如在高温高压高辐射的场景中，特殊的传感器防护设备造价高，使得物联网应用只能在生产环节中，在融资租赁设备采购监控和承租人使用监控中，无法覆盖其成本。

RFID 无线射频识别即射频识别技术（Radio Frequency Identification，RFID）是自动识别技术的一种，通过无线射频方式进行非接触双向数据通信，利用无线射频方式对记录媒体（电子标签或射频卡）进行读写，从而达到识别目标和数据交换的目的。

传感网络将各种传感器进行网络化架构和布置，监测集成温度、深度、酸碱度等信息。传感网络需适应被监测物体的个性化特征。无线传感器网络是一种跨学科技术，就是由部署在监测区域内大量的廉价微型传感器节点组成，通过无线通信方式形成的一个多跳自组织网络。基于 MEMS 的微传感技术和无线联网技术为无线传感器网络赋予了广阔的应用前景。

5　人工智能在融资租赁行业的应用

5.1　人工智能在金融领域的应用价值

人工智能机器学习可以模仿人类对数据的处理和有效筛选，在金融行业海量数据场景下，处理复杂数据，在交易、基础信息、行情、风控、报告等方面帮助金融机构更高效的决策分析。

人工智能的图片识别、人脸识别技术，可实现远程作业，远程开户、票据识别、身份验证等，可大大提高图片数据转文本数据的工作效率，节省作业成本，挖掘客户，异常预警监控等。

人工智能技术通过降低服务成本，扩大金融服务范围，推动金融的普惠化。自然语音识别技术广泛应用于电话银行、业务咨询等带有客户服务属性的业务中，最大化减少重复人力劳动。

5.2 人工智能的关键技术

5.2.1 机器学习

机器学习是人工智能的基础，可以使程序从数据中学习，不断改进回归算法和聚类算法，在机器学习的子范畴中引入了人工神经网络，提出深度学习的概念，模拟人脑神经元的工作过程，更好的解释数据和发现规律。综合利用大数据、机器学习等相关底层技术发展出智能投顾、自动量化交易等应用场景。在金融风控领域，机器学习技术可应用于反欺诈、反洗钱、授信审批、风险定价等。

5.2.2 生物识别

生物识别技术包括指纹识别、人脸识别、虹膜识别、声纹组织识别等，指纹识别、人脸识别在金融信息安全领域已经广泛应用，指纹登录、刷脸支付等场景技术已经相当完善。

5.2.3 自然语言处理 NLP

自然语言处理（NLP）是计算机科学、人工智能、语言学关注计算机和人类（自然）语言之间的相互作用的领域。自然语言处理大体包括了自然语言理解和自然语言生成两个部分。在很多非结构化文本的场景下，自然语言处理技术广泛用于金融风控、合规审查、信息校验、智能客服等。但技术上还有待完善，在词汇的边界界定、词义歧义和语法的模糊性、不规范输入等方面，自然语言处理需要大量的环境训练，才能达到可用的程度。

5.2.4 语音识别技术 ASR

语音识别技术的目标是将人类的语音词汇转为计算机可读的输入，其应用非常广泛，使得人机交互自然易使用。语音识别在金融领域成熟的应用于智能客服，通过多渠道语音回复客户的需求，并语音导航至相应的业务模块。在语音数据挖掘上，可以将客户需求打标签，结合大数据关键词应用于挖掘市场热点，为市场营销提供数据和决策的支持。

5.2.5 知识图谱

知识图谱是以图的形式表现客观世界中的实体及其之间关系的知识库。知识图谱的关键技术设计构建图谱阶段的关系抽取、语义解析等算法，存储图谱的图数据库的技术和应用阶段的数据集成等。知识图谱可用于语义搜索、智能温度、个性化推荐，在金融领域应用于信贷风控、反洗钱、内部审计、智能营销等方面。

5.3 人工智能在融资租赁的应用

人工智能在融资租赁领域可借鉴银行、券商、监管等其他金融领域的应用，在汽车金融细分领域，由于处理数据量大，对时效性要求高，应用场景更频繁。主要表现在以下几个方面：

5.3.1 OCR 识别技术

申请车贷需要客户本人提交身份证、户口本、结婚证、房产证、银行流水、车辆合格证、登记证、购车发票、保单等材料，信审和放贷过程中存在人力审核成本过高、审核速度太慢等问题，通过人工智能 OCR 技术对证件和车辆材料进行识别验真，比如对购车发票进行批量扫描，结构化验真，减少审核时间，彻底消灭了二次进件的情况。据统计，整个过程至少节约 70% 的传统信审时间。

5.3.2 人脸识别

人脸识别技术在汽车金融行业被广泛用于客户身份识别认证和在线签约。

5.3.3 智能催收

汽车金融公司利用大数据在对逾期客户身份信息进行了解和确认的基础之上，再依托人工智能技术，通过智能分案模型，自动对应与其相适应的催收人员以及所适合采取的催收方式。在美国，催收行业对于大数据和人工智能的运用，已经进入第二阶段，拓展到了催收的各个环节。例如在催收平台中嵌入声纹识别系统，一旦识别到有辱骂现象，催收员与债务人的通话便会被自动中断，以此来保证催收行为的规范化。再例如，通过大数据和人工智能技术实现对债务人的贷后跟踪，对存在主观赖账或存在资金风险的债务人向企业提前进行预警，从而起到风险预判的作用等。

5.3.4 智能客服

应用人工智能技术，用户拨打后直接说出服务需求，系统识别客户语音内容后，即可转接相应模块，大幅节省了客户选择菜单的时间。智能客服还可以进行简单问题回复，复杂问题则转人工进行支持，人机结合有效地解决了客户问题。

6 金融科技应用背景下租赁行业监管现状与趋势

6.1 金融科技应用背景下租赁行业监管现状

我国融资租赁行业参与主体主要分为融资租赁公司和金融租赁公司两类，曾经分别由银监会和商务部监管。2018 年 4 月 20 日起，商务部将制定融资租赁公司、商业保理公司、典当行的业务经营和监管规则职责划给银保监会。

银保监会负责融资租赁业务监管规则的制定，而地方金融监管部门负责执行，这可以认为是新形势下的管监分离，同时也体现了融资租赁机构数量多，发展十分不平衡的特点。

2020 年 1 月 8 日，银保监会发布了《融资租赁公司监督管理暂行办法（征求意见稿）》（以下简称《办法》），《办法》共计 6 章 55 条，包括完善经营规则、落实指标约束、推进分类处置、加强监督管理四大方面。旨在规范融资租赁公司经营行为，统一业务标准和监管规则，引导融资租赁行业更好的服务实体经济，防范金融风险。

2019 年各地方金融监管部门陆续开始部署金融监管平台，在平台设计上引入大数据风控模型，满足预警通用风险、非法集资风险、资金链路监测、黑色产业链风险监测、金融产品穿透式监测、企业关联关系风险监测、商业模式识别、企业信用风险评价等场景。

同时引入智能分析为系统建模用户提供建模工具，建立各类监管部门和非法金融识别的数据指标库。根据监控需要自动调整评级和监控模型中的评估因子和权重。智能分析模型将依据业务的考虑权重配置结果，自动生成关于客户的风险综合评价及结果。利用图分析和标签化处理等技术实现数据分析、挖掘、展示等实体画像功能。

模型工具主要用于风险监测和预警，涵盖对企业风险的普遍性画像、非法集资风险、资金链路监测模型、反欺诈反洗钱等黑色产业链监测，对企业的关联关系进行股权穿透分析，建立企业关联图谱，对金融产品也逐步要求实现穿透式监管，保证业务的合规性。对于新设立申请的金融科技公司，建立监管沙箱准入模型，用于自动化评估企业的资质。

其中“监管沙箱”（Regulatory Sandbox）于2016年5月由英国金融行为监管局（FCA）首创，按照FCA发布的《监管沙箱》文件中有关规定，监管沙箱是金融监管机构为金融科技企业特别设计的测试机制，金融科技企业可在不完全符合监管规定的状态下，申请进入该特定机制向真实的消费者和市场提供金融服务或产品，整个测试过程须在FCA审批授权的期限和空间内进行。在这个环境中，获得准入资格的公司可以对其创新产品进行实验，从而及时发现自身的潜在风险与缺陷，及时进行调整。在这个过程中监管者也可以决定是否允许产品进入市场推广以及发现自身的监管漏洞及时进行相关规范处理。

央行发布《启动金融科技创新监管试点工作》公告称，支持在北京市率先开展金融科技创新监管试点。北京市在全国率先启动金融科技创新监管试点，探索构建包容审慎的中国版“监管沙箱”。“中国版的监管沙箱”的设计需要广泛试点、逐步迭代，借鉴国际经验，在组织机构、规则制定、评估标准、申请和退出等方面寻找可落地的路径，促进未来金融科技的发展。

地方金融监管平台科技监管融资租赁行业，未来将更多运用新兴科技手段，满足科技监管的需求，通过云计算可以降低数据存储的成本，提升数据安全性；运用RPA高业务流程的自动化程度，减少人为操作失误的可能性，防范业务人员的道德风险；可运用区块链技术确保信息的真实性和不可篡改性，提升管理的效率。

6.2 金融科技技术应用的发展趋势

6.2.1 云计算方面

云计算作为金融科技创新的支撑技术，为中小企业降低运营成本，提高金融服务效率，提供高效的计算和存储能力，同时云计算的通用性和高可靠性，以及附加的基础应用，将更好地提高企业业务管理能力，实现以科技赋能。

6.2.2 大数据方面

整体金融行业数据资源丰富，融资租赁业务的发展对数据的依赖程度逐步提高。从发展趋势看，金融大数据与企业生产数据融合的应用将不断强化，机构可以方便获得工商、税务、水电、电信、电商、出行等数据，通过融合企业生产物联网数据，促进融资租赁公司在营销获客、风险控制、租后检查服务更加精准。另外，融资租赁企业和地方金融监管对大数据的应用，将根据实际应用场景，设计制定专门的模型，依托三方数据、内部积累数据、专家策略和客制化规则，制定更贴合业务的模型，更好地服务于企业短期营销策略、快速获客、扩大业务规模，以及长期经营决策和管理报表等。

融资租赁公司布局数据仓库及数据集市平台项目，通过数据平台建设，提升整体数据质量，消除各部门和业务系统之间的信息孤岛，支持各类数据统计分析，助力公司实现业务精细化管理、全面促进业务发展创新能力和风险管理能力。

大数据的广泛应用也为数据安全和隐私保护带来了更高的要求，建立和完善大数据技术标准和应用规范，是推动金融大数据发展的重要保障。

6.2.3 人工智能方面

人工智能在前台能够帮助融资租赁企业实现智能营销、降低获客成本，在中台有助于构建智能风控，提高预警精准度，在后台能提供客服机器人、智能催收等人机协同效应。未来在防控操作风险、欺诈风险方面，融合大数据，深度挖掘和优化风险管理模型在精准营销和贷后管理方面，出具更优解决方案，提高管理决策。

6.2.4 物联网方面

融资租赁+物联网虽然说已经产生出多场景应用，但深度应用还存在着障碍，一方面，建设运维成本较高，将基础设施嵌入现有的工具设备中，涉及流程的改造，首次投入较大。另一方面，物联网的整体生态链条不成熟，存在体验差、碎片化严重的问题，难以有效的架构集成兼容的物联网融资租赁开发平台。随着国家坚持发展物联网应用的相关技术，基础设施设备成本的持续走低，构建基于融资租赁业务的物联网体系架构和管理平台，实现基础网络优化和数据分流，将推进融资租赁的纵深发展。融资租赁公司与大型物联网企业加强合作，加大资源投入和人才培养，技术推进融资租赁业务开展创新的同时，也能倒逼物联网技术的进一步革新。

6.2.5 RPA应用

RPA是机器人流程自动化Robotic Process Automation三个英文单词的首字母缩写所组成的，RPA技术的核心能力是可以模拟和替代人工劳动。一些大型企业更是同时拥有多套应用系统，员工在工作中经常需要登录不同的系统进行业务处理，系统处理过程中就必然存在着大量的数据录入、数据核对以及数据报告等工作，而 RPA 通过模拟人工操作的方式很好地解决了这类问题。RPA 技术是一类自动化技术综合在一起的统称，这类技术通常包括键盘和鼠标的模拟操作技术，屏幕信息获取和定位的抓屏技术，流程控制处理的工作流引擎技术，以及自动化任务调动控制的管理台技术等。在 RPA 目前应用的领域中，主要包括财务会计、人力资源、采购、供应链管理等领域，例如费用报销、单据审核、人员入职、开具证明、订单核对等流程。RPA 技术有诸多好处，与人类相比它从不休息，也不会犯错，可以大幅度降低使用成本。RPA 的使用无需改变现有系统架构，并且可以集成 OCR 和 NLP 等人工智能模块实现更多功能。目前 RPA 技术已经在财务、银行、证券、基金、制造业、医疗卫生、教育业等领域有广泛的应用，2017 年全球机器人过程自动化（RPA）市场规模为 3.575 亿美元，预计在 2019—2025 年的复合增长率为 31.1%。

基于 RPA 技术和服务的特性，可以预见未来不论是在融资租赁监管科技还是融资租赁企业，均有 RPA 技术应用的场景，RPA 结合文字识别、图片识别、语音语义识别等人工智能，将减轻人工的日常单调和重复任务。通过调整和解释用于处理事务、触发响应、操作数据以及与其他数字系统通信来改进和扩展业务、提高数据安全性和有效性，通过自动化流程来降低企业的成本。

综上所述，金融科技是由人工智能、云计算、大数据、区块链等底层技术驱动的金融创新。结合融资租赁行业，会产生新的商业模式、业务流程或创新产品。融资租赁行业可借鉴银行、互联网金融、证券等细分领域在金融科技创新的应用，更好的借助底层技术和环境支撑。同时，在融资租赁行业特有的资产管理属性，发展与物联网科技互动，随着市场参与者的多样化和技术优化成本降低，金融科技在融资租赁行业的应用将有更深入的渗透。

5G 行业发展与融资租赁业务分析

轧建勇

在过去的几十年，移动通信技术每十年会出现一次革新，持续更新的技术不断推动信息移动通信产业快速发展，从而引领全球经济各领域蓬勃发展。当前，第五代移动通信技术（5G）已经来临。5G 网络具有超高速率、超大连接、超低时延三大特性，是新一代信息产业的重要基础设施。5G 网络建设将推动通信、电子、计算机、半导体、互联网、人工智能、大数据等上下游产业链加速发展，带动工业、汽车、能源、医疗、金融、公用事业等垂直行业的数字化转型。

据权威机构预计，到 2035 年，5G 在全世界范围内创造的产出将高达 12.3 万亿美元。这其中，关系最为密切的信息通信行业将实现约 1.4 万亿美元产出，而制造业实现约 3.4 万亿美元产出。5G 的发展将对国内经济转型与发展产生重大影响，据中国信息通信研究院的模型测算，预计 2030 年 5G 带动国内经济的直接与间接产出高达 6.3 万亿元及 10.6 万亿元。

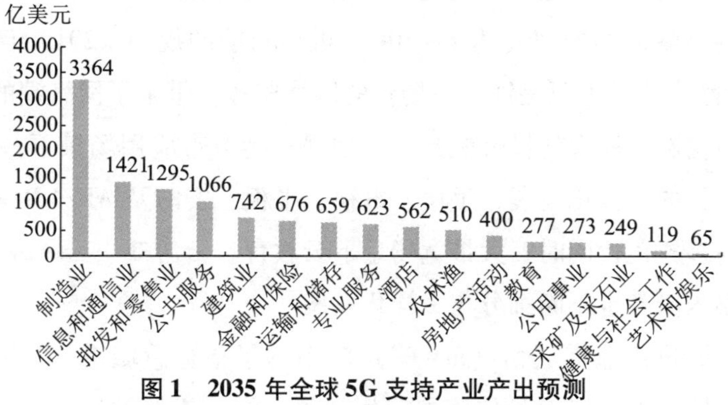

图 1　2035 年全球 5G 支持产业产出预测

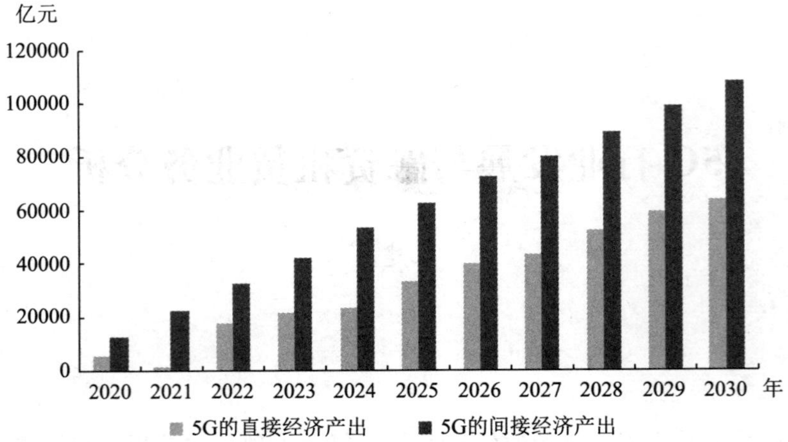

图2　5G对我国经济的影响预测

1　5G具体的应用场景分析

5G将加速传统行业向数字化的转型与发展。5G相对4G的单一人与人通信场景来说可支持增强型移动宽带、高可靠低延时通信及海量类机器通信三大应用场景，具体应用到的领域包括工业、金融、能源及公用事业等。应用场景与垂直应用领域的交叉最终形成人物、物物多种应用生态，实现传统行业的数字化转型发展。

首先，增强移动宽带（eMBB）应用场景是指AR/VR及3D全息等大流量类移动互联网消费级应用。通过网络容量的不断提升以满足终端对大宽度的需求，网络峰值的速率高达1～10G。根据目前的规划，2019年至2021年的5G终端网络建设主要是针对该场景的网络服务，带来了网络端的5G基站、核心网及传输网等较大的投资机会。在增强移动宽带应用场景下，5G将带来相关终端产品的多样化发展，手机、电视、平板、安防及AR/VR等终端产品不断丰富与多样化；同时，大带宽场景下云教育、云游戏、云AR/VR及云视频等生活娱乐服务也不断细分与多样化发展。

其次，海量机器类通信（mMTC）应用场景指智慧城市、智能家居等需大面积环境监控下的以海量传感器应用场景。海量机器类通信支持大量的终端设备接入，连接点密度最高可达每平方公里100 万个。预计2021—2023 年，5G 终端在智能家居、智能交通及智能物流等多领域快速发展。

最后，超高可靠低时延通信（uRLLC）应用场景主要指在工业、汽车自动驾驶及远程医疗、教育等对可靠性及时延有极高需求的行业中的应用。高可靠及低延时应用场景具体实践中属于控制类的应用，传输时延可低至毫秒级别，这也是5G 最核心的特征。预计2023 年后的5G 网络建设将重点围绕边缘计算能力和网络切片，以实现超低时延网络。具体来看，应用 Urllc 的5G 终端设备主要有自动控制设备、工业机器人及自动建设汽车等；同时，工业互联网下的控制类应用将需要云端配套各种云工业控制、云服务及云自动驾驶等服务。

2　5G 在终端行业的发展前景及投资机会

随着5G 的兴起，全球信息产业将进入快速发展，5G 将在通信网络、云平台及终端设备产业链中有巨大的应用前景及发展前景，进而带来了巨大的投资机会。通信网络层，实现从传统简单地为消费终端服务转向万物互联的智能调度。采用大规模天线阵列、网络切片及边缘计算等关键技术和组网方案以支持5G 的大带宽、大连接、低时延特性，进而为传统行业创造出基于5G 的全新生态，为各个行业打开新的增长空间。云平台将通过5G 技术实现传统的基础服务转向各个行业的云服务。云计算相关技术近10 年的快速发展带动企业上云、行业上云成为必然趋势，目前云计算中的 SaaS、IaaS 及 PaaS 三大基础服务模式已经十分成熟并全面向一切皆服务（XaaS）的行业应用领域发展。5G 技术的发展将带动各个行业的快速数字化转型，进一步推动传统垂直行业（工业、教育、能源及医疗等）的上云需求。为此，通过5G 和云技术逐渐为这些垂直行业构建边云协同、云网融合及全面云化服务的智能云新架构将成为必然的趋势。终端层，从传统行业的消费终端向物联网终端不断发展与扩散。随着5G 技术的发展与成熟，各种5G 终端的问世将呈现爆发式增长并将与更多的行业相融合，进而实现更多功能和服务。智能家居、可穿戴设备、车载终端及教育机器人新型5G 终端产品不断涌现，与此同时，伴随越来越多的物联网应用落地，将实现真正的万物互联更会推动终端市场进入一个新的发展阶段。

2.1 全球运营商大力布局5G推动其发展

2018年下半年开始，全球各国陆续开始了5G商用的各种进程。截至2019年8月底，全球已经有近100个国家约300家运营商正式启动或进行了各种与5G相关的实验。其中，全球32个国家合计56家的通信运营商对外宣布已经部署5G网络并且有39家可对外提供部分5G服务。

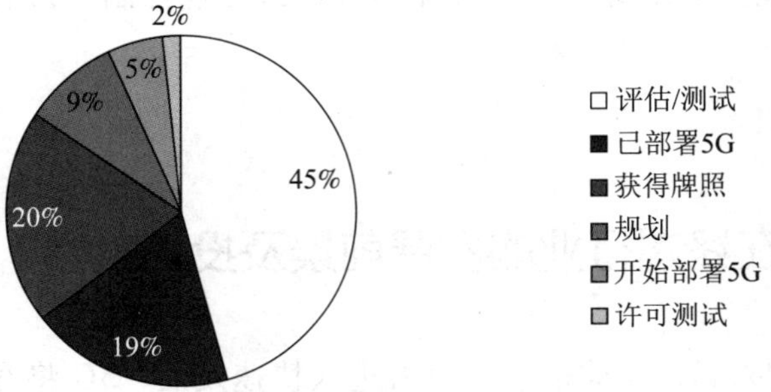

图3 全球5G网络投资进度（截至2019年中旬）

2019年6月，中国工业和信息化部正式向三大电信运营商及中国广电颁发了5G的商用牌照。2019年三大电信运营商合计资本开支超3000亿元，其中5G领域占了330亿元左右，超10%。虽然占比不高，但是随着商用牌照的取得，三大电信运营商均在加大投资规模，后续5G投资规模或相比4G投资规模增长在50%以上。

公开数据显示，经历了2013年至2016年4G的主要投资期后，截至2016年末三大电信运营商合计完成了315万个4G基站投资建设。对比来说，由于5G基站的密度要显著高于4G基站，根据三大电信运营商数据，预计2019年至2022年三大电信运营商将投资建设5G基站合计400万个左右，比历史同期的4G基站数量增长约28%。此外，由于5G基站采用大规模天线技术将导致其基站投资成本显著提高。此前的4G基站三大电信运营商投资总额高达7450亿元，而5G基站的投资总额将进一步扩大至1.1万亿元。

2.2 云平台基础服务逐步向行业云服务发展

公开市场数据显示，2018 年全球云市场规模已经达到 1360 亿美元，同比 2017 年增速高达 23%；预计 2022 年全球云市场规模得进一步扩大至 2700 亿美元左右，相对 2018 年翻一番。其中，SaaS、PaaS 及 IaaS 年均复合增长率将分别超过 14%、20% 及 26%。市场份额来看，2018 年，亚马逊 AWS、微软 Azure 及阿里云据全球前三，市场份额占比 51.8%、15.5% 及 7.7%，同比增速 26.8%、61% 及 93%。

从全球云市场规模及发展对比来看国内云市场的发展可发现，国内的云市场正在进入一个快速增长阶段且明显高于全球。2018 年，国内云市场的总体规模在 963 亿元，同比增长 39%。其中，公有云市场规模 438 亿元，同比增长 66%；私有云市场规模 525 亿元，同比增长 22%。总的来看，国内云市场规模以阿里云、腾讯云占绝对主导。据 ICT 预计，2018 年国内企业上云率在 30% 左右，而美国同期约为 80%。可见，国内云计算市场的规模增长空间极大，未来潜在的投资空间也极大。

云计算、电子商务及支付业务等市场的快速发展与增长，全球市场对数据中心的需求将快速增长并将推动这些超大规模数据中心的发展。根据 CGCI 预估，到 2021 年底全球超大规模的数据中心将从 2016 年的 340 个左右快速增长至 630 个左右，数据中心流量将从 7ZB 左右增长至 21ZB 左右，年增长率近 25%。2018 年，IDC 在国内的市场规模已经有 1228 亿元，年增速 30% 左右，到 2021 年预计可达到 2759 亿元。随着 5G 应用地推开，将大大提升运营商每月上网流量并带动数据中心的高速增长。韩国科学信息部数据，2019 年 2 季度韩国 5G 的每月上网流量为 24GB，而 4G 仅有 9.5GB，前者接近后者的 3 倍。据中国移动的预测，中国 2019 年 5G 每月上网流量为 19.6GB，到 2022 年将翻一番达到 37.8G，年均增长率 25% 左右。

不管是云市场的快速发展还是超大规模数据中心的快速增长，这些都将意味着 5G 相关市场前景的广阔，这也意味着广泛的投资空间与投资机会。

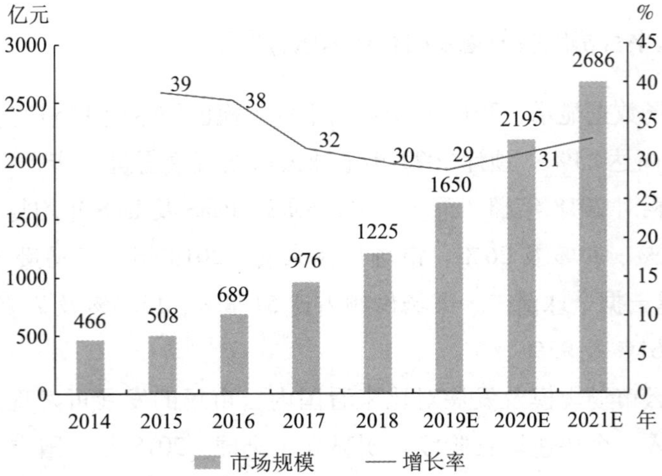

图 4　中国公有云市场规模及预测

2.3　5G 终端市场具备了长期的投资机会

简单来说，5G 的产业发展路径将是相关终端设备、产品从人联网为基础的消费终端转型发展至万物联网为基础的物联网终端，并且各种终端类型不断多样化与全面化，从基础的手机、AR/VR、智能穿戴及智能家居等逐步扩散到商业机器人及工业机器人等。5G 全球三大供应商高通、华为及三星均于 2019 年推出了适用 5G 的基带芯片。上游供应链的成熟可加快各种 5G 终端产品的快速推出。GSA 统计显示，截至 2019 年 11 月底，全球 5G 终端产品已有近 190 款，涉及 15 个产品类别；其中，网络终端设备 59 款、5G 手机 54 款、5G 模组 34 款、5G 热点产品 11 款和 5G 路由器 7 款。国内，中国移动预测今年国内手机厂家将会推出超 10 个品牌的 5G 手机，其他 5G 终端类型近百款。

5G 终端多样化将是 5G 在各个行业应用的基础，随着 5G 技术的逐步发展，相关行业的发展将会在短期、中期及长期分别迎来快速的发展与广阔的发展空间，其中更蕴含了广泛的投资机会和投资空间。

2.3.1　全球 5G 手机市场未来将呈现爆发式发展

目前，5G 手机市场相关产业链与技术已经十分成熟，伴随 5G 网络的建设与发展将带动全球 5G 手机市场的爆炸式增长。Strategy Analytics 研究认为，2019—2024 年，5G 手机出货量分别将达到 200 万部、1100 万部、7700 万部、1.8 亿部、3 亿部、4.16 亿部，而 2025 年全球 5G 手机出货量将突破 15 亿部。

IDC 预计，到 2020 年，5G 手机出货量占全球整个手机出货量的 8.9%，达到 1.235 亿部；到 2023 年，这一比例将增长至 28.1%。

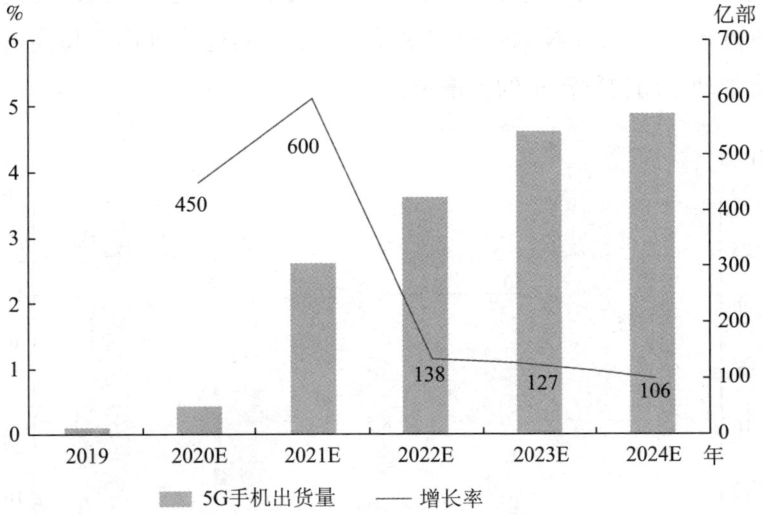

图 5　全球 5G 手机出货量预测

国内 5G 手机市场将引领全球，继续成为最大智能手机市场。2018 年底，国内手机用户已经超 12 亿部，全国手机普及率高达 83% 已接近欧美等发达国家 85% 的水平。当年，国内手机市场总销量为 3.98 亿部，占全球智能手机出货量 14.56 亿部的 27%。全球前 10 位智能手机制造商中，国内占据四席：华为、小米、OPPO 及 VIVO；同年，华为成为首次超越苹果手机的全球第二大智能手机制造商。GSMA 预测到 2025 年，国内 5G 智能手机用户数将达到 4.6 亿人，超过北美及欧洲的总和，成为全球 5G 智能手机的最大市场。5G 智能手机市场发展前景广阔，投资空间巨大。

2.3.2　*超高清视频应用推动移动流量快速增长*

5G 网络建设初期，增强移动宽带的两种组网模式均能够满足 4K/8K 超高清视频应用场景的相关需求。从网络性能、使用成本及网络覆盖角度看，室内环境下的百兆以上的有线宽带当前更有优势，但是 5G 网络在移动性强或无有线覆盖的区域场景下则相对有线更具有优势。当下，超高清视频直播点播及超高清云游戏在智能手机移动端已经充分发挥了 5G 网络的作用，成为重要的应用场景也是趋势，并在逐渐地成熟与完善中。目前，相关产业链仍旧未全面完善且处于发展前期，不过各种大型直播活动，比如体育赛事直播等应用场景，正处于一个快速的发展通道。长期来看，超高清视频产业还需不断降低相关制作成本并丰富各种视频的内容，与5G协同推动该产业发展。5G智能手机的便捷性让用户可不受时间、区域限制观看视频、网络游戏，随时随地手机流量消费。5G技术快速发展下5G手机的逐步推出，超高清视频快速增长将带动移动视频流量的大增长。

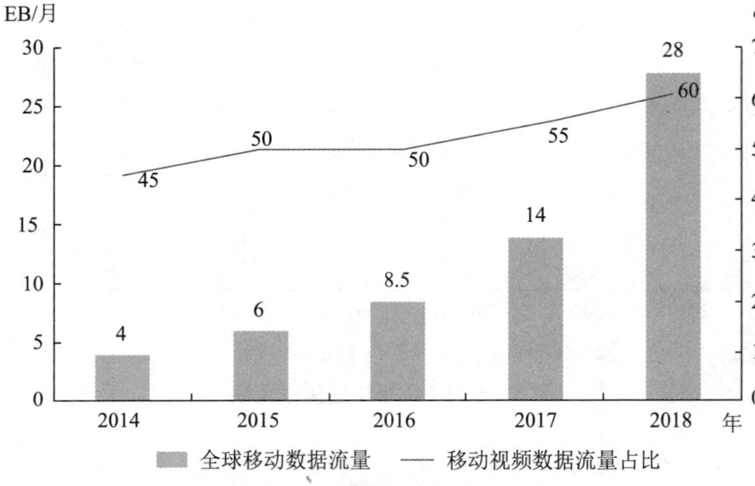

图6　全球月均移动数据流量及移动视频流量占比

2.3.3　云游戏在5G推动下进一步快速发展

云游戏在云计算技术的支持下，通过5G超大宽带低延时特性可解决云游戏的发展瓶颈。云游戏通过云数据处理实现了不需要本地下载游戏直接云端运行，云端服务器把游戏画面经过数据处理后通过网络传到终端。云游戏下终端用户无需任何高端硬件配置，简单的流媒体处理能力设备即可满足要求，设备能发送操作指令接受返回视频信息即可。云游戏对用户终端设备配置要求的大大降低，将有力吸引用户并带动其发展。不过，云游戏相比传统游戏需要更低的网络时延和更大的网络带宽，5G的超大带宽和低时延有效地满足了云游戏的技术需要，可以改善4G时代不好的客户体验，给用户带来高品质的云游戏服务体验。

在5G技术改善云游戏并突破其发展瓶颈的背景下，随着游戏市场的快速增长云游戏市场将更快更高的一个发展阶段，发展潜力大、市场规模大。有关机构预计2019年底全球云游戏市场规模将突破5亿美元大关，到2025年底全球云游戏市场规模将翻五番至25亿美元。Niko预计2023年中国将会成为云游戏全球最大的市场，与此相关的市场收入将超过 11 亿美元。云游戏通过把海量的游戏数据处理和画面渲染放到云端并给客户带来良好的体验效果，推动云游戏的发展。与此同时，云游戏的快速发展将带动云计算和数据中心资源的需求增长，以及对各种满足高品质图像处理的服务器、网络设备、存储和芯片需求的增长。云游戏与手机、PC、Pad 及电视等智能硬件结合，可能成为 5G 时代的 ToC 业务的杀手级应用。

2.3.4 5G 统一标准下将会加速推动物联网更快发展

2019 年 7 月，3GPP 将“NB-IoT”向国际电信联盟提交 5G 候选技术标准并成为满足 5G 大规模机器连接场景需求的应用技术标准。在此背景下，将推动全球物联网终端市场的发展。IDC 预测，2023 年全球物联网的投资支出将由 2019 年的 7459 亿美元增长至 11000 亿美元，年复合平均增长率近 30%。爱立信预计 2025 年全球物联网终端市场规模达到 249 亿美元；短距 IoT 设备达到 195 亿美元，年均增长率 13%；广域 IoT 设备达到 54 亿美元，年均增长率 24%。长期来看，物联网终端市场发展前景与规模将比 5G 智能手机的市场规模更大更广阔。

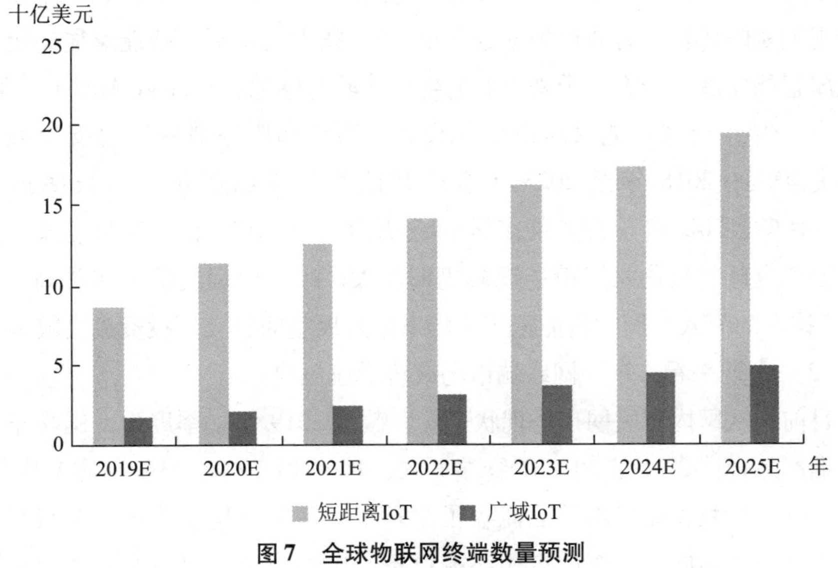

图 7 全球物联网终端数量预测

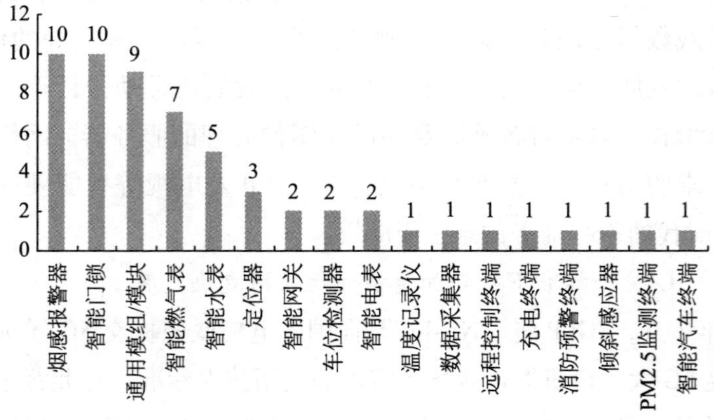

图 8　2019 年一季度国内 NB－IoT 新产品分布

（1）短期来看，智能家居终端市场将逐步发展。

所谓智能家居，就是居家住宅的各种设备智能化与自动化，智能家居包括门窗锁、照明设备、安防、影音设备及睡眠等设备的智能化。受限于网络带宽的影响，4G 很难支持部分应用场景，限制了智能家居的发展。不过，5G 网络下速率最高达到 10Gbps、特殊应用场景下更可达到 20Gbps，可帮助实现高清视频实时传输，有效保护家庭安全。5G 技术支持下，智能家居向更高阶的全屋智能发展，为客户带来更好的生活体验与感觉。Strategy Analytics 测算，2018 年全年，全球智能家居市场（设备、系统和服务消费）总支出额接近 1000 亿美元；2018 年至 2023 年全球智能家居支出额年均增长率预计在 10% ~15%，2023 年全球智能家居市场规模将高达 1600 亿 ~2000 亿美元。目前来看，全球智能化家居市场规模仍旧不大，碎片化程度仍旧非常高，但随着 5G 技术的深入发展，智能家居市场未来发展空间较大，投资机会较多。

（2）中期来看，车联网终端市场或将增速最快。

目前，从国内车联网市场现状来看，截至 2019 年一季度末，国内车载智能终端产品合计 37 款：NB-IoT 终端 1 款、4G 终端 29 款、3G 终端 1 款及 2G 终端 6 款。车载智能终端产品涵盖了小轿车、客车及货车等各种车载智能设备，还有一些面向特定车的专用终端设备，比如物流车中的北斗兼容终端产品。产品形态上，车载终端包括高集成度的车载机器人、智能后视镜等设备，还包括具有特定功能的车载导航、车载记录仪及 ETC 等智能终端。5G 技术在车联网终端中的应用推动用户对车载智能终端要求更加智能化，带动更多车

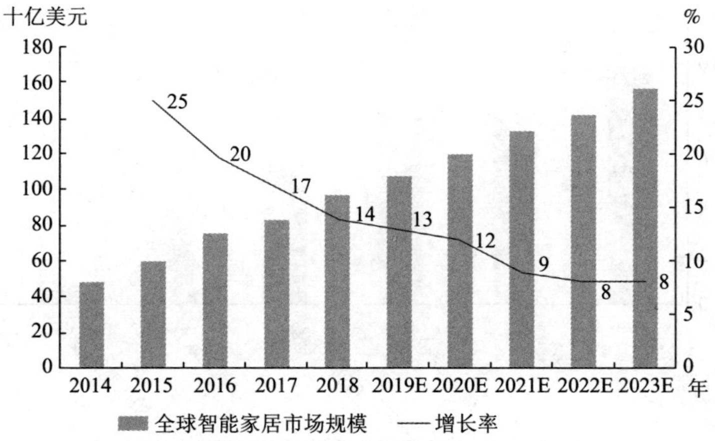

图 9　全球智能家居市场规模

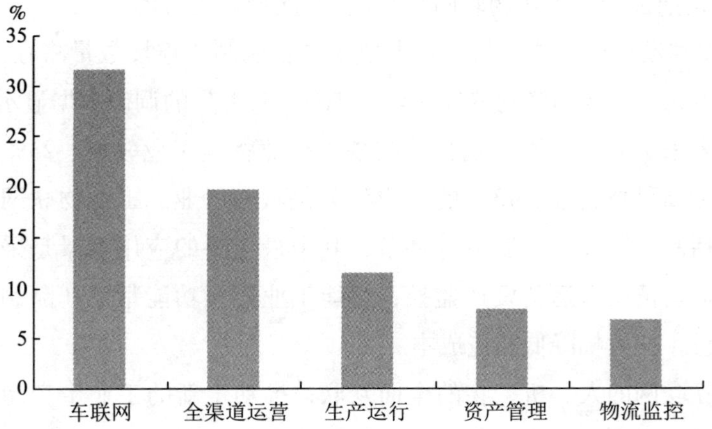

图 10　中国物联网市场增速观测

载终端逐步搭载各种智能操作系统，比如 Android 等系统。截至 2019 年一季度末，搭载智能系统的车载智能移动终端共有 14 款，占同期新型终端的 38%。据 Gartner 预测，汽车行业将在 2023 年前后成为最大的 5G 物联网终端市场，将占据半壁江山。IDC 预计在中国未来 5 年的 5G 物联网终端应用场景中车联网场景的增长速度最快，规模也将逐步扩大至更大的一个级别。

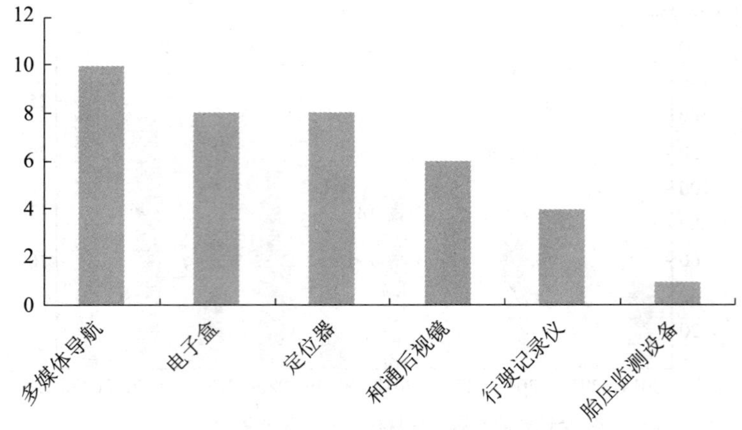

图 11　2019 年一季度国内车载终端上市新产品情况

（3）长期来看，工业物联网是 5G 物联网最大的市场。

GSMA 移动智库预测，整个亚太地区的智能制造连接数量将在 2025 年超过 5.3 亿美元。工业物联网软件平台（PTC）对客户的调研数据显示，25% 的客户认为未来工业物联网终端行业的领先行业将是工业领域、23% 的客户认为是电子和高科技行业、13% 的客户认为是汽车行业。工业物联网具体的应用场景包括制造、设计、服务等环节，其中最主要的应用场景是采用物联网形成制造运营情报和运营资产监控，智能工业连接功能帮助产品制造商提高产量和质量，并大幅降低制造成本。

工业互联网的人、机、物的全面互联，推动全新的工业生产制造和服务体系的形成，成为第四次工业革命的基石。工业互联网帮助制造业向网络化、数字化及智能化进行升级，可能催生出新模式、新业态并带动传统产业改造升级和新动能培育壮大。可见，工业互联网为制造业释放无限潜能提供了有力的支持。当前，国内制造业受制于自动化与信息化水平的不足、联网和实时数据传输能力问题较多，导致其仍处于较低水平、制造业的工业互联网处于刚刚起步阶段。不过，5G 的大带宽和超低时延特征让制造业的工业互联网快速发展逐渐成为事实。

中国从制造业大国向制造业强国发展的必经之路是工业互联网，工业互联网为制造业云化带来了长期的发展与投资机会。工业互联网的基础是网络、核心是数据、保障是安全。工业互联网下数据成了制造业的一项生产资料，这项生产资料的获取、流转、分析及应用需要网络支持，同样更需要各种技术来保障它们的安全。工业互联网通过 5G 的增强移动宽带、高可靠低时延及大连接的特性成了现实，让制造业企业的生产技术、成本及效率得到逐步改善并推动其高质高效的发展。根据中国信息通信院的分析，目前国内制造业正在聚焦于工业物联网、业务系统及仿真设计的云化。汽车、重工及复杂电器等制造型企业通过云上高性能计算、模拟真实环境进行多场景的仿真设计分析。采购、制造、销售、库存、财务及服务等业务系统通过云平台进行弹性资源配置以提高效率、节约成本。工业物联网通过云平台为数以万计的终端采集、分析和管理数据。工业互联网为制造业云化带来了长期的发展与投资机会，推动制造业向强国发展。

2.3.5　5G 助力医疗智慧化发展

5G 能够在无线及移动带宽的情况下更好地推动远程医疗的实现，推动医疗智慧化发展。远程医疗可实现医疗资源的共享并大大提高偏远区域的医疗能力。当前，远程医疗可通过远程会诊、远程示教及远程手术等应用场景的应用来实现真正的远程医疗。远程医疗需要网络的大带宽及低时延，前者可用于高清医学影像的传输与高清视频的交互，后者可用于远程操控医用机械手臂或医学机器人等设备。目前来看，有线宽带和 5G 技术均能满足大带宽与低时延，不过偏远山区的医疗能力落后，5G 网络优势大大显现。

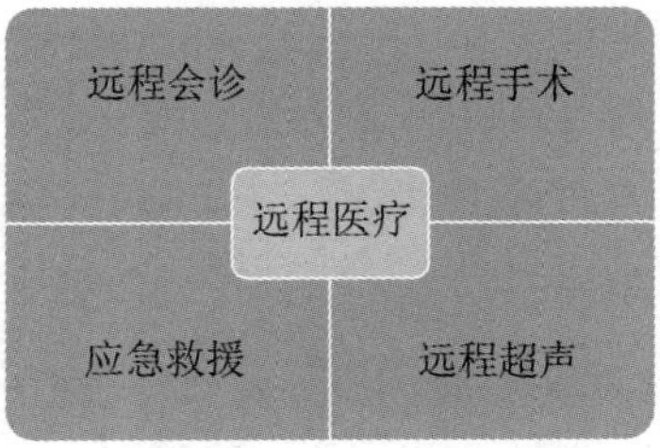

图 12　远程医疗应用场景

2.3.6　5G 推动无人机行业应用发展

无人机行业正在从传统简单的消费应用向规模化的行业应用转变与升级。农林植保、应急通信、气象监视、海洋水纹检测及矿产勘探等领域已经开始实现了行业无人机的应用。行业无人机应用中主要的需求有两方面：业务通信和安全飞行。业务通信需要更高的通信速率，安全飞行需要更小的通信时延。具体来说，行业无人机在不同的应用场景中各种上行速率、时延及覆盖的范围及高度要求不同，但4G受制于技术瓶颈，在很多情形下不能满足行业无人机应用长期需求。5G技术下，大带宽及低时延等技术特征决定了其在上行速率、时延及覆盖范围等方面大幅提升，可有效满足现阶段及未来很长一段时间的行业无人机应用的网络通信需求，进而推动行业无人机的快速发展。

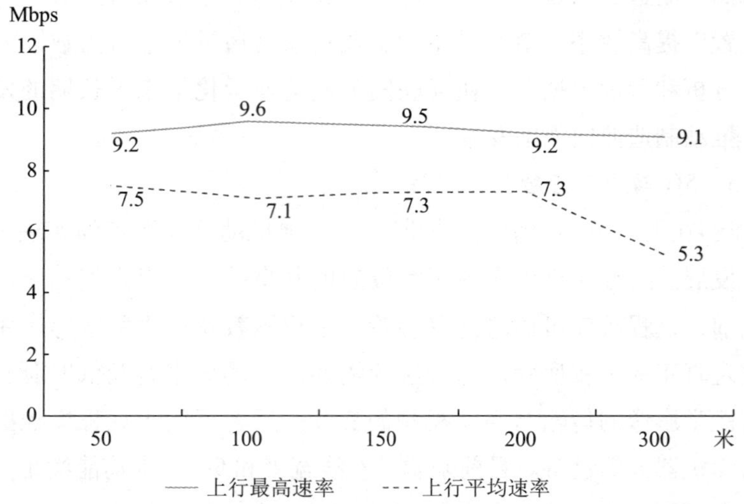

图13　4G网络低空覆盖上行速率可以保证行业无人机的安全飞行

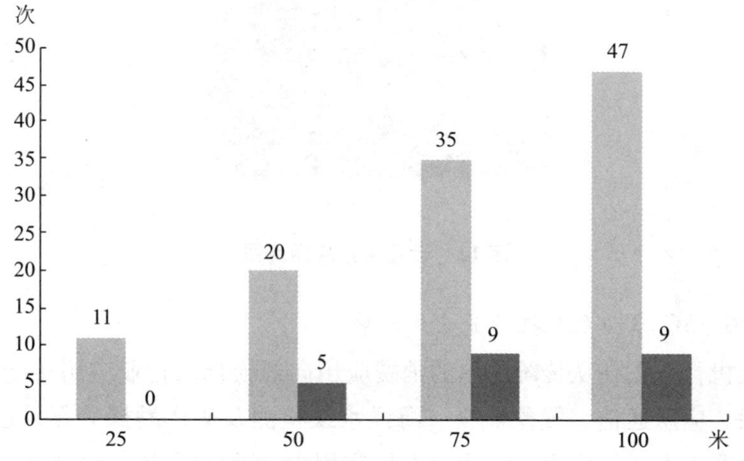

图14　4G网络低空覆盖邻区干扰导致移动性差

2.3.7 5G 实现港口智能化发展

国内经济在全球化与物流化的过程中，港口业务发展爆炸式增长，带来了各个港口货物的吞吐量大幅增长，伴随而来的是港口装卸效率的挑战。传统港口装卸效率低下，急需港口的自动化与智慧化，以满足港口业务快速发展的需要。港口业务按对网络需求可分为监控级别通信和控制级通信两类应用场景。监控级别通信应用与港口的各种视频监控；控制级通信实现对轨道吊、岸吊及轮胎吊的远程控制和调度。

目前部分港口已实现一定的自动化，其中的网络通信技术主要采用的是有线宽带与4G网络的协同组网。不过，在港口部署有线宽带难度大且容易磨损，其中涵盖的范围更是有限；同时，4G网络带宽小、可靠性低且成本高。这些问题都无法有效满足港口业务对网络移动性、带宽及时延性的各种需求。5G的大带宽、高可靠低时延、大连接等特性可有效满足港口业务的自动化、智能化需求，实现真正的智慧化港口。

表1 港口业务对网络的需求

业务场景	带宽	时延	可靠性
远程作业	50K ~ 100Kbps	10 ~ 20ms	99.999%
远程作业（视频部分）	30M ~ 100Mbps	50 ~ 80ms	99.9%
无人集卡 AGV	5M ~ 20Mbps	50ms 以内	99.9%
视频监控	4Mbps	200ms	90%

2.3.8 5G 推动电力行业的智能化

国内电力行业的发展趋势是智能电网，但智能电网的建设与发展离不开电力通信网络的支持。电力系统可分为发电、输配变电及用电几大环节，不同阶段的通信网络需求差异巨大。电力骨干通信网与多种业务接入的配电通信网共同组成了电力通信网络。国内电力骨干通信网络基本实现了光纤全覆盖，但配电通信网则是由有线与无线等多种通信技术共同实现全覆盖的。从通信网络用途角度，配电网侧业务的智能电网可分为控制类与采集类两大应用场景。控制类应用包括智能分布式自动化与分布式能源控制等应用场景；采集类应用包括高级计量、输电线路无人机控制与变电站巡检机器人等应用场景。虽然有线网络的性能基本可以满足相关业务的需求，但布线困难、成本高等问题抑制了其在分布广泛的智能电网终端中有效应用，尤其是配电网中的应用。4G 网络不需要布线，不过性能上仍旧不能满足智能电网对可靠性及时延的需求。总的来说，目前除5G 外的现有的通信电力网虽有“强壮”的骨干网，却缺少“灵活”的配电网。而5G 的技术特征刚好满足了配电网侧业务的接入需求，助力智能电网的建设。

表 2　智能电网控制类业务对通信网络的需求

业务场景	带宽	时延	可靠性
智能分布式配电自动化	大于 2Mbps	10ms 以内	99.999%
用电负荷需求响应	10K ~ 2Mbps	50ms 以内	99.999%
分布式能源调控	大于 2Mbps	采集类：3s 以内 控制类：1s 以内	99.999%

表 3　智能电网采集类业务对通信网络的需求

业务场景	带宽	时延	可靠性
高级计量	12M ~ 2Mbps	3s 以内	99.9%
变电站巡检机器人	4M ~ 10Mbps	200ms 以内	99.9%
输电线无人机巡检	4M ~ 10Mbps	200ms 以内	99.9%
配电房视频监控	20M ~ 100Mbps	200ms 以内	99.9%

2.3.9　5G 推动安防新领域新机会

国内在城市交通、教育、金融等众多行业具有极大的安防需求，预计未来几年安防技术产品的需求将进一步增长。最新数据显示，2018 年中国安防设备的市场规模高达 107 亿美元。IDC 预测中国安防设备的市场规模到 2023 年将超过 200 亿美元，年均增长率近 14%。随着 5G 技术的应用的展开，5G 技术的三大特性将给安防市场带来更多的云应用场景，实现高清监控、火警监控、物资监控及应急指挥等新需求。

云安防平台不仅降低业务项目成本、提升业务部署效率，还实现了安防业务和其他社会公共部门联动以改善整个社会的运行效率。人、车、物的分析识别能力可通过基于 GPU、FPGA 的云 AI 深度学习与边缘摄像机 AI 算力相结合进行大幅提升；目标分类和属性识别等可经过视觉处理与计算机深度学习轻松实现。安防终端设备通过 AI 芯片实现视频全量特征结构化，再通过5G 网络将特征信息传递到边缘云和中心云，云端通过智能分析实现效率最大化。云网协同推动安防领域应用场景快速发展，云安防应用场景的快速发展将进一步带动云计算在安防领域的新发展机会。

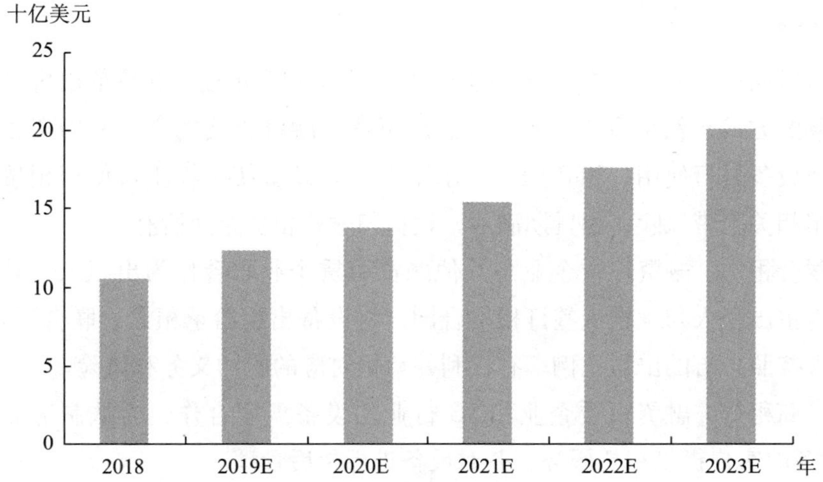

图 15　中国视频监控市场规模

3　5G 行业领域融资租赁业务模式的探讨

针对 5G 行业的投资分为初期的 5G 基站及各种基建的投资和应用期的各种设备及建设投资。前者投资主要指运营商的铁塔和基站的投资及相关传输网络的升级、重建及新建等投资，初始阶段此类投资一般由政府、大型央企进行组织建设，涉及市场上的非银资金、租赁资金介入的可能性就更小一些。后者投资主要是应用阶段各种 5G 配套设施的投资，即各种行业应用的投资，投资的主体一般是行业内的各种企业主体，融资租赁的资金可通过一定的模式介入。目前融资租赁业务的模式主要有：直接租赁、经营性租赁、售后回租、联合租赁及厂商租赁等方式。

直接租赁：融资租赁企业根据承租人的选择向 5G 行业各种终端设备制造商购买对应的设备直接出租给承租人。融资租赁企业作为出租人在租赁期间享有租赁设备的所有权，承租人享有租赁期内设备的使用权及收益权并按照合同约定支付租金。租赁期届满后，承租人可以按照合同约定支付一定对价取得设备所有权；若承租人放弃购买权，设备返还出租人。

经营性租赁：融资租赁企业根据承租人的选择购买 5G 设备并出租给承租

人使用。租赁期间融资租赁企业享有设备所有权并承担设备的附带风险，承租人享有设备使用权并按照合同约定支付租金。租赁期满后设备归融资租赁企业所有。

售后回租：承租人将其所有的 5G 相关设备按照市场公允价值出售（所有权转移的方式）给融资租赁企业；然后再按照融资租赁的方式从融资租赁企业租回设备进行使用。租赁期间，承租人享有设备使用权正常使用租赁设备并承担相关附带风险；租赁期满后，设备归融资租赁企业所有。

联合租赁：融资租赁企业与其他融资租赁企业联合作为出租人，其中一家作为主出租人与承租人签订租赁合同，将设备出租给承租人。联合租赁中，出租人按照各自的出租比例享有权利并承担对应的履约义务和风险。

厂商租赁：融资租赁企业和 5G 行业的设备厂家合作，为从制造商购买 5G 设备的客户提供租赁服务，并对设备进行租后管理。

直接租赁在 VR/AR 行业的应用。华为公司郭平指出未来 VR/AR 行业因其与 5G 产业发展高度匹配的特征将决定其是 5G 时代的首批行业应用。可预见的是，5G 技术的快速发展会加速推进 VR/AR 设备在各个行业的普及应用。行业的发展必然会带来 VR/AR 设备需求的增加，进一步会导致相关企业的资金不足及短缺。在此背景下，融资租赁企业可利用在行业设备端的资金与研究优势，通过从 VR/AR 各种生产设备制造商采购相关设备再租赁给 VR/AR 的设备生产厂商，以解决中下游各种中小设备生产厂商的资金不足问题，促进该行业的发展。

售后回租在基站设备及器件行业的应用。2020 年 2 月 21 日，中央政治局会议强调要加大 5G 网络、工业互联网的投资建设与加快发展。2020 年，中国三大电信运营商共同表态，维持此前 2020 年 55 万站建设计划并加速建设至三季度，不受新冠肺炎疫情的影响。2020 上半年，中国电信将与中国联通共建共享，完成 47 个地市、10 万基站的建设任务，三季度力争完成全国 25 万基站建设。中国移动的建设规模将与电联合计的建设规模相当，2020 年建设目标将为 30 万站规模，以弥补 2019 年的建设缺口。三大电信运营商基站及配套设施的加速建设将带动 5G 上游的各种元器件生产商的需求快速增长，比如滤波器、PCB、光模块及天线生产商。需求的增加，无疑需要企业扩充产能以扩大生产规模。生产规模的扩大意味着企业需要更新、购置各种设备，新增新建厂房等，接踵而至的则是资金的需求。为此，融资租赁企业可以介入以缓解这些企业的资金需求。有的企业拥有很多资产而当前资金短缺，就可以通过融资租赁的售后回租业务，将资产出售给融资租赁企业以取得资金，并从融资租赁公司再租赁该资产使用。这样既不影响扩充产能，又可以盘活存量资产。

供应链融资租赁在华为5G产业链中的应用。华为5G产业链涉及的企业众多，屏幕面板：TCL集团（华星光电）、京东方A、深天马A；设备：大族激光、精测电子、联得装备；屏幕模组：长信科技；电池电芯：宁德时代；BMS：德赛电池、欣旺达；精密结构件：科达利；电池模组：德赛电池、欣旺达；摄像头模组：欧菲光；摄像头镜头：工业富联、水晶光电；红外滤光片：欧菲光、水晶光电；CMOS传感器：比亚迪；数字图像处理：虹软科技；天线：信维通信、硕贝德、立讯精密。对于这种供应链很长、上下游企业众多、技术要求高、核心企业主导地位强的产业，融资租赁企业可与其核心企业合作开展供应链融资租赁业务，如共同设立融资租赁公司或保理公司，专业为核心企业及其上下游企业提供租赁和保理等服务。专业深耕于这个行业，可以实现专业化、精细化、规模化的运作，以取得较好的效益。同时，由于利益一致，核心企业也会积极推进上下游企业与融资租赁业务的结合。

中国融资租赁西湖论坛成员单位中关村租赁一直深耕5G行业，推出了许多产品为5G企业提供高效金融服务及设备租赁整体解决方案，以融资租赁支持北京市5G产业发展。重点支持的产业方向主要有：5G产业链内涉及核心器件、关键技术等相关“硬科技”企业；向北京城市副中心、北京新机场、2019年北京世园会、2022年北京冬奥会、长安街沿线升级改造等重大工程、重大活动提供5G产品、技术服务的企业；开展5G应用相关的自动驾驶、健康医疗、工业互联网、智慧城市、超高清视频等典型场景示范应用的企业以及新业态企业等。针对符合条件的5G产业领域企业，中关村科技租赁将根据企业需求差异化定制融资租赁产品方案，为企业提供全生命周期特点的创新融资服务。